2013

中国住户调查年鉴

CHINA YEARBOOK OF HOUSEHOLD SURVEY

国家统计局住户调查办公室 编

中国统计出版社
China Statistics Press

图书在版编目（CIP）数据

中国住户调查年鉴 . 2013 / 国家统计局住户调查办公室编 . -- 北京 : 中国统计出版社 , 2013.10
ISBN 978-7-5037-6870-5

Ⅰ . ①中… Ⅱ . ①国… Ⅲ . ①居民家庭收支调查－中国－ 2013 －年鉴②农民家庭收支调查－中国－ 2013 －年鉴
Ⅳ . ① F126.2-54 ② D422.7-54

中国版本图书馆 CIP 数据核字 (2013) 第 166166 号

中国住户调查年鉴—2013

作　　者 / 国家统计局住户调查办公室
责任编辑 / 许立舫
封面设计 / 李雪燕
出版发行 / 中国统计出版社
通信地址 / 北京市丰台区西三环南路甲 6 号　邮政编码 /100073
电　　话 / 邮购（010）63376909　书店（010）68783171
网　　址 / http://csp.stats.gov.cn
印　　刷 / 河北天普润印刷厂
经　　销 / 新华书店
开　　本 / 880×1230 毫米　1/16
字　　数 / 870 千字
印　　张 / 28
版　　别 /2013 年 10 月第 1 版
版　　次 /2013 年 10 月第 1 次印刷
定　　价 /248. 00 元

《中国住户调查年鉴—2013》编辑委员会

编者说明

一、《中国住户调查年鉴—2013》是全面反映中国城乡居民收支和生活状况的资料性年鉴。该年鉴收录了历年全国以及按31个省（区、市）、5个收入等份分组和4个经济区域分组的城镇居民和农村居民相关调查数据。

二、全书内容分为六个部分，即：1．2012年城乡住户调查主要结果综述；2. 各年度城乡住户调查综合数据；3. 主要年份城乡住户调查分组综合数据；4. 主要年份各地区城乡居民收支数据；5. 2012年各地区城乡住户调查主要数据；6. 城乡住户调查简介。

三、本书所收录的资料来源于国家统计局组织开展的城镇住户调查和农村住户调查，未包括香港、澳门特别行政区和台湾省数据。城乡居民收支数据分别按照城乡住户调查方案采集、汇总，编辑过程中尽量与以往年鉴资料保持一致。

四、本年鉴数据一般保留一位小数，部分数据合计由于单位取舍不同而产生的计算误差均未作调整。

五、本年鉴各表中有关全表的注解均在表上方，对表中部分指标的注解则在表下方。带续表的资料中对部分指标的注解则在最后一张续表的下方。

六、本年鉴的符号使用说明："空格"表示该统计指标数据不详或无该项统计；"#"表示其中的主要项；"*"表示本表下有注解。

编　者

2013年7月

目录

第一部分　2012年城乡住户调查主要结果综述

第二部分　各年度城乡住户调查综合数据

第三部分 主要年份城乡住户调查分组综合数据

第四部分 主要年份各地区城乡居民收支数据

第五部分 2012年各地区城乡住户调查主要数据

第六部分　城乡住户调查简介

1

2012 年城乡住户调查主要结果综述

2012 年城乡居民收入

据国家统计局对全国 31 个省（自治区、直辖市）6.6 万户城镇居民家庭和 7.4 万户农村居民家庭的抽样调查，2012 年城乡居民收入增长情况如下：

一、2012 年城乡居民收入增长总体较快

2012 年城镇居民人均可支配收入 24565 元，比上年增长 12.6%，剔除物价因素，实际增长 9.6%；农村居民人均纯收入 7917 元，比上年增长 13.5%，剔除物价因素，实际增长 10.7%。

（一）农村居民收入增长连续三年快于城镇居民

自 2010 年以来，农村居民收入增速已连续三年超过 10%，快于城镇居民收入增速。城镇居民人均可支配收入名义增速有所回落，但由于城市居民消费价格指数从上年的 105.3 下降到 102.7，实际增速比上年提高 1.2 个百分点。

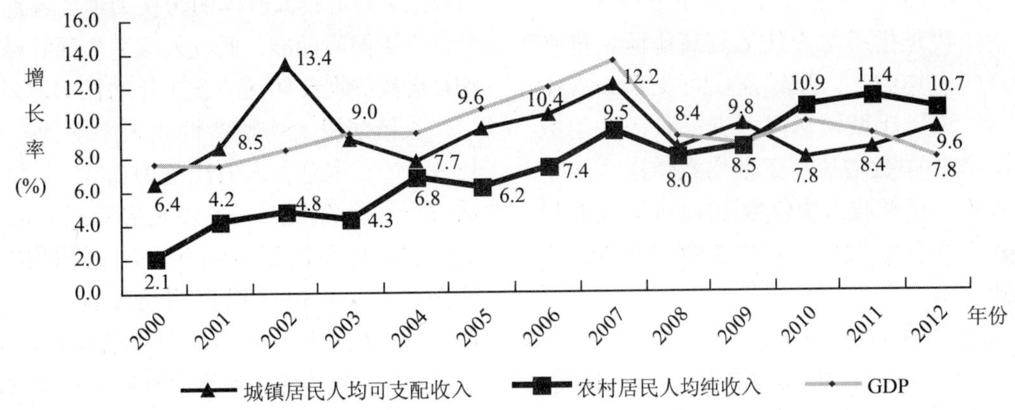

图 1　2000 年以来城乡居民收入实际增速与 GDP 增速比较

（二）城乡居民低收入户收入增速最快

在城乡内部，各自对调查户按人均收入从低到高排队，进行五等份分组。农村低收入户人均纯收入增长 15.8%，城镇低收入户人均可支配收入增长 17.8%，分别高于农村居民和城镇居民收入平均增长率 2.3 个百分点和 5.2 个百分点。

以农村低收入户人均纯收入为 1，农村高、低收入户人均纯收入之比从上年的 8.39∶1，缩小至 8.21∶1。以城镇低收入户人均可支配收入为 1，城镇高、低收入户人均可支配收入之比从上年的 5.35∶1 缩小到 4.97∶1。但从高、低收入户收入绝对差额看，农村从 14783 元扩大到 16693 元，城镇从 38232 元扩大到 41102 元。

（三）城乡居民收入相对差距继续缩小

以农村居民人均纯收入为 1，城镇居民人均可支配收入与之比值从上年的 3.13 缩小到 3.10。但城乡居民收入绝对差距从 14833 元扩大到 16648 元，扩大 1815 元。

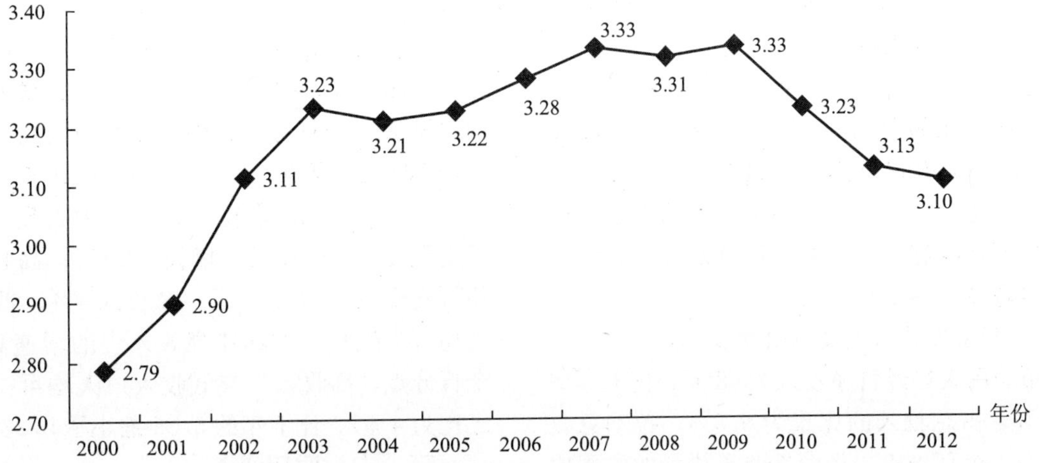

图 2　城乡居民收入比（以农村居民收入为 1）

（四）城乡各有约一半居民收入增速高于相应平均增速

根据全国住户调查中两年连续调查户资料计算：在城镇地区，47.1%的居民增速快于平均增速；27.4%的居民收入增长但增速低于平均增速；25.5%的居民收入绝对水平低于或等于上年。在农村地区，49.7%的居民收入增速快于平均增速；12.1%的居民收入增长但增速低于平均增速；38.2%的居民收入绝对水平低于或等于上年。

（五）城乡居民收入中位数均低于平均数

收入中位数是指所有户从低到高排队，排在最中间的户的人均收入。城镇居民可支配收入中位数为21986元，比城镇居民可支配收入平均数低10.5%，但中位数增速高于平均数增速2.4个百分点。农村居民纯收入中位数7019元，比农村居民纯收入平均数低11.3%，中位数增速略低于平均数增速。

二、城镇居民收入

2012年全国城镇居民人均总收入26959元，人均可支配收入24565元，分别比上年增长12.4%和12.6%，剔除价格因素影响，实际增长分别为9.4%和9.6%。人均可支配收入的名义增速比上年低1.5个百分点。受居民消费价格回落影响，实际增速比上年提高1.2个百分点，居民得到更多实惠。低收入户人均可支配收入增速超过平均水平。

（一）工资性收入持续稳定增长

城镇居民人均工资性收入17336元，比上年增长12.5%，增速比上年高0.1个百分点，拉动总收入增长8.0个百分点。作为城镇居民收入的第一大来源，工资性收入占总收入的比重为64.3%。工资性收入保持持续稳定增长的主要原因，一是2012年年初以来企业用工成本不断上升，在岗职工工资增幅明显；二是截止2012年11月，已有24个省市上调了最低工资标准，平均上调幅度超过13%；三是部分地区机关事业单位收入分配制度进一步完善，津补贴标准和绩效工资稳步提高。

（二）经营净收入实现较快增长

城镇居民人均经营净收入2548元，比上年增长15.3%，占总收入的比重为9.5%，拉动总收入增长1.4个百分点。经营净收入增长的主要原因是，2011年11月以来，各地针对个体工商户和小微企业出台多项减费减税的优惠政策，切实降低了个体工商户和小微企业的经营成本，经营状况有所改善。

（三）转移性收入和财产性收入继续平稳增长

城镇居民人均转移性收入6368元，比上年增长11.6%，占总收入比重为23.6%，拉动总收入增长2.7个百分点。增长主要原因一是各地从今年年初陆续提高企事业单位离退休人员基本养老金水平，增幅均在10%以上。调查数据显示，城镇居民人均养老金或离退休金5375元，比上年增长15.9%；二是政府加大对低收入群体的帮扶力度，各地继续提高最低生活保障标准、低收入家庭生活补贴标准，人均社会救济收入60元，比上年增长11.7%。

城镇居民人均财产性收入707元，比上年增长8.9%，占总收入的比重为2.6%，拉动总收入增长0.2个百分点。主要是房屋租赁市场需求旺盛，居民房屋出租价格和出租面积均有所提高。调查显示，城镇居民出租房屋面积比上年增长11.2%，出租房屋收入比上年增长25.4%。

（四）个税起征点上调推动可支配收入增长

2011年9月开始实施的个人所得税起征点上调政策，对2012年前三季度城镇居民可支配收入的增长产生了积极影响，推动全年收入增长。调查数据显示，2012年城镇居民人均个人所得税支出为122元，比上年下降27.8%。

（五）人均可支配收入中位数增速高于平均数增速

2012年城镇居民人均可支配收入中位数为21986元，比上年增长15.0%，增速高于平均数增速2.4个百分点，主要原因是中等及以下收入户名义收入增速要快于高收入户，收入分布形态逐步改善。

从收入五等份分组看，低收入户人均可支配收入10354元，比上年增长17.8%，增速高于平均水平5.2个百分点；中低收入户人均可支配收入16761元，增长15.6%；中等收入户人均可支配收入22419元，增长14.7%；中高收入户人均可支配收入29814元，增长12.8%；高收入户人均可支配收入51456元，增长9.4%。低收入户人均可支配收入增速比高收入户的增速高出8.4个百分点，高收入户与低收入户人均可支配收入之比为4.97，比上年的5.35缩小了0.38。

三、农村居民收入

2012年农村居民人均纯收入7917元，同比增加939元，增长13.5%，剔除价格因素影响，实际增长10.7%。名义增速和实际增速比上年分别下降了4.4个和0.7个百分点。城镇居民人均可支配收入与农村居民人均纯收入之比（以农村为1）为3.10，比上年的3.13缩小了0.03。

（一）工资性收入增长16.3%

2012年农村居民人均工资性收入3448元，增加484元，增长16.3%，增速同比下降5.6个百分点。工资性收入对全年农民增收的贡献率为51.5%，拉动人均纯收入增长6.9个百分点。工资性收入较快增长的原因是2012年农民工人数继续增加，农民工工资水平保持较快上涨。全国农民工监测调查显示，2012年一至四季度末外出农民工月收入水平同比分别上涨16.6%、14.9%、13.0%和11.8%。

（二）家庭经营纯收入增长9.7%

2012年农村居民家庭经营纯收入人均3533元，增加311元，增长9.7%，增速同比下降4个百分点。家庭经营纯收入对全年农民增收的贡献率为33.2%，拉动纯收入增长4.5个百分点。主要特点是：

农业纯收入保持较快增长。农业纯收入人均2107元，增加210元，增长11.1%。主要是2012年粮食丰收，同时粮食、蔬菜等主要农产品价格上升。据测算，2012年，农村居民出售农产品增加的收入中，出售数量增加和价格上涨因素影响约各占一半。

牧业收入出现下降。牧业纯收入人均441元，减少22元，增速由上年的增长30.1%转变为下降4.7%，这主要是由于生猪价格下跌，尤其是进入二季度后，生猪价格持续低迷。

二三产业经营纯收入保持稳定增长。二三产业经营纯收入人均811元，同比增加109元，增长15.5%。其中，工业纯收入人均118元，增加13元，增长12.9%；建筑业纯收入人均96元，增加8元，增长8.6%；第三产业纯收入人均597元，增加88元，增长17.3%。

（三）财产性收入增长9.0%

2012年农村居民财产性收入人均249元，增加21元，增长9.0%。财产性收入对全年农民增收贡献率仅为2.2%。其中，转让承包土地经营权收入人均47元，增加10元，增长25.5%。

（四）转移性收入增长21.9%

2012年农村居民转移性收入人均687元，增加123元，增长21.9%，增速连续两年保持在20%以上。转移性收入对全年农民增收的贡献率为13.1%，拉动纯收入增长1.8个百分点。转移性收入快速增长主要是由于农村社会保障政策覆盖范围进一步扩大和保障水平进一步提高，以及各地农业及草原生态补贴等政策的实施和力度加大。

（五）收入差距有所缩小

1. 基尼系数有所缩小。2012年农村居民人均纯收入的基尼系数为0.3867，比2011年的0.3897缩小0.003。

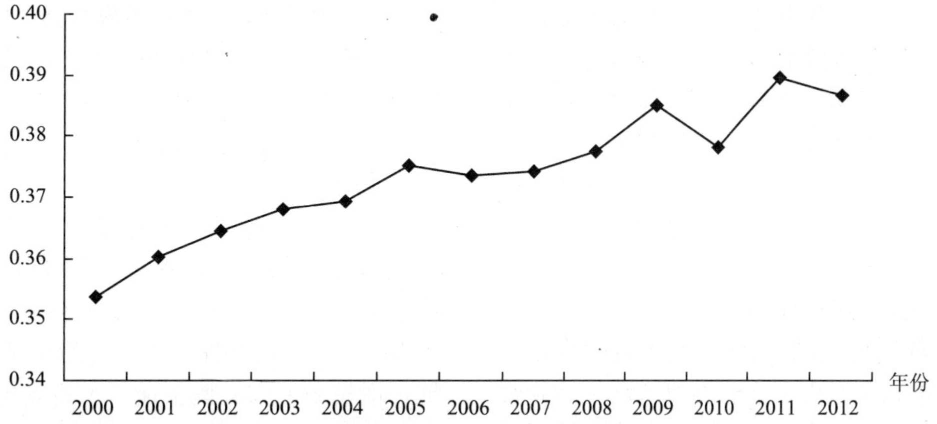

图3　2000—2012年农村居民基尼系数变化情况

2. 低收入户收入增长最快。将所有调查户按人均纯收入从低到高排队，每20%的户为一组分成五等份。低收入户人均纯收入2316元，增长15.8%；中等偏下收入户人均纯收入4807元，增长13.0%；中等收入户人均纯收入7041元，增长13.4%；中等偏上收入户人均纯收入10142元，增长14.0%；高收入户人均纯收入19009元，增长13.3%。低收入户收入增速最快的原因，一是转移性收入快速增长，人均332元，增长25.4%，特别是新型农村社会养老保险收入增长了125%。二是第一产业纯收入增长较快，人均891元，增长13.7%，这部分农户第一产业经营中以农业为主，受增产及价格上升因素影响，农业纯收入增长较快；而牧业收入所占比重较小，受生猪价格下跌的影响很小。

2012年城乡居民消费

一、城镇居民消费

2012年全国城镇居民人均现金消费支出16674元，比上年增长10.0%，剔除价格因素影响，实际增长7.1%。分项消费支出如下：

（一）恩格尔系数略有下降

人均食品支出6041元，增长9.7%，增速低于上年4.9个百分点。其中，人均购买水产品、蔬菜、干鲜瓜果支出和在外饮食支出分别增长15.5%、12.3%、12.7%和11.1%。食品支出占消费支出的比重（即恩格尔系数）为36.2%，比上年低0.1个百分点，但仍比2010年高0.5个百分点。

（二）衣着、家庭设备及用品、文教娱乐和医疗保健支出增速回落

人均衣着支出1823元，增长8.9%，增速低于上年7.0个百分点。人均家庭设备及用品支出1116元，增长9.1%，增速低于上年3.6个百分点。其中，人均家庭日用杂品和家具支出分别增长14.6%和10.9%，人均家庭设备支出下降2.3%。人均文教娱乐支出2034元，增长9.8%，增速低于上年4.0个百分点。其中，人均文化娱乐用品支出452元，增长0.5%；人均文化娱乐服务支出762元，增长16.8%，主要是旅游支出快速增长；人均教育支出820元，增长9.3%，主要是培训班、托幼费等支出增长较快。人均医疗保健支出1064元，增长9.8%，增速比上年略有回落。其中，人均医疗费和药品费支出分别增长12.3%和8.7%。

（三）交通通信支出增速加快

人均交通通信支出2455元，增长14.2%，增速高于上年5.8个百分点，在八大类消费中增长最快。交通通信支出占消费支出的比重为14.7%，高于上年0.5个百分点。其中，人均交通支出1628元，增长16.6%。人均购买家用汽车支出增长18.3%。人均汽车燃料消费数量和消费金额分别增长18.1%和22.5%。人均通信支出872元，增长9.9%。其中，人均通讯工具和通讯服务支出分别增长34.9%和4.5%。

（四）居住支出平稳增长

人均居住支出1484元，增长5.6%。增速在2005年以来位列倒数第二，仅略高于上年0.1个百分点。其中，物业管理费支出增长11.4%，水电燃料支出增长7.0%，住房装潢支出增长3.3%。

二、农村居民消费

2012年农村居民消费支出人均5908元，比2011年增加687元，增长13.2%。剔除价格因素影响，实际增长10.4%，增速比2011年下降2.2个百分点。分项消费支出情况如下：

（一）恩格尔系数首次降至40%以下

2012年农村居民食品支出人均2324元，同比增长10.3%。农村居民食品支出占消费支出的比重即恩格尔系数为39.3%，比2011年下降1.1个百分点，恩格尔系数首次降至40%以下。在食品支出中，粮食支出人均419元，增长5.5%；蔬菜及制品支出人均212元，增长8.7%；肉禽蛋奶及制品支出人均621元，增长8.3%；水产品支出人均92元，增长14.3%。

（二）衣着、居住和医疗保健支出较快增长

2012年农村居民衣着支出人均396元，同比增长16.1%。其中，购买服装支出人均271元，增长15.3%；购买鞋类支出人均95元，增长18.8%。居住支出人均1086元，同比增长13.0%。其中，购买建材支出人均485元，增长9.7%；建筑、维修生活用房雇工支出人均153元，增长20.0%；生活用水、电、燃料支出人均296元，增长14.5%。医疗保健支出人均514元，同比增长17.6%。其中，购买药品支出人均154元，增长10.7%；医疗费支出人均348元，增长21.4%。

（三）交通通信和文教娱乐支出增速加快

2012年农村居民交通通信支出人均653元，同比增长19.3%，增速比2011年提高0.7个百分点。其中，购买交通工具支出人均223元，增长28.5%；购买交通工具用燃料支出人均110元，增长19.5%；购买通信工具支出人均47元，增长20.0%；通信费支出人均137元，增长12.9%。文教娱乐支出人均445元，同比增长12.4%，增速比2011年提高4.3个百分点。其中，购买文教娱乐用品支出人均119元，增长7.2%；教育服务支出人均254元，增长9.9%；文体娱乐服务支出人均73元，增长33.7%。

（四）家庭设备及用品支出增速回落

2012年农村居民家庭设备及用品支出人均

342元，同比增长10.6%，增速比2011年明显回落。其中，购买机电设备支出人均111元，与2011年基本持平；购买日用品支出人均111元，增长16.0%；购买家具支出人均66元，增长16.5%。家庭设备及用品支出增速回落的主要原因是：随着家电以旧换新、节能补贴短期刺激政策的落幕，人均购买机电设备支出额由2011年的增长31.1%转变为2012年支出额与2011年基本持平。

（五）消费支出结构与上年基本相同

与2011年比较，2012年农村居民八大项消费结构及变动与上年基本相同，为3降1平4升态势。在农村居民消费支出中：食品支出占39.3%，比2011年下降1.1个百分点；居住支出占18.4%，与2011年持平；家庭设备及用品支出占5.8%，比2011年略降0.1个百分点；文教娱乐支出占7.5%，比2011年略降0.1个百分点；交通通信支出占11.0%，比2011年提高0.6个百分点；医疗保健支出占8.7%，比2011年提高0.3个百分点；衣着支出占6.7%，比2011年提高0.2个百分点；其他商品支出占2.5%，比2011年提高0.2个百分点（见图5）。

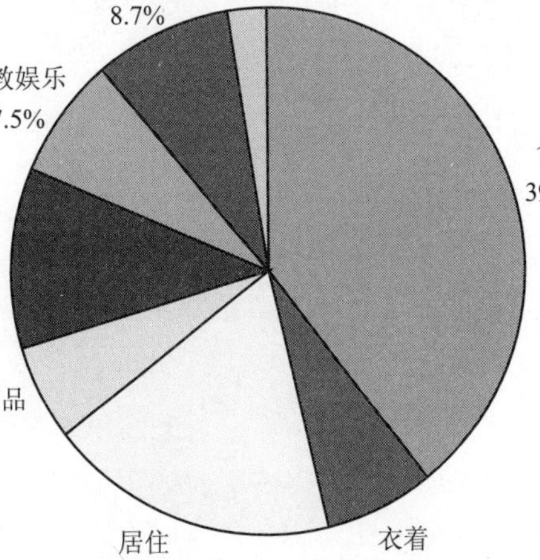

图5　2012年农村居民消费支出构成

2012年全国农村贫困人口情况

据对全国31个省（自治区、直辖市）7.4万户农村居民家庭的抽样调查，按新的国家扶贫标准农民人均纯收入2300元（2010年不变价）测算，2012年全国农村贫困人口为9899万人，比上年减少2339万人，下降19.1%；贫困发生率为10.2%，比上年下降2.5个百分点。

一、各地区农村贫困人口规模全面减少，西部地区下降最快

2012年，按照新的国家扶贫标准，我国西部地区农村贫困人口为5086万人，比上年减少1259万人，下降19.8%；贫困人口占全国农村贫困人口的比重为51.4%，比上年下降0.5个百分点；贫困发生率为17.5%，比上年下降4.4个百分点。

中部地区农村贫困人口为3446万人，比上年减少792万人，下降18.7%；贫困人口占全国农村贫困人口的比重为34.8%，比上年上升0.2个百分点；贫困发生率为10.6%，比上年下降2.5个百分点。

东部地区农村贫困人口为1367万人，比上年减少288万人，下降17.4%；贫困人口占全国农村贫困人口的比重为13.8%，比上年上升0.3个百分点；贫困发生率为3.9%，比上年下降0.8个百分点。

二、8个省份的农村贫困人口仍在500万人以上

2012年，按照新的国家扶贫标准，农村贫困人口仍在500万人以上的省份有8个，包括安徽、河南、湖南、广西、四川、贵州、云南和甘肃；在300—500万人之间的有6个，包括河北、山西、江西、山东、湖北和陕西；在100—300万人

之间的有8个，包括内蒙古、辽宁、吉林、黑龙江、江苏、广东、重庆和新疆；在100万人以下的有9个，包括北京、天津、上海、浙江、福建、海南、西藏、青海和宁夏。

三、6个省份的农村贫困发生率超过20%

2012年，按照新的国家扶贫标准，农村贫困发生率在20%之上的省份有6个，包括贵州、云南、西藏、甘肃、青海和新疆；在10－20%之间的省份有10个，包括山西、内蒙古、安徽、江西、湖南、广西、海南、四川、陕西和宁夏；在5—10%之间的省份有7个，包括河北、辽宁、吉林、黑龙江、河南、湖北和重庆；在5%以下的省份有8个，包括北京、天津、上海、江苏、浙江、福建、山东和广东。

2

各年度城乡住户调查综合数据

一、城乡住户调查综合数据

2-1-1 城乡居民家庭生活基本情况

指 标	1990	2000	2005	2010	2012
调查户数 （户）					
城镇	35660	42220	54496	65607	65981
农村	66960	68116	68190	68190	73750
平均每户家庭人口 （人）					
城镇	3.50	3.13	2.96	2.88	2.86
农村	4.80	4.20	4.07	3.95	3.88
就业					
城镇居民家庭每户就业人口 （人）	1.98	1.68	1.51	1.49	1.49
农村居民家庭每户整半劳动力 （人）	2.92	2.76	2.82	2.85	2.76
城镇居民家庭每一就业者负担人数(人)	1.77	1.86	1.96	1.93	1.92
农村居民家庭每一劳动力负担人数(人)	1.64	1.52	1.44	1.39	1.40
收入与支出					
城镇居民人均可支配收入 （元）	1510	6280	10493	19109	24565
农村居民人均纯收入 （元）	686	2253	3255	5919	7917
城镇居民人均现金消费支出 （元）	1279	4998	7943	13471	16674
农村居民人均消费支出 （元）	585	1670	2555	4382	5908
生活质量					
居民家庭恩格尔系数					
城镇 (%)	54.2	39.4	36.7	35.7	36.2
农村 (%)	58.8	49.1	45.5	41.1	39.3
居住条件					
城镇居民人均住宅建筑面积（平方米）			27.8	31.6	32.9
农村居民人均居住住房面积（平方米）	17.8	24.8	29.7	34.1	37.1
交通条件					
城镇居民每百户拥有家用汽车 （辆）		0.5	3.4	13.1	21.5
农村居民每百户拥有生活用汽车（辆）		0.3	0.8	2.8	6.6
移动电话拥有量					
城镇居民 (部/百户)		19.5	137.0	188.9	212.6
农村居民 (部/百户)		4.3	50.2	136.5	197.8

2-1-2 城乡居民家庭人均收入和指数

年 份	城镇居民家庭人均可支配收入			农村居民家庭人均纯收入		
	绝对数（元）	指数(上年=100)	指数(1978=100)	绝对数（元）	指数(上年=100)	指数(1978=100)
1978	343.4		100.0	133.6		100.0
1979	405.0	115.7	115.7	160.2	119.2	119.2
1980	477.6	109.7	127.0	191.3	116.6	139.0
1981	500.4	102.2	129.9	223.4	115.4	160.4
1982	535.3	104.9	136.3	270.1	119.9	192.3
1983	564.6	103.9	141.5	309.8	114.2	219.6
1984	652.1	112.2	158.7	355.3	113.6	249.5
1985	739.1	101.1	160.4	397.6	107.8	268.9
1986	900.9	113.9	182.7	423.8	103.2	277.6
1987	1002.1	102.2	186.8	462.6	105.2	292.0
1988	1180.2	97.6	182.3	544.9	106.4	310.7
1989	1373.9	100.1	182.5	601.5	98.4	305.7
1990	1510.2	108.5	198.1	686.3	101.8	311.2
1991	1700.6	107.1	212.4	708.6	102.0	317.4
1992	2026.6	109.7	232.9	784.0	105.9	336.2
1993	2577.4	109.5	255.1	921.6	103.2	346.9
1994	3496.2	108.5	276.8	1221.0	105.0	364.3
1995	4283.0	104.9	290.3	1577.7	105.3	383.6
1996	4838.9	103.8	301.6	1926.1	109.0	418.1
1997	5160.3	103.4	311.9	2090.1	104.6	437.3
1998	5425.1	105.8	329.9	2162.0	104.3	456.1
1999	5854.0	109.3	360.6	2210.3	103.8	473.5
2000	6280.0	106.4	383.7	2253.4	102.1	483.4
2001	6859.6	108.5	416.3	2366.4	104.2	503.7
2002	7702.8	113.4	472.1	2475.6	104.8	527.9
2003	8472.2	109.0	514.6	2622.2	104.3	550.6
2004	9421.6	107.7	554.2	2936.4	106.8	588.0
2005	10493.0	109.6	607.4	3254.9	106.2	624.5
2006	11759.5	110.4	670.7	3587.0	107.4	670.7
2007	13785.8	112.2	752.5	4140.4	109.5	734.4
2008	15780.8	108.4	815.7	4760.6	108.0	793.2
2009	17174.7	109.8	895.4	5153.2	108.5	860.6
2010	19109.4	107.8	965.2	5919.0	110.9	954.4
2011	21809.8	108.4	1046.3	6977.3	111.4	1063.2
2012	24564.7	109.6	1146.7	7916.6	110.7	1176.9
平均每年增长(%)						
1979-2012年			7.4			7.5
1991-2012年			8.3			6.2
2001-2012年			9.6			7.7

注：本表绝对数按当年价格计算，指数和平均增长速度按可比价格计算。

2-1-3 城乡居民家庭人均消费支出及恩格尔系数

年 份	城镇居民家庭人均消费支出		农村居民家庭人均消费支出		城镇居民家庭恩格尔系数(%)	农村居民家庭恩格尔系数(%)
	绝对数(元)	指数（1978=100)	绝对数(元)	指数(1978=100)		
1978	311.2	100.0	116.1	100.0	57.5	67.7
1980	412.4	121.0	162.2	131.2	56.9	61.8
1985	673.2	161.2	317.4	220.6	53.3	57.8
1990	1278.9	185.1	584.6	246.3	54.2	58.8
1991	1453.8	200.3	619.8	255.2	53.8	57.6
1992	1671.7	212.0	659.0	259.3	53.0	57.6
1993	2110.8	230.6	769.7	266.3	50.3	58.1
1994	2851.3	249.1	1016.8	285.2	50.0	58.9
1995	3537.6	264.6	1310.4	312.8	50.1	58.6
1996	3919.5	269.5	1572.1	347.9	48.8	56.3
1997	4185.6	279.1	1617.2	349.2	46.6	55.1
1998	4331.6	290.6	1590.3	346.8	44.7	53.4
1999	4615.9	313.8	1577.4	349.2	42.1	52.6
2000	4998.0	337.0	1670.1	370.2	39.4	49.1
2001	5309.0	355.5	1741.1	382.8	38.2	47.7
2002	6029.9	407.9	1834.3	405.0	37.7	46.2
2003	6510.9	436.5	1943.3	422.4	37.1	45.6
2004	7182.1	466.1	2184.7	453.2	37.7	47.2
2005	7942.9	507.4	2555.4	505.3	36.7	45.5
2006	8696.6	547.4	2829.0	551.3	35.8	43.0
2007	9997.5	602.1	3223.9	596.0	36.3	43.1
2008	11242.9	641.3	3660.7	635.3	37.9	43.7
2009	12264.6	706.1	3993.5	695.1	36.5	41.0
2010	13471.5	751.3	4381.8	736.2	35.7	41.1
2011	15160.9	802.3	5221.1	828.9	36.3	40.4
2012	16674.3	859.3	5908.0	915.1	36.2	39.3

注：本表绝对数按当年价格计算，指数按可比价格计算。

2-1-4 城乡居民家庭平均每人主要食品消费量

单位：公斤/人

指　标	1990	1995	2000	2005	2010	2012
城镇居民家庭						
粮食(商品粮)	130.72	97.00	82.31	76.98	81.53	78.76
鲜菜	138.70	116.47	114.74	118.58	116.11	112.33
食用植物油	6.40	7.11	8.16	9.25	8.84	9.14
猪肉	18.46	17.24	16.73	20.15	20.73	21.23
牛羊肉	3.28	2.44	3.33	3.71	3.78	3.73
禽类	3.42	3.97	5.44	8.97	10.21	10.75
鲜蛋	7.25	9.74	11.21	10.40	10.00	10.52
鲜奶	4.63	4.62	9.94	17.92	13.98	13.95
水产品	7.69	9.20	11.74	12.55	15.21	15.19
酒	9.25	9.93	10.01	8.85	7.02	6.88
鲜瓜果	41.11	44.96	57.48	56.69	54.23	56.05
农村居民家庭						
粮食(原粮)	262.08	256.07	250.23	208.85	181.44	164.27
蔬菜	134.00	104.62	106.74	102.28	93.28	84.72
食用植物油	3.54	4.25	5.45	4.90	5.52	6.93
猪肉	10.54	10.58	13.28	15.62	14.40	14.40
牛羊肉	0.80	0.71	1.13	1.47	1.43	1.96
禽类	1.25	1.83	2.81	3.67	4.17	4.49
蛋及制品	2.41	3.22	4.77	4.71	5.12	5.87
奶及制品	1.10	0.60	1.06	2.86	3.55	5.29
水产品	2.13	3.36	3.92	4.94	5.15	5.36
食糖	1.50	1.28	1.28	1.13	1.03	1.19
酒	6.14	6.53	7.02	9.59	9.74	10.04
瓜果及制品	5.89	13.01	18.31	17.18	19.64	22.81
坚果及制品		0.13	0.74	0.81	0.96	1.30

注:①城镇居民主要食品消费量指全年购买的主要食品数量,不包括实物消费量。粮食是指大米、面粉等商品粮。②农村居民主要食品消费量指全年购买和自产自食的主要食物消费量。粮食是指小麦、玉米、稻谷、薯类、大豆等按原粮计算的粮食消费量。③2008年以后的城镇水产品消费量只包括鱼虾,不包括其他水产品。

2-1-4 续表 1　　单位: 公斤/人

年 份	粮食		蔬菜		食用植物油	
	城 镇	农 村	城 镇*	农 村	城 镇	农 村
1978		247.8		141.5		1.3
1980		257.2		127.2		1.4
1985	131.2	257.5	147.7	131.1	6.4	2.6
1990	130.7	262.1	138.7	134.0	6.4	3.5
1991	127.9	255.6	132.2	127.0	6.9	3.9
1992	111.5	250.5	124.9	129.1	6.7	4.1
1993	97.8	251.8	120.6	107.4	7.1	4.1
1994	101.7	257.6	120.7	107.9	7.5	4.1
1995	97.0	256.1	116.5	104.6	7.1	4.3
1996	94.7	256.2	118.5	106.3	7.7	4.5
1997	88.6	250.7	115.2	107.2	7.7	4.7
1998	86.7	248.9	113.8	109.0	7.6	4.6
1999	84.9	247.5	114.9	108.9	7.8	4.6
2000	82.3	250.2	114.7	106.7	8.2	5.5
2001	79.7	238.6	115.9	109.3	8.1	5.5
2002	78.5	236.5	116.5	110.6	8.5	5.8
2003	79.5	222.4	118.3	107.4	9.2	5.3
2004	78.2	218.3	122.3	106.6	9.3	4.3
2005	77.0	208.9	118.6	102.3	9.3	4.9
2006	75.9	205.6	117.6	100.5	9.4	4.7
2007	78.7	199.5	117.8	99.0	9.6	5.1
2008	63.6	199.1	123.2	99.7	10.3	5.4
2009	81.3	189.3	120.5	98.4	9.7	5.4
2010	81.5	181.4	116.1	93.3	8.8	5.5
2011	80.7	170.7	114.6	89.4	9.3	6.6
2012	78.8	164.3	112.3	84.7	9.1	6.9

注:①城镇居民的蔬菜消费量为鲜菜.

2-1-4 续表 2 单位: 公斤/人

年 份	猪牛羊肉		禽类		水产品	
	城 镇	农 村	城 镇	农 村	城 镇	农 村
1978		5.8		0.3		0.8
1980		7.7		0.7		1.1
1985	18.7	11.0		1.0	7.8	1.6
1990	21.7	11.3	3.4	1.3	7.7	2.1
1991	22.2	12.2	4.4	1.3	8.0	2.2
1992	21.4	11.8	5.1	1.5	8.2	2.3
1993	20.8	11.7	3.7	1.6	8.0	2.8
1994	20.2	11.0	4.1	1.6	8.5	3.0
1995	19.7	11.3	4.0	1.8	9.2	3.4
1996	20.4	12.9	5.4	1.9	9.3	3.7
1997	19.0	12.7	6.5	2.4	9.3	3.8
1998	19.2	13.2	6.3	2.3	9.8	3.7
1999	20.0	13.9	4.9	2.5	10.3	3.8
2000	20.1	14.4	5.4	2.8	11.7	3.9
2001	19.2	14.5	7.3	2.9	12.3	4.1
2002	23.3	14.9	9.2	2.9	13.2	4.4
2003	23.7	15.0	9.2	3.2	13.4	4.7
2004	22.9	14.8	6.4	3.1	12.5	4.5
2005	23.9	17.1	9.0	3.7	12.6	4.9
2006	23.8	17.0	8.3	3.5	13.0	5.0
2007	22.1	14.9	9.7	3.9	14.2	5.4
2008	22.7	13.9	8.0	4.4	11.9	5.2
2009	24.2	15.3	10.5	4.2	12.2	5.3
2010	24.5	15.8	10.2	4.2	15.2	5.2
2011	24.6	16.3	10.6	4.5	14.6	5.4
2012	25.0	16.4	10.8	4.5	15.2	5.4

2-1-5 城乡居民家庭平均每百户年末主要耐用消费品拥有量

单位：平均每百户

指　标		1990	1995	2000	2005	2010	2012
城镇居民家庭							
洗衣机	(台)	78.41	88.97	90.50	95.51	96.92	98.02
电冰箱	(台)	42.33	66.22	80.10	90.72	96.61	98.48
彩色电视机	(台)	59.04	89.79	116.60	134.8	137.43	136.07
计算机	(台)			9.70	41.52	71.16	87.03
空调	(台)	0.34	8.09	30.80	80.67	112.07	126.81
淋浴热水器	(台)		30.05	49.10	72.65	84.82	91.02
微波炉	(台)			17.60	47.61	59.00	62.24
照相机	(架)	19.22	30.56	38.40	46.94	43.70	46.42
摄像机	(架)			1.30	4.32	8.20	10.00
移动电话	(部)			19.50	137.00	188.86	212.64
固定电话	(部)				94.40	80.94	68.41
摩托车	(辆)	1.94	6.29	18.80	25.00	22.51	20.27
家用汽车	(辆)			0.50	3.37	13.07	21.54
农村居民家庭							
洗衣机	(台)	9.12	16.90	28.58	40.20	57.32	67.22
电冰箱	(台)	1.22	5.15	12.31	20.10	45.19	67.32
彩色电视机	(台)	4.72	16.92	48.74	84.08	111.79	116.90
计算机	(台)			0.47	2.10	10.37	21.36
空调	(台)		0.18	1.32	6.40	16.00	25.36
淋浴热水器	(台)			5.13	12.36	28.27	40.79
微波炉	(台)			0.59	3.46	9.19	12.83
照相机	(台)	0.70	1.42	3.12	4.05	5.17	5.18
摄像机	(架)			0.17	0.42	1.00	1.18
移动电话	(部)			4.32	50.24	136.54	197.80
固定电话	(部)			26.38	58.37	60.76	42.24
摩托车	(辆)	0.89	4.91	21.94	40.70	59.02	62.20
汽车(生活用)	(辆)			0.30	0.84	2.75	6.59

2-1-6 城镇居民按人均可支配收入分组的户数占调查户比重

项　　目	2005	2009	2010	2011	2012
按可支配收入分组户数占调查户比重　(%)					
2000元以下　(元)	0.91	0.18	0.12	0.13	0.08
2000-4000　(元)	7.83	1.55	1.04	0.56	0.27
4000-6000　(元)	15.44	4.83	3.44	2.06	1.13
6000-8000　(元)	17.54	7.96	6.00	4.02	2.42
8000-10000　(元)	15.40	10.11	7.84	5.90	4.22
10000-12000　(元)	11.54	10.20	9.29	7.59	5.64
12000-14000　(元)	8.49	10.40	9.55	8.27	6.63
14000-16000　(元)	6.00	9.01	9.17	8.64	7.53
16000-18000　(元)	4.30	7.97	8.36	8.46	7.87
18000-20000　(元)	3.10	6.68	7.30	7.54	7.26
20000-22000　(元)	2.22	5.63	6.42	6.91	7.11
22000-24000　(元)	1.65	4.51	5.28	5.97	6.46
24000-26000　(元)	1.18	3.64	4.45	4.97	6.04
26000-28000　(元)	0.87	2.90	3.61	4.19	4.98
28000-30000　(元)	0.63	2.38	2.85	3.52	4.46
30000-35000　(元)	1.14	4.23	5.16	6.85	8.62
35000-40000　(元)	0.70	2.62	3.22	4.49	5.61
40000-45000　(元)	0.40	1.68	2.13	2.88	4.07
45000-50000　(元)	0.21	1.06	1.41	1.93	2.58
50000元以上　(元)	0.43	2.45	3.34	5.11	7.02

2-1-7 农村居民按人均纯收入分组的户数占调查户比重

项　　目	2005	2009	2010	2011	2012
按纯收入分组户数占调查户比重　(%)					
2000元以下　(元)	29.43	13.29	9.52	7.40	5.63
2000-3000　(元)	23.91	14.89	12.22	9.04	7.42
3000-4000　(元)	17.12	15.12	13.24	10.62	9.04
4000-5000　(元)	10.57	12.90	12.62	10.93	9.75
5000-6000　(元)	6.30	10.32	10.80	10.09	9.29
6000-7000　(元)	3.77	7.85	8.75	9.03	8.71
7000-8000　(元)	2.54	6.07	6.95	7.81	7.57
8000-9000　(元)	1.70	4.33	5.43	6.10	6.64
9000-10000　(元)	1.28	3.27	4.21	5.10	5.65
10000-11000　(元)	0.85	2.57	3.25	4.14	4.83
11000-12000　(元)	0.63	1.88	2.51	3.38	3.95
12000-13000　(元)	0.46	1.53	1.94	2.91	3.22
13000-14000　(元)	0.29	1.12	1.56	2.21	2.77
14000-15000　(元)	0.22	0.93	1.24	1.86	2.39
15000-16000　(元)	0.19	0.72	1.03	1.55	1.89
16000-17000　(元)	0.11	0.56	0.82	1.23	1.65
17000-18000　(元)	0.10	0.45	0.65	0.98	1.36
18000-19000　(元)	0.09	0.36	0.51	0.82	1.21
19000-20000　(元)	0.06	0.27	0.40	0,73	0.99
20000元以上　(元)	0.37	1.57	2.35	4.08	6.04

二、城镇住户调查综合数据

2-2-1 城镇居民家庭人均可支配收入

年 份	可支配收入(元/人)	比上年名义增长(%)	指数	
			1978年=100	上年=100
1978	343.4		100.0	
1979	405.0	17.9	115.7	115.7
1980	477.6	17.9	127.0	109.7
1981	500.4	4.8	129.9	102.2
1982	535.3	7.0	136.3	104.9
1983	564.6	5.5	141.5	103.9
1984	652.1	15.5	158.7	112.2
1985	739.1	13.3	160.4	101.1
1986	900.9	21.9	182.7	113.9
1987	1002.1	11.2	186.8	102.2
1988	1180.2	17.8	182.3	97.6
1989	1373.9	16.4	182.5	100.1
1990	1510.2	9.9	198.1	108.5
1991	1700.6	12.6	212.4	107.1
1992	2026.6	19.2	232.9	109.7
1993	2577.4	27.2	255.1	109.5
1994	3496.2	35.6	276.8	108.5
1995	4283.0	22.5	290.3	104.9
1996	4838.9	13.0	301.6	103.8
1997	5160.3	6.6	311.9	103.4
1998	5425.1	5.1	329.9	105.8
1999	5854.0	7.9	360.6	109.3
2000	6280.0	7.3	383.7	106.4
2001	6859.6	9.2	416.3	108.5
2002	7702.8	12.3	472.1	113.4
2003	8472.2	10.0	514.6	109.0
2004	9421.6	11.2	554.2	107.7
2005	10493.0	11.4	607.4	109.6
2006	11759.5	12.1	670.7	110.4
2007	13785.8	17.2	752.5	112.2
2008	15780.8	14.5	815.7	108.4
2009	17174.7	8.8	895.4	109.8
2010	19109.4	11.3	965.2	107.8
2011	21809.8	14.1	1046.3	108.4
2012	24564.7	12.6	1146.7	109.6

注：可支配收入绝对数按当年价格计算，指数按可比价计算。

2-2-2 城镇居民家庭基本情况

年 份	调查户数（户）	家庭人口（人/户）	就业人口（人/户）	平均每户就业面（%）	平均每一就业者负担人数(包括就业者本人)（人）
1985	17143	3.82	2.20	57.6	1.7
1986	27024	3.82	2.12	55.5	1.8
1987	32855	3.74	2.09	55.9	1.8
1988	34945	3.63	2.03	56.0	1.8
1989	35235	3.55	2.00	56.3	1.8
1990	35660	3.50	1.98	56.6	1.8
1991	36730	3.43	1.96	57.1	1.8
1992	36290	3.37	1.95	57.9	1.7
1993	35390	3.31	1.92	58.0	1.7
1994	34940	3.28	1.88	57.3	1.7
1995	35520	3.23	1.87	57.9	1.7
1996	36370	3.20	1.86	58.1	1.7
1997	37890	3.19	1.83	57.4	1.7
1998	39080	3.16	1.80	57.0	1.8
1999	40044	3.14	1.77	56.4	1.8
2000	42220	3.13	1.68	53.7	1.9
2001	43840	3.10	1.65	53.2	1.9
2002	45317	3.04	1.58	52.0	1.9
2003	48028	3.01	1.58	52.5	1.9
2004	50430	2.98	1.56	52.3	1.9
2005	54496	2.96	1.51	51.0	2.0
2006	56094	2.95	1.53	51.9	1.9
2007	59305	2.91	1.54	52.9	1.9
2008	64675	2.91	1.48	50.9	2.0
2009	65506	2.89	1.49	51.6	1.9
2010	65607	2.88	1.49	51.7	1.9
2011	65655	2.87	1.48	51.6	1.9
2012	65981	2.86	1.49	52.1	1.9

2-2-3 城镇居民家庭收入来源及构成

年 份	可支配收入	总收入	工薪收入	经营净收入	财产性收入	转移性收入
收入来源(元/人)						
1985	739.1	821.4				
1990	1510.2	1516.2	1149.7	22.5	15.6	328.4
1995	4283.0	4288.1	3385.3	77.5	90.4	734.8
2000	6280.0	6295.9	4480.5	246.2	128.4	1440.8
2001	6859.6	6868.9	4829.9	274.1	134.6	1630.4
2002	7702.8	8177.4	5740.0	332.2	102.1	2003.2
2003	8472.2	9061.2	6410.2	403.8	135.0	2112.2
2004	9421.6	10128.5	7152.8	493.9	161.2	2320.7
2005	10493.0	11320.8	7797.5	679.6	192.9	2650.7
2006	11759.5	12719.2	8767.0	809.6	244.0	2898.7
2007	13785.8	14908.6	10234.8	940.7	348.5	3384.6
2008	15780.8	17067.8	11299.0	1453.6	387.0	3928.2
2009	17174.7	18858.1	12382.1	1528.7	431.8	4515.5
2010	19109.4	21033.4	13707.7	1713.5	520.3	5091.9
2011	21809.8	23979.2	15411.9	2209.7	649.0	5708.6
2012	24564.7	26959.0	17335.6	2548.3	707.0	6368.1
收入构成(%)						
1985		100.0				
1990		100.0	75.8	1.5	1.0	21.7
1995		100.0	78.9	1.8	2.1	17.1
2000		100.0	71.2	3.9	2.0	22.9
2001		100.0	70.3	4.0	2.0	23.7
2002		100.0	70.2	4.1	1.2	24.5
2003		100.0	70.7	4.5	1.5	23.3
2004		100.0	70.6	4.9	1.6	22.9
2005		100.0	68.9	6.0	1.7	23.4
2006		100.0	68.9	6.4	1.9	22.8
2007		100.0	68.6	6.3	2.3	22.7
2008		100.0	66.2	8.5	2.3	23.0
2009		100.0	65.7	8.1	2.3	23.9
2010		100.0	65.2	8.1	2.5	24.2
2011		100.0	64.3	9.2	2.7	23.8
2012		100.0	64.3	9.5	2.6	23.6

2-2-4 城镇居民家庭现金消费支出

单位：元/人

年 份	现金消费支出	食 品	衣 着	居 住	家庭设备及用品	交通通信	文教娱乐	医疗保健	其他
1979	311.2								
1980	412.4								
1985	673.2	358.8	103.0	23.6	74.7	8.8	69.3	5.4	29.6
1990	1278.9	693.8	170.9	60.9	108.5	40.5	112.3	25.7	66.6
1995	3537.6	1772.0	479.2	283.8	263.4	183.2	331.0	110.1	114.9
2000	4998.0	1971.3	500.5	565.3	374.5	427.0	669.6	318.1	171.8
2001	5309.0	2028.0	533.7	610.7	376.2	493.9	736.6	343.3	186.6
2002	6029.9	2271.8	590.9	624.4	388.7	626.0	902.3	430.1	195.8
2003	6510.9	2416.9	637.7	699.4	410.3	721.1	934.4	476.0	215.1
2004	7182.1	2709.6	686.8	733.5	407.4	843.6	1032.8	528.2	240.2
2005	7942.9	2914.4	800.5	808.7	446.5	996.7	1097.5	600.9	277.8
2006	8696.6	3111.9	901.8	904.2	498.5	1147.1	1203.0	620.5	309.5
2007	9997.5	3628.0	1042.0	982.3	601.8	1357.4	1329.2	699.1	357.7
2008	11242.9	4259.8	1165.9	1145.4	691.8	1417.1	1358.3	786.2	418.3
2009	12264.6	4478.5	1284.2	1228.9	786.9	1682.6	1472.8	856.4	474.2
2010	13471.5	4804.7	1444.3	1332.1	908.0	1983.7	1627.6	871.8	499.2
2011	15160.9	5506.3	1674.7	1405.0	1023.2	2149.7	1851.7	969.0	581.3
2012	16674.3	6040.9	1823.4	1484.3	1116.1	2455.5	2033.5	1063.7	657.1

2-2-5 城镇居民家庭现金消费支出构成

单位：%

年 份	现金消费支出	食 品	衣 着	居 住	家庭设备及用品	交通通信	文教娱乐	医疗保健	其他
1979	100.0								
1980	100.0								
1985	100.0	53.3	15.3	3.5	11.1	1.3	10.3	0.8	4.4
1990	100.0	54.3	13.4	4.8	8.5	3.2	8.8	2.0	5.2
1995	100.0	50.1	13.5	8.0	7.4	5.2	9.4	3.1	3.2
2000	100.0	39.4	10.0	11.3	7.5	8.5	13.4	6.4	3.4
2001	100.0	38.2	10.1	11.5	7.1	9.3	13.9	6.5	3.5
2002	100.0	37.7	9.8	10.4	6.4	10.4	15.0	7.1	3.2
2003	100.0	37.1	9.8	10.7	6.3	11.1	14.4	7.3	3.3
2004	100.0	37.7	9.6	10.2	5.7	11.7	14.4	7.4	3.3
2005	100.0	36.7	10.1	10.2	5.6	12.5	13.8	7.6	3.5
2006	100.0	35.8	10.4	10.4	5.7	13.2	13.8	7.1	3.6
2007	100.0	36.3	10.4	9.8	6.0	13.6	13.3	7.0	3.6
2008	100.0	37.9	10.4	10.2	6.2	12.6	12.1	7.0	3.7
2009	100.0	36.5	10.5	10.0	6.4	13.7	12.0	7.0	3.9
2010	100.0	35.7	10.7	9.9	6.7	14.7	12.1	6.5	3.7
2011	100.0	36.3	11.0	9.3	6.7	14.2	12.2	6.4	3.8
2012	100.0	36.2	10.9	8.9	6.7	14.7	12.2	6.4	3.9

2-2-6 东、中、西部及东北地区城镇居民家庭可支配收入

单位：元/人

年 份	全国	东部地区	中部地区	西部地区	东北地区
2005	10493.0	13374.9	8808.5	8783.2	8730.0
2006	11759.5	14967.4	9902.3	9728.5	9830.1
2007	13785.8	16974.2	11634.4	11309.5	11463.3
2008	15780.8	19203.5	13225.9	12971.2	13119.7
2009	17174.7	20953.2	14367.1	14213.5	14324.3
2010	19109.4	23272.8	15962.0	15806.5	15941.0
2011	21809.8	26406.0	18323.2	18159.4	18301.3
2012	24564.7	29621.6	20697.2	20600.2	20759.3

2-2-7 东、中、西部及东北地区城镇居民家庭可支配收入增长率

(上年=100)

单位：%

年 份	全国	东部地区	中部地区	西部地区	东北地区
2005	11.4				
2006	12.1	11.9	12.4	10.8	12.6
2007	17.2	13.4	17.5	16.3	16.6
2008	14.5	13.1	13.7	14.7	14.4
2009	8.8	9.1	8.6	9.6	9.2
2010	11.3	11.1	11.1	11.2	11.3
2011	14.1	13.5	14.8	14.9	14.8
2012	12.6	12.2	13.0	13.4	13.4

注：本表可支配收入增长率均为名义增长率。

2-2-8 城镇居民家庭现金消费支出及增长率

年 份	现金消费支出（元/人）	比上年名义增长（%）	指数	
			1978年=100	上年=100
1978	311.2			
1979				
1980	412.4		121.0	
1981	456.8	10.8	130.9	108.1
1982	471.0	3.1	132.3	101.1
1983	505.9	7.4	139.3	105.3
1984	559.4	10.6	150.0	107.7
1985	673.2	20.3	161.2	107.5
1986	799.0	18.7	178.8	110.9
1987	884.4	10.7	182.0	101.7
1988	1104.0	24.8	188.1	103.4
1989	1211.0	9.7	177.5	94.3
1990	1278.9	5.6	185.1	104.3
1991	1453.8	13.7	200.3	108.2
1992	1671.7	15.0	212.0	105.9
1993	2110.8	26.3	230.6	108.8
1994	2851.3	35.1	249.1	108.1
1995	3537.6	24.1	264.6	106.2
1996	3919.5	10.8	269.5	101.8
1997	4185.6	6.8	279.1	103.6
1998	4331.6	3.5	290.6	104.1
1999	4615.9	6.6	313.8	108.0
2000	4998.0	8.3	337.0	107.4
2001	5309.0	6.2	355.5	105.5
2002	6029.9	13.6	407.9	114.7
2003	6510.9	8.0	436.5	107.0
2004	7182.1	10.3	466.1	106.8
2005	7942.9	10.6	507.4	108.9
2006	8696.6	9.5	547.4	107.9
2007	9997.5	15.0	602.1	110.0
2008	11242.9	12.5	641.3	106.5
2009	12264.6	9.1	706.1	110.1
2010	13471.5	9.8	751.3	106.4
2011	15160.9	12.5	802.3	106.8
2012	16674.3	10.0	859.3	107.1

注：本表绝对数按当年价格计算，指数按可比价计算。

2-2-9　城镇居民家庭购买主要食品数量

单位：公斤/人

年　份	粮食	鲜菜	食用植物油	猪肉	牛羊肉	禽类
1957	167.2	109.1	4.2	6.7	1.2	1.2
1964	155.8	130.3	2.2			0.5
1981	145.4	152.3	4.8	16.9	1.7	1.9
1982	144.6	159.1	5.8	16.9	1.8	2.3
1983	144.5	165.0	6.5	18.0	1.9	2.6
1984	142.1	149.0	7.1	17.1	2.8	2.9
1985	131.2	147.7	6.4	17.2	3.0	3.8
1986	137.9	148.3	6.2	19.0	2.6	3.7
1987	133.9	142.6	6.4	18.9	3.1	3.4
1988	137.2	147.0	7.0	16.9	2.8	4.0
1989	133.9	144.6	6.2	17.5	2.7	3.7
1990	130.7	138.7	6.4	18.5	3.3	3.4
1991	127.9	132.2	6.9	18.9	3.3	4.4
1992	111.5	124.9	6.7	17.7	3.7	5.1
1993	97.8	120.6	7.1	17.4	3.4	5.2
1994	101.7	120.7	7.5	17.1	3.1	4.1
1995	97.0	116.5	7.1	17.2	2.4	5.8
1996	94.7	118.5	7.1	17.1	3.3	5.4
1997	88.6	113.3	7.2	15.3	3.7	6.5
1998	86.7	113.8	7.6	15.9	3.3	6.3
1999	84.9	114.9	7.8	16.9	3.1	6.7
2000	82.3	114.7	8.2	16.7	3.3	7.4
2001	79.7	115.9	8.1	16.0	3.2	7.3
2002	78.5	116.5	8.5	20.3	3.0	9.2
2003	79.5	118.3	9.2	20.4	3.3	9.2
2004	78.2	122.3	9.3	19.2	3.7	6.4
2005	77.0	118.6	9.3	20.2	3.7	9.0
2006	75.9	117.6	9.4	20.0	3.8	8.3
2007	78.7	117.8	9.6	18.2	3.9	9.7
2008	63.6	123.2	10.3	19.3	3.4	8.5
2009	81.3	120.5	9.7	20.5	3.7	10.5
2010	81.5	116.1	8.8	20.7	3.8	10.2
2011	80.7	114.6	9.3	20.6	2.8	10.6
2012	78.8	112.3	9.1	21.2	3.7	10.8

注：1994年禽类的购买量只包括鸡和鸭的购买量，不包括其他禽类及制品的购买量。

2-2-9 续表 单位：公斤/人

年 份	鲜蛋	水产品	鲜奶	水果(瓜果)	酒
1957	3.3	7.6			2.5
1964	2.0	4.7			1.0
1981	5.2	7.3	4.1	21.2	4.4
1982	5.9	7.7	4.5	27.7	4.5
1983	6.9	8.1	4.6	27.1	5.3
1984	7.6	7.8	5.2	32.1	6.8
1985	8.8	7.8	6.4	36.5	8.0
1986	7.1	8.2	4.7	40.2	9.4
1987	6.6	7.9			9.9
1988	6.9	7.1			9.5
1989	7.1	7.6	4.2	38.8	9.0
1990	7.3	7.7	4.6	41.1	9.3
1991	8.3	8.0	4.7	41.7	9.5
1992	9.5	8.2	5.5	47.4	9.9
1993	8.9	8.0	5.4	38.9	9.7
1994	9.7	8.5	5.3	40.0	10.0
1995	9.7	9.2	4.6	45.0	9.9
1996	9.6		4.8	46.2	9.7
1997	11.1		5.1	52.1	9.6
1998	10.2		6.2	54.8	9.7
1999	10.9	10.3	7.9	54.2	9.6
2000	11.2	11.7	9.9	57.5	10.0
2001	10.4		11.9	59.9	9.7
2002	10.6	13.2	15.7	56.5	9.1
2003	11.2	13.4	18.6	57.8	9.4
2004	10.4	12.5	18.8	56.5	8.9
2005	10.4	12.6	17.9	56.7	8.9
2006	10.4	13.0	18.3	60.2	9.1
2007	10.3	14.2	17.8	59.5	9.1
2008	10.7	11.9	15.2	54.5	7.7
2009	10.6	12.2	14.9	56.6	8.0
2010	10.0	15.2	14.0	54.2	7.0
2011	10.1	14.6	13.7	52.0	6.8
2012	10.5	15.2	14.0	56.1	6.9

注：2008、2009年水产品的购买量只包括鱼和虾的购买量，不包括其他水产品及制品的购买量。

2-2-10 城镇居民家庭年末主要耐用消费品拥有量

单位：平均每百户

年 份	摩托车（辆）	洗衣机（台）	电冰箱（台）	彩色电视机（台）	组合音响（套）	照相机（架）	空调（台）
1985	1.0	52.8	9.6	18.4		12.1	0.1
1990	1.9	78.4	42.3	59.0		19.2	0.3
1991	2.3	80.6	48.7	68.4		21.3	0.7
1992	2.8	83.4	52.6	74.9	4.0	24.3	1.2
1993	3.5	86.4	56.7	79.5	5.7	26.5	2.3
1994	5.3	87.3	62.1	86.2	8.7	29.8	5.0
1995	6.3	89.0	66.2	89.8	10.5	30.6	8.1
1999	15.1	91.4	77.7	111.6	19.7	38.1	24.5
2000	18.8	90.5	80.1	116.6	22.2	38.4	30.8
2001	20.2	92.2	81.9	120.5	23.8	39.8	35.8
2002	22.2	92.9	87.4	126.4	25.2	44.1	51.1
2003	24.0	94.4	88.7	130.5	26.9	45.4	61.8
2004	24.8	95.9	90.2	133.4	28.3	47.0	69.8
2005	25.0	95.5	90.7	134.8	28.8	46.9	80.7
2006	25.3	96.8	91.8	137.4	29.1	48.0	87.8
2007	24.8	96.8	95.0	137.8	30.2	45.1	95.1
2008	21.4	94.7	93.6	132.9	27.4	39.1	100.3
2009	22.4	96.0	95.4	135.7	28.2	41.7	106.8
2010	22.5	96.9	96.6	137.4	28.1	43.7	112.1
2011	20.1	97.1	97.2	135.2	24.0	44.5	122.0
2012	20.3	98.0	98.5	136.1	23.6	46.4	126.8

2-2-10 续表　　　　单位：平均每百户

年　份	淋浴热水器（台）	计算机（台）	摄像机（架）	微波炉（台）	健身器材（套）	移动电话（部）	家用汽车（辆）
1985							
1990							
1991							
1992	13.0						
1993	17.7						
1994	25.2						
1995	30.1						
1999	45.5	5.9	1.1	12.2	3.8	7.1	0.3
2000	49.1	9.7	1.3	17.6	3.5	19.5	0.5
2001	52.0	13.3	1.6	22.3	4.0	34.0	0.6
2002	62.4	20.6	1.9	30.9	3.7	62.9	0.9
2003	66.6	27.8	2.5	37.0	4.1	90.1	1.4
2004	69.4	33.1	3.2	41.7	4.2	111.4	2.2
2005	72.7	41.5	4.3	47.6	4.7	137.0	3.4
2006	75.1	47.2	5.1	50.6	5.0	152.9	4.3
2007	79.5	53.8	6.2	53.4	4.4	165.2	6.1
2008	80.7	59.3	7.1	54.6	4.0	172.0	8.8
2009	83.4	65.7	7.8	57.2	4.1	181.0	10.9
2010	84.8	71.2	8.2	59.0	4.2	188.9	13.1
2011	89.1	81.9	9.4	60.7	4.1	205.3	18.6
2012	91.0	87.0	10.0	62.2	4.3	212.6	21.5

三、农村住户调查综合数据

2-3-1 农村居民家庭人口状况

年 份	调查户数(户)	常住人口(人/户)	劳动力(人/户)	整劳动力(人/户)	劳动力负担人口(人/劳动力)
1978	6095	5.7	2.3		2.5
1979	10282	5.7	2.4		2.4
1980	15914	5.5	2.5		2.3
1981	18529	5.5	2.5		2.2
1982	22775	5.5	2.6		2.1
1983	30427	5.4	2.8	2.2	1.9
1984	31375	5.4	2.9	2.3	1.9
1985	66642	5.1	3.0	2.4	1.7
1986	66836	5.1	3.0	2.4	1.7
1987	66912	5.0	3.0	2.4	1.7
1988	67186	4.9	3.0	2.4	1.7
1989	66906	4.9	2.9	2.4	1.7
1990	66960	4.8	2.9	2.5	1.6
1991	67410	4.7	2.8	2.4	1.7
1992	67490	4.7	2.8	2.4	1.6
1993	67570	4.6	2.9	2.4	1.6
1994	67420	4.5	2.9	2.5	1.6
1995	67340	4.5	2.9	2.4	1.6
1996	67610	4.4	2.8	2.4	1.6
1997	67680	4.4	2.8	2.2	1.6
1998	68300	4.3	2.8	2.2	1.5
1999	67430	4.2	2.8	2.1	1.5
2000	68116	4.2	2.8	2.1	1.5
2001	68190	4.2	2.7	2.0	1.5
2002	68190	4.1	2.8	2.0	1.5
2003	68190	4.1	2.8	2.0	1.5
2004	68190	4.1	2.8	2.0	1.4
2005	68190	4.1	2.8	2.0	1.4
2006	68190	4.1	2.8	2.0	1.4
2007	68190	4.0	2.8	2.0	1.4
2008	68190	4.0	2.8	1.9	1.4
2009	68190	4.0	2.9	1.9	1.4
2010	68190	4.0	2.9	1.8	1.4
2011	73630	3.9	2.8	1.8	1.4
2012	73750	3.9	2.8	1.8	1.4

2-3-2 农村居民家庭劳动力文化状况

单位：%

年　份	不识字或识字很少	小学程度	初中程度	高中程度	中专程度	大专及大专以上
1985	27.9	37.1	27.7	7.0	0.3	0.1
1986	26.1	38.0	28.6	6.9	0.3	0.1
1987	25.0	38.4	29.4	6.8	0.4	0.1
1988	24.8	37.5	30.4	6.8	0.4	0.1
1989	22.6	38.7	31.4	6.8	0.5	0.1
1990	20.7	38.9	32.8	7.0	0.5	0.1
1991	16.9	39.5	35.2	7.6	0.6	0.1
1992	16.2	39.1	36.2	7.8	0.6	0.1
1993	15.3	38.2	37.4	8.2	0.7	0.2
1994	14.7	37.2	38.6	8.5	0.8	0.2
1995	13.5	36.6	40.1	8.6	1.0	0.2
1996	11.2	35.5	42.8	8.9	1.2	0.3
1997	10.1	35.1	44.3	8.9	1.2	0.3
1998	9.6	34.5	45.0	9.2	1.5	0.4
1999	9.0	33.7	46.1	9.4	1.6	0.4
2000	8.1	32.2	48.1	9.3	1.8	0.5
2001	7.9	31.1	48.9	9.7	1.9	0.5
2002	7.6	30.6	49.3	9.8	2.1	0.6
2003	7.4	29.9	50.2	9.7	2.1	0.6
2004	7.5	29.2	50.4	10.1	2.1	0.8
2005	6.9	27.2	52.2	10.3	2.4	1.1
2006	6.6	26.4	52.8	10.5	2.4	1.3
2007	6.3	25.8	52.9	11.0	2.5	1.4
2008	6.1	25.3	52.8	11.4	2.7	1.7
2009	5.9	24.7	52.7	11.7	2.9	2.1
2010	5.7	24.4	52.4	12.0	2.9	2.4
2011	5.5	26.5	53.0	9.9	2.5	2.7
2012	5.3	26.1	53.0	10.0	2.7	2.9

2-3-3 农村居民家庭住房情况

年份	新建(购)住房面积(平方米/人)	砖木结构	钢筋混凝土结构	新建(购)住房价值(元/平方米)	年末居住住房面积(平方米/人)	砖木结构	钢筋混凝土结构	年末居住住房价值(元/平方米)
1978					8.1			
1979					8.4			
1980					9.4			17.0
1981	0.8	0.5		22.1	10.2	4.9	0.1	17.9
1982	0.9	0.5		25.4	10.7	5.2	0.1	19.2
1983	1.0	0.6	0.1	29.7	11.6	6.2	0.3	21.6
1984	0.8	0.5	0.1	35.3	13.6	6.8	0.2	23.8
1985	1.1	0.7	0.1	40.2	14.7	7.5	0.3	26.8
1986	1.1	0.7	0.1	47.1	15.3	8.2	0.4	29.2
1987	1.1	0.7	0.2	58.4	16.0	8.6	0.6	30.5
1988	1.0	0.6	0.2	71.0	16.6	9.0	0.7	33.4
1989	0.9	0.6	0.2	84.3	17.2	9.3	0.9	37.3
1990	0.8	0.5	0.2	92.3	17.8	9.8	1.2	44.6
1991	0.9	0.5	0.3	101.0	18.5	10.4	1.6	56.6
1992	0.7	0.4	0.2	111.2	18.9	10.7	1.8	60.1
1993	0.7	0.3	0.2	124.6	20.7	11.8	2.3	73.4
1994	0.7	0.4	0.2	152.4	20.2	11.5	2.7	83.2
1995	0.8	0.4	0.3	200.3	21.0	11.9	3.1	101.6
1996	1.0	0.4	0.5	219.5	21.7	11.7	4.4	133.9
1997	0.9	0.4	0.5	222.0	22.5	11.9	5.1	149.7
1998	0.8	0.3	0.5	227.4	23.3	12.2	5.7	153.0
1999	0.8	0.3	0.5	239.5	24.2	12.3	6.4	157.6
2000	0.9	0.4	0.5	260.2	24.8	13.6	6.2	187.4
2001	0.8	0.3	0.5	263.5	25.7	13.8	6.9	196.1
2002	0.9	0.3	0.5	295.6	26.5	13.9	7.7	202.8
2003	0.8	0.3	0.5	303.8	27.2	14.1	8.5	217.1
2004	0.6	0.2	0.4	339.3	27.9	14.1	9.2	226.1
2005	0.8	0.3	0.5	373.3	29.7	14.1	11.2	267.8
2006	0.8	0.3	0.5	392.9	30.7	14.6	11.8	287.8
2007	1.0	0.3	0.6	485.1	31.6	14.8	12.5	313.6
2008	1.0	0.3	0.7	533.7	32.4	14.9	13.4	332.8
2009	1.2	0.3	0.9	620.4	33.6	15.1	14.5	359.4
2010	0.8	0.2	0.6	673.4	34.1	15.2	15.1	391.7
2011	1.3	0.3	0.9	804.5	36.2	15.9	16.5	654.4
2012	1.0	0.2	0.7	829.5	37.1	16.3	17.1	681.9

2-3-4 农村居民家庭经营土地情况

单位: 亩/人

年 份	耕地面积	有效灌溉面积	山地面积	园地面积	养殖水面面积
1978					
1980	0.19		0.04		
1985	2.07		0.52		0.02
1986	2.07		0.53		0.01
1987	2.07		0.54		0.03
1988	2.06		0.49		0.04
1989	2.11		0.45		0.02
1990	2.10		0.42		0.02
1991	2.18		0.33		0.02
1992	2.06		0.33		0.02
1993	2.17		0.40		0.02
1994	2.18		0.43		0.02
1995	2.17		0.44		0.02
1996	2.30		0.46		0.02
1997	2.07		0.43		0.02
1998	2.06		0.43		0.02
1999	2.07		0.47		0.02
2000	1.98		0.28	0.06	0.03
2001	1.99		0.28	0.06	0.03
2002	2.00		0.28	0.07	0.03
2003	1.96		0.19	0.07	0.02
2004	2.00	0.95	0.21	0.07	0.02
2005	2.08	0.99	0.32	0.08	0.03
2006	2.11	1.03	0.31	0.10	0.03
2007	2.16	1.07	0.32	0.10	0.04
2008	2.18	1.08	0.33	0.10	0.04
2009	2.26	1.13	0.34	0.10	0.04
2010	2.28	1.15	0.35	0.11	0.04
2011	2.30	1.16	0.49	0.11	0.04
2012	2.34	1.22	0.48	0.10	0.04

2-3-5 农村居民家庭年末拥有主要生产性固定资产数量

单位：平均每百户

年 份	汽车(辆)	大中型拖拉机(台)	小型和手扶拖拉机(台)	机动脱粒机(台)	收割机(台)
1983		0.2	1.4	0.9	
1984	0.1	0.3	2.0	1.1	
1985	0.3	0.4	2.7	1.9	
1986	0.2	0.4	3.1	1.8	
1987	0.3	0.4	3.8	2.2	
1988	0.4	0.5	4.3	2.2	
1989	0.3	0.5	4.8	2.6	
1990	0.3	0.5	5.3	3.6	
1991	0.2	0.5	6.6	3.9	
1992	0.3	0.6	7.3	4.2	
1993	0.3	0.6	8.4	5.3	
1994	0.4	0.8	8.8	5.2	
1995	0.5	0.8	9.9	6.3	
1996	0.8	1.0	12.5	6.9	
1997	0.8	1.4	14.3	7.4	
1998	1.0	1.2	14.3	8.6	
1999	1.1	1.4	16.3	8.4	
2000	1.3	1.4	16.7	9.6	1.2
2001	1.2	1.5	17.4	9.3	1.2
2002	1.3	1.5	18.5	9.6	1.2
2003	1.4	1.8	18.9	10.1	1.2
2004	1.4	2.2	18.8	10.1	1.3
2005	1.8	2.1	20.2	8.7	1.0
2006	1.8	2.4	21.1	9.4	1.0
2007	1.9	2.9	19.1	9.8	1.1
2008	2.0	3.1	19.0	10.3	1.1
2009	2.3	3.4	19.4	10.5	1.4
2010	2.4	3.4	19.4	10.6	1.3
2011	3.8	4.0	19.9	10.4	1.5
2012	4.0	4.4	20.5	11.5	1.8

2-3-5 续表 单位：平均每百户

年　份	农用动力机械（台）	胶轮大车（辆）	水泵（台）	役畜（头）	产品畜（头）
1983		4.0	0.9		
1984		5.8	1.5		
1985		5.5	1.7	57.2	32.1
1986		6.5	2.1	59.2	34.8
1987		7.1	2.5	59.1	31.2
1988		7.6	3.9	59.8	33.2
1989		7.7	3.8	58.7	34.6
1990		7.9	3.9	57.3	30.9
1991		8.2	4.7	53.9	28.7
1992		8.7	5.5	53.0	30.1
1993		9.6	8.5	60.0	53.2
1994		9.3	7.9	58.8	56.7
1995		9.3	9.1	56.0	50.7
1996		8.8	11.0	55.0	56.3
1997		8.8	12.1	55.6	52.7
1998		8.5	13.7	48.4	52.2
1999		7.9	14.0	45.0	54.1
2000	11.6	13.3	17.7	41.8	41.6
2001	13.1	14.5	19.9	39.7	54.7
2002	13.7	14.3	21.5	39.4	56.4
2003	14.1	13.7	21.1	35.5	58.6
2004	14.5	12.9	22.1	34.8	51.8
2005	14.7	9.9	21.0	29.3	60.3
2006	15.3	9.5	22.1	28.8	61.8
2007	14.0	8.9	23.4	27.5	63.6
2008	15.1	8.7	24.1	26.0	67.8
2009	15.6	8.6	25.1	25.4	63.3
2010	15.9	8.4	25.9	23.4	62.3
2011	15.0	4.3	23.6	26.5	81.9
2012	16.1	4.3	25.5	26.4	86.1

2-3-6 农村居民家庭主要农产品出售量

单位：公斤/人

年 份	粮食	棉花	油料	麻类	糖料	烟叶	蔬菜	水果
1980								
1981	20.6	0.5	3.9	0.5	5.6	0.6	19.4	1.8
1982	31.2	0.8	5.2	0.4	12.3	1.3	25.1	2.7
1983	122.9	5.0	8.5	0.9	31.6	1.5	42.6	6.0
1984	141.3	5.5	10.6	1.7	38.5	2.2	53.6	6.5
1985	123.5	4.1	14.4	2.8	57.9	2.3	53.8	6.8
1986	146.8	3.6	14.2	1.6	62.7	1.7	63.7	8.1
1987	148.7	4.2	12.9	1.6	61.8	2.1	58.6	10.9
1988	150.4	3.9	10.8	1.5	64.8	2.7	58.6	10.6
1989	154.3	3.5	10.7	1.3	58.9	2.8	64.1	11.9
1990	180.2	4.3	12.9	1.6	70.6	2.7	65.1	13.2
1991	179.4	5.5	13.2	1.3	74.5	3.2	68.7	15.7
1992	165.9	4.2	11.3	1.2	86.8	3.6	75.6	16.9
1993	159.4	3.3	10.5	0.9	82.9	3.2	77.7	19.6
1994	188.5	4.0	10.7	0.5	62.2	2.0	72.7	22.6
1995	179.2	4.3	12.0	0.7	56.7	2.2	80.0	24.3
1996	203.5	3.9	11.6	0.8	68.7	3.1	97.0	29.8
1997	228.0	5.1	11.1	0.6	75.8	4.5	106.2	36.2
1998	227.5	5.1	12.4	0.4	81.7	2.3	108.7	38.5
1999	243.3	4.4	15.6	0.3	86.3	2.4	111.7	43.2
2000	264.7	5.6	18.4	0.5	76.4	2.7	132.1	46.4
2001	268.0	7.1	18.3	0.4	62.4	2.4	132.9	48.2
2002	281.2	6.9	18.5	0.6	93.6	2.6	143.8	49.1
2003	294.4	16.8	19.2	0.7	101.1	2.6	147.6	48.8
2004	287.3	19.2	18.9	0.5	91.6	2.5	151.6	57.5
2005	375.8	22.1	20.1	0.7	84.7	3.7	167.9	61.6
2006	394.6	23.8	17.8	0.4	87.3	3.8	173.0	59.5
2007	394.1	24.9	17.2	0.4	117.6	3.4	170.0	66.8
2008	444.4	20.7	15.7	0.3	123.7	3.8	170.8	64.9
2009	482.9	22.6	22.6	0.2	110.0	4.4	170.8	72.8
2010	460.5	14.7	17.5	0.2	97.0	4.1	168.3	65.9
2011	481.4	19.9	16.9	0.1	91.6	4.5	174.5	60.8
2012	529.7	23.0	18.5	0.1	103.8	4.8	164.1	71.0

2-3-6 续表 单位：公斤/人

年 份	猪肉	牛肉	羊肉	牛羊奶	家禽	禽蛋	水产品
1980	8.9	0.2	0.2		0.6	1.1	
1981	8.6				0.7	1.2	
1982	9.5				1.1	1.3	
1983	13.6			0.4	1.2	1.7	0.7
1984	15.1			0.5	1.2	1.9	0.8
1985	16.3	0.6	0.5	1.0	1.0	2.2	1.7
1986	16.9			1.5	1.6	2.3	2.0
1987	17.3			1.8	1.6	2.0	2.2
1988	16.5			1.8	2.1	2.1	2.6
1989	16.8			1.4	1.6	2.0	2.2
1990	17.8	0.7	0.6	1.7	1.5	1.9	2.1
1991	20.1	0.9	0.8	1.9	2.2	2.7	2.9
1992	21.2	0.9	0.7	1.9	2.2	2.9	3.2
1993	23.8	1.0	0.9	1.8	2.4	2.9	3.1
1994	23.3	1.1	0.9	1.8	2.3	3.4	3.0
1995	24.2	1.2	1.0	1.9	2.4	3.5	2.9
1996	25.7	1.7	2.0	2.6	2.5	2.6	3.3
1997	26.1	1.8	2.3	2.8	3.0	3.8	4.5
1998	23.0	1.7	1.0	2.6	2.4	3.6	4.3
1999	28.4	1.9	1.9	3.0	3.4	4.1	6.2
2000	30.2	2.4	2.1	2.7	4.6	6.3	5.8
2001	30.9	2.8	2.3	3.7	5.0	6.0	6.5
2002	32.3	2.7	2.5	4.9	6.0	6.5	8.0
2003	29.5	2.7	2.9	7.3	6.7	7.1	7.5
2004	26.6	2.5	2.9	7.7	6.9	6.4	7.3
2005	32.2	2.9	3.3	11.3	9.6	10.5	8.5
2006	34.4	3.1	3.1	13.3	8.9	11.0	8.9
2007	27.6	3.0	3.0	14.6	10.2	10.7	9.9
2008	25.4	2.8	2.6	15.1	10.8	12.8	10.3
2009	31.7	2.7	2.8	12.7	11.3	12.9	10.7
2010	33.1	2.6	2.8	11.3	10.5	12.9	11.1
2011	29.8	3.4	3.0	10.4	8.3	9.1	9.1
2012	30.7	3.3	3.3	9.3	8.1	10.1	9.7

2-3-7 农村居民家庭主要食品消费量

单位：公斤/人

年 份	粮食	1. 细粮	2. 粗粮	食用油	1. 植物油	2. 动物油	蔬菜	食糖
1978	247.8	122.5	125.3	2.0	1.3	0.7	141.5	0.7
1979	256.7	139.4	117.3	2.4	1.5	0.9	131.2	0.8
1980	257.2	162.9	94.2	2.5	1.4	1.1	127.2	1.1
1981	256.1	172.4	83.7	3.1	1.9	1.2	124.0	1.1
1982	260.0	191.8	68.1	3.4	2.1	1.4	132.0	1.2
1983	259.9	196.3	63.6	3.5	2.2	1.3	131.0	1.3
1984	266.5	209.1	57.5	4.0	2.5	1.5	140.0	1.3
1985	257.5	208.8	48.6	4.0	2.6	1.4	131.1	1.5
1986	259.3	212.2	47.1	4.2	2.6	1.6	133.7	1.6
1987	259.4	211.4	48.0	4.7	3.1	1.6	130.4	1.7
1988	259.5	210.7	48.8	4.8	3.3	1.5	130.1	1.4
1989	262.3	213.5	48.8	4.8	3.3	1.5	133.4	1.5
1990	262.1	215.0	47.1	5.2	3.5	1.6	134.0	1.5
1991	255.6	213.8	41.8	5.7	3.9	1.8	127.0	1.4
1992	250.5	210.6	39.9	5.9	4.1	1.8	129.1	1.5
1993	251.8	221.0	30.8	5.7	4.1	1.6	107.4	1.4
1994	257.6	212.0	45.6	5.7	4.1	1.6	107.9	1.3
1995	256.1	210.7	45.3	5.8	4.3	1.6	104.6	1.3
1996	256.2	206.5	49.7	6.1	4.5	1.6	106.3	1.4
1997	250.7	208.9	41.8	6.2	4.7	1.4	107.2	1.4
1998	248.9	209.0	39.9	6.1	4.6	1.5	109.0	1.4
1999	247.5	206.2	41.3	6.2	4.6	1.6	108.9	1.5
2000	250.2	207.1	43.1	7.1	5.5	1.6	106.7	1.3
2001	238.6	199.7	38.9	7.0	5.5	1.5	109.3	1.4
2002	236.5	199.4	37.1	7.5	5.8	1.8	110.6	1.6
2003	222.4	192.5	29.9	6.3	5.3	1.0	107.4	1.2
2004	218.3	189.8	28.5	5.3	4.3	1.0	106.6	1.1
2005	208.9	181.8	27.1	6.0	4.9	1.1	102.3	1.1
2006	205.6	178.0	27.6	5.8	4.7	1.1	100.5	1.1
2007	199.5	173.8	25.7	6.0	5.1	0.9	99.0	1.1
2008	199.1	173.7	25.4	6.2	5.4	0.9	99.7	1.1
2009	189.3	165.2	24.0	6.3	5.4	0.8	98.4	1.1
2010	181.4	159.4	22.0	6.3	5.5	0.8	93.3	1.0
2011	170.7	151.8	18.9	7.5	6.6	0.9	89.4	1.0
2012	164.3	144.9	19.4	7.8	6.9	0.9	84.7	1.2

2-3-7 续表 单位：公斤/人

年　份	猪牛羊肉	1. 猪肉	2. 牛羊肉	禽类	禽蛋及制品	水产品	奶及制品	酒
1978	5.8	5.2	0.6	0.3	0.8	0.8		1.2
1979	6.5	6.1	0.4	0.3	0.9	0.7		1.4
1980	7.7	7.3	0.5	0.7	1.2	1.1		1.9
1981	8.7	8.2	0.5	0.7	1.3	1.3		2.3
1982	9.1	8.4	0.7	0.8	1.4	1.3	0.7	2.7
1983	10.0	9.3	0.7	0.8	1.6	1.6	0.8	3.2
1984	10.6	9.9	0.7	0.9	1.8	1.7	0.8	3.5
1985	11.0	10.3	0.7	1.0	2.1	1.6	0.8	4.4
1986	11.8	11.1	0.7	1.1	2.1	1.9	1.4	5.0
1987	11.7	11.0	0.7	1.2	2.3	2.0	1.1	5.5
1988	10.7	10.1	0.7	1.3	2.3	1.9	1.1	5.9
1989	11.0	10.3	0.7	1.3	2.4	2.1	1.0	6.0
1990	11.3	10.5	0.8	1.3	2.4	2.1	1.1	6.1
1991	12.2	11.2	1.0	1.3	2.7	2.2	1.3	6.4
1992	11.8	10.9	1.0	1.5	2.9	2.3	1.5	6.6
1993	11.7	10.9	0.8	1.6	2.9	2.8	0.9	6.5
1994	11.0	10.2	0.8	1.6	3.0	3.0	0.7	6.0
1995	11.3	10.6	0.7	1.8	3.2	3.4	0.6	6.5
1996	12.9	11.9	1.1	1.9	3.4	3.7	0.8	7.1
1997	12.7	11.5	1.3	2.4	4.1	3.8	1.0	7.1
1998	13.2	11.9	1.3	2.3	4.1	3.7	0.9	7.0
1999	13.9	12.7	1.2	2.5	4.3	3.8	1.0	7.0
2000	14.4	13.3	1.1	2.8	4.8	3.9	1.1	7.0
2001	14.5	13.4	1.2	2.9	4.7	4.1	1.2	7.1
2002	14.9	13.7	1.2	2.9	4.7	4.4	1.2	7.5
2003	15.0	13.8	1.3	3.2	4.8	4.7	1.7	7.7
2004	14.8	13.5	1.3	3.1	4.6	4.5	2.0	7.8
2005	17.1	15.6	1.5	3.7	4.7	4.9	2.9	9.6
2006	17.0	15.5	1.6	3.5	5.0	5.0	3.1	10.0
2007	14.9	13.4	1.5	3.9	4.7	5.4	3.5	10.2
2008	13.9	12.6	1.3	4.4	5.4	5.2	3.4	9.7
2009	15.3	14.0	1.4	4.2	5.3	5.3	3.6	10.1
2010	15.8	14.4	1.4	4.2	5.1	5.2	3.6	9.7
2011	16.3	14.4	1.9	4.5	5.4	5.4	5.2	10.2
2012	16.4	14.4	2.0	4.5	5.9	5.4	5.3	10.0

2-3-8 农村居民家庭主要建筑材料购买量

年份	水泥 (公斤/户)	木材 (立方米/户)	钢材 (公斤/户)	水泥预制件 (件/户)	玻璃 (平方米/户)	砖 (块/户)	瓦 (块/户)
1983	72.4	0.2	4.8	0.4	0.2		
1984	90.9	0.1	5.2	1.4	0.2		
1985	88.2	0.1	5.1	1.3	0.3	672.1	
1986	68.2	0.2	3.9	1.0	0.4	1173.5	
1987	143.5	0.2	9.2	1.3	1.8	1331.9	
1988	164.4	0.2	11.9	1.5	0.4	1278.5	
1989	163.7	0.1	10.2	1.3	0.4	1037.7	
1990	171.8	0.1	11.2	1.1	0.3	901.2	
1991	177.2	0.1	10.8	1.0	0.4	844.1	
1992	154.4	0.1	9.9	1.0	0.3	746.4	
1993	111.9	0.1	7.3	0.8	0.3	589.9	
1994	154.6	0.2	11.5	1.0	0.3	758.2	
1995	187.8	0.2	13.9	1.4	0.3	818.2	
1996	236.7	0.4	16.7	1.7	0.4	937.2	
1997	254.8	0.1	18.9	1.9	0.5	926.7	
1998	265.0	0.1	19.3	1.5	0.3	817.6	
1999	285.1	0.1	24.9	1.8	0.5	865.4	
2000	302.7	0.2	24.0	1.9	0.4	896.5	
2001	310.7	0.4	24.4	1.7	0.3	878.3	
2002	336.0	0.2	26.5	1.7	0.3	929.9	
2003	296.2	0.1	24.9	0.8	0.2	696.3	54.6
2004	245.6	0.1	20.1	1.1	0.2	681.4	48.6
2005	309.7	0.1	23.8	1.1	0.2	710.7	55.5
2006	383.7	0.1	30.0	1.1	0.2	879.1	50.0
2007	416.4	0.1	36.7	1.3	0.1	938.1	49.2
2008	422.8	0.3	39.4	4.1	0.3	831.9	41.1
2009	532.5	0.3	52.2	2.9	0.3	946.8	37.6
2010	419.6	0.3	38.7	1.9	0.1	761.0	25.2
2011	473.7	0.1	44.2	2.0	0.1	783.7	30.2
2012	455.9	0.1	43.1	3.1	0.2	781.0	29.4

注：2002年以前砖数据为砖瓦合计数。

2-3-9 农村居民家庭主要生产资料购买量

单位：公斤/户

年 份	化肥	饼肥	农用薄膜	生产用电(度/户)
1983	395.6	20.5	1.0	
1984	392.4	50.4	0.9	
1985	375.6	17.1	0.9	
1986	431.9	15.0	0.9	
1987	464.1	13.1	1.2	
1988	454.6	10.2	1.1	
1989	472.0	7.4	1.2	
1990	494.1	7.6	1.4	
1991	521.7	8.6	1.8	
1992	497.0	6.8	1.9	
1993	490.6	4.1	2.0	
1994	531.9	3.5	2.0	
1995	569.5	4.2	2.5	
1996	590.0	5.3	3.1	
1997	566.4	4.0	3.1	
1998	551.8	3.9	3.3	
1999	547.7	5.2	3.0	
2000	545.8	7.5	4.0	
2001	554.3	9.0	4.1	
2002	552.4	8.8	3.6	
2003	558.1	6.5	4.3	58.4
2004	618.1	5.8	4.4	60.5
2005	646.2	5.6	4.9	71.5
2006	676.9	6.5	5.0	84.9
2007	689.2	6.2	5.0	88.4
2008	649.1	6.4	5.2	91.4
2009	664.3	5.8	5.0	109.6
2010	698.9	4.7	5.4	117.1
2011	667.7	5.4	6.4	161.2
2012	666.5	4.5	6.4	169.7

2-3-10 农村居民家庭主要耐用消费品拥有量

单位：平均每百户

年 份	自行车(辆)	摩托车(辆)	洗衣机(台)	电冰箱(台)	空调(台)	抽油烟机(台)	热水器(台)
1978	30.8						
1979	36.2						
1980	36.9						
1981	44.4						
1982	51.5						
1983	63.4		0.4				
1984	74.5		1.0				
1985	80.6		1.9	0.1			
1986	90.3	0.6	3.2	0.2			
1987	98.5	0.6	4.8	0.3			
1988	107.5	0.9	6.8	0.6			
1989	113.4	1.0	8.2	0.9			
1990	118.3	0.9	9.1	1.2			
1991	121.6	1.1	11.0	1.6			
1992	125.7	1.4	12.2	2.2			
1993	133.4	2.1	13.8	3.1	0.1	0.3	
1994	136.5	3.2	15.3	4.0	0.1	0.4	
1995	147.0	4.9	16.9	5.2	0.2	0.6	
1996	139.1	8.4	20.5	7.3	0.3	0.9	
1997	142.0	10.9	21.9	8.5	0.4	2.3	
1998	137.2	13.5	22.8	9.3	0.6	1.7	
1999	136.9	16.5	24.3	10.6	0.7	2.3	
2000	120.5	21.9	28.6	12.3	1.3	2.8	5.1
2001	120.8	24.7	29.9	13.6	1.7	3.2	5.8
2002	121.3	28.1	31.8	14.8	2.3	3.6	6.7
2003	118.5	31.8	34.3	15.9	3.5	4.1	8.0
2004	118.2	36.2	37.3	17.8	4.7	4.8	9.4
2005	98.4	40.7	40.2	20.1	6.4	6.0	12.4
2006	98.7	44.6	43.0	22.5	7.3	7.0	14.7
2007	97.7	48.5	45.9	26.1	8.5	8.1	17.9
2008	97.6	52.5	49.1	30.2	9.8	8.5	19.8
2009	96.5	56.6	53.1	37.1	12.2	9.8	23.7
2010	96.0	59.0	57.3	45.2	16.0	11.1	28.3
2011	77.1	60.9	62.6	61.5	22.6	13.2	36.7
2012	79.0	62.2	67.2	67.3	25.4	14.7	40.8

2-3-10 续表 单位：平均每百户

年 份	黑白电视机(台)	彩色电视机(台)	照相机(台)	计算机(台)	固定电话机(部)	移动电话(部)	汽车(生活用)(辆)
1978							
1979							
1980	0.4						
1981	0.9						
1982	1.7						
1983	4.0						
1984	7.2						
1985	10.9	0.8	0.2				
1986	15.8	1.5	0.3				
1987	22.0	2.3	0.5				
1988	28.6	2.8	0.6				
1989	33.9	3.6	0.8				
1990	39.7	4.7	0.7				
1991	47.5	6.4	0.9				
1992	52.4	8.1	1.0				
1993	58.3	10.9	1.0				
1994	61.8	13.5	1.2				
1995	63.8	16.9	1.4				
1996	65.1	22.9	1.9				
1997	65.1	27.3	2.1				
1998	63.6	32.6	2.2				
1999	62.4	38.2	2.7				
2000	53.0	48.7	3.1	0.5	26.4	4.3	0.3
2001	50.7	54.4	3.2	0.7	34.1	8.1	0.4
2002	48.1	60.5	3.3	1.1	40.8	13.7	0.4
2003	42.8	67.8	3.4	1.4	49.1	23.7	0.5
2004	37.9	75.1	3.7	1.9	54.5	34.7	0.6
2005	21.8	84.1	4.1	2.1	58.4	50.2	0.8
2006	17.5	89.4	4.2	2.7	64.1	62.1	1.1
2007	12.1	94.4	4.3	3.7	68.4	77.8	1.2
2008	9.9	99.2	4.4	5.4	67.0	96.1	1.3
2009	7.7	108.9	4.8	7.5	62.7	115.2	2.1
2010	6.4	111.8	5.2	10.4	60.8	136.5	2.8
2011	1.7	115.5	4.5	18.0	43.1	179.7	5.5
2012	1.4	116.9	5.2	21.4	42.2	197.8	6.6

2-3-11 农村居民总收入

单位：元/人

年 份	总收入	一、工资性收入	二、家庭经营收入	三、 财产性收入	四、 转移性收入
1978	151.8	88.4	54.0		9.4
1979	179.8	101.0	63.7		15.2
1980	216.9	106.4	87.4		23.1
1981	254.0	116.2	115.1		22.7
1982	306.3	142.9	139.0		24.5
1983	412.1	57.5	330.0		24.6
1984	475.7	66.5	382.0		27.2
1985	547.3	72.2	445.3		29.9
1986	593.0	81.6	476.7		34.7
1987	653.6	95.5	530.9		27.2
1988	785.3	117.8	637.5		30.1
1989	875.0	136.5	704.7		33.8
1990	990.4	138.8	815.8		35.8
1991	1046.1	151.9	854.7		39.5
1992	1155.4	184.4	925.7		45.3
1993	1333.8	194.5	1083.6	7.0	48.7
1994	1789.4	263.0	1442.7	28.6	55.2
1995	2337.9	353.7	1877.4	41.0	65.8
1996	2806.7	450.8	2233.7	42.6	79.6
1997	2977.2	514.6	2346.7	23.6	92.4
1998	2995.5	573.6	2286.8	30.4	104.7
1999	2987.4	630.3	2211.6	31.5	114.1
2000	3146.2	702.3	2251.3	45.0	147.6
2001	3306.9	771.9	2325.2	47.0	162.8
2002	3431.7	840.2	2380.5	52.5	158.4
2003	3582.4	918.4	2455.0	65.8	143.3
2004	4039.6	998.5	2804.5	76.6	160.0
2005	4631.2	1174.5	3164.4	88.5	203.8
2006	5025.1	1374.8	3310.0	100.5	239.8
2007	5791.1	1596.2	3776.7	128.2	290.0
2008	6700.7	1853.7	4302.1	148.1	396.8
2009	7115.6	2061.3	4404.0	167.2	483.1
2010	8119.5	2431.1	4937.5	202.2	548.7
2011	9833.1	2963.4	5939.8	228.6	701.4
2012	10990.7	3447.5	6461.0	249.1	833.2

注:1992年以前转移性收入为财产性收入与转移性收入合计,下表同。

2-3-12 农村居民总收入构成

单位：%

年 份	总收入	一、工资性收入	二、家庭经营收入	三、财产性收入	四、转移性收入
1978	100.0	58.2	35.6		6.2
1979	100.0	56.1	35.4		8.5
1980	100.0	49.0	40.3		10.7
1981	100.0	45.8	45.3		8.9
1982	100.0	46.6	45.4		8.0
1983	100.0	14.0	80.1		6.0
1984	100.0	14.0	80.3		5.7
1985	100.0	13.2	81.4		5.5
1986	100.0	13.8	80.4		5.9
1987	100.0	14.6	81.2		4.2
1988	100.0	15.0	81.2		3.8
1989	100.0	15.6	80.5		3.9
1990	100.0	14.0	82.4		3.6
1991	100.0	14.5	81.7		3.8
1992	100.0	16.0	80.1		3.9
1993	100.0	14.6	81.2	0.5	3.7
1994	100.0	14.7	80.6	1.6	3.1
1995	100.0	15.1	80.3	1.8	2.8
1996	100.0	16.1	79.6	1.5	2.8
1997	100.0	17.3	78.8	0.8	3.1
1998	100.0	19.1	76.3	1.0	3.5
1999	100.0	21.1	74.0	1.1	3.8
2000	100.0	22.3	71.6	1.4	4.7
2001	100.0	23.3	70.3	1.4	4.9
2002	100.0	24.5	69.4	1.5	4.6
2003	100.0	25.6	68.5	1.8	4.0
2004	100.0	24.7	69.4	1.9	4.0
2005	100.0	25.4	68.3	1.9	4.4
2006	100.0	27.4	65.9	2.0	4.8
2007	100.0	27.6	65.2	2.2	5.0
2008	100.0	27.7	64.2	2.2	5.9
2009	100.0	29.0	61.9	2.3	6.8
2010	100.0	29.9	60.8	2.5	6.8
2011	100.0	30.1	60.4	2.3	7.1
2012	100.0	31.4	58.8	2.3	7.6

2-3-13 农村居民家庭经营总收入

单位：元/人

年 份	家庭经营总收入	一、第一产业收入	1.农业收入	2.林业收入	3.牧业收入	4.渔业收入	二、第二产业收入	1.工业收入
1978	54.0	50.8	20.4		30.4			
1979	63.7	58.5	20.6		37.8			
1980	87.4	78.9	30.5		48.4			
1981	115.1	99.7	41.1		58.6			
1982	139.0	114.5	46.5		67.5	0.5		
1983	330.0	311.7	234.4	4.1	71.6	1.6	4.2	
1984	382.0	357.6	269.7	5.5	80.2	2.2	4.8	
1985	445.3	400.6	283.4	7.4	104.0	5.7	12.3	4.3
1986	476.7	427.8	305.6	6.7	108.6	6.9	14.8	5.7
1987	530.9	472.7	334.6	7.4	122.6	8.1	19.4	8.9
1988	637.5	562.1	371.8	8.6	170.3	11.4	25.7	13.1
1989	704.7	622.1	418.8	9.0	183.6	10.8	27.8	13.9
1990	815.8	735.6	531.1	8.5	185.7	10.2	25.9	13.2
1991	854.7	771.2	545.4	9.8	204.5	11.5	25.7	13.3
1992	925.7	828.3	577.3	11.3	226.2	13.5	30.3	14.9
1993	1083.6	933.8	651.0	15.1	251.3	16.3	37.2	16.5
1994	1442.7	1264.7	891.6	15.8	336.4	21.0	47.8	20.2
1995	1877.4	1652.3	1188.1	16.5	420.8	26.9	65.4	26.9
1996	2233.7	1945.6	1419.6	19.1	475.2	31.7	87.3	36.8
1997	2346.7	2019.8	1407.9	21.9	555.4	34.5	101.3	41.4
1998	2286.8	1934.1	1362.3	21.1	512.0	38.7	102.9	44.9
1999	2211.6	1832.1	1305.2	24.6	460.0	42.4	110.3	44.2
2000	2251.3	1810.7	1231.7	27.9	502.8	48.3	133.7	79.6
2001	2325.2	1889.7	1269.1	27.4	541.4	51.9	134.2	81.6
2002	2380.5	1924.8	1279.8	31.4	553.4	60.1	144.6	90.6
2003	2455.0	1993.4	1328.3	36.2	571.7	57.2	150.5	94.8
2004	2804.5	2333.6	1570.0	39.9	662.7	61.0	153.2	97.1
2005	3164.4	2621.3	1704.1	53.2	786.0	78.0	167.1	111.2
2006	3310.0	2711.0	1827.1	65.0	738.1	80.7	186.2	120.8
2007	3776.7	3122.0	2053.8	69.6	903.6	95.0	210.4	133.8
2008	4302.1	3592.8	2305.8	76.6	1104.8	105.6	225.1	141.3
2009	4404.0	3622.9	2372.3	80.5	1059.5	110.7	248.9	148.8
2010	4937.5	4046.1	2728.4	100.0	1098.6	119.1	279.6	165.6
2011	5939.8	4766.5	3171.6	125.5	1348.0	121.5	343.5	218.6
2012	6461.0	5137.5	3497.7	130.3	1371.6	137.9	381.3	244.9

2-3-13 续表 单位：元/人

年 份	2.建筑业收入	三、第三产业收入	1.交通运输业、邮电业收入	2.批发和零售贸易、餐饮业收入	3.社会服务业收入	4.文教卫生业收入	5.其他收入
1978		3.2					3.2
1979		5.2					5.2
1980		8.6					8.6
1981		15.4	2.3	0.8			12.3
1982		24.5	2.7	2.5			19.3
1983	4.2	14.1	5.4	2.8	1.4		4.5
1984	4.8	19.7	8.1	3.9	2.1		5.6
1985	8.0	32.4	12.6	8.7	4.0		7.2
1986	9.1	34.2	14.1	9.1	4.6		6.5
1987	10.5	38.8	15.7	11.1	5.2		6.9
1988	12.6	49.7	19.7	14.8	6.3		9.0
1989	13.8	54.8	21.7	15.7	7.3		10.0
1990	12.7	54.3	21.2	14.8	7.7		10.6
1991	12.4	57.9	21.5	15.9	8.1		12.4
1992	15.5	67.1	26.0	18.9	9.5		12.7
1993	20.7	112.7	31.1	25.5	13.0		43.1
1994	27.6	130.1	36.8	35.2	17.1		41.1
1995	38.5	159.7	47.6	43.7	20.3		48.0
1996	50.6	200.8	61.5	56.1	26.1		57.1
1997	59.9	225.7	70.1	70.8	29.1		55.8
1998	58.0	249.8	72.1	82.3	33.9		61.5
1999	66.2	269.1	80.5	87.9	37.5		63.2
2000	54.1	306.9	96.6	96.2	32.9	8.3	72.9
2001	52.7	301.3	95.8	95.9	35.2	8.9	65.5
2002	54.0	311.2	102.5	103.0	36.4	9.7	59.6
2003	55.6	311.1	105.6	109.5	37.2	10.6	48.1
2004	56.2	317.7	112.2	116.7	37.7	10.2	41.0
2005	55.8	376.1	139.0	145.1	40.0	13.2	38.8
2006	65.4	412.8	149.3	162.2	43.2	16.1	42.0
2007	76.5	444.3	162.3	173.6	48.3	18.5	41.6
2008	83.9	484.2	173.8	193.0	52.8	21.7	42.9
2009	100.1	532.2	185.9	217.7	60.8	24.6	43.2
2010	114.0	611.8	218.2	258.2	64.6	28.3	42.4
2011	124.9	829.8	299.2	371.1	81.2	32.2	46.1
2012	136.4	942.2	329.7	436.0	94.0	36.8	45.6

注：1982年以前的第三产业收入为第二产业收入和第三产业收入合计,以下各表同。

2-3-14 农村居民家庭经营总收入构成

单位：%

年 份	家庭经营总收入	一、第一产业收入	1.农业收入	2.林业收入	3.牧业收入	4.渔业收入	二、第二产业收入	1.工业收入
1978	100.0	94.1	37.8		56.2			
1979	100.0	91.8	32.4		59.4			
1980	100.0	90.2	34.8		55.4			
1981	100.0	86.6	35.7		50.9			
1982	100.0	82.4	33.4		48.6	0.4		
1983	100.0	94.5	71.0	1.2	21.7	0.5	1.3	
1984	100.0	93.6	70.6	1.4	21.0	0.6	1.3	
1985	100.0	90.0	63.7	1.7	23.4	1.3	2.8	1.0
1986	100.0	89.7	64.1	1.4	22.8	1.4	3.1	1.2
1987	100.0	89.0	63.0	1.4	23.1	1.5	3.6	1.7
1988	100.0	88.2	58.3	1.4	26.7	1.8	4.0	2.0
1989	100.0	88.3	59.4	1.3	26.1	1.5	3.9	2.0
1990	100.0	90.2	65.1	1.0	22.8	1.3	3.2	1.6
1991	100.0	90.2	63.8	1.1	23.9	1.3	3.0	1.6
1992	100.0	89.5	62.4	1.2	24.4	1.5	3.3	1.6
1993	100.0	86.2	60.1	1.4	23.2	1.5	3.4	1.5
1994	100.0	87.7	61.8	1.1	23.3	1.5	3.3	1.4
1995	100.0	88.0	63.3	0.9	22.4	1.4	3.5	1.4
1996	100.0	87.1	63.6	0.9	21.3	1.4	3.9	1.6
1997	100.0	86.1	60.0	0.9	23.7	1.5	4.3	1.8
1998	100.0	84.6	59.6	0.9	22.4	1.7	4.5	2.0
1999	100.0	82.8	59.0	1.1	20.8	1.9	5.0	2.0
2000	100.0	80.4	54.7	1.2	22.3	2.1	5.9	3.5
2001	100.0	81.3	54.6	1.2	23.3	2.2	5.8	3.5
2002	100.0	80.9	53.8	1.3	23.2	2.5	6.1	3.8
2003	100.0	81.2	54.1	1.5	23.3	2.3	6.1	3.9
2004	100.0	83.2	56.0	1.4	23.6	2.2	5.5	3.5
2005	100.0	82.8	53.9	1.7	24.8	2.5	5.3	3.5
2006	100.0	81.9	55.2	2.0	22.3	2.4	5.6	3.6
2007	100.0	82.7	54.4	1.8	23.9	2.5	5.6	3.5
2008	100.0	83.5	53.6	1.8	25.7	2.5	5.2	3.3
2009	100.0	82.3	53.9	1.8	24.1	2.5	5.7	3.4
2010	100.0	81.9	55.3	2.0	22.3	2.4	5.7	3.4
2011	100.0	80.2	53.4	2.1	22.7	2.0	5.8	3.7
2012	100.0	79.5	54.1	2.0	21.2	2.1	5.9	3.8

2-3-14 续表　　　　单位：%

年　份	2.建筑业收入	三、第三产业收入	1.交通运输业、邮电业收入	2.批发和零售贸易、餐饮业收入	3.社会服务业收入	4.文教卫生业收入	5.其他收入
1978		5.9					5.9
1979		8.2					8.2
1980		9.8					9.8
1981		13.4	2.0	0.7			10.7
1982		17.6	1.9	1.8			13.9
1983	1.3	4.3	1.6	0.9	0.4		1.4
1984	1.3	5.1	2.1	1.0	0.5		1.5
1985	1.8	7.3	2.8	2.0	0.9		1.6
1986	1.9	7.2	3.0	1.9	1.0		1.4
1987	2.0	7.3	3.0	2.1	1.0		1.3
1988	2.0	7.8	3.1	2.3	1.0		1.4
1989	2.0	7.8	3.1	2.2	1.0		1.4
1990	1.6	6.7	2.6	1.8	0.9		1.3
1991	1.4	6.8	2.5	1.9	1.0		1.4
1992	1.7	7.2	2.8	2.0	1.0		1.4
1993	1.9	10.4	2.9	2.3	1.2		4.0
1994	1.9	9.0	2.6	2.4	1.2		2.8
1995	2.1	8.5	2.5	2.3	1.1		2.6
1996	2.3	9.0	2.8	2.5	1.2		2.6
1997	2.6	9.6	3.0	3.0	1.2		2.4
1998	2.5	10.9	3.2	3.6	1.5		2.7
1999	3.0	12.2	3.6	4.0	1.7		2.9
2000	2.4	13.6	4.3	4.3	1.5	0.4	3.2
2001	2.3	13.0	4.1	4.1	1.5	0.4	2.8
2002	2.3	13.1	4.3	4.3	1.5	0.4	2.5
2003	2.3	12.7	4.3	4.5	1.5	0.4	2.0
2004	2.0	11.3	4.0	4.2	1.3	0.4	1.5
2005	1.8	11.9	4.4	4.6	1.3	0.4	1.2
2006	2.0	12.5	4.5	4.9	1.3	0.5	1.3
2007	2.0	11.8	4.3	4.6	1.3	0.5	1.1
2008	2.0	11.3	4.0	4.5	1.2	0.5	1.0
2009	2.3	12.1	4.2	4.9	1.4	0.6	1.0
2010	2.3	12.4	4.4	5.2	1.3	0.6	0.9
2011	2.1	14.0	5.0	6.2	1.4	0.5	0.8
2012	2.1	14.6	5.1	6.7	1.5	0.6	0.7

2-3-15 农村居民现金收入

单位：元/人

年 份	现金收入	一、工资性收入	二、家庭经营收入	三、财产性收入	四、转移性收入
1978	63.9	25.4	29.7		8.8
1979	84.5	31.3	37.9		15.4
1980	113.1	40.2	57.4		15.5
1981	153.2	52.9	81.5		18.8
1982	184.5	56.2	104.9		23.4
1983	250.4	53.8	172.3		24.2
1984	296.0	59.9	204.1		32.0
1985	357.4	68.9	251.7		36.8
1986	401.8	79.3	282.0		40.5
1987	460.3	93.2	322.3		44.8
1988	586.6	115.4	417.1		54.1
1989	657.7	134.0	464.8		58.9
1990	676.7	136.4	481.2		59.1
1991	736.8	148.9	523.3		64.7
1992	808.2	179.4	552.8		76.0
1993	910.2	192.8	629.6		87.8
1994	1233.5	261.6	869.0	28.9	74.1
1995	1595.6	352.9	1116.7	38.2	87.8
1996	1927.1	447.4	1322.6	44.7	112.3
1997	2131.2	512.4	1446.9	45.2	126.8
1998	2163.6	573.7	1393.3	54.9	141.7
1999	2206.7	628.4	1380.2	43.5	154.6
2000	2381.6	700.4	1498.8	38.9	143.5
2001	2534.7	769.8	1565.5	41.1	158.4
2002	2713.0	839.2	1653.7	47.7	172.5
2003	2929.5	916.7	1822.1	54.0	136.8
2004	3234.2	997.6	2019.8	62.6	154.2
2005	3915.5	1173.1	2472.3	71.8	198.3
2006	4301.9	1373.8	2609.4	83.8	235.0
2007	4958.4	1595.3	2978.3	101.0	283.9
2008	5737.0	1850.6	3370.5	127.0	389.0
2009	6270.2	2057.8	3590.8	148.4	473.2
2010	7088.8	2427.9	3955.4	168.3	537.2
2011	8638.5	2959.7	4810.4	185.8	682.6
2012	9787.2	3443.5	5313.1	219.3	811.2

注:1993年以前转移性收入为财产性收入和转移性收入合计。

2-3-16 农村居民现金收入构成

单位：%

年 份	现金收入	一、工资性收入	二、家庭经营收入	三、财产性收入	四、转移性收入
1978	100.0	39.7	46.5		13.8
1979	100.0	37.0	44.8		18.2
1980	100.0	35.6	50.7		13.7
1981	100.0	34.5	53.2		12.2
1982	100.0	30.5	56.8		12.7
1983	100.0	21.5	68.8		9.7
1984	100.0	20.2	68.9		10.8
1985	100.0	19.3	70.4		10.3
1986	100.0	19.7	70.2		10.1
1987	100.0	20.2	70.0		9.7
1988	100.0	19.7	71.1		9.2
1989	100.0	20.4	70.7		9.0
1990	100.0	20.2	71.1		8.7
1991	100.0	20.2	71.0		8.8
1992	100.0	22.2	68.4		9.4
1993	100.0	21.2	69.2		9.6
1994	100.0	21.2	70.4	2.3	6.0
1995	100.0	22.1	70.0	2.4	5.5
1996	100.0	23.2	68.6	2.3	5.8
1997	100.0	24.0	67.9	2.1	5.9
1998	100.0	26.5	64.4	2.5	6.5
1999	100.0	28.5	62.5	2.0	7.0
2000	100.0	29.4	62.9	1.6	6.0
2001	100.0	30.4	61.8	1.6	6.2
2002	100.0	30.9	61.0	1.8	6.4
2003	100.0	31.3	62.2	1.8	4.7
2004	100.0	30.8	62.5	1.9	4.8
2005	100.0	30.0	63.1	1.8	5.1
2006	100.0	31.9	60.7	1.9	5.5
2007	100.0	32.2	60.1	2.0	5.7
2008	100.0	32.3	58.7	2.2	6.8
2009	100.0	32.8	57.3	2.4	7.5
2010	100.0	34.2	55.8	2.4	7.6
2011	100.0	34.3	55.7	2.2	7.9
2012	100.0	35.2	54.3	2.2	8.3

2-3-17 农村居民家庭经营现金收入

单位：元/人

年 份	家庭经营现金收入	一、第一产业收入	1.农业收入	2.林业收入	3.牧业收入	4.渔业收入	二、第二产业收入	1.工业收入
1978	29.7							
1980	57.4							
1985	251.7	208.3	122.8	5.8	75.2	4.5	11.6	3.9
1990	481.2	401.3	248.6	6.6	137.3	8.7	25.4	12.9
1991	523.3	440.3	269.0	7.8	153.6	9.9	25.2	12.9
1992	552.8	455.7	265.7	8.8	169.5	11.7	29.7	14.6
1993	629.6	480.1	269.6	9.5	187.8	13.2	37.1	16.4
1994	869.0	679.0	394.6	9.8	257.4	17.3	47.4	19.7
1995	1116.7	879.1	523.1	11.1	322.5	22.4	64.3	25.7
1996	1322.7	1013.4	617.1	12.9	356.4	27.0	86.0	35.5
1997	1446.9	1092.3	635.6	14.0	414.6	28.2	100.3	40.5
1998	1393.3	1011.1	602.6	13.8	363.0	31.8	102.6	44.5
1999	1380.2	970.2	583.8	15.5	335.6	35.2	110.3	44.2
2000	1498.8	1044.5	600.6	20.8	383.5	39.6	133.7	79.6
2001	1565.5	1113.4	636.5	20.3	414.8	41.8	134.2	81.6
2002	1653.7	1179.6	667.7	24.3	437.3	50.3	144.6	90.6
2003	1822.1	1361.2	788.7	32.7	485.6	54.3	150.3	94.7
2004	2019.8	1549.1	878.9	36.8	575.0	58.4	153.1	97.0
2005	2472.3	1929.5	1104.9	49.3	700.3	74.9	166.9	111.2
2006	2609.4	2010.6	1212.5	60.8	658.7	78.6	186.1	120.8
2007	2978.3	2323.8	1361.8	64.6	806.1	91.2	210.3	133.8
2008	3370.5	2661.4	1503.7	71.8	984.3	101.6	225.1	141.2
2009	3590.8	2810.1	1678.1	75.5	950.7	105.8	248.9	148.8
2010	3955.4	3064.4	1869.8	95.2	985.4	114.1	279.5	165.5
2011	4810.4	3637.2	2190.9	118.8	1209.1	118.5	343.5	218.6
2012	5313.1	3990.2	2480.7	125.4	1246.5	137.7	381.2	244.9

2-3-17 续表

单位：元/人

年 份	2.建筑业收入	三、第三产业收入	1.交通运输业、邮电业收入	2.批发和零售贸易、餐饮业收入	3.社会服务业收入	4.文教卫生业收入	5.其他收入
1978							
1980							
1985	7.7	31.8	12.1	8.5	3.9		7.3
1990	12.5	54.6	20.9	14.7	7.6		11.4
1991	12.3	57.8	21.1	15.6	8.0		13.1
1992	15.2	67.3	25.4	18.5	9.3		14.2
1993	20.6	112.4	31.2	25.4	12.9		42.8
1994	27.6	142.6	36.8	34.6	17.1		54.1
1995	38.6	173.3	47.6	43.7	20.3		61.7
1996	50.5	223.3	61.5	56.1	26.1		79.6
1997	59.8	254.3	70.0	70.8	29.1		84.4
1998	58.0	279.7	72.1	82.3	33.9		91.4
1999	66.2	299.7	80.5	87.9	37.5		93.8
2000	54.1	320.6	96.6	96.2	32.9	8.3	86.5
2001	52.7	317.9	95.8	95.9	35.2	8.9	82.1
2002	54.0	329.5	102.5	103.0	36.4	9.7	77.9
2003	55.6	310.7	105.6	109.5	37.2	10.6	47.7
2004	56.2	317.6	112.2	116.7	37.7	10.2	40.9
2005	55.8	375.9	139.0	145.1	40.0	13.2	38.7
2006	65.4	412.7	149.3	162.2	43.2	16.1	41.8
2007	76.5	444.2	162.3	173.6	48.3	18.5	41.4
2008	83.9	484.0	173.8	193.0	52.8	21.7	42.7
2009	100.1	531.8	185.9	217.7	60.8	24.6	42.8
2010	114.0	611.4	218.2	258.2	64.6	28.3	42.0
2011	124.9	829.6	299.2	371.1	81.2	32.2	46.0
2012	136.4	941.7	329.7	436.0	94.0	36.8	45.2

2-3-18 农村居民家庭经营现金收入构成

单位：%

年 份	家庭经营现金收入	一、第一产业收入	1.农业收入	2.林业收入	3.牧业收入	4.渔业收入	二、第二产业收入	1.工业收入
1978	100.0							
1980	100.0							
1985	100.0	82.8	48.8	2.3	29.9	1.8	4.6	1.5
1990	100.0	83.4	51.7	1.4	28.5	1.8	5.3	2.7
1991	100.0	84.1	51.4	1.5	29.3	1.9	4.8	2.5
1992	100.0	82.4	48.1	1.6	30.7	2.1	5.4	2.6
1993	100.0	76.3	42.8	1.5	29.8	2.1	5.9	2.6
1994	100.0	78.1	45.4	1.1	29.6	2.0	5.5	2.3
1995	100.0	78.7	46.8	1.0	28.9	2.0	5.8	2.3
1996	100.0	76.6	46.7	1.0	26.9	2.0	6.5	2.7
1997	100.0	75.5	43.9	1.0	28.7	1.9	6.9	2.8
1998	100.0	72.6	43.2	1.0	26.0	2.3	7.4	3.2
1999	100.0	70.3	42.3	1.1	24.3	2.6	8.0	3.2
2000	100.0	69.7	40.1	1.4	25.6	2.6	8.9	5.3
2001	100.0	71.1	40.7	1.3	26.5	2.7	8.6	5.2
2002	100.0	71.3	40.4	1.5	26.4	3.0	8.7	5.5
2003	100.0	74.7	43.3	1.8	26.6	3.0	8.2	5.2
2004	100.0	76.7	43.5	1.8	28.5	2.9	7.6	4.8
2005	100.0	78.0	44.7	2.0	28.3	3.0	6.8	4.5
2006	100.0	77.1	46.5	2.3	25.2	3.0	7.1	4.6
2007	100.0	78.0	45.7	2.2	27.1	3.1	7.1	4.5
2008	100.0	79.0	44.6	2.1	29.2	3.0	6.7	4.2
2009	100.0	78.3	46.7	2.1	26.5	2.9	6.9	4.1
2010	100.0	77.5	47.3	2.4	24.9	2.9	7.1	4.2
2011	100.0	75.6	45.5	2.5	25.1	2.5	7.1	4.5
2012	100.0	75.1	46.7	2.4	23.5	2.6	7.2	4.6

2-3-18 续表

单位：%

年　份	2.建筑业收入	三、第三产业收入	1.交通运输业、邮电业收入	2.批发和零售贸易、餐饮业收入	3.社会服务业收入	4.文教卫生业收入	5.其他收入
1978							
1980							
1985	3.0	12.7	4.8	3.4	1.5		2.9
1990	2.6	11.3	4.3	3.0	1.6		2.4
1991	2.3	11.0	4.0	3.0	1.5		2.5
1992	2.7	12.2	4.6	3.4	1.7		2.6
1993	3.3	17.9	5.0	4.0	2.1		6.8
1994	3.2	16.4	4.2	4.0	2.0		6.2
1995	3.5	15.5	4.3	3.9	1.8		5.5
1996	3.8	16.9	4.6	4.2	2.0		6.0
1997	4.1	17.6	4.8	4.9	2.0		5.8
1998	4.2	20.1	5.2	5.9	2.4		6.6
1999	4.8	21.7	5.8	6.4	2.7		6.8
2000	3.6	21.4	6.4	6.4	2.2	0.6	5.8
2001	3.4	20.3	6.1	6.1	2.3	0.6	5.2
2002	3.3	19.9	6.2	6.2	2.2	0.6	4.7
2003	3.1	17.1	5.8	6.0	2.0	0.6	2.6
2004	2.8	15.7	5.6	5.8	1.9	0.5	2.0
2005	2.3	15.2	5.6	5.9	1.6	0.5	1.6
2006	2.5	15.8	5.7	6.2	1.7	0.6	1.6
2007	2.6	14.9	5.4	5.8	1.6	0.6	1.4
2008	2.5	14.4	5.2	5.7	1.6	0.6	1.3
2009	2.8	14.8	5.2	6.1	1.7	0.7	1.2
2010	2.9	15.5	5.5	6.5	1.6	0.7	1.1
2011	2.6	17.2	6.2	7.7	1.7	0.7	1.0
2012	2.6	17.7	6.2	8.2	1.8	0.7	0.8

2-3-19 农村居民纯收入

(按收入来源分) 单位：元/人

年 份	纯收入	一、工资性收入	二、家庭经营纯收入	三、财产性收入	四、转移性收入
1978	133.6	88.3	35.8		9.5
1979	160.2	100.7	44.0		15.5
1980	191.3	106.4	62.6		22.4
1981	223.4	113.8	84.5		25.1
1982	270.1	142.9	102.8		24.5
1983	309.8	57.5	227.7		24.6
1984	355.3	66.5	261.7		27.2
1985	397.6	72.2	296.0		29.5
1986	423.8	81.6	313.3		28.9
1987	462.6	95.5	345.5		21.6
1988	544.9	117.8	403.2		24.0
1989	601.5	136.5	434.6		30.5
1990	686.3	138.8	518.6		29.0
1991	708.6	151.9	523.6		33.0
1992	784.0	184.4	561.6		38.0
1993	921.6	194.5	678.5	7.0	41.6
1994	1221.0	263.0	881.9	28.6	47.6
1995	1577.7	353.7	1125.8	41.0	57.3
1996	1926.1	450.8	1362.5	42.6	70.2
1997	2090.1	514.6	1472.7	23.6	79.3
1998	2162.0	573.6	1466.0	30.4	92.0
1999	2210.3	630.3	1448.4	31.6	100.2
2000	2253.4	702.3	1427.3	45.0	78.8
2001	2366.4	771.9	1459.6	47.0	87.9
2002	2475.6	840.2	1486.5	50.7	98.2
2003	2622.2	918.4	1541.3	65.8	96.8
2004	2936.4	998.5	1745.8	76.6	115.5
2005	3254.9	1174.5	1844.5	88.5	147.4
2006	3587.0	1374.8	1931.0	100.5	180.8
2007	4140.4	1596.2	2193.7	128.2	222.3
2008	4760.6	1853.7	2435.6	148.1	323.2
2009	5153.2	2061.3	2526.8	167.2	397.9
2010	5919.0	2431.1	2832.8	202.2	452.9
2011	6977.3	2963.4	3222.0	228.6	563.3
2012	7916.6	3447.5	3533.4	249.1	686.7

注：1992年以前转移性收入为财产性收入和转移性收入合计。

2-3-20 农村居民纯收入构成

（按收入来源分）

单位：%

年 份	纯收入	一、工资性收入	二、家庭经营纯收入	三、财产性收入	四、转移性收入
1978	100.0	66.1	26.8		7.1
1979	100.0	62.9	27.5		9.7
1980	100.0	55.6	32.7		11.7
1981	100.0	50.9	37.8		11.2
1982	100.0	52.9	38.1		9.1
1983	100.0	18.6	73.5		7.9
1984	100.0	18.7	73.6		7.6
1985	100.0	18.1	74.4		7.4
1986	100.0	19.3	73.9		6.8
1987	100.0	20.6	74.7		4.7
1988	100.0	21.6	74.0		4.4
1989	100.0	22.7	72.2		5.1
1990	100.0	20.2	75.6		4.2
1991	100.0	21.4	73.9		4.7
1992	100.0	23.5	71.6		4.9
1993	100.0	21.1	73.6	0.8	4.5
1994	100.0	21.5	72.2	2.3	3.9
1995	100.0	22.4	71.4	2.6	3.6
1996	100.0	23.4	70.7	2.2	3.6
1997	100.0	24.6	70.5	1.1	3.8
1998	100.0	26.5	67.8	1.4	4.3
1999	100.0	28.5	65.5	1.4	4.5
2000	100.0	31.2	63.3	2.0	3.5
2001	100.0	32.6	61.7	2.0	3.7
2002	100.0	33.9	60.0	2.0	4.0
2003	100.0	35.0	58.8	2.5	3.7
2004	100.0	34.0	59.5	2.6	3.9
2005	100.0	36.1	56.7	2.7	4.5
2006	100.0	38.3	53.8	2.8	5.0
2007	100.0	38.6	53.0	3.1	5.4
2008	100.0	38.9	51.2	3.1	6.8
2009	100.0	40.0	49.0	3.2	7.7
2010	100.0	41.1	47.9	3.4	7.7
2011	100.0	42.5	46.2	3.3	8.1
2012	100.0	43.5	44.6	3.1	8.7

2-3-21 农村居民纯收入

（按收入形态分） 单位：元/人

年 份	纯收入	现金纯收入	实物纯收入
1978	133.6	56.0	77.6
1979	160.2	72.0	88.2
1980	191.3	94.4	97.0
1981	223.4	123.4	100.1
1982	270.1	153.6	116.6
1983	309.8	174.6	135.1
1984	355.3	202.4	153.0
1985	397.6	250.9	146.7
1986	423.8	269.9	153.9
1987	462.6	308.0	154.5
1988	544.9	386.4	158.5
1989	601.5	426.0	175.5
1990	686.3	439.7	246.6
1991	708.6	467.6	241.0
1992	784.0	508.5	275.5
1993	921.6	571.2	350.4
1994	1221.0	791.8	429.2
1995	1577.7	987.0	590.7
1996	1926.1	1218.7	707.4
1997	2090.1	1403.7	686.5
1998	2162.0	1455.7	706.3
1999	2210.3	1538.2	672.1
2000	2253.4	1648.7	604.8
2001	2366.4	1748.0	618.4
2002	2475.6	1899.8	575.9
2003	2622.2	2134.9	487.4
2004	2936.4	2317.4	619.0
2005	3254.9	2738.3	516.6
2006	3587.0	3067.8	519.2
2007	4140.4	3525.6	614.7
2008	4760.6	4029.7	730.9
2009	5153.2	4542.7	610.5
2010	5919.0	5143.7	775.3
2011	6977.3	6092.6	884.7
2012	7916.6	7014.9	901.7

2-3-22 农村居民纯收入构成

(按收入形态分)

单位: %

年 份	纯收入	现金纯收入	实物纯收入
1978	100.0	41.9	58.1
1979	100.0	45.0	55.0
1980	100.0	49.3	50.7
1981	100.0	55.2	44.8
1982	100.0	56.9	43.1
1983	100.0	56.4	43.6
1984	100.0	56.9	43.1
1985	100.0	63.1	36.9
1986	100.0	63.7	36.3
1987	100.0	66.6	33.4
1988	100.0	70.9	29.1
1989	100.0	70.8	29.2
1990	100.0	64.1	35.9
1991	100.0	66.0	34.0
1992	100.0	64.9	35.1
1993	100.0	62.0	38.0
1994	100.0	64.8	35.2
1995	100.0	62.6	37.4
1996	100.0	63.3	36.7
1997	100.0	67.2	32.8
1998	100.0	67.3	32.7
1999	100.0	69.6	30.4
2000	100.0	73.2	26.8
2001	100.0	73.9	26.1
2002	100.0	76.7	23.3
2003	100.0	81.4	18.6
2004	100.0	78.9	21.1
2005	100.0	84.1	15.9
2006	100.0	85.5	14.5
2007	100.0	85.2	14.8
2008	100.0	84.6	15.4
2009	100.0	88.2	11.8
2010	100.0	86.9	13.1
2011	100.0	87.3	12.7
2012	100.0	88.6	11.4

2-3-23 农村居民纯收入

（按四大经济区域分）　　单位：元/人

年 份	全国	东部地区	中部地区	西部地区	东北地区
1980	191.3	217.9	172.1	172.7	233.7
1981	223.4	271.4	220.8	201.4	266.0
1982	270.1	317.2	260.3	237.0	296.5
1983	309.8	372.6	292.9	252.5	431.4
1984	355.3	438.1	337.6	283.8	467.8
1985	397.6	470.7	374.2	316.2	423.6
1986	423.8	516.6	415.3	328.2	488.2
1987	462.6	592.2	425.3	360.2	526.2
1988	544.9	718.1	469.7	430.0	618.8
1989	601.5	805.9	525.9	464.8	622.6
1990	686.3	876.2	607.1	552.7	796.1
1991	708.6	939.1	592.0	578.1	789.1
1992	784.0	1038.1	658.6	625.4	923.8
1993	921.6	1270.4	772.4	704.9	1031.9
1994	1221.0	1697.5	1051.3	895.7	1368.6
1995	1577.7	2243.9	1368.0	1116.8	1718.0
1996	1926.1	2689.7	1709.7	1367.6	2155.1
1997	2090.1	2927.7	1917.1	1505.7	2269.9
1998	2162.0	3054.8	1977.8	1605.4	2366.5
1999	2210.3	3153.3	2023.3	1634.0	2304.8
2000	2253.4	3271.3	2077.6	1661.0	2177.0
2001	2366.4	3450.5	2169.5	1721.2	2339.0
2002	2475.6	3629.2	2278.5	1820.9	2483.5
2003	2622.2	3864.2	2368.7	1935.9	2648.2
2004	2936.4	4253.8	2692.3	2157.9	3097.9
2005	3254.9	4720.3	2956.6	2378.9	3379.0
2006	3587.0	5188.2	3283.2	2588.4	3744.9
2007	4140.4	5855.0	3844.4	3028.4	4348.3
2008	4760.6	6598.2	4453.4	3517.7	5101.2
2009	5153.2	7155.5	4792.8	3816.5	5456.6
2010	5919.0	8142.8	5509.6	4417.9	6434.5
2011	6977.3	9585.0	6529.9	5246.7	7790.6
2012	7916.6	10817.5	7435.2	6026.6	8846.5

2-3-24　农村居民家庭经营纯收入

单位：元/人

年　份	家庭经营纯收入	一、第一产业收入	1.农业收入	2.林业收入	3.牧业收入	4.渔业收入	二、第二产业收入	1.工业收入
1978	35.8	33.8	17.9		15.9			
1979	44.0	40.0	18.0		21.9			
1980	62.6	56.3	26.3		30.1			
1981	84.5	71.8	34.1		37.7			
1982	102.8	80.1	38.5		41.1	0.4	10.0	
1983	227.7	212.7	173.9	3.7	33.9	1.2	4.2	
1984	261.7	241.9	198.4	4.6	37.4	1.5	4.8	
1985	296.0	263.8	202.1	6.2	52.0	3.6	9.6	2.2
1986	313.3	277.6	216.2	5.9	50.8	4.7	12.0	3.1
1987	345.5	300.8	220.2	6.6	68.5	5.6	15.7	5.4
1988	403.2	345.6	236.0	7.8	94.1	7.8	20.3	8.0
1989	434.6	371.7	253.9	8.1	102.2	7.4	22.2	8.7
1990	518.6	456.0	344.6	7.5	96.8	7.1	21.3	9.2
1991	523.6	460.6	338.7	8.5	105.2	8.2	20.5	8.6
1992	561.6	486.9	354.5	9.6	113.9	8.9	24.2	9.3
1993	678.5	567.0	448.4	12.6	96.8	9.2	26.3	8.1
1994	881.9	746.7	610.5	12.9	112.3	11.0	36.0	10.8
1995	1125.8	956.5	799.4	13.5	127.8	15.7	48.2	13.6
1996	1362.5	1147.3	955.1	16.1	158.6	17.5	64.6	19.8
1997	1472.7	1220.0	976.2	19.4	203.5	21.0	78.0	24.5
1998	1466.0	1192.4	962.8	18.7	188.5	22.4	80.1	27.3
1999	1448.4	1139.0	918.3	21.6	174.3	24.8	91.1	30.0
2000	1427.3	1090.7	833.9	22.4	207.4	27.0	99.4	52.7
2001	1459.6	1126.6	863.6	22.1	212.0	28.9	100.0	54.6
2002	1486.5	1135.0	866.7	25.5	210.6	32.2	108.6	63.3
2003	1541.3	1195.6	885.7	29.3	245.7	34.9	108.6	60.5
2004	1745.8	1398.0	1056.5	34.1	271.1	36.3	108.2	58.7
2005	1844.5	1469.6	1097.7	45.8	283.6	42.5	108.3	61.1
2006	1931.0	1521.3	1159.6	55.0	265.6	41.2	121.7	68.5
2007	2193.7	1745.1	1303.8	59.2	335.1	47.1	137.6	76.9
2008	2435.6	1945.9	1427.0	66.2	397.5	55.2	149.0	81.6
2009	2526.8	1988.2	1497.9	69.6	360.4	60.3	164.5	87.0
2010	2832.8	2231.0	1723.5	87.7	355.6	64.3	182.1	93.3
2011	3222.0	2519.9	1896.7	99.5	462.5	61.2	192.6	104.7
2012	3533.4	2722.2	2106.8	103.7	441.0	70.7	213.7	118.2

2-3-24 续表

单位：元/人

年 份	2.建筑业收入	三、第三产业收入	1.交通运输业、邮电业收入	2.批发和零售贸易、餐饮业收入	3.社会服务业收入	4.文教卫生业收入	5.其他收入
1978		2.0					2.0
1979		4.1					4.1
1980		6.2					6.2
1981		12.8		0.8			12.0
1982	10.0	12.8		2.5			10.3
1983	4.2	10.8	5.4	2.8	1.4		1.3
1984	4.8	15.0	8.1	3.9	2.1		0.9
1985	7.4	22.6	8.5	6.1	3.3		4.7
1986	8.8	23.8	8.4	6.9	3.8		4.6
1987	10.3	29.1	10.4	9.0	4.4		5.4
1988	12.3	37.2	12.9	12.0	5.3		7.1
1989	13.5	40.7	14.0	12.9	6.2		7.6
1990	12.2	41.2	13.5	12.7	6.6		8.5
1991	11.9	42.6	13.6	12.6	6.7		9.7
1992	14.8	50.6	16.7	15.6	7.9		10.4
1993	18.3	85.2	16.1	19.3	11.1		38.7
1994	25.2	99.2	20.9	27.5	14.3		36.5
1995	34.5	121.2	27.8	34.3	17.2		42.0
1996	44.7	150.6	36.0	44.1	22.0		48.5
1997	53.5	174.8	46.2	55.3	25.3		48.0
1998	52.8	193.5	50.2	62.3	30.0		50.9
1999	61.2	218.3	56.7	74.8	34.0		52.7
2000	46.7	237.2	63.6	78.5	28.1	6.9	60.1
2001	45.4	233.1	63.2	78.8	30.1	7.6	53.4
2002	45.3	243.0	69.4	85.6	31.4	8.0	48.7
2003	48.1	237.1	68.9	89.1	31.0	8.8	39.4
2004	49.6	239.5	72.9	94.1	31.3	8.4	32.9
2005	47.1	266.7	84.2	108.6	32.6	10.1	31.2
2006	53.2	288.0	88.2	118.2	35.1	12.5	34.0
2007	60.7	311.0	94.5	128.8	38.8	14.3	34.5
2008	67.4	340.7	103.8	142.1	41.9	16.9	36.0
2009	77.5	374.1	111.6	161.6	45.9	19.0	36.2
2010	88.7	419.7	125.4	186.4	50.9	21.6	35.4
2011	87.9	509.4	153.0	244.1	57.0	22.6	32.8
2012	95.5	597.4	180.1	290.7	67.4	26.5	32.7

注：1982年以前的第三产业收入为第二产业收入和第三产业收入合计。

2-3-25 农村居民家庭经营纯收入构成

单位：%

年 份	家庭经营纯收入	一、第一产业收入	1.农业收入	2.林业收入	3.牧业收入	4.渔业收入	二、第二产业收入	1.工业收入
1978	100.0	94.4	49.9		44.4			
1979	100.0	90.8	41.0		49.8			
1980	100.0	90.0	42.0		48.1			
1981	100.0	84.9	40.4		44.5			
1982	100.0	77.9	37.5		40.0	0.4	9.7	
1983	100.0	93.4	76.4	1.6	14.9	0.5	1.8	
1984	100.0	92.4	75.8	1.8	14.3	0.6	1.8	
1985	100.0	89.1	68.3	2.1	17.6	1.2	3.2	0.7
1986	100.0	88.6	69.0	1.9	16.2	1.5	3.8	1.0
1987	100.0	87.1	63.7	1.9	19.8	1.6	4.5	1.6
1988	100.0	85.7	58.5	1.9	23.3	1.9	5.0	2.0
1989	100.0	85.5	58.4	1.9	23.5	1.7	5.1	2.0
1990	100.0	87.9	66.5	1.5	18.7	1.4	4.1	1.8
1991	100.0	88.0	64.7	1.6	20.1	1.6	3.9	1.6
1992	100.0	86.7	63.1	1.7	20.3	1.6	4.3	1.7
1993	100.0	83.6	66.1	1.9	14.3	1.4	3.9	1.2
1994	100.0	84.7	69.2	1.5	12.7	1.2	4.1	1.2
1995	100.0	85.0	71.0	1.2	11.4	1.4	4.3	1.2
1996	100.0	84.2	70.1	1.2	11.6	1.3	4.7	1.5
1997	100.0	82.8	66.3	1.3	13.8	1.4	5.3	1.7
1998	100.0	81.3	65.7	1.3	12.9	1.5	5.5	1.9
1999	100.0	78.6	63.4	1.5	12.0	1.7	6.3	2.1
2000	100.0	76.4	58.4	1.6	14.5	1.9	7.0	3.7
2001	100.0	77.2	59.2	1.5	14.5	2.0	6.9	3.7
2002	100.0	76.4	58.3	1.7	14.2	2.2	7.3	4.3
2003	100.0	77.6	57.5	1.9	15.9	2.3	7.0	3.9
2004	100.0	80.1	60.5	2.0	15.5	2.1	6.2	3.4
2005	100.0	79.7	59.5	2.5	15.4	2.3	5.9	3.3
2006	100.0	78.8	60.1	2.8	13.8	2.1	6.3	3.5
2007	100.0	79.6	59.4	2.7	15.3	2.1	6.3	3.5
2008	100.0	79.9	58.6	2.7	16.3	2.3	6.1	3.3
2009	100.0	78.7	59.3	2.8	14.3	2.4	6.5	3.4
2010	100.0	78.8	60.8	3.1	12.6	2.3	6.4	3.3
2011	100.0	78.2	58.9	3.1	14.4	1.9	6.0	3.3
2012	100.0	77.0	59.6	2.9	12.5	2.0	6.0	3.3

2-3-25 续表　　　　单位：%

年　份	2.建筑业收入	三、第三产业收入	1.交通运输业、邮电业收入	2. 批发和零售贸易、餐饮业收入	3.社会服务业收入	4.文教卫生业收入	5.其他收入
1978		5.6					5.6
1979		9.2					9.2
1980		10.0					10.0
1981		15.1		0.9			14.2
1982	9.7	12.4		2.5			10.0
1983	1.8	4.8	2.4	1.2	0.6		0.5
1984	1.8	5.7	3.1	1.5	0.8		0.4
1985	2.5	7.6	2.9	2.1	1.1		1.6
1986	2.8	7.6	2.7	2.2	1.2		1.5
1987	3.0	8.4	3.0	2.6	1.3		1.6
1988	3.1	9.2	3.2	3.0	1.3		1.8
1989	3.1	9.4	3.2	3.0	1.4		1.8
1990	2.3	7.9	2.6	2.4	1.3		1.6
1991	2.3	8.1	2.6	2.4	1.3		1.8
1992	2.6	9.0	3.0	2.8	1.4		1.8
1993	2.7	12.6	2.4	2.8	1.6		5.7
1994	2.9	11.2	2.4	3.1	1.6		4.1
1995	3.1	10.8	2.5	3.0	1.5		3.7
1996	3.3	11.1	2.6	3.2	1.6		3.6
1997	3.6	11.9	3.1	3.8	1.7		3.3
1998	3.6	13.2	3.4	4.3	2.0		3.5
1999	4.2	15.1	3.9	5.2	2.3		3.6
2000	3.3	16.6	4.5	5.5	2.0	0.5	4.2
2001	3.1	16.0	4.3	5.4	2.1	0.5	3.7
2002	3.0	16.3	4.7	5.8	2.1	0.5	3.3
2003	3.1	15.4	4.5	5.8	2.0	0.6	2.6
2004	2.8	13.7	4.2	5.4	1.8	0.5	1.9
2005	2.6	14.5	4.6	5.9	1.8	0.5	1.7
2006	2.8	14.9	4.6	6.1	1.8	0.6	1.8
2007	2.8	14.2	4.3	5.9	1.8	0.7	1.6
2008	2.8	14.0	4.3	5.8	1.7	0.7	1.5
2009	3.1	14.8	4.4	6.4	1.8	0.8	1.4
2010	3.1	14.8	4.4	6.6	1.8	0.8	1.3
2011	2.7	15.8	4.8	7.6	1.8	0.7	1.0
2012	2.7	16.9	5.1	8.2	1.9	0.8	0.9

2-3-26 农村居民纯收入及增长情况

年 份	纯收入(元/人)	比上年名义增长(%)	比上年实际增长(%)	指数(1978年=100)	年均增长率(1978为基年)(%)	基尼系数
1978	133.6			100.0		0.2124
1979	160.2	19.9	19.2	119.2	19.2	
1980	191.3	19.5	16.6	139.0	17.9	0.2407
1981	223.4	16.8	15.4	160.4	17.1	0.2406
1982	270.1	20.9	19.9	192.3	17.8	0.2317
1983	309.8	14.7	14.2	219.6	17.0	0.2461
1984	355.3	14.7	13.6	249.5	16.5	0.2439
1985	397.6	11.9	7.8	268.9	15.2	0.2267
1986	423.8	6.6	3.2	277.6	13.6	0.3042
1987	462.6	9.2	5.2	292.0	12.6	0.2889
1988	544.9	17.8	6.4	310.7	12.0	0.3053
1989	601.5	10.4	-1.6	305.7	10.7	0.3185
1990	686.3	14.1	1.8	311.2	9.9	0.3099
1991	708.6	3.2	2.0	317.4	9.3	0.3072
1992	784.0	10.6	5.9	336.2	9.0	0.3134
1993	921.6	17.6	3.2	346.9	8.6	0.3292
1994	1221.0	32.5	5.0	364.3	8.4	0.3210
1995	1577.7	29.2	5.3	383.6	8.2	0.3415
1996	1926.1	22.1	9.0	418.1	8.3	0.3229
1997	2090.1	8.5	4.6	437.3	8.1	0.3285
1998	2162.0	3.4	4.3	456.1	7.9	0.3369
1999	2210.3	2.2	3.8	473.5	7.7	0.3361
2000	2253.4	1.9	2.1	483.4	7.4	0.3536
2001	2366.4	5.0	4.2	503.7	7.3	0.3603
2002	2475.6	4.6	4.8	527.9	7.2	0.3646
2003	2622.2	5.9	4.3	550.6	7.1	0.3680
2004	2936.4	12.0	6.8	588.0	7.1	0.3692
2005	3254.9	10.8	6.2	624.5	7.0	0.3751
2006	3587.0	10.2	7.4	670.7	7.0	0.3737
2007	4140.4	15.4	9.5	734.4	7.1	0.3742
2008	4760.6	15.0	8.0	793.2	7.1	0.3776
2009	5153.2	8.2	8.5	860.6	7.2	0.3850
2010	5919.0	14.9	10.9	954.4	7.3	0.3783
2011	6977.3	17.9	11.4	1063.2	7.4	0.3897
2012	7916.6	13.5	10.7	1176.9	7.5	0.3867

2-3-27 农村居民消费支出及增长情况

年 份	消费支出（元/人）	比上年名义增长（%）	比上年实际增长（%）	指数（1978年=100）	年均增长率（1978为基年）（%）	恩格尔系数
1978	116.1			100.0		0.6771
1979	134.5	15.9	13.6	113.6	13.6	0.6396
1980	162.2	20.6	15.5	131.2	14.5	0.6177
1981	190.8	17.6	15.2	151.2	14.8	0.5986
1982	220.2	15.4	13.6	171.7	14.5	0.6067
1983	248.3	12.7	11.4	191.3	13.9	0.5941
1984	273.8	10.3	7.1	204.9	12.7	0.5917
1985	317.4	15.9	7.7	220.6	12.0	0.5779
1986	357.0	12.5	6.0	233.9	11.2	0.5636
1987	398.3	11.6	5.1	245.8	10.5	0.5575
1988	476.7	19.7	1.9	250.5	9.6	0.5399
1989	535.4	12.3	-5.9	235.7	8.1	0.5481
1990	584.6	9.2	4.5	246.3	7.8	0.5880
1991	619.8	6.0	3.6	255.2	7.5	0.5761
1992	659.0	6.3	1.6	259.3	7.0	0.5755
1993	769.7	16.8	2.7	266.3	6.7	0.5806
1994	1016.8	32.1	7.1	285.2	6.8	0.5886
1995	1310.4	28.9	9.7	312.8	6.9	0.5862
1996	1572.1	20.0	11.2	347.9	7.2	0.5634
1997	1617.2	2.9	0.4	349.2	6.8	0.5505
1998	1590.3	-1.7	-0.7	346.8	6.4	0.5343
1999	1577.4	-0.8	0.7	349.2	6.1	0.5256
2000	1670.1	5.9	6.0	370.2	6.1	0.4913
2001	1741.1	4.2	3.4	382.8	6.0	0.4771
2002	1834.3	5.4	5.8	405.0	6.0	0.4625
2003	1943.3	5.9	4.3	422.4	5.9	0.4559
2004	2184.7	12.4	7.3	453.2	6.0	0.4723
2005	2555.4	17.0	11.5	505.3	6.2	0.4548
2006	2829.0	10.7	9.1	551.3	6.3	0.4302
2007	3223.9	14.0	8.1	596.0	6.3	0.4308
2008	3660.7	13.6	6.6	635.3	6.4	0.4367
2009	3993.5	9.1	9.4	695.1	6.5	0.4097
2010	4381.8	9.7	5.9	736.2	6.4	0.4109
2011	5221.1	19.2	12.6	828.9	6.6	0.4036
2012	5908.0	13.2	10.4	915.1	6.7	0.3933

2-3-28 农村居民总支出

单位：元/人

年份	总支出	一、家庭经营费用支出	二、购置生产性固定资产支出	三、税费支出	四、消费支出	五、财产性支出	六、转移性支出
1978	135.8	16.8		0.2	116.1		2.7
1979	159.4	19.4		0.3	134.5		5.2
1980	196.2	25.3		0.3	162.2		8.4
1981	240.2	30.1	6.3	0.5	190.8		12.6
1982	282.1	35.6	11.7	0.6	220.2		14.0
1983	380.5	80.3	18.4	16.3	248.3		17.1
1984	421.7	95.7	16.9	17.5	273.8		17.9
1985	485.5	121.4	18.7	18.4	317.4		9.6
1986	535.8	132.7	16.7	19.9	357.0		9.7
1987	604.0	150.6	20.5	22.7	398.3		11.9
1988	737.3	194.6	25.1	25.9	476.7		15.0
1989	830.7	221.9	23.1	32.6	535.4		17.7
1990	903.5	241.1	20.3	38.7	584.6		18.8
1991	979.6	267.3	26.6	42.7	619.8		23.3
1992	1055.9	292.3	28.8	48.4	659.0		27.5
1993	1211.2	330.0	40.3	46.8	769.7		24.5
1994	1635.5	458.6	46.1	67.8	1016.8		46.2
1995	2138.3	621.7	62.3	88.7	1310.4		55.3
1996	2527.5	709.4	63.8	107.4	1572.1		74.8
1997	2536.8	706.3	60.0	108.0	1617.2		45.4
1998	2457.2	652.5	54.3	106.7	1590.3		53.4
1999	2390.4	599.7	57.6	100.0	1577.4		55.6
2000	2652.4	654.3	63.9	95.5	1670.1	19.7	148.9
2001	2780.0	696.0	78.1	91.2	1741.1	10.8	162.7
2002	2923.6	731.0	85.5	78.7	1834.3	10.5	183.6
2003	3025.0	755.4	101.7	67.3	1943.3	11.6	145.7
2004	3430.1	923.9	107.7	37.5	2184.7	13.9	162.4
2005	4126.9	1189.7	131.1	13.1	2555.4	22.0	215.6
2006	4485.4	1242.3	139.6	10.9	2829.0	20.7	242.9
2007	5137.7	1432.7	147.2	11.9	3223.9	26.8	295.3
2008	5915.7	1704.5	161.6	11.6	3660.7	32.0	345.3
2009	6333.9	1700.1	201.0	10.1	3993.5	38.9	390.3
2010	6991.8	1915.6	193.3	8.6	4381.8	49.2	443.3
2011	8641.6	2431.1	265.8	11.7	5221.1	12.3	699.8
2012	9605.5	2626.0	272.6	10.0	5908.0	9.9	779.0

注：购置生产性固定资产支出中包括建造生产性固定资产雇工支出；1999年以前转移性支出为财产性支出和转移性支出合计。

2-3-29 农村居民总支出构成

单位：%

年 份	总支出	一、家庭经营费用支出	二、购置生产性固定资产支出	三、税费支出	四、消费支出	五、财产性支出	六、转移性支出
1978	100.0	12.4		0.2	85.5		2.0
1979	100.0	12.2		0.2	84.4		3.3
1980	100.0	12.9		0.1	82.7		4.3
1981	100.0	12.5	2.6	0.2	79.4		5.2
1982	100.0	12.6	4.1	0.2	78.1		5.0
1983	100.0	21.1	4.8	4.3	65.3		4.5
1984	100.0	22.7	4.0	4.1	64.9		4.2
1985	100.0	25.0	3.9	3.8	65.4		2.0
1986	100.0	24.8	3.1	3.7	66.6		1.8
1987	100.0	24.9	3.4	3.8	65.9		2.0
1988	100.0	26.4	3.4	3.5	64.7		2.0
1989	100.0	26.7	2.8	3.9	64.4		2.1
1990	100.0	26.7	2.2	4.3	64.7		2.1
1991	100.0	27.3	2.7	4.4	63.3		2.4
1992	100.0	27.7	2.7	4.6	62.4		2.6
1993	100.0	27.2	3.3	3.9	63.5		2.0
1994	100.0	28.0	2.8	4.1	62.2		2.8
1995	100.0	29.1	2.9	4.1	61.3		2.6
1996	100.0	28.1	2.5	4.2	62.2		3.0
1997	100.0	27.8	2.4	4.3	63.7		1.8
1998	100.0	26.6	2.2	4.3	64.7		2.2
1999	100.0	25.1	2.4	4.2	66.0		2.3
2000	100.0	24.7	2.4	3.6	63.0	0.7	5.6
2001	100.0	25.0	2.8	3.3	62.6	0.4	5.9
2002	100.0	25.0	2.9	2.7	62.7	0.4	6.3
2003	100.0	25.0	3.4	2.2	64.2	0.4	4.8
2004	100.0	26.9	3.1	1.1	63.7	0.4	4.7
2005	100.0	28.8	3.2	0.3	61.9	0.5	5.2
2006	100.0	27.7	3.1	0.2	63.1	0.5	5.4
2007	100.0	27.9	2.9	0.2	62.7	0.5	5.7
2008	100.0	28.8	2.7	0.2	61.9	0.5	5.8
2009	100.0	26.8	3.2	0.2	63.0	0.6	6.2
2010	100.0	27.4	2.8	0.1	62.7	0.7	6.3
2011	100.0	28.1	3.1	0.1	60.4	0.1	8.1
2012	100.0	27.3	2.8	0.1	61.5	0.1	8.1

2-3-30 农村居民家庭经营费用支出

单位：元/人

年 份	家庭经营费用支出	一、第一产业支出	1.农业支出	2.林业支出	3.牧业支出	4.渔业支出	二、第二产业支出	1. 工业支出
1978	16.8	14.6	1.6		13.1			
1979	19.4	18.0	3.0		15.0			
1980	25.3	23.6	5.9		17.6			
1981	30.1	27.8	8.2		19.6			
1982	35.6	33.3	7.8		25.4	0.1		
1983	80.3	77.7	47.5	0.3	29.6	0.4		
1984	95.7	92.0	56.7	0.7	34.1	0.5		
1985	121.4	110.7	59.5	1.0	48.4	1.9	2.0	1.7
1986	132.7	121.3	67.8	0.8	50.6	2.2	2.4	2.1
1987	150.6	137.1	79.7	0.8	54.1	2.5	3.7	3.5
1988	194.6	176.8	96.1	0.9	76.2	3.7	5.4	5.0
1989	221.9	202.6	117.0	0.8	81.4	3.4	5.6	5.2
1990	241.1	223.4	130.4	1.0	88.9	3.1	4.6	4.1
1991	267.3	246.8	142.9	1.3	99.4	3.3	5.2	4.7
1992	292.3	269.6	151.0	1.7	112.4	4.6	6.2	5.5
1993	330.0	299.3	165.3	2.0	126.1	5.8	9.0	7.0
1994	458.6	423.6	229.9	2.3	183.2	8.2	9.7	7.6
1995	621.7	575.6	321.5	2.5	242.4	9.2	14.3	11.0
1996	709.4	650.0	378.2	2.4	257.8	11.6	18.5	13.8
1997	706.3	646.3	348.9	2.1	284.4	11.0	18.8	13.7
1998	652.5	589.6	317.6	1.9	257.1	12.9	18.1	14.0
1999	599.7	544.7	304.1	2.4	224.5	13.8	15.1	11.2
2000	654.3	571.7	315.8	4.3	234.6	16.9	27.2	21.4
2001	696.0	612.7	325.5	4.2	264.5	18.5	27.9	22.0
2002	731.0	643.5	336.6	4.8	279.3	22.8	30.3	23.0
2003	755.4	667.6	347.6	6.2	293.3	20.5	34.5	27.9
2004	923.9	829.2	435.0	5.4	365.7	23.1	36.8	31.2
2005	1189.7	1058.3	540.9	7.2	476.9	33.3	47.8	40.2
2006	1242.3	1093.5	598.9	9.8	447.6	37.2	52.6	41.8
2007	1432.7	1270.5	674.6	10.1	540.3	45.5	59.6	45.4
2008	1704.5	1531.5	798.3	10.0	675.4	47.9	62.6	47.8
2009	1700.1	1511.9	788.6	10.5	664.7	48.1	68.5	48.6
2010	1915.6	1685.4	914.4	12.0	706.8	52.2	79.3	57.4
2011	2431.1	2057.4	1149.5	25.3	824.6	58.1	125.4	94.2
2012	2626.0	2214.1	1255.4	25.7	868.2	64.8	140.3	105.8

2-3-30 续表

单位：元/人

年 份	2.建筑业支出	三、第三产业支出	1.交通运输、邮电业支出	2.批发和零售贸易、餐饮业支出	3.社会服务业支出	4.文教卫生业支出	5.其他支出
1978		2.2					2.2
1979		1.4					1.4
1980		1.8					1.8
1981		2.3					2.3
1982		2.3					2.3
1983		2.6					2.6
1984		3.7					3.7
1985	0.3	8.7	3.6	2.3	0.6		2.2
1986	0.3	9.0	4.7	1.9	0.7		1.8
1987	0.2	9.7	5.3	2.1	0.6		1.7
1988	0.3	12.5	6.8	2.7	0.9		2.1
1989	0.4	13.7	7.7	2.8	0.9		2.3
1990	0.5	13.2	7.8	2.1	0.9		2.3
1991	0.5	15.3	7.9	3.3	1.1		3.0
1992	0.6	16.5	9.3	3.3	1.3		2.6
1993	2.0	21.8	11.9	4.9	1.6		3.4
1994	2.0	25.3	13.1	6.3	2.3		3.7
1995	3.3	31.8	16.4	7.8	2.6		5.0
1996	4.7	40.9	20.8	9.8	3.4		7.0
1997	5.2	41.1	19.3	12.5	3.0		6.3
1998	4.2	44.7	17.4	15.8	3.1		8.4
1999	3.9	40.0	18.7	10.3	2.7		8.2
2000	5.9	55.3	26.2	14.0	3.9	1.1	10.1
2001	5.9	55.4	26.5	13.9	4.2	1.1	9.9
2002	7.3	57.3	27.8	14.6	4.2	1.5	9.2
2003	6.6	53.2	25.2	16.1	5.0	1.5	5.4
2004	5.6	57.9	27.2	18.6	5.1	1.4	5.6
2005	7.6	83.6	39.0	30.6	5.5	2.3	6.2
2006	10.8	96.2	44.4	36.8	5.5	2.9	6.5
2007	14.1	102.6	49.1	37.7	6.7	3.3	5.8
2008	14.8	110.4	50.4	43.0	7.7	3.9	5.3
2009	19.9	119.8	53.2	46.7	9.9	4.7	5.4
2010	21.9	150.9	68.2	61.4	10.2	5.7	5.4
2011	31.3	248.2	105.9	104.6	20.1	7.3	10.5
2012	34.5	271.6	109.8	121.8	21.9	8.0	10.0

2-3-31 农村居民家庭经营费用支出构成

单位：%

年 份	家庭经营费用支出	一、第一产业支出	1.农业支出	2.林业支出	3.牧业支出	4.渔业支出	二、第二产业支出	1. 工业支出
1978	100.0	87.1	9.4		77.7			
1979	100.0	92.6	15.4		77.2			
1980	100.0	93.0	23.4		69.7			
1981	100.0	92.5	27.2		65.3			
1982	100.0	93.6	22.0		71.4	0.2		
1983	100.0	96.8	59.1	0.4	36.8	0.4		
1984	100.0	96.1	59.3	0.7	35.6	0.5		
1985	100.0	91.2	49.0	0.8	39.8	1.6	1.6	1.4
1986	100.0	91.4	51.1	0.6	38.1	1.6	1.8	1.6
1987	100.0	91.1	52.9	0.5	36.0	1.7	2.5	2.3
1988	100.0	90.9	49.4	0.4	39.2	1.9	2.7	2.6
1989	100.0	91.3	52.7	0.4	36.7	1.5	2.5	2.4
1990	100.0	92.7	54.1	0.4	36.9	1.3	1.9	1.7
1991	100.0	92.3	53.5	0.5	37.2	1.2	1.9	1.8
1992	100.0	92.2	51.6	0.6	38.4	1.6	2.1	1.9
1993	100.0	90.7	50.1	0.6	38.2	1.8	2.7	2.1
1994	100.0	92.4	50.1	0.5	39.9	1.8	2.1	1.7
1995	100.0	92.6	51.7	0.4	39.0	1.5	2.3	1.8
1996	100.0	91.6	53.3	0.3	36.3	1.6	2.6	1.9
1997	100.0	91.5	49.4	0.3	40.3	1.6	2.7	1.9
1998	100.0	90.4	48.7	0.3	39.4	2.0	2.8	2.1
1999	100.0	90.8	50.7	0.4	37.4	2.3	2.5	1.9
2000	100.0	87.4	48.3	0.7	35.9	2.6	4.2	3.3
2001	100.0	88.0	46.8	0.6	38.0	2.7	4.0	3.2
2002	100.0	88.0	46.0	0.7	38.2	3.1	4.1	3.1
2003	100.0	88.4	46.0	0.8	38.8	2.7	4.6	3.7
2004	100.0	89.7	47.1	0.6	39.6	2.5	4.0	3.4
2005	100.0	89.0	45.5	0.6	40.1	2.8	4.0	3.4
2006	100.0	88.0	48.2	0.8	36.0	3.0	4.2	3.4
2007	100.0	88.7	47.1	0.7	37.7	3.2	4.2	3.2
2008	100.0	89.9	46.8	0.6	39.6	2.8	3.7	2.8
2009	100.0	88.9	46.4	0.6	39.1	2.8	4.0	2.9
2010	100.0	88.0	47.7	0.6	36.9	2.7	4.1	3.0
2011	100.0	84.6	47.3	1.0	33.9	2.4	5.2	3.9
2012	100.0	84.3	47.8	1.0	33.1	2.5	5.3	4.0

2-3-31 续表

单位：%

年 份	2.建筑业支出	三、第三产业支出	1.交通运输、邮电业支出	2.批发和零售贸易、餐饮业支出	3.社会服务业支出	4.文教卫生业支出	5.其他支出
1978		12.9					12.9
1979		7.4					7.4
1980		7.0					7.0
1981		7.5					7.5
1982		6.4					6.4
1983		3.2					3.2
1984		3.9					3.9
1985	0.2	7.1	3.0	1.9	0.5		1.8
1986	0.2	6.8	3.5	1.4	0.5		1.3
1987	0.1	6.5	3.5	1.4	0.4		1.1
1988	0.2	6.4	3.5	1.4	0.4		1.1
1989	0.2	6.2	3.5	1.3	0.4		1.0
1990	0.2	5.5	3.2	0.9	0.4		1.0
1991	0.2	5.7	2.9	1.2	0.4		1.1
1992	0.2	5.6	3.2	1.1	0.4		0.9
1993	0.6	6.6	3.6	1.5	0.5		1.0
1994	0.4	5.5	2.9	1.4	0.5		0.8
1995	0.5	5.1	2.6	1.3	0.4		0.8
1996	0.7	5.8	2.9	1.4	0.5		1.0
1997	0.7	5.8	2.7	1.8	0.4		0.9
1998	0.6	6.9	2.7	2.4	0.5		1.3
1999	0.7	6.7	3.1	1.7	0.5		1.4
2000	0.9	8.5	4.0	2.1	0.6	0.2	1.5
2001	0.8	8.0	3.8	2.0	0.6	0.2	1.4
2002	1.0	7.8	3.8	2.0	0.6	0.2	1.3
2003	0.9	7.0	3.3	2.1	0.7	0.2	0.7
2004	0.6	6.3	2.9	2.0	0.6	0.2	0.6
2005	0.6	7.0	3.3	2.6	0.5	0.2	0.5
2006	0.9	7.7	3.6	3.0	0.4	0.2	0.5
2007	1.0	7.2	3.4	2.6	0.5	0.2	0.4
2008	0.9	6.5	3.0	2.5	0.5	0.2	0.3
2009	1.2	7.0	3.1	2.7	0.6	0.3	0.3
2010	1.1	7.9	3.6	3.2	0.5	0.3	0.3
2011	1.3	10.2	4.4	4.3	0.8	0.3	0.4
2012	1.3	10.3	4.2	4.6	0.8	0.3	0.4

2-3-32 农村居民消费支出

单位：元/人

年 份	消费支出	一、食品支出	二、衣着支出	三、居住支出	四、家庭设备及用品支出	五、交通通信支出	六、文教娱乐支出	七、医疗保健支出	八、其他支出
1978	116.1	78.6	14.7	12.0					
1979	134.5	86.0	17.6	16.0					
1980	162.2	100.2	20.0	22.5	4.1	0.6	8.3	3.4	3.2
1981	190.8	114.1	23.8	31.6	4.2	0.6	10.1	4.2	2.2
1982	220.2	133.5	25.0	35.6	9.4	0.6	7.5	4.7	4.0
1983	248.3	147.6	28.0	42.0	14.0	3.6	5.7	4.4	3.0
1984	273.8	162.3	28.9	48.4	14.8	3.4	8.2	5.0	2.7
1985	317.4	183.4	30.8	57.9	16.2	5.6	12.4	7.7	3.6
1986	357.0	201.5	33.0	70.3	19.6	6.2	14.4	8.7	3.3
1987	398.3	222.1	34.2	79.8	21.5	8.2	18.5	10.7	3.4
1988	476.7	257.4	41.1	96.3	30.0	8.9	25.7	13.4	3.9
1989	535.4	293.4	44.5	105.2	32.4	8.5	30.6	16.4	4.3
1990	584.6	343.8	45.4	101.4	30.9	8.4	31.4	19.0	4.3
1991	619.8	357.1	51.1	102.3	35.3	10.3	36.4	22.3	5.0
1992	659.0	379.3	52.5	104.9	36.7	12.2	43.8	24.2	5.5
1993	769.7	446.8	55.3	106.8	44.7	17.4	58.4	27.2	13.1
1994	1016.8	598.5	70.3	142.3	55.5	24.0	75.1	32.1	19.0
1995	1310.4	768.2	89.8	182.2	68.5	33.8	102.4	42.5	23.1
1996	1572.1	885.5	113.8	219.1	84.2	47.1	132.5	58.3	31.7
1997	1617.2	890.3	109.4	233.2	85.4	53.9	148.2	62.5	34.3
1998	1590.3	849.6	98.1	239.6	81.9	60.7	159.4	68.1	32.9
1999	1577.4	829.0	92.0	232.7	82.3	68.7	168.3	70.0	34.3
2000	1670.1	820.5	96.0	258.3	75.4	93.1	186.7	87.6	52.5
2001	1741.1	830.7	98.7	279.1	77.0	110.0	192.6	96.6	56.4
2002	1834.3	848.4	105.0	300.2	80.4	128.5	210.3	103.9	57.7
2003	1943.3	886.0	110.3	308.4	81.7	162.5	235.7	115.8	43.0
2004	2184.7	1031.9	120.2	324.3	89.2	192.6	247.6	130.6	48.3
2005	2555.4	1162.2	148.6	370.2	111.4	245.0	295.5	168.1	54.5
2006	2829.0	1217.0	168.0	469.0	126.6	288.8	305.1	191.5	63.1
2007	3223.9	1389.0	193.4	573.8	149.1	328.4	305.7	210.2	74.2
2008	3660.7	1598.7	211.8	678.8	174.0	360.2	314.5	246.0	76.7
2009	3993.5	1636.0	232.5	805.0	204.8	402.9	340.6	287.5	84.1
2010	4381.8	1800.7	264.0	835.2	234.1	461.1	366.7	326.0	94.0
2011	5221.1	2107.3	341.3	961.5	308.9	547.0	396.4	436.8	122.0
2012	5908.0	2323.9	396.4	1086.4	341.7	652.8	445.5	513.8	147.6

注：1979年及以前消费支出中的各细项均为其中项。

2-3-33 农村居民消费支出构成

单位：%

年 份	消费支出	一、食品支出	二、衣着支出	三、居住支出	四、家庭设备及用品支出	五、交通通信支出	六、文教娱乐支出	七、医疗保健支出	八、其他支出
1978	100.0	67.7	12.7	10.3					
1979	100.0	64.0	13.1	11.9					
1980	100.0	61.8	12.3	13.8	2.6	0.4	5.1	2.1	2.0
1981	100.0	59.8	12.5	16.6	2.2	0.3	5.3	2.2	1.2
1982	100.0	60.6	11.4	16.1	4.3	0.3	3.4	2.1	1.8
1983	100.0	59.4	11.3	16.9	5.7	1.4	2.3	1.8	1.2
1984	100.0	59.3	10.6	17.7	5.4	1.2	3.0	1.8	1.0
1985	100.0	57.8	9.7	18.2	5.1	1.8	3.9	2.4	1.1
1986	100.0	56.5	9.2	19.7	5.5	1.7	4.0	2.4	0.9
1987	100.0	55.8	8.6	20.0	5.4	2.1	4.6	2.7	0.9
1988	100.0	54.0	8.6	20.2	6.3	1.9	5.4	2.8	0.8
1989	100.0	54.8	8.3	19.7	6.0	1.6	5.7	3.1	0.8
1990	100.0	58.8	7.8	17.3	5.3	1.4	5.4	3.3	0.7
1991	100.0	57.6	8.2	16.5	5.7	1.7	5.9	3.6	0.8
1992	100.0	57.5	8.0	15.9	5.6	1.9	6.6	3.7	0.8
1993	100.0	58.1	7.2	13.9	5.8	2.3	7.6	3.5	1.7
1994	100.0	58.9	6.9	14.0	5.5	2.4	7.4	3.2	1.9
1995	100.0	58.6	6.9	13.9	5.2	2.6	7.8	3.2	1.8
1996	100.0	56.3	7.2	13.9	5.4	3.0	8.4	3.7	2.0
1997	100.0	55.1	6.8	14.4	5.3	3.3	9.2	3.9	2.1
1998	100.0	53.4	6.2	15.1	5.2	3.8	10.0	4.3	2.1
1999	100.0	52.6	5.8	14.8	5.2	4.4	10.7	4.4	2.2
2000	100.0	49.1	5.7	15.5	4.5	5.6	11.2	5.2	3.1
2001	100.0	47.7	5.7	16.0	4.4	6.3	11.1	5.5	3.2
2002	100.0	46.2	5.7	16.4	4.4	7.0	11.5	5.7	3.1
2003	100.0	45.6	5.7	15.9	4.2	8.4	12.1	6.0	2.2
2004	100.0	47.2	5.5	14.8	4.1	8.8	11.3	6.0	2.2
2005	100.0	45.5	5.8	14.5	4.4	9.6	11.6	6.6	2.1
2006	100.0	43.0	5.9	16.6	4.5	10.2	10.8	6.8	2.2
2007	100.0	43.1	6.0	17.8	4.6	10.2	9.5	6.5	2.3
2008	100.0	43.7	5.8	18.5	4.8	9.8	8.6	6.7	2.1
2009	100.0	41.0	5.8	20.2	5.1	10.1	8.5	7.2	2.1
2010	100.0	41.1	6.0	19.1	5.3	10.5	8.4	7.4	2.1
2011	100.0	40.4	6.5	18.4	5.9	10.5	7.6	8.4	2.3
2012	100.0	39.3	6.7	18.4	5.8	11.0	7.5	8.7	2.5

2-3-34 农村居民现金支出

单位：元/人

年 份	现金支出	一、家庭经营费用支出	二、购买生产性固定资产支出	三、税费支出	四、消费支出	五、财产性支出	六. 转移性支出
1978	60.8	7.4		0.2	47.6		5.5
1979	80.0	9.1		0.3	61.8		8.8
1980	107.0	13.8		0.2	83.8		9.1
1981	149.9	22.4	6.1	0.4	108.9		12.1
1982	172.7	20.9	11.5	0.6	126.4		13.3
1983	244.6	50.6	18.2	10.9	148.3		16.5
1984	272.1	61.1	16.7	13.7	163.2		17.5
1985	331.2	80.0	18.9	16.4	194.7		21.3
1986	375.6	86.9	17.0	17.7	228.2		25.8
1987	436.4	101.0	20.7	20.4	263.8		30.5
1988	555.4	137.8	25.6	23.6	330.9		37.6
1989	637.3	160.4	23.6	29.7	378.5		45.1
1990	639.1	162.9	20.5	33.4	374.7		47.6
1991	713.4	188.4	26.7	36.2	404.7		57.4
1992	769.2	206.5	29.8	41.1	431.4		60.5
1993	869.5	241.2	34.5	42.1	490.1		61.6
1994	1156.0	327.8	46.1	59.2	648.2		74.8
1995	1545.8	454.7	62.3	77.0	859.4		92.4
1996	1887.5	524.0	63.8	94.5	1076.2		129.1
1997	1959.8	539.9	60.0	97.8	1126.3		135.8
1998	1931.0	511.7	54.3	98.0	1128.2		138.9
1999	1917.2	470.7	57.6	93.1	1144.6		151.2
2000	2140.4	544.5	63.9	89.8	1284.7	9.8	147.6
2001	2284.6	584.8	78.1	86.4	1364.1	10.8	160.5
2002	2437.7	617.4	85.5	75.6	1467.6	10.3	181.3
2003	2537.4	638.4	101.7	66.0	1576.6	11.6	143.1
2004	2862.5	788.6	107.7	36.9	1754.5	13.9	161.0
2005	3567.3	1052.5	131.1	12.9	2134.6	22.0	214.2
2006	3931.8	1104.1	139.6	10.9	2415.5	20.7	241.0
2007	4533.1	1287.2	147.2	11.7	2767.1	26.8	293.2
2008	5257.9	1551.0	161.6	11.6	3159.4	32.0	342.4
2009	5694.8	1554.6	201.0	10.1	3504.8	38.9	385.3
2010	6307.4	1757.6	193.3	8.6	3859.3	49.2	439.4
2011	7984.9	2269.2	265.8	11.7	4733.4	12.3	692.7
2012	8961.9	2483.0	272.6	10.0	5414.5	9.9	771.9

注：购置生产性固定资产支出中包括建造生产性固定资产雇工支出；1999年以前转移性支出为财产性支出与转移性支出合计。

2-3-35 农村居民现金支出构成

单位：%

年 份	现金支出	一、家庭经营费用支出	二、购买生产性固定资产支出	三、税费支出	四、消费支出	五、财产性支出	六、转移性支出
1978	100.0	12.2		0.4	78.3		9.1
1979	100.0	11.4		0.3	77.2		11.0
1980	100.0	12.9		0.2	78.3		8.5
1981	100.0	14.9	4.1	0.3	72.6		8.1
1982	100.0	12.1	6.7	0.3	73.2		7.7
1983	100.0	20.7	7.5	4.5	60.6		6.8
1984	100.0	22.5	6.1	5.0	60.0		6.4
1985	100.0	24.1	5.7	4.9	58.8		6.4
1986	100.0	23.1	4.5	4.7	60.8		6.9
1987	100.0	23.1	4.7	4.7	60.5		7.0
1988	100.0	24.8	4.6	4.3	59.6		6.8
1989	100.0	25.2	3.7	4.7	59.4		7.1
1990	100.0	25.5	3.2	5.2	58.6		7.4
1991	100.0	26.4	3.7	5.1	56.7		8.0
1992	100.0	26.8	3.9	5.3	56.1		7.9
1993	100.0	27.7	4.0	4.8	56.4		7.1
1994	100.0	28.4	4.0	5.1	56.1		6.5
1995	100.0	29.4	4.0	5.0	55.6		6.0
1996	100.0	27.8	3.4	5.0	57.0		6.8
1997	100.0	27.6	3.1	5.0	57.5		6.9
1998	100.0	26.5	2.8	5.1	58.4		7.2
1999	100.0	24.6	3.0	4.9	59.7		7.9
2000	100.0	25.4	3.0	4.2	60.0	0.5	6.9
2001	100.0	25.6	3.4	3.8	59.7	0.5	7.0
2002	100.0	25.3	3.5	3.1	60.2	0.4	7.4
2003	100.0	25.2	4.0	2.6	62.1	0.5	5.6
2004	100.0	27.5	3.8	1.3	61.3	0.5	5.6
2005	100.0	29.5	3.7	0.4	59.8	0.6	6.0
2006	100.0	28.1	3.6	0.3	61.4	0.5	6.1
2007	100.0	28.4	3.2	0.3	61.0	0.6	6.5
2008	100.0	29.5	3.1	0.2	60.1	0.6	6.5
2009	100.0	27.3	3.5	0.2	61.5	0.7	6.8
2010	100.0	27.9	3.1	0.1	61.2	0.8	7.0
2011	100.0	28.4	3.3	0.1	59.3	0.2	8.7
2012	100.0	27.7	3.0	0.1	60.4	0.1	8.6

2-3-36 农村居民家庭经营费用现金支出

单位：元/人

年 份	家庭经营费用现金支出	一、第一产业支出	1.农业支出	2.林业支出	3.牧业支出	4.渔业支出	二、第二产业支出	1.工业支出
1978	7.4							
1979	9.1							
1980	14.1							
1981	22.4							
1982	20.9							
1983	50.6	48.4	33.9	0.2	13.9	0.3		
1984	61.1	57.7	39.7	0.6	16.9	0.5		
1985	80.0	69.9	43.1	0.9	24.2	1.7	2.0	1.7
1986	86.9	76.1	49.4	0.7	24.0	2.0	2.3	2.0
1987	101.0	88.1	59.1	0.7	25.9	2.4	3.6	3.4
1988	137.8	121.2	72.8	0.7	44.2	3.5	4.8	4.5
1989	160.4	142.2	92.2	0.7	46.1	3.3	5.3	5.0
1990	162.9	146.4	99.5	0.8	43.2	3.0	4.2	3.8
1991	188.4	169.1	112.8	1.1	52.1	3.1	5.1	4.6
1992	206.5	185.0	118.8	1.0	61.0	4.2	5.9	5.3
1993	241.2	211.3	133.1	1.8	70.7	5.7	8.8	6.9
1994	327.8	294.4	182.8	2.0	101.8	7.9	9.5	7.5
1995	454.7	410.7	261.4	2.1	138.3	8.8	13.8	10.6
1996	524.0	468.4	313.7	2.1	141.6	11.1	17.8	13.3
1997	539.9	483.1	298.4	1.9	172.3	10.4	18.6	13.5
1998	511.7	451.6	277.4	1.8	159.8	12.5	17.5	13.4
1999	470.7	417.6	269.1	2.3	132.8	13.5	15.0	11.1
2000	544.5	462.9	286.5	4.2	155.7	16.5	27.0	21.3
2001	584.8	502.4	296.6	4.0	183.7	18.1	27.7	21.9
2002	617.4	530.7	309.7	4.6	194.2	22.2	30.2	22.9
2003	638.4	551.1	318.1	6.1	206.8	20.2	34.4	27.8
2004	788.6	694.3	402.2	5.2	264.0	22.9	36.6	31.0
2005	1052.5	921.5	510.5	6.5	371.8	32.6	47.6	40.1
2006	1104.1	955.6	569.5	9.0	340.2	36.8	52.6	41.8
2007	1287.2	1125.3	642.5	9.8	428.2	44.8	59.5	45.4
2008	1551.0	1378.2	765.6	9.6	555.9	47.1	62.6	47.8
2009	1554.6	1366.8	759.5	10.1	549.8	47.5	68.2	48.6
2010	1757.6	1527.6	880.3	11.4	584.3	51.6	79.3	57.4
2011	2269.2	1896.8	1116.1	24.9	698.1	57.7	124.9	93.7
2012	2483.0	2071.6	1228.4	25.4	753.2	64.5	140.2	105.8

2-3-36 续表 单位：元/人

年 份	2.建筑业支出	三、第三产业支出	1.交通运输、邮电业支出	2.批发和零售贸易、餐饮业支出	3.社会服务业支出	4.文教卫生业支出	5.其他支出
1978							
1979							
1980							
1981							
1982							
1983		2.2					2.2
1984		3.5					3.5
1985	0.3	8.1	3.4	2.2	0.5		2.0
1986	0.2	8.6	4.5	1.8	0.7		1.6
1987	0.2	9.3	5.1	2.0	0.6		1.5
1988	0.3	11.7	6.4	2.7	0.9		1.8
1989	0.3	13.0	7.4	2.7	0.9		1.9
1990	0.4	12.3	7.5	2.0	0.9		1.9
1991	0.5	14.2	7.7	3.1	1.1		2.4
1992	0.6	15.6	8.9	3.1	1.1		2.5
1993	2.0	21.1	11.8	4.8	1.5		3.0
1994	1.9	24.0	12.9	6.1	2.1		2.9
1995	3.2	30.3	16.3	7.4	2.5		4.2
1996	4.5	37.7	20.4	9.6	3.3		4.5
1997	5.1	38.3	19.2	12.4	3.0		3.8
1998	4.1	42.6	17.4	15.8	3.1		6.4
1999	3.9	38.1	18.7	10.3	2.7		6.5
2000	5.8	54.6	26.2	13.9	3.8	1.1	9.5
2001	5.8	54.7	26.4	13.7	4.1	1.1	9.3
2002	7.3	56.5	27.8	14.5	4.2	1.5	8.6
2003	6.6	52.9	25.2	15.9	5.0	1.5	5.4
2004	5.6	57.6	27.2	18.3	5.1	1.4	5.6
2005	7.5	83.4	39.0	30.5	5.5	2.3	6.2
2006	10.8	95.9	44.4	36.7	5.5	2.9	6.3
2007	14.1	102.4	49.0	37.6	6.7	3.3	5.8
2008	14.8	110.2	50.4	42.9	7.7	3.9	5.3
2009	19.6	119.6	53.2	46.5	9.9	4.7	5.4
2010	21.9	150.7	68.1	61.3	10.2	5.7	5.4
2011	31.2	247.5	105.6	104.1	20.0	7.3	10.4
2012	34.5	271.2	109.8	121.6	21.8	8.0	10.0

2-3-37 农村居民家庭经营费用现金支出构成

单位：%

年 份	家庭经营费用现金支出	一、第一产业支出	1.农业支出	2.林业支出	3.牧业支出	4.渔业支出	二、第二产业支出	1.工业支出
1978	100.0							
1979	100.0							
1980	100.0							
1981	100.0							
1982	100.0							
1983	100.0	95.7	67.1	0.5	27.5	0.6		
1984	100.0	94.3	64.9	1.0	27.6	0.8		
1985	100.0	87.3	53.9	1.1	30.2	2.2	2.5	2.2
1986	100.0	87.5	56.9	0.8	27.6	2.3	2.6	2.3
1987	100.0	87.3	58.5	0.7	25.7	2.4	3.6	3.4
1988	100.0	88.0	52.8	0.5	32.1	2.5	3.5	3.3
1989	100.0	88.6	57.5	0.4	28.7	2.0	3.3	3.1
1990	100.0	89.9	61.1	0.5	26.5	1.9	2.6	2.3
1991	100.0	89.8	59.9	0.6	27.6	1.7	2.7	2.4
1992	100.0	89.6	57.5	0.5	29.6	2.0	2.9	2.6
1993	100.0	87.6	55.2	0.7	29.3	2.3	3.7	2.8
1994	100.0	89.8	55.7	0.6	31.1	2.4	2.9	2.3
1995	100.0	90.3	57.5	0.5	30.4	1.9	3.0	2.3
1996	100.0	89.4	59.9	0.4	27.0	2.1	3.4	2.5
1997	100.0	89.5	55.3	0.4	31.9	1.9	3.4	2.5
1998	100.0	88.3	54.2	0.4	31.2	2.4	3.4	2.6
1999	100.0	88.7	57.2	0.5	28.2	2.9	3.2	2.4
2000	100.0	85.0	52.6	0.8	28.6	3.0	5.0	3.9
2001	100.0	85.9	50.7	0.7	31.4	3.1	4.7	3.7
2002	100.0	86.0	50.2	0.7	31.5	3.6	4.9	3.7
2003	100.0	86.3	49.8	1.0	32.4	3.2	5.4	4.4
2004	100.0	88.0	51.0	0.7	33.5	2.9	4.6	3.9
2005	100.0	87.5	48.5	0.6	35.3	3.1	4.5	3.8
2006	100.0	86.5	51.6	0.8	30.8	3.3	4.8	3.8
2007	100.0	87.4	49.9	0.8	33.3	3.5	4.6	3.5
2008	100.0	88.9	49.4	0.6	35.8	3.0	4.0	3.1
2009	100.0	87.9	48.9	0.6	35.4	3.1	4.4	3.1
2010	100.0	86.9	50.1	0.7	33.2	2.9	4.5	3.3
2011	100.0	83.6	49.2	1.1	30.8	2.5	5.5	4.1
2012	100.0	83.4	49.5	1.0	30.3	2.6	5.6	4.3

2-3-37 续表

单位：%

年 份	2.建筑业支出	三、第三产业支出	1.交通运输、邮电业支出	2.批发和零售贸易、餐饮业支出	3.社会服务业支出	4.文教卫生业支出	5.其他支出
1978							
1979							
1980							
1981							
1982							
1983		4.3					4.3
1984		5.7					5.7
1985	0.4	10.2	4.3	2.7	0.7		2.5
1986	0.3	9.9	5.2	2.1	0.7		1.8
1987	0.2	9.2	5.1	2.0	0.6		1.5
1988	0.2	8.5	4.7	1.9	0.6		1.3
1989	0.2	8.1	4.6	1.7	0.6		1.2
1990	0.3	7.5	4.6	1.2	0.6		1.2
1991	0.2	7.5	4.1	1.6	0.6		1.3
1992	0.3	7.5	4.3	1.5	0.6		1.2
1993	0.8	8.7	4.9	2.0	0.6		1.2
1994	0.6	7.3	3.9	1.9	0.6		0.9
1995	0.7	6.7	3.6	1.6	0.5		0.9
1996	0.9	7.2	3.9	1.8	0.6		0.8
1997	0.9	7.1	3.6	2.3	0.5		0.7
1998	0.8	8.3	3.4	3.1	0.6		1.3
1999	0.8	8.1	4.0	2.2	0.6		1.4
2000	1.1	10.0	4.8	2.6	0.7	0.2	1.7
2001	1.0	9.3	4.5	2.3	0.7	0.2	1.6
2002	1.2	9.2	4.5	2.4	0.7	0.2	1.4
2003	1.0	8.3	3.9	2.5	0.8	0.2	0.8
2004	0.7	7.3	3.4	2.3	0.7	0.2	0.7
2005	0.7	7.9	3.7	2.9	0.5	0.2	0.6
2006	1.0	8.7	4.0	3.3	0.5	0.3	0.6
2007	1.1	8.0	3.8	2.9	0.5	0.3	0.4
2008	1.0	7.1	3.2	2.8	0.5	0.3	0.3
2009	1.3	7.7	3.4	3.0	0.6	0.3	0.3
2010	1.2	8.6	3.9	3.5	0.6	0.3	0.3
2011	1.4	10.9	4.7	4.6	0.9	0.3	0.5
2012	1.4	10.9	4.4	4.9	0.9	0.3	0.4

2-3-38 农村居民现金消费支出

单位：元/人

年 份	现金消费支出	一、食品支出	二、衣着支出	三、居住支出	四、家庭设备及用品支出	五、交通通信支出	六、文教娱乐支出	七、医疗保健支出	八、其他支出
1978	47.6								
1979	61.8								
1980	83.8	31.4	19.8	14.5	3.2	0.6	8.0	3.3	3.1
1981	108.9	42.0	23.5	20.8	4.1	0.6	9.9	4.1	3.9
1982	126.4	53.9	24.6	25.1	4.9	0.6	7.4	5.0	5.0
1983	148.3	59.8	27.8	30.9	14.0	3.3	5.7	4.0	2.8
1984	163.2	64.7	28.0	36.1	14.6	4.1	7.1	5.7	3.0
1985	194.7	76.6	30.1	42.8	16.1	5.6	12.3	7.7	3.5
1986	228.2	88.9	32.4	54.9	19.4	6.2	14.4	8.7	3.3
1987	263.8	104.3	33.5	64.0	21.4	8.2	18.4	10.7	3.4
1988	330.9	129.6	40.3	79.5	29.8	8.9	25.6	13.4	3.9
1989	378.5	155.4	43.5	87.7	32.2	8.5	30.6	16.4	4.2
1990	374.7	155.9	44.0	81.2	30.7	8.4	31.3	19.0	4.3
1991	404.7	164.4	49.7	81.8	34.8	10.3	36.3	22.3	5.1
1992	431.4	175.7	51.2	82.8	36.2	12.2	43.7	24.1	5.5
1993	490.1	198.0	54.8	78.2	44.4	17.4	58.3	26.1	13.1
1994	648.2	264.0	69.7	109.2	55.1	24.0	75.1	32.1	19.0
1995	859.4	353.2	88.7	147.9	68.1	33.7	102.4	42.5	23.1
1996	1076.2	423.8	112.7	186.2	84.0	47.1	132.5	58.3	31.7
1997	1126.3	435.7	108.3	198.3	85.2	53.9	148.2	62.5	34.3
1998	1128.2	428.9	97.0	199.4	81.8	60.7	159.4	68.1	32.9
1999	1144.6	426.0	91.5	203.6	82.1	68.7	168.3	70.0	34.3
2000	1284.7	464.3	95.2	231.1	74.4	93.1	186.7	87.6	52.5
2001	1364.1	484.5	98.0	249.8	76.2	110.0	192.6	96.6	56.4
2002	1467.6	511.0	104.5	271.5	80.2	128.5	210.3	103.9	57.7
2003	1576.6	551.2	109.5	278.1	81.3	162.5	235.7	115.8	42.6
2004	1754.5	629.9	119.6	297.2	89.0	192.6	247.6	130.6	48.1
2005	2134.6	770.7	147.9	342.3	110.9	245.0	295.5	168.1	54.1
2006	2415.5	835.5	167.3	438.3	126.1	288.8	305.1	191.5	62.9
2007	2767.1	967.6	192.6	540.1	148.7	328.4	305.7	210.2	73.9
2008	3159.4	1135.2	211.1	642.3	173.6	360.2	314.5	246.0	76.7
2009	3504.8	1180.7	231.9	772.6	204.5	402.9	340.6	287.5	84.1
2010	3859.3	1313.2	263.4	801.4	233.5	461.1	366.7	326.0	94.0
2011	4733.4	1651.3	341.1	930.2	308.6	547.0	396.4	436.8	122.0
2012	5414.5	1863.1	396.1	1054.2	341.4	652.8	445.5	513.8	147.5

2-3-39 农村居民现金消费支出构成

单位：%

年 份	现金消费支出	一、食品支出	二、衣着支出	三、居住支出	四、家庭设备及用品支出	五、交通通信支出	六、文教娱乐支出	七、医疗保健支出	八、其他支出
1978	100.0								
1979	100.0								
1980	100.0	37.4	23.7	17.3	3.8	0.7	9.6	3.9	3.7
1981	100.0	38.5	21.6	19.1	3.7	0.5	9.1	3.8	3.6
1982	100.0	42.6	19.5	19.9	3.8	0.5	5.8	3.9	4.0
1983	100.0	40.3	18.8	20.8	9.5	2.2	3.8	2.7	1.9
1984	100.0	39.6	17.1	22.1	8.9	2.5	4.4	3.5	1.8
1985	100.0	39.3	15.5	22.0	8.2	2.9	6.3	3.9	1.8
1986	100.0	39.0	14.2	24.1	8.5	2.7	6.3	3.8	1.4
1987	100.0	39.5	12.7	24.2	8.1	3.1	7.0	4.0	1.3
1988	100.0	39.2	12.2	24.0	9.0	2.7	7.7	4.0	1.2
1989	100.0	41.0	11.5	23.2	8.5	2.3	8.1	4.3	1.1
1990	100.0	41.6	11.7	21.7	8.2	2.2	8.4	5.1	1.1
1991	100.0	40.6	12.3	20.2	8.6	2.5	9.0	5.5	1.3
1992	100.0	40.7	11.9	19.2	8.4	2.8	10.1	5.6	1.3
1993	100.0	40.4	11.2	16.0	9.0	3.6	11.9	5.3	2.7
1994	100.0	40.7	10.7	16.9	8.5	3.7	11.6	4.9	2.9
1995	100.0	41.1	10.3	17.2	7.9	3.9	11.9	4.9	2.7
1996	100.0	39.4	10.5	17.3	7.8	4.4	12.3	5.4	2.9
1997	100.0	38.7	9.6	17.6	7.6	4.8	13.2	5.5	3.0
1998	100.0	38.0	8.6	17.7	7.2	5.4	14.1	6.0	2.9
1999	100.0	37.2	8.0	17.8	7.2	6.0	14.7	6.1	3.0
2000	100.0	36.1	7.4	18.0	5.8	7.2	14.5	6.8	4.1
2001	100.0	35.5	7.2	18.3	5.6	8.1	14.1	7.1	4.1
2002	100.0	34.8	7.1	18.5	5.5	8.8	14.3	7.1	3.9
2003	100.0	35.0	6.9	17.6	5.2	10.3	14.9	7.3	2.7
2004	100.0	35.9	6.8	16.9	5.1	11.0	14.1	7.4	2.7
2005	100.0	36.1	6.9	16.0	5.2	11.5	13.8	7.9	2.5
2006	100.0	34.6	6.9	18.1	5.2	12.0	12.6	7.9	2.6
2007	100.0	35.0	7.0	19.5	5.4	11.9	11.0	7.6	2.7
2008	100.0	35.9	6.7	20.3	5.5	11.4	10.0	7.8	2.4
2009	100.0	33.7	6.6	22.0	5.8	11.5	9.7	8.2	2.4
2010	100.0	34.0	6.8	20.8	6.1	11.9	9.5	8.4	2.4
2011	100.0	34.9	7.2	19.7	6.5	11.6	8.4	9.2	2.6
2012	100.0	34.4	7.3	19.5	6.3	12.1	8.2	9.5	2.7

2-3-40 农村贫困状况

年份	1978年标准		2008年标准		2010年标准	
	贫困人口(万人)	贫困发生率(%)	贫困人口(万人)	贫困发生率(%)	贫困人口(万人)	贫困发生率(%)
1978	25000.0	30.7				
1980	22000.0	26.8				
1981	15200.0	18.5				
1982	14500.0	17.5				
1983	13500.0	16.2				
1984	12800.0	15.1				
1985	12500.0	14.8				
1986	13100.0	15.5				
1987	12200.0	14.3				
1988	9600.0	11.1				
1989	10200.0	11.6				
1990	8500.0	9.4				
1991	9400.0	10.4				
1992	8000.0	8.8				
1994	7000.0	7.7				
1995	6540.0	7.1				
1997	4962.0	5.4				
1998	4210.0	4.6				
1999	3412.0	3.7				
2000	3209.0	3.5	9422	10.2		
2001	2927.0	3.2	9029	9.8		
2002	2820.0	3.0	8645	9.2		
2003	2900.0	3.1	8517	9.1		
2004	2610.0	2.8	7587	8.1		
2005	2365.0	2.5	6432	6.8		
2006	2148.0	2.3	5698	6.0		
2007	1479.0	1.6	4320	4.6		
2008			4007	4.2		
2009			3597	3.8		
2010			2688	2.8	16567	17.2
2011					12238	12.7
2012					9899	10.2

注：①1978年标准:1978–1999年称为农村贫困标准，2000–2007年称为农村绝对贫困标准。
②2008年标准：2000–2007年称为农村低收入标准，2008–2010年称为农村贫困标准。
③2010年标准：是新确定的农村扶贫标准。

3

主要年份城乡住户调查分组综合数据

一、按收入等级分组

(一)城镇住户调查分组综合数据

3-1-1-1　2005年城镇居民家庭基本情况

指　标	全　国	最　低收入户(10%)	#困难户(5%)	较　低收入户(10%)	中　等偏下户(20%)	中　等收入户(20%)	中　等偏上户(20%)	较　高收入户(10%)	最　高收入户(10%)
调查户数　(户)	54496	5376	2666	5454	10943	10966	10920	5440	5398
调查户比重　(%)	100.0	9.9	4.9	10.0	20.1	20.1	20.0	10.0	9.9
平均每户家庭人口　(人)	2.96	3.34	3.38	3.22	3.10	2.95	2.79	2.68	2.64
平均每户就业人口　(人)	1.51	1.26	1.13	1.45	1.55	1.56	1.54	1.54	1.59
平均每户就业面　(%)	51.0	37.7	33.4	45.0	50.0	52.9	55.2	57.5	60.2
平均每一就业者负担人数									
(包括就业者本人)　(人)	2.0	2.7	3.0	2.2	2.0	1.9	1.8	1.7	1.7
平均每人全部年收入　(元)	11320.8	3377.7	2733.3	5202.1	7177.1	9887.0	13596.7	18687.7	31237.5
平均每人可支配收入　(元)	10493.0	3134.9	2495.8	4885.3	6710.6	9190.1	12603.4	17202.9	28773.1
平均每人总支出　(元)	10579.5	3696.5	3118.3	5158.8	6922.4	9350.4	12529.2	16847.9	28300.8
平均每人现金消费支出　(元)	7942.9	3111.5	2656.4	4295.4	5574.3	7308.1	9410.8	12102.5	19153.7
食品	2914.4	1475.7	1290.1	1926.0	2336.3	2838.8	3425.9	4151.1	5367.3
#粮食	242.2	219.2	213.5	226.8	232.8	241.9	254.4	264.8	267.1
肉禽及其制品	564.9	343.4	296.3	433.5	514.3	584.5	655.8	716.1	756.4
蛋类	71.5	51.7	46.1	63.8	68.9	74.2	78.2	84.4	79.9
水产品	188.8	70.3	57.8	101.1	133.2	176.0	234.2	314.6	403.7
奶及奶制品	138.6	50.8	39.4	82.7	110.8	140.4	173.2	206.8	248.3
衣着	800.5	243.7	189.8	408.6	565.1	784.6	1010.6	1256.0	1757.6
#服装	577.0	162.2	125.2	279.5	397.2	559.0	732.0	929.8	1312.7
居住	808.7	384.1	338.7	472.2	580.0	745.5	921.7	1195.5	1897.9
#住房	249.3	58.3	44.0	77.8	112.9	200.9	284.8	451.3	903.4
家庭设备及用品	446.5	109.2	90.4	171.6	268.8	397.2	546.1	754.9	1287.5
#耐用消费品	213.2	31.2	25.6	60.7	117.2	188.1	270.4	377.9	663.6
交通通信	996.7	228.4	180.9	375.9	536.2	764.7	1074.9	1590.3	3769.6
文教娱乐	1097.5	363.6	293.2	518.8	720.4	985.7	1336.8	1700.2	2908.0
#文化娱乐用品	280.2	43.3	33.5	84.4	152.5	236.6	364.9	493.0	874.9
医疗保健	600.9	232.5	206.5	308.1	408.1	561.8	764.9	997.6	1287.7
其他	277.8	74.4	66.9	114.1	159.3	229.8	329.9	457.0	878.2
现金消费支出构成　(%)	100.0	100.0	100.0	100.0	100.0	100.0	100.0	100.0	100.0
食品	36.7	47.4	48.6	44.8	41.9	38.8	36.4	34.3	28.0
衣着	10.1	7.8	7.1	9.5	10.1	10.7	10.7	10.4	9.2
居住	10.2	12.3	12.8	11.0	10.4	10.2	9.8	9.9	9.9
家庭设备及用品	5.6	3.5	3.4	4.0	4.8	5.4	5.8	6.2	6.7
交通通信	12.5	7.3	6.8	8.8	9.6	10.5	11.4	13.1	19.7
文教娱乐	13.8	11.7	11.0	12.1	12.9	13.5	14.2	14.0	15.2
医疗保健	7.6	7.5	7.8	7.2	7.3	7.7	8.1	8.2	6.7
其他	3.5	2.4	2.5	2.7	2.9	3.1	3.5	3.8	4.6

注:收入水平为所有城镇调查户按人均可支配收入由低到高排队,按10%,10%,20%,20%,20%,10%,10%的比例分为七组。

3-1-1-2 2006年城镇居民家庭基本情况

指 标		全 国	最 低收入户(10%)	#困难户(5%)	较 低收入户(10%)	中 等偏下户(20%)	中 等收入户(20%)	中 等偏上户(20%)	较 高收入户(10%)	最 高收入户(10%)
调查户数	(户)	56094	5594	2801	5607	11251	11236	11225	5610	5571
调查户比重	(%)	100.0	10.0	5.0	10.0	20.1	20.0	20.0	10.0	9.9
平均每户家庭人口	(人)	2.95	3.31	3.33	3.20	3.09	2.92	2.79	2.69	2.62
平均每户就业人口	(人)	1.53	1.30	1.17	1.52	1.56	1.56	1.55	1.56	1.62
平均每户就业面	(%)	51.9	39.3	35.1	47.5	50.5	53.4	55.6	58.0	61.8
平均每一就业者负担人数										
(包括就业者本人)	(人)	1.9	2.5	2.8	2.1	2.0	1.9	1.8	1.7	1.6
平均每人全部年收入	(元)	12719.2	3871.4	3129.3	5946.1	8103.7	11052.1	15199.7	20699.6	34834.4
平均每人可支配收入	(元)	11759.5	3568.7	2838.9	5540.7	7554.2	10269.7	14049.2	19069.0	31967.3
平均每人总支出	(元)	11881.8	4121.2	3576.6	5885.1	7612.0	10230.6	13852.1	19029.9	32636.9
平均每人现金消费支出	(元)	8696.6	3423.0	2953.3	4765.6	6108.3	7905.4	10218.3	13169.8	21061.7
食品		3111.9	1586.0	1387.7	2073.5	2484.3	3019.4	3647.9	4392.4	5746.7
#粮食		246.5	219.1	213.4	229.8	239.4	246.4	257.7	270.0	272.6
肉禽及其制品		545.6	346.3	301.3	439.2	496.8	556.6	623.6	685.7	725.8
蛋类		67.6	49.5	44.6	57.9	65.6	70.6	74.2	78.7	76.1
水产品		202.9	79.0	64.2	111.2	143.8	188.4	257.6	327.1	417.6
奶及奶制品		150.2	60.9	46.5	95.1	121.6	153.2	183.7	217.9	260.3
衣着		901.8	286.1	225.0	470.0	665.7	884.7	1120.4	1350.8	1956.6
#服装		646.7	191.5	148.2	319.8	466.8	628.6	810.9	981.2	1454.7
居住		904.2	427.2	391.5	530.1	655.6	799.3	1009.6	1341.9	2196.6
#住房		285.1	59.2	53.9	83.7	135.8	197.1	310.9	506.4	1134.2
家庭设备及用品		498.5	140.0	121.2	212.0	301.4	444.6	583.9	842.3	1415.4
#耐用消费品		233.9	42.7	34.6	75.8	125.4	213.2	280.7	414.6	719.8
交通通信		1147.1	257.7	205.6	431.1	610.0	859.9	1264.5	1801.0	4316.8
文教娱乐		1203.0	406.1	332.6	572.4	782.0	1047.5	1469.1	1901.7	3176.1
#文化娱乐用品		310.3	59.3	43.9	99.4	168.3	256.9	397.7	558.6	944.0
医疗保健		620.5	234.5	213.4	350.0	425.5	590.5	762.4	1020.2	1311.4
其他		309.5	85.4	76.2	126.5	183.8	259.6	360.4	519.6	942.1
现金消费支出构成	(%)	100.0	100.0	100.0	100.0	100.0	100.0	100.0	100.0	100.0
食品		35.8	46.3	47.0	43.5	40.7	38.2	35.7	33.4	27.3
衣着		10.4	8.4	7.6	9.9	10.9	11.2	11.0	10.3	9.3
居住		10.4	12.5	13.3	11.1	10.7	10.1	9.9	10.2	10.4
家庭设备及用品		5.7	4.1	4.1	4.4	4.9	5.6	5.7	6.4	6.7
交通通信		13.2	7.5	7.0	9.0	10.0	10.9	12.4	13.7	20.5
文教娱乐		13.8	11.9	11.3	12.0	12.8	13.3	14.4	14.4	15.1
医疗保健		7.1	6.9	7.2	7.3	7.0	7.5	7.5	7.7	6.2
其他		3.6	2.5	2.6	2.7	3.0	3.3	3.5	3.9	4.5

3-1-1-3 2007年城镇居民家庭基本情况

指 标		全 国	最 低 收入户 (10%)	#困难户 (5%)	较 低 收入户 (10%)	中 等 偏下户 (20%)	中 等 收入户 (20%)	中 等 偏上户 (20%)	较 高 收入户 (10%)	最 高 收入户 (10%)
调查户数	(户)	59305	5940	2967	5936	11881	11869	11865	5919	5894
调查户比重	(%)	100.0	10.0	5.0	10.0	20.0	20.0	20.0	10.0	9.9
平均每户家庭人口	(人)	2.91	3.30	3.30	3.20	3.05	2.88	2.74	2.63	2.58
平均每户就业人口	(人)	1.54	1.34	1.23	1.55	1.57	1.57	1.54	1.54	1.60
平均每户就业面	(%)	52.9	40.6	37.3	48.4	51.5	54.5	56.2	58.6	62.0
平均每一就业者负担人数										
(包括就业者本人)	(人)	1.9	2.5	2.7	2.1	1.9	1.8	1.8	1.7	1.6
平均每人全部年收入	(元)	14908.6	4604.1	3744.9	6992.6	9568.0	12978.6	17684.6	24106.6	40019.2
平均每人可支配收入	(元)	13785.8	4210.1	3357.9	6504.6	8900.5	12042.3	16385.8	22233.6	36784.5
平均每人总支出	(元)	13513.9	4904.0	4233.3	6939.2	8955.3	11862.5	15629.1	21147.6	35242.6
平均每人现金消费支出	(元)	9997.5	4036.3	3447.7	5634.2	7123.7	9097.4	11570.4	15297.7	23337.3
食品		3628.0	1904.1	1672.4	2451.2	2942.8	3538.3	4229.8	5062.1	6439.5
#粮食		278.3	223.7	214.7	246.9	263.1	280.5	302.8	319.4	325.9
肉禽及其制品		703.3	437.7	387.2	552.7	637.5	717.3	806.8	883.0	958.3
蛋类		83.8	58.5	53.2	70.2	78.7	88.2	94.8	97.8	98.9
水产品		243.8	97.7	81.2	137.6	180.0	229.6	302.7	376.5	491.0
奶及奶制品		160.7	76.0	62.3	108.9	130.7	165.2	192.2	225.8	264.0
衣着		1042.0	360.9	288.5	565.2	776.9	1017.7	1278.2	1579.1	2162.6
#服装		747.9	243.1	191.6	389.1	544.9	725.6	917.9	1150.9	1616.6
居住		982.3	469.1	415.7	605.0	718.3	873.9	1095.4	1436.7	2290.1
#住房		302.2	64.4	49.5	115.0	135.6	215.1	315.5	532.1	1174.8
家庭设备及用品		601.8	163.9	130.6	282.5	385.0	545.2	716.9	967.7	1597.4
#耐用消费品		285.5	49.4	34.1	113.0	166.8	262.5	339.4	484.3	826.6
交通通信		1357.4	314.2	243.2	548.8	710.1	993.4	1420.3	2467.7	4815.6
文教娱乐		1329.2	445.7	366.5	647.0	877.4	1172.4	1544.2	2092.0	3526.2
#文化娱乐用品		343.2	63.2	49.6	124.3	192.6	304.1	408.0	614.9	1013.8
医疗保健		699.1	281.1	250.3	378.7	501.7	646.5	861.4	1108.6	1472.5
其他		357.7	97.3	80.6	155.8	211.7	310.0	424.2	583.9	1033.2
现金消费支出构成	(%)	100.0	100.0	100.0	100.0	100.0	100.0	100.0	100.0	100.0
食品		36.3	47.2	48.5	43.5	41.3	38.9	36.6	33.1	27.6
衣着		10.4	8.9	8.4	10.0	10.9	11.2	11.0	10.3	9.3
居住		9.8	11.6	12.1	10.7	10.1	9.6	9.5	9.4	9.8
家庭设备及用品		6.0	4.1	3.8	5.0	5.4	6.0	6.2	6.3	6.8
交通通信		13.6	7.8	7.1	9.7	10.0	10.9	12.3	16.1	20.6
文教娱乐		13.3	11.0	10.6	11.5	12.3	12.9	13.3	13.7	15.1
医疗保健		7.0	7.0	7.3	6.7	7.0	7.1	7.4	7.2	6.3
其他		3.6	2.4	2.3	2.8	3.0	3.4	3.7	3.8	4.4

3-1-1-4　2008年城镇居民家庭基本情况

指　标		全　国	最　低收入户(10%)	#困难户(5%)	较　低收入户(10%)	中　等偏下户(20%)	中　等收入户(20%)	中　等偏上户(20%)	较　高收入户(10%)	最　高收入户(10%)
调查户数	(户)	64675	6353	3137	6485	12983	12993	12998	6445	6418
调查户比重	(%)	100.0	9.8	4.8	10.0	20.1	20.1	20.1	10.0	9.9
平均每户家庭人口	(人)	2.91	3.33	3.34	3.22	3.06	2.89	2.74	2.62	2.51
平均每户就业人口	(人)	1.48	1.27	1.16	1.44	1.52	1.50	1.49	1.51	1.57
平均每户就业面	(%)	50.9	38.1	34.7	44.7	49.7	51.9	54.4	57.6	62.5
平均每一就业者负担人数（包括就业者本人）	(人)	2.0	2.6	2.9	2.2	2.0	1.9	1.8	1.7	1.6
平均每人全部年收入	(元)	17067.8	5203.8	4187.2	7916.5	10974.6	15054.7	20784.2	28518.9	47422.4
平均每人可支配收入	(元)	15780.8	4753.6	3734.4	7363.3	10195.6	13984.2	19254.1	26250.1	43613.8
平均每人总支出	(元)	14747.9	5495.6	4659.3	7556.7	9914.5	13173.4	17615.2	24074.4	38380.2
平均每人现金消费支出	(元)	11242.9	4532.9	3862.7	6195.3	7993.7	10344.7	13316.6	17888.2	26982.1
食品		4259.8	2182.3	1889.9	2846.3	3428.9	4181.3	5043.6	6087.3	7874.1
#粮食		328.3	260.0	244.4	286.6	305.4	335.6	355.9	384.7	403.3
肉禽及其制品		896.9	534.6	451.7	699.0	806.5	930.1	1039.7	1160.6	1237.9
蛋类		91.7	64.6	58.4	78.0	86.0	95.9	102.5	108.4	111.2
水产品		280.3	115.2	93.4	164.8	211.7	271.0	349.2	444.5	551.4
奶及奶制品		189.8	86.7	74.2	120.8	155.2	191.2	234.0	278.2	327.4
衣着		1165.9	398.0	310.0	598.7	843.2	1136.5	1432.9	1857.5	2643.0
#服装		839.1	268.7	205.8	409.9	588.7	808.1	1031.2	1364.0	2001.1
居住		1145.4	556.2	489.3	688.4	841.3	1060.6	1265.9	1795.5	2681.9
#住房		345.1	74.7	63.3	107.9	164.7	269.5	350.8	687.7	1355.8
家庭设备及用品		691.8	190.8	146.6	309.6	437.2	616.3	837.6	1210.0	1925.6
#耐用消费品		309.3	57.1	35.7	110.2	174.8	268.6	379.1	564.7	977.7
交通通信		1417.1	345.3	265.4	532.5	764.1	1078.8	1633.6	2632.9	4985.7
文教娱乐		1358.3	424.2	378.3	594.7	851.8	1171.4	1630.1	2297.2	3959.3
#文化娱乐用品		354.8	69.4	50.6	122.2	198.2	301.8	438.3	669.9	1112.9
医疗保健		786.2	323.9	293.1	457.2	587.6	748.7	977.9	1257.6	1589.7
其他		418.3	112.2	90.1	168.0	239.6	351.1	494.9	750.3	1322.7
现金消费支出构成	(%)	100.0	100.0	100.0	100.0	100.0	100.0	100.0	100.0	100.0
食品		37.9	48.1	48.9	45.9	42.9	40.4	37.9	34.0	29.2
衣着		10.4	8.8	8.0	9.7	10.5	11.0	10.8	10.4	9.8
居住		10.2	12.3	12.7	11.1	10.5	10.3	9.5	10.0	9.9
家庭设备及用品		6.2	4.2	3.8	5.0	5.5	6.0	6.3	6.8	7.1
交通通信		12.6	7.6	6.9	8.6	9.6	10.4	12.3	14.7	18.5
文教娱乐		12.1	9.4	9.8	9.6	10.7	11.3	12.2	12.8	14.7
医疗保健		7.0	7.1	7.6	7.4	7.4	7.2	7.3	7.0	5.9
其他		3.7	2.5	2.3	2.7	3.0	3.4	3.7	4.2	4.9

3-1-1-5 2009年城镇居民家庭基本情况

指标		全国	最低收入户(10%)	#困难户(5%)	较低收入户(10%)	中等偏下户(20%)	中等收入户(20%)	中等偏上户(20%)	较高收入户(10%)	最高收入户(10%)
调查户数	(户)	65506	6518	3248	6563	13132	13137	13122	6526	6508
调查户比重	(%)	100.0	10.0	5.0	10.0	20.0	20.1	20.0	10.0	9.9
平均每户家庭人口	(人)	2.89	3.29	3.30	3.23	3.04	2.84	2.71	2.61	2.51
平均每户就业人口	(人)	1.49	1.32	1.22	1.46	1.53	1.49	1.49	1.51	1.55
平均每户就业面	(%)	51.6	40.1	37.0	45.2	50.3	52.5	55.0	57.9	61.8
平均每一就业者负担人数										
(包括就业者本人)	(人)	1.9	2.5	2.7	2.2	2.0	1.9	1.8	1.7	1.6
平均每人全部年收入	(元)	18858.1	5950.7	4935.8	8956.8	12345.2	16858.4	23050.8	31171.7	51349.6
平均每人可支配收入	(元)	17174.7	5253.2	4197.6	8162.1	11243.6	15399.9	21018.0	28386.5	46826.1
平均每人总支出	(元)	17248.3	6185.6	5519.8	8475.2	11353.5	15197.5	20764.8	28179.5	46936.9
平均每人现金消费支出	(元)	12264.6	4900.6	4256.8	6743.1	8738.8	11309.7	14964.4	19263.9	29004.4
食品		4478.5	2293.8	2041.6	3009.5	3640.2	4410.5	5367.0	6360.3	8135.0
#粮食		334.3	265.3	254.4	292.2	316.3	339.8	366.0	380.9	407.4
肉禽及其制品		867.5	520.9	458.4	691.2	787.0	904.4	1010.8	1095.8	1178.2
蛋类		92.8	66.1	61.1	79.2	86.3	97.1	103.9	110.0	114.1
水产品		301.4	121.9	99.1	182.4	231.6	293.7	383.0	472.1	571.4
奶及奶制品		196.1	89.1	77.6	128.1	158.5	201.0	241.7	283.4	341.6
衣着		1284.2	458.5	376.6	684.2	962.5	1263.8	1601.2	1986.2	2782.3
#服装		924.0	306.9	250.0	466.3	675.0	900.3	1156.3	1465.4	2092.7
居住		1228.9	578.9	515.7	735.2	880.8	1131.0	1493.3	1775.1	2863.3
#住房		397.0	84.7	60.8	123.9	178.5	301.4	526.4	659.6	1482.1
家庭设备及用品		786.9	226.0	173.8	366.4	521.5	701.1	977.1	1325.5	2114.2
#耐用消费品		359.0	70.1	42.6	138.7	218.0	308.0	453.9	633.0	1086.0
交通通信		1682.6	394.8	310.3	582.3	861.4	1285.0	2047.8	3181.9	5858.7
文教娱乐		1472.8	457.2	390.6	666.0	953.8	1290.1	1807.7	2461.1	4116.4
#文化娱乐用品		381.3	83.0	68.3	151.8	225.5	335.8	483.4	682.5	1117.0
医疗保健		856.4	362.6	344.0	504.1	632.0	834.5	1072.0	1322.4	1745.9
其他		474.2	128.7	104.4	195.4	286.7	393.7	598.2	851.4	1388.6
现金消费支出构成	(%)	100.0	100.0	100.0	100.0	100.0	100.0	100.0	100.0	100.0
食品		36.5	46.8	48.0	44.6	41.7	39.0	35.9	33.0	28.0
衣着		10.5	9.4	8.8	10.1	11.0	11.2	10.7	10.3	9.6
居住		10.0	11.8	12.1	10.9	10.1	10.0	10.0	9.2	9.9
家庭设备及用品		6.4	4.6	4.1	5.4	6.0	6.2	6.5	6.9	7.3
交通通信		13.7	8.1	7.3	8.6	9.9	11.4	13.7	16.5	20.2
文教娱乐		12.0	9.3	9.2	9.9	10.9	11.4	12.1	12.8	14.2
医疗保健		7.0	7.4	8.1	7.5	7.2	7.4	7.2	6.9	6.0
其他		3.9	2.6	2.5	2.9	3.3	3.5	4.0	4.4	4.8

3-1-1-6 2010年城镇居民家庭基本情况

指　标		全　国	最　低收入户(10%)	#困难户(5%)	较　低收入户(10%)	中　等偏下户(20%)	中　等收入户(20%)	中　等偏上户(20%)	较　高收入户(10%)	最　高收入户(10%)
调查户数	(户)	65607	6569	3279	6570	13144	13103	13121	6553	6548
调查户比重	(%)	100.0	10.0	5.0	10.0	20.0	20.0	20.0	10.0	10.0
平均每户家庭人口	(人)	2.88	3.29	3.32	3.20	3.02	2.82	2.70	2.61	2.51
平均每户就业人口	(人)	1.49	1.32	1.22	1.52	1.52	1.48	1.49	1.51	1.54
平均每户就业面	(%)	51.7	40.1	36.7	47.5	50.3	52.5	55.2	57.9	61.4
平均每一就业者负担人数										
(包括就业者本人)	(人)	1.9	2.5	2.7	2.1	2.0	1.9	1.8	1.7	1.6
平均每人全部年收入	(元)	21033.4	6703.7	5483.1	10247.0	13971.0	18920.7	25497.8	34254.6	56435.2
平均每人可支配收入	(元)	19109.4	5948.1	4739.2	9285.3	12702.1	17224.0	23188.9	31044.0	51431.6
平均每人总支出	(元)	18258.4	6871.0	6039.5	9288.7	12388.4	16693.5	21667.5	29012.0	47401.1
平均每人现金消费支出	(元)	13471.5	5471.8	4715.3	7360.2	9649.2	12609.4	16140.4	21000.4	31761.6
食品		4804.7	2525.3	2231.5	3246.7	3946.0	4773.8	5710.1	6756.0	8535.2
#粮食		385.5	295.6	282.3	326.4	357.7	393.1	425.5	453.9	492.4
肉禽及其制品		914.2	563.9	493.0	728.8	835.9	955.2	1051.4	1142.4	1242.2
蛋类		98.0	68.0	62.3	80.5	91.2	102.4	111.9	117.7	121.8
水产品		326.9	137.5	113.6	192.2	253.1	313.8	416.3	497.3	635.5
奶及奶制品		198.5	91.6	76.9	127.6	158.9	199.0	245.9	296.7	346.4
衣着		1444.3	513.6	417.3	804.7	1076.0	1408.1	1786.6	2226.7	3148.9
#服装		1057.1	351.8	284.7	568.2	768.5	1020.3	1311.9	1657.1	2404.1
居住		1332.1	656.3	591.9	775.1	1010.0	1260.3	1504.2	2000.0	3014.7
#住房		421.2	115.2	99.0	114.2	227.0	348.7	457.4	772.9	1520.4
家庭设备及用品		908.0	288.6	223.4	427.2	600.9	833.6	1111.0	1500.2	2380.6
#耐用消费品		394.6	90.8	60.7	153.5	239.7	365.9	496.6	683.5	1112.9
交通通信		1983.7	448.3	359.2	669.1	1051.8	1620.6	2358.0	3630.6	6770.3
文教娱乐		1627.6	502.6	424.1	746.7	1038.0	1421.3	2001.5	2739.7	4515.2
#文化娱乐用品		407.0	97.1	81.1	166.4	238.4	351.2	521.7	728.8	1171.4
医疗保健		871.8	405.3	360.0	478.3	637.8	864.7	1060.1	1313.6	1842.8
其他		499.2	132.0	108.1	212.5	288.8	427.1	608.9	833.5	1553.9
现金消费支出构成	(%)									
食品		35.7	46.2	47.3	44.1	40.9	37.9	35.4	32.2	26.9
衣着		10.7	9.4	8.8	10.9	11.2	11.2	11.1	10.6	9.9
居住		9.9	12.0	12.6	10.5	10.5	10.0	9.3	9.5	9.5
家庭设备及用品		6.7	5.3	4.7	5.8	6.2	6.6	6.9	7.1	7.5
交通通信		14.7	8.2	7.6	9.1	10.9	12.9	14.6	17.3	21.3
文教娱乐		12.1	9.2	9.0	10.1	10.8	11.3	12.4	13.0	14.2
医疗保健		6.5	7.4	7.6	6.5	6.6	6.9	6.6	6.3	5.8
其他		3.7	2.4	2.3	2.9	3.0	3.4	3.8	4.0	4.9

3-1-1-7 2011年城镇居民家庭基本情况

指 标		全 国	最 低 收入户 (10%)	#困难户 (5%)	较 低 收入户 (10%)	中 等 偏下户 (20%)	中 等 收入户 (20%)	中 等 偏上户 (20%)	较 高 收入户 (10%)	最 高 收入户 (10%)
调查户数	(户)	65655	6505	3232	6566	13170	13178	13177	6572	6488
调查户比重	(%)	100.0	9.9	4.9	10.0	20.1	20.1	20.1	10.0	9.9
平均每户家庭人口	(人)	2.87	3.30	3.32	3.20	3.01	2.82	2.67	2.57	2.53
平均每户就业人口	(人)	1.48	1.29	1.16	1.51	1.52	1.49	1.48	1.48	1.58
平均每户就业面	(%)	51.6	39.1	34.9	47.2	50.5	52.8	55.4	57.6	62.5
平均每一就业者负担人数										
(包括就业者本人)	(人)	1.9	2.6	2.9	2.1	2.0	1.9	1.8	1.7	1.6
平均每人全部年收入	(元)	23979.2	7819.4	6445.5	11751.3	15880.7	21439.7	29058.9	39215.5	64460.7
平均每人可支配收入	(元)	21809.8	6876.1	5398.2	10672.0	14498.3	19544.9	26420.0	35579.2	58841.9
平均每人总支出	(元)	20365.7	8147.6	7290.9	10749.2	13926.1	18386.9	24276.2	32969.2	51203.5
平均每人现金消费支出	(元)	15160.9	6431.9	5575.6	8509.3	10872.8	14028.2	18160.9	23906.2	35183.6
食品		5506.3	2948.9	2618.9	3715.9	4535.8	5467.1	6515.0	7789.9	9681.7
#粮食		437.6	351.6	340.8	370.3	410.1	444.1	477.8	515.5	540.4
肉禽及其制品		1105.9	704.3	630.1	879.1	1023.0	1154.5	1269.5	1376.0	1448.3
蛋类		116.7	81.0	75.7	94.2	110.2	121.2	133.5	139.5	143.2
水产品		354.0	148.5	126.5	204.0	269.9	345.3	452.7	548.2	677.8
奶及奶制品		234.0	115.7	95.1	150.9	195.4	235.8	284.6	340.3	392.7
衣着		1674.7	608.0	489.5	913.4	1250.9	1628.6	2045.8	2598.3	3699.1
#服装		1237.0	426.7	336.2	649.0	903.6	1188.1	1513.4	1954.1	2849.0
居住		1405.0	749.0	675.7	874.8	1023.0	1232.7	1627.6	2116.8	3272.7
#住房		451.3	161.0	122.4	185.8	212.9	280.5	518.2	852.4	1715.3
家庭设备及用品		1023.2	335.3	261.5	489.7	666.5	923.4	1277.1	1736.4	2625.9
#耐用消费品		423.8	98.5	65.9	170.4	255.9	375.3	559.7	759.0	1151.6
交通通信		2149.7	501.1	397.6	841.4	1150.2	1762.3	2647.9	3963.0	6912.7
文教娱乐		1851.7	642.7	541.5	876.7	1163.1	1637.1	2238.1	3155.7	5060.6
#文化娱乐用品		449.6	123.8	99.0	180.8	273.2	401.6	558.3	779.1	1286.9
医疗保健		969.0	483.6	449.9	579.2	759.8	911.0	1136.9	1512.4	1959.8
其他		581.3	163.2	141.1	218.3	323.6	466.1	672.4	1033.8	1971.2
现金消费支出构成	(%)	100.0	100.0	100.0	100.0	100.0	100.0	100.0	100.0	100.0
食品		36.3	45.8	47.0	43.7	41.7	39.0	35.9	32.6	27.5
衣着		11.0	9.5	8.8	10.7	11.5	11.6	11.3	10.9	10.5
居住		9.3	11.6	12.1	10.3	9.4	8.8	9.0	8.9	9.3
家庭设备及用品		6.7	5.2	4.7	5.8	6.1	6.6	7.0	7.3	7.5
交通通信		14.2	7.8	7.1	9.9	10.6	12.6	14.6	16.6	19.6
文教娱乐		12.2	10.0	9.7	10.3	10.7	11.7	12.3	13.2	14.4
医疗保健		6.4	7.5	8.1	6.8	7.0	6.5	6.3	6.3	5.6
其他		3.8	2.5	2.5	2.6	3.0	3.3	3.7	4.3	5.6

3-1-1-8　2012年城镇居民家庭基本情况

指　标		全　国	最　低收入户(10%)	#困难户(5%)	较　低收入户(10%)	中　等偏下户(20%)	中　等收入户(20%)	中　等偏上户(20%)	较　高收入户(10%)	最　高收入户(10%)
调查户数	(户)	65981	6590	3287	6601	13214	13220	13201	6593	6562
调查户比重	(%)	100.0	10.0	5.0	10.0	20.0	20.0	20.0	10.0	9.9
平均每户家庭人口	(人)	2.86	3.30	3.33	3.21	2.99	2.80	2.67	2.58	2.52
平均每户就业人口	(人)	1.49	1.31	1.21	1.53	1.53	1.48	1.47	1.50	1.58
平均每户就业面	(%)	52.1	39.7	36.3	47.7	51.2	52.9	55.1	58.1	62.7
平均每一就业者负担人数										
(包括就业者本人)	(人)	1.9	2.5	2.8	2.1	2.0	1.9	1.8	1.7	1.6
平均每人全部年收入	(元)	26959.0	9209.5	7520.9	13724.7	18374.8	24531.4	32758.8	43471.0	69877.3
平均每人可支配收入	(元)	24564.7	8215.1	6520.0	12488.6	16761.4	22419.1	29813.7	39605.2	63824.2
平均每人总支出	(元)	22341.4	9164.9	7976.5	12134.8	15806.6	20447.7	26670.7	35705.6	54192.7
平均每人现金消费支出	(元)	16674.3	7301.4	6366.8	9610.4	12280.8	15719.9	19830.2	25796.9	37661.7
食品		6040.9	3310.4	2979.3	4147.4	5028.6	6061.4	7102.4	8561.0	10323.1
#粮食		458.5	365.0	358.7	385.8	426.0	473.2	501.7	542.7	564.5
肉禽及其制品		1183.6	767.5	699.3	946.7	1088.3	1249.4	1341.1	1480.4	1555.7
蛋类		119.0	84.3	77.0	96.6	112.0	125.7	133.3	142.4	147.1
水产品		408.9	173.4	145.1	235.6	308.8	412.7	522.7	630.6	768.2
奶及奶制品		253.6	125.8	110.1	169.0	208.3	260.1	308.8	365.4	423.3
衣着		1823.4	706.8	589.8	1045.5	1408.2	1765.9	2213.8	2767.5	3928.5
#服装		1344.9	494.8	408.1	746.4	1018.9	1288.1	1637.7	2067.9	3019.3
居住		1484.3	832.6	759.6	924.5	1160.4	1384.3	1708.7	2154.3	3123.3
#住房		463.6	177.5	140.8	168.8	279.3	354.8	543.5	798.5	1520.4
家庭设备及用品		1116.1	405.4	333.1	569.3	760.0	1033.6	1346.2	1827.9	2807.3
#耐用消费品		431.5	119.4	91.7	185.9	272.9	395.2	532.2	738.2	1195.8
交通通信		2455.5	602.8	495.3	954.4	1393.0	2063.3	2960.6	4304.1	7971.1
文教娱乐		2033.5	723.0	613.9	1034.9	1326.6	1785.5	2449.1	3432.8	5431.6
#文化娱乐用品		451.9	144.7	118.0	209.6	284.9	404.8	565.4	793.4	1187.2
医疗保健		1063.7	548.3	466.5	669.6	832.9	1096.0	1248.9	1580.0	1951.1
其他		657.1	172.1	129.2	265.0	371.1	529.9	800.4	1169.4	2125.7
现金消费支出构成	(%)	100.0	100.0	100.0	100.0	100.0	100.0	100.0	100.0	100.0
食品		36.2	45.3	46.8	43.2	40.9	38.6	35.8	33.2	27.4
衣着		10.9	9.7	9.3	10.9	11.5	11.2	11.2	10.7	10.4
居住		8.9	11.4	11.9	9.6	9.4	8.8	8.6	8.4	8.3
家庭设备及用品		6.7	5.6	5.2	5.9	6.2	6.6	6.8	7.1	7.5
交通通信		14.7	8.3	7.8	9.9	11.3	13.1	14.9	16.7	21.2
文教娱乐		12.2	9.9	9.6	10.8	10.8	11.4	12.4	13.3	14.4
医疗保健		6.4	7.5	7.3	7.0	6.8	7.0	6.3	6.1	5.2
其他		3.9	2.4	2.0	2.8	3.0	3.4	4.0	4.5	5.6

(二)农村住户调查分组综合数据

3-1-2-1　2005年农村居民家庭基本情况

指　　标	单　位	低收入户(20%)	中等偏下户(20%)	中等收入户(20%)	中等偏上户(20%)	高收入户(20%)
一、常住人口	人/户	4.6	4.3	4.1	3.9	3.5
二、劳动力人数	人/户	2.9	2.9	2.8	2.8	2.6
劳动力负担人口	人/劳动力	1.6	1.5	1.4	1.4	1.3
三、劳动力文化程度						
1.文盲或半文盲	%	11.2	7.8	6.1	4.9	3.9
2.小学程度	%	32.4	28.9	27.2	24.5	22.5
3.初中程度	%	47.9	52.3	54.0	55.1	52.0
4.高中程度	%	7.0	8.6	9.8	11.7	14.7
5.中专程度	%	1.1	1.7	2.1	2.8	4.2
6.大专及以上	%	0.4	0.7	0.8	1.0	2.6
四、年末生产性						
固定资产原值	元/户	7039.1	5851.0	6116.5	6769.4	10001.7
五、年内新建房屋面积	平方米/人	0.6	0.7	0.8	0.9	1.1
#砖木结构面积	平方米/人	0.3	0.3	0.3	0.3	0.3
六、年内新建房屋价值	元/平方米	316.3	311.0	322.2	351.4	530.6
七、年末居住住房面积	平方米/人	22.3	25.6	28.9	32.6	42.1
#砖木结构面积	平方米/人	10.5	12.3	14.7	16.1	18.3
八、年末居住住房价值	元/平方米	195.9	209.4	228.3	269.3	392.8
九、经营耕地面积	亩/人	1.9	1.9	2.1	2.3	2.3
十、经营山地面积	亩/人	0.3	0.3	0.3	0.3	0.3
十一、主要食品消费量						
粮食	公斤/人	197.8	205.2	212.0	216.2	216.1
蔬菜及制品	公斤/人	81.8	97.8	106.1	112.9	118.5
食用油	公斤/人	4.0	4.4	4.9	5.3	6.4
食糖	公斤/人	0.9	1.1	1.1	1.2	1.4
卷烟	盒/人	18.1	21.7	24.3	28.3	35.3
水果	公斤/人	8.3	10.1	11.6	13.9	17.8
猪肉	公斤/人	13.0	14.6	17.2	16.2	17.9
牛羊肉	公斤/人	1.4	1.2	1.3	1.4	2.2
奶及奶制品	公斤/人	2.2	2.2	2.5	2.9	5.1
禽类	公斤/人	2.1	2.9	3.6	4.3	6.2
蛋及蛋制品	公斤/人	2.7	3.8	4.7	5.5	7.5
水产品	公斤/人	2.1	3.1	4.3	6.0	10.6

注:收入等级为按农村居民户的人均纯收入五等份分组。

3-1-2-1 续表 1

单位：元/人

指 标	低收入户(20%)	中等偏下户(20%)	中等收入户(20%)	中等偏上户(20%)	高收入户(20%)
一、收入					
1. 总收入	2090.0	3024.4	4022.7	5453.6	10210.6
(1)工资性收入	321.7	672.2	1043.1	1538.8	3097.0
(2)家庭经营收入	1655.1	2194.4	2769.7	3616.8	6326.9
(3)财产性收入	21.9	32.3	46.4	80.9	304.0
(4)转移性收入	91.3	125.5	163.4	217.1	482.7
2. 纯收入	1067.2	2018.3	2851.0	4003.3	7747.4
(1)工资性收入	321.7	672.2	1043.1	1538.8	3097.0
(2)家庭经营收入	662.6	1230.7	1651.9	2231.0	3965.8
(3)财产性收入	21.9	32.3	46.4	80.9	304.0
(4)转移性收入	61.0	83.1	109.5	152.6	380.5
3. 现金收入	1538.8	2312.4	3266.3	4659.4	9408.7
(1)工资性收入	321.4	671.6	1042.3	1537.4	3092.2
(2)家庭经营收入	1115.6	1498.0	2033.3	2849.7	5574.5
(3)财产性收入	13.4	21.4	31.3	59.2	273.2
(4)转移性收入	88.3	121.3	159.3	213.1	468.8
二、支出					
1. 总支出	2647.0	3036.3	3652.6	4561.2	7515.0
(1)家庭经营费用支出	882.2	865.9	1007.6	1251.9	2144.7
(2)购置生产性固定资产支出	92.7	102.8	108.0	147.1	226.8
(3)税费支出	7.8	8.0	10.9	16.9	24.7
(4)消费支出	1548.3	1913.1	2327.7	2879.1	4593.0
(5)财产性支出	10.2	10.2	15.8	22.8	58.6
(6)转移性支出	105.8	136.3	182.6	243.6	467.1
2. 现金支出	2110.6	2466.2	3057.9	3986.3	6996.6
(1)家庭经营费用支出	731.8	722.9	870.6	1118.6	2027.6
(2)购置生产性固定资产支出	92.7	102.8	108.0	147.1	226.8
(3)税费支出	7.4	7.9	10.8	16.8	24.6
(4)消费支出	1163.2	1486.9	1871.0	2438.8	4195.9
(5)财产性支出	10.2	10.2	15.8	22.8	58.6
(6)转移性支出	105.3	135.5	181.6	242.3	463.1

3-1-2-1 续表 2 单位：元/人

指　　标	低收入户(20%)	中等偏下户(20%)	中等收入户(20%)	中等偏上户(20%)	高收入户(20%)
三、消费支出					
1. 消费支出	1548.3	1913.1	2327.7	2879.1	4593.0
食品	796.3	950.1	1120.9	1297.3	1807.6
衣着	88.0	108.7	132.4	167.5	276.2
居住	205.9	249.8	313.2	411.5	758.2
家庭设备及用品	59.6	76.2	95.8	127.6	224.1
交通通信	111.2	153.7	207.0	281.5	539.4
文教娱乐	155.5	209.4	262.2	345.2	571.5
医疗保健	106.4	128.5	148.1	183.5	305.1
其他	25.4	36.6	48.2	65.0	111.1
2. 现金消费支出	1163.2	1486.9	1871.0	2438.8	4195.9
食品	435.0	553.8	697.0	888.1	1440.1
衣着	87.2	108.0	131.9	166.9	275.7
居住	183.7	221.4	282.2	381.6	729.5
家庭设备及用品	59.0	75.7	94.8	127.4	224.0
交通通信	111.2	153.7	207.0	281.5	539.4
文教娱乐	155.5	209.4	262.2	345.2	571.5
医疗保健	106.4	128.5	148.1	183.5	305.1
其他	25.2	36.2	47.9	64.5	110.6
3. 现金消费支出占					
消费支出比重(%)	75.1	77.7	80.4	84.7	91.4
食品	54.6	58.3	62.2	68.5	79.7
衣着	99.1	99.4	99.6	99.6	99.8
居住	89.2	88.6	90.1	92.8	96.2
家庭设备及用品	98.9	99.3	98.9	99.9	100.0
交通通信	100.0	100.0	100.0	100.0	100.0
文教娱乐	100.0	100.0	100.0	100.0	100.0
医疗保健	100.0	100.0	100.0	100.0	100.0
其他	98.9	99.1	99.4	99.2	99.6

3-1-2-2 2006年农村居民家庭基本情况

指　标	单　位	低收入户(20%)	中等偏下户(20%)	中等收入户(20%)	中等偏上户(20%)	高收入户(20%)
一、常住人口	人/户	4.6	4.3	4.1	3.8	3.5
二、劳动力人数	人/户	3.0	2.9	2.9	2.8	2.6
劳动力负担人口	人/劳动力	1.5	1.5	1.4	1.4	1.3
三、劳动力文化程度						
1.文盲或半文盲	%	10.4	7.7	6.1	4.7	3.7
2.小学程度	%	31.9	28.0	25.7	23.5	22.0
3.初中程度	%	48.5	53.2	54.6	55.7	52.3
4.高中程度	%	7.3	8.8	10.5	11.9	14.7
5.中专程度	%	1.3	1.6	2.1	2.8	4.3
6.大专及以上	%	0.5	0.6	1.0	1.4	3.0
四、年末生产性						
固定资产原值	元/户	7431.4	6047.9	6368.4	7476.3	10864.9
五、年内新建(购)住房面积	平方米/人	0.6	0.6	0.8	1.0	1.4
#砖木结构面积	平方米/人	0.2	0.2	0.2	0.3	0.4
六、年内新建住房价值	元/平方米	330.4	329.3	355.9	381.0	496.4
七、年末居住住房面积	平方米/人	22.8	26.5	29.9	33.7	43.9
# 砖木结构面积	平方米/人	10.6	13.1	15.2	16.5	18.8
八、年末居住住房价值	元/平方米	200.6	218.6	243.6	280.5	441.7
九、经营耕地面积	亩/人	2.0	1.9	2.1	2.4	2.2
十、经营山地面积	亩/人	0.3	0.3	0.3	0.3	0.3
十一、主要食品消费量						
粮食	公斤/人	191.3	202.7	208.9	215.0	214.0
蔬菜及制品	公斤/人	82.0	96.5	103.4	111.2	115.0
食用油	公斤/人	4.7	5.3	5.9	6.5	7.3
食糖	公斤/人	0.9	1.0	1.1	1.1	1.3
卷烟	盒/人	17.2	21.2	24.5	27.6	35.7
水果	公斤/人	7.9	9.8	11.5	13.7	18.1
猪肉	公斤/人	13.3	14.6	15.2	16.4	18.6
牛羊肉	公斤/人	1.4	1.2	1.3	1.7	2.3
奶及奶制品	公斤/人	2.1	2.2	2.7	3.3	6.0
禽类	公斤/人	2.0	2.7	3.4	4.2	5.9
蛋及蛋制品	公斤/人	3.0	4.0	5.1	5.9	7.9
水产品	公斤/人	2.1	3.1	4.3	6.1	11.0

3-1-2-2 续表 1

单位：元/人

指　标	低收入户 (20%)	中等偏下户 (20%)	中等收入户 (20%)	中等偏上户 (20%)	高收入户 (20%)
一、收入					
1. 总收入	2244.7	3248.6	4346.8	6002.9	11066.2
(1)工资性收入	386.0	814.1	1230.5	1807.0	3495.2
(2)家庭经营收入	1726.8	2252.0	2877.5	3846.8	6647.5
(3)财产性收入	19.9	32.6	51.8	91.1	359.4
(4)转移性收入	111.9	149.8	186.9	258.1	564.1
2. 纯收入	1182.5	2222.0	3148.5	4446.6	8474.8
(1)工资性收入	386.0	814.1	1230.5	1807.0	3495.2
(2)家庭经营收入	698.9	1265.7	1731.3	2356.5	4172.0
(3)财产性收入	19.9	32.6	51.8	91.1	359.4
(4)转移性收入	77.7	109.5	134.8	192.1	448.2
3. 现金收入	1658.7	2544.9	3588.9	5190.2	10275.3
(1)工资性收入	385.8	813.9	1229.8	1806.1	3491.6
(2)家庭经营收入	1150.2	1563.7	2139.4	3062.1	5903.0
(3)财产性收入	13.5	19.9	36.3	68.6	329.1
(4)转移性收入	109.1	147.4	183.4	253.4	551.6
二、支出					
1. 总支出	2771.3	3172.6	3941.7	5068.1	8368.6
(1)家庭经营费用支出	913.8	886.2	1032.8	1347.7	2243.1
(2)购置生产性固定资产支出	110.8	85.1	111.0	168.7	231.0
(3)税费支出	6.0	6.8	9.4	12.5	22.8
(4)消费支出	1624.7	2039.1	2567.9	3230.4	5276.7
(5)财产性支出	10.5	12.9	13.0	28.7	44.2
(6)转移性支出	105.5	142.6	207.6	280.3	550.7
2. 现金支出	2224.4	2603.4	3373.6	4498.3	7860.3
(1)家庭经营费用支出	753.6	738.5	895.6	1220.1	2132.8
(2)购置生产性固定资产支出	110.8	85.1	111.0	168.7	231.0
(3)税费支出	5.9	6.7	9.4	12.5	22.7
(4)消费支出	1239.0	1618.8	2138.3	2790.1	4883.4
(5)财产性支出	10.5	12.9	13.0	28.7	44.2
(6)转移性支出	104.6	141.4	206.4	278.4	546.2

3-1-2-2 续表 2

单位：元/人

指　　标	低收入户(20%)	中等偏下户(20%)	中等收入户(20%)	中等偏上户(20%)	高收入户(20%)
三、消费支出					
1. 消费支出	1624.7	2039.1	2567.9	3230.4	5276.7
食品	805.3	979.8	1154.8	1367.8	1965.7
衣着	94.4	118.2	150.0	193.7	320.7
居住	237.2	296.4	406.6	517.9	1011.6
家庭设备及用品	63.9	85.8	110.1	147.5	256.8
交通通信	129.1	178.4	243.3	348.0	626.5
文教娱乐	146.4	202.1	272.9	371.6	608.6
医疗保健	117.5	137.2	173.2	209.5	359.0
其他	30.8	41.2	57.1	74.3	127.8
2. 现金消费支出	1239.0	1618.8	2138.3	2790.1	4883.4
食品	445.8	590.7	758.5	965.3	1605.2
衣着	93.7	117.5	149.4	193.0	320.0
居住	212.4	266.5	374.6	481.6	980.0
家庭设备及用品	63.4	85.4	109.5	147.0	256.3
交通通信	129.1	178.4	243.3	348.0	626.5
文教娱乐	146.4	202.1	272.9	371.6	608.6
医疗保健	117.5	137.2	173.2	209.5	359.0
其他	30.6	41.0	56.9	74.1	127.6
3. 现金消费支出占					
消费支出比重(%)	76.3	79.4	83.3	86.4	92.5
食品	55.4	60.3	65.7	70.6	81.7
衣着	99.2	99.4	99.6	99.6	99.8
居住	89.6	89.9	92.1	93.0	96.9
家庭设备及用品	99.2	99.5	99.5	99.7	99.8
交通通信	100.0	100.0	100.0	100.0	100.0
文教娱乐	100.0	100.0	100.0	100.0	100.0
医疗保健	100.0	100.0	100.0	100.0	100.0
其他	99.3	99.6	99.7	99.7	99.8

3-1-2-3　2007年农村居民家庭基本情况

指　　标	单　位	低收入户(20%)	中等偏下户(20%)	中等收入户(20%)	中等偏上户(20%)	高收入户(20%)
一、常住人口	人/户	4.6	4.3	4.0	3.8	3.4
二、劳动力人数	人/户	3.0	3.0	2.9	2.8	2.6
劳动力负担人口	人/劳动力	1.5	1.5	1.4	1.4	1.3
三、劳动力文化程度						
1.文盲或半文盲	%	9.8	7.4	5.9	4.6	3.5
2.小学程度	%	30.9	27.6	24.8	23.4	21.2
3.初中程度	%	49.5	53.2	55.0	54.9	52.0
4.高中程度	%	7.9	9.2	10.9	12.5	15.2
5.中专程度	%	1.4	1.7	2.3	3.0	4.6
6.大专及以上	%	0.6	0.8	1.1	1.5	3.6
四、年末生产性						
固定资产原值	元/户	7949.5	6996.0	7213.4	8061.5	11725.5
五、年内新建(购)住房面积	平方米/人	0.6	0.8	1.0	1.1	1.6
#砖木结构面积	平方米/人	0.2	0.2	0.3	0.3	0.4
六、年内新建住房价值	元/平方米	393.3	406.0	414.6	461.5	655.4
七、年末居住住房面积	平方米/人	23.6	27.2	30.9	34.8	45.3
#砖木结构面积	平方米/人	11.0	13.4	15.2	16.5	19.3
八、年末居住住房价值	元/平方米	221.8	237.0	261.6	305.7	485.2
九、经营耕地面积	亩/人	2.0	2.0	2.1	2.3	2.4
十、经营山地面积	亩/人	0.3	0.3	0.3	0.3	0.3
十一、主要食品消费量						
粮食	公斤/人	185.3	196.4	204.0	208.5	207.0
蔬菜及制品	公斤/人	78.2	93.2	102.2	110.7	117.4
食用油	公斤/人	4.7	5.3	6.1	6.6	7.6
食糖	公斤/人	0.9	1.0	1.0	1.1	1.3
卷烟	盒/人	17.3	21.2	23.6	27.9	35.2
水果	公斤/人	8.9	10.8	12.7	14.7	20.1
猪肉	公斤/人	11.5	12.7	13.1	14.4	16.0
牛羊肉	公斤/人	1.3	1.2	1.3	1.6	2.3
奶及奶制品	公斤/人	2.4	2.6	3.1	3.8	6.4
禽类	公斤/人	2.3	3.0	3.8	4.7	6.3
蛋及蛋制品	公斤/人	2.7	3.8	4.7	5.6	7.5
水产品	公斤/人	2.3	3.5	4.8	6.4	11.3

3-1-2-3 续表 1

单位：元/人

指　　标	低收入户 (20%)	中等偏下户 (20%)	中等收入户 (20%)	中等偏上户 (20%)	高收入户 (20%)
一、收入					
1. 总收入	2554.6	3718.4	5042.3	6797.5	12926.9
(1)工资性收入	447.3	969.8	1450.1	2142.0	3930.4
(2)家庭经营收入	1941.6	2521.6	3299.0	4220.9	7865.0
(3)财产性收入	29.9	47.7	65.9	115.9	451.5
(4)转移性收入	135.8	179.3	227.3	318.8	680.0
2. 纯收入	1346.9	2581.7	3658.8	5129.8	9790.7
(1)工资性收入	447.3	969.8	1450.1	2142.0	3930.4
(2)家庭经营收入	768.4	1428.4	1978.0	2635.7	4857.1
(3)财产性收入	29.9	47.7	65.9	115.9	451.5
(4)转移性收入	101.3	135.9	164.9	236.3	551.7
3. 现金收入	1891.0	2913.8	4163.7	5865.6	11993.4
(1)工资性收入	446.9	969.5	1449.7	2141.1	3927.1
(2)家庭经营收入	1293.5	1742.7	2453.2	3330.2	6996.9
(3)财产性收入	18.4	25.6	38.0	81.4	404.4
(4)转移性收入	132.2	175.9	222.8	312.9	665.1
二、支出					
1. 总支出	3170.1	3625.1	4526.0	5636.7	9811.7
(1)家庭经营费用支出	1051.2	977.6	1191.9	1431.6	2751.5
(2)购置生产性固定资产支出	106.5	90.4	117.0	144.8	312.2
(3)税费支出	6.1	7.4	10.4	12.5	26.6
(4)消费支出	1850.6	2357.9	2938.5	3682.7	5994.4
(5)财产性支出	12.2	14.3	19.6	31.8	65.1
(6)转移性支出	143.5	177.4	248.7	333.2	661.9
2. 现金支出	2573.0	3010.5	3906.5	5018.4	9243.2
(1)家庭经营费用支出	879.5	826.8	1050.8	1301.7	2625.4
(2)购置生产性固定资产支出	106.5	90.4	117.0	144.8	312.2
(3)税费支出	5.8	7.3	10.1	12.3	26.2
(4)消费支出	1426.3	1895.2	2461.6	3196.3	5558.8
(5)财产性支出	12.2	14.3	19.6	31.8	65.1
(6)转移性支出	142.6	176.4	247.5	331.5	655.5

3-1-2-3 续表 2

单位：元/人

指　　标	低收入户(20%)	中等偏下户(20%)	中等收入户(20%)	中等偏上户(20%)	高收入户(20%)
三、消费支出					
1. 消费支出	1850.6	2357.9	2938.5	3682.7	5994.4
食品	932.2	1128.5	1326.6	1572.0	2203.0
衣着	111.0	139.2	176.8	221.6	361.3
居住	285.6	374.1	495.6	645.3	1227.7
家庭设备及用品	74.5	99.3	133.8	176.8	299.9
交通通信	143.7	207.5	285.0	385.3	717.9
文教娱乐	144.9	197.2	263.3	355.0	654.6
医疗保健	124.8	162.7	192.8	238.8	374.2
其他	34.0	49.5	64.5	87.9	155.8
2. 现金消费支出	1426.3	1895.2	2461.6	3196.3	5558.8
食品	535.9	699.1	888.4	1126.9	1804.3
衣着	110.4	138.2	175.7	220.8	360.5
居住	259.1	342.5	458.7	605.4	1192.2
家庭设备及用品	73.8	98.8	133.5	176.6	299.5
交通通信	143.7	207.5	285.0	385.3	717.9
文教娱乐	144.9	197.2	263.3	355.0	654.6
医疗保健	124.8	162.7	192.8	238.8	374.2
其他	33.7	49.2	64.2	87.6	155.5
3. 现金消费支出占					
消费支出比重(%)	77.1	80.4	83.8	86.8	92.7
食品	57.5	62.0	67.0	71.7	81.9
衣着	99.5	99.3	99.3	99.6	99.8
居住	90.7	91.5	92.5	93.8	97.1
家庭设备及用品	99.1	99.6	99.8	99.8	99.9
交通通信	100.0	100.0	100.0	100.0	100.0
文教娱乐	100.0	100.0	100.0	100.0	100.0
医疗保健	100.0	100.0	100.0	100.0	100.0
其他	99.1	99.5	99.6	99.6	99.8

3-1-2-4　2008年农村居民家庭基本情况

指　　标	单　位	低收入户(20%)	中等偏下户(20%)	中等收入户(20%)	中等偏上户(20%)	高收入户(20%)
一、常住人口	人/户	4.5	4.3	4.1	3.8	3.4
二、劳动力人数	人/户	3.0	3.0	2.9	2.8	2.6
劳动力负担人口	人/劳动力	1.5	1.4	1.4	1.4	1.3
三、劳动力文化程度						
1.文盲或半文盲	%	9.3	7.2	5.7	4.5	3.6
2.小学程度	%	29.7	27.5	24.6	22.9	21.0
3.初中程度	%	50.4	52.7	54.9	54.9	51.2
4.高中程度	%	8.4	9.9	11.1	12.8	15.5
5.中专程度	%	1.5	1.8	2.4	3.2	4.7
6.大专及以上	%	0.6	0.9	1.3	1.8	4.1
四、年末生产性						
固定资产原值	元/户	8811.1	7294.4	7626.7	8911.0	12631.4
五、年内新建(购)住房面积	平方米/人	0.7	0.8	1.0	1.1	1.6
#砖木结构面积	平方米/人	0.2	0.3	0.3	0.3	0.4
六、年内新建住房价值	元/平方米	486.8	458.0	466.9	511.8	676.8
七、年末居住住房面积	平方米/人	24.4	27.7	31.5	35.6	46.7
#砖木结构面积	平方米/人	11.3	13.4	14.9	16.9	19.4
八、年末居住住房价值	元/平方米	238.6	254.7	283.6	325.9	504.8
九、经营耕地面积	亩/人	1.9	2.0	2.2	2.5	2.4
十、经营山地面积	亩/人	0.3	0.3	0.3	0.3	0.3
十一、主要食品消费量						
粮食	公斤/人	184.4	206.6	199.5	202.7	204.7
蔬菜及制品	公斤/人	86.1	96.9	98.6	107.8	113.9
食用油	公斤/人	4.9	5.6	6.3	7.1	7.9
食糖	公斤/人	0.9	1.0	1.1	1.2	1.4
卷烟	盒/人	17.4	20.6	23.4	27.8	34.5
水果	公斤/人	9.2	10.8	12.5	14.6	19.1
猪肉	公斤/人	10.9	11.5	12.3	13.7	15.8
牛羊肉	公斤/人	1.1	1.1	1.1	1.4	2.0
奶及奶制品	公斤/人	2.4	2.9	3.1	3.6	5.6
禽类	公斤/人	2.7	3.4	4.3	5.2	7.0
蛋及蛋制品	公斤/人	3.3	4.5	5.5	6.4	8.4
水产品	公斤/人	2.3	3.3	4.8	6.6	10.8

3-1-2-4 续表 1

单位：元/人

指　标	低收入户(20%)	中等偏下户(20%)	中等收入户(20%)	中等偏上户(20%)	高收入户(20%)
一、收入					
1. 总收入	3072.3	4264.1	5764.9	7930.9	14895.4
(1)工资性收入	528.7	1095.2	1686.7	2494.8	4525.1
(2)家庭经营收入	2310.0	2858.4	3661.9	4861.6	8983.6
(3)财产性收入	30.7	45.9	81.5	132.9	534.3
(4)转移性收入	202.9	264.6	334.8	441.5	852.3
2. 纯收入	1499.8	2935.0	4203.1	5928.6	11290.2
(1)工资性收入	528.7	1095.2	1686.7	2494.8	4525.1
(2)家庭经营收入	781.2	1580.1	2169.3	2945.4	5512.6
(3)财产性收入	30.7	45.9	81.5	132.9	534.3
(4)转移性收入	159.3	213.7	265.6	355.4	718.2
3. 现金收入	2278.9	3329.7	4753.7	6857.0	13845.0
(1)工资性收入	527.9	1093.6	1684.7	2491.4	4515.7
(2)家庭经营收入	1530.0	1945.8	2680.3	3825.8	8000.1
(3)财产性收入	23.6	30.9	59.5	105.6	494.5
(4)转移性收入	197.4	259.5	329.1	434.3	834.7
二、支出					
1. 总支出	3839.1	4167.3	5099.3	6563.4	11215.5
(1)家庭经营费用支出	1393.1	1157.8	1358.5	1746.2	3195.7
(2)购置生产性固定资产支出	120.9	119.6	130.7	168.7	299.5
(3)税费支出	6.4	7.8	9.2	12.3	25.6
(4)消费支出	2144.8	2652.8	3286.4	4191.2	6853.7
(5)财产性支出	15.1	20.6	25.4	38.8	69.4
(6)转移性支出	158.7	208.5	289.2	406.3	771.7
2. 现金支出	3187.4	3509.0	4434.5	5888.9	10577.6
(1)家庭经营费用支出	1214.0	1002.5	1218.0	1600.9	3054.1
(2)购置生产性固定资产支出	120.9	119.6	130.7	168.7	299.5
(3)税费支出	6.4	7.8	9.2	12.2	25.6
(4)消费支出	1674.0	2151.9	2763.8	3665.0	6364.4
(5)财产性支出	15.1	20.6	25.4	38.8	69.4
(6)转移性支出	157.0	206.6	287.4	403.3	764.6

3-1-2-4 续表 2

单位：元/人

指　　标	低收入户(20%)	中等偏下户(20%)	中等收入户(20%)	中等偏上户(20%)	高收入户(20%)
三、消费支出					
1. 消费支出	2144.8	2652.8	3286.4	4191.2	6853.7
食品	1088.4	1293.7	1527.0	1815.7	2521.5
衣着	121.6	149.3	192.2	247.6	397.0
居住	348.2	428.3	538.8	764.2	1518.7
家庭设备及用品	88.2	122.6	155.3	205.3	343.0
交通通信	168.3	224.3	302.4	410.7	806.1
文教娱乐	147.0	194.6	277.1	383.5	662.2
医疗保健	145.9	187.3	224.2	273.5	451.5
其他	37.0	52.7	69.6	90.7	153.7
2. 现金消费支出	1674.0	2151.9	2763.8	3665.0	6364.4
食品	645.1	826.1	1043.2	1332.3	2082.3
衣着	121.2	148.2	191.6	246.8	396.1
居住	321.5	396.5	500.8	722.7	1470.2
家庭设备及用品	87.9	122.2	155.0	204.8	342.4
交通通信	168.3	224.3	302.4	410.7	806.1
文教娱乐	147.0	194.6	277.1	383.5	662.2
医疗保健	145.9	187.3	224.2	273.5	451.5
其他	37.0	52.7	69.6	90.7	153.7
3. 现金消费支出占					
消费支出比重(%)	78.0	81.1	84.1	87.4	92.9
食品	59.3	63.9	68.3	73.4	82.6
衣着	99.7	99.3	99.7	99.7	99.7
居住	92.3	92.6	93.0	94.6	96.8
家庭设备及用品	99.6	99.7	99.8	99.8	99.8
交通通信	100.0	100.0	100.0	100.0	100.0
文教娱乐	100.0	100.0	100.0	100.0	100.0
医疗保健	100.0	100.0	100.0	100.0	100.0
其他	100.0	100.0	100.0	100.0	100.0

3-1-2-5　2009年农村居民家庭基本情况

指　　标	单　位	低收入户(20%)	中等偏下户(20%)	中等收入户(20%)	中等偏上户(20%)	高收入户(20%)
一、常住人口	人/户	4.5	4.3	4.0	3.7	3.4
二、劳动力人数	人/户	3.0	3.0	2.9	2.8	2.6
劳动力负担人口	人/劳动力	1.5	1.4	1.4	1.3	1.3
三、劳动力文化程度						
1.文盲或半文盲	%	9.1	6.8	5.5	4.5	3.4
2.小学程度	%	29.4	26.3	24.6	22.4	19.8
3.初中程度	%	50.3	53.8	54.1	54.5	50.7
4.高中程度	%	8.6	10.0	11.7	12.9	16.1
5.中专程度	%	1.7	2.0	2.7	3.4	5.0
6.大专及以上	%	0.9	1.1	1.5	2.3	5.1
四、年末生产性						
固定资产原值	元/户	9630.1	8014.2	8377.9	9490.9	14339.8
五、年内新建(购)住房面积	平方米/人	0.9	1.0	1.2	1.3	1.8
#砖木结构面积	平方米/人	0.3	0.3	0.3	0.3	0.3
六、年内新建住房价值	元/平方米	548.1	546.4	544.7	620.2	780.0
七、年末居住住房面积	平方米/人	25.3	29.0	32.3	37.3	47.9
#砖木结构面积	平方米/人	11.7	13.6	15.1	17.0	19.4
八、年末居住住房价值	元/平方米	255.6	278.7	306.7	351.2	544.8
九、经营耕地面积	亩/人	2.0	2.0	2.2	2.5	2.7
十、经营山地面积	亩/人	0.3	0.4	0.4	0.3	0.3
十一、主要食品消费量						
粮食	公斤/人	179.8	186.7	191.3	195.1	196.1
蔬菜及制品	公斤/人	76.9	87.9	97.2	105.2	134.7
食用油	公斤/人	5.0	5.6	6.3	6.9	8.0
食糖	公斤/人	0.9	1.0	1.1	1.1	1.3
卷烟	盒/人	17.6	20.6	23.5	28.0	34.9
水果	公斤/人	9.9	11.5	13.1	15.2	19.6
猪肉	公斤/人	11.8	12.9	13.6	15.0	17.4
牛羊肉	公斤/人	1.2	1.1	1.2	1.4	2.1
奶及奶制品	公斤/人	2.4	3.4	3.0	3.9	5.7
禽类	公斤/人	2.6	3.4	4.2	5.1	6.7
蛋及蛋制品	公斤/人	3.4	4.4	5.2	6.4	8.0
水产品	公斤/人	2.2	3.4	4.6	6.4	11.1

3-1-2-5 续表 1

单位：元/人

指　　标	低收入户(20%)	中等偏下户(20%)	中等收入户(20%)	中等偏上户(20%)	高收入户(20%)
一、收入					
1. 总收入	3151.6	4431.4	6057.3	8488.0	16006.5
(1)工资性收入	561.8	1201.1	1865.6	2805.4	4993.7
(2)家庭经营收入	2322.1	2867.5	3714.5	4997.2	9314.7
(3)财产性收入	25.8	49.6	86.3	144.1	629.7
(4)转移性收入	241.9	313.2	391.0	541.2	1068.4
2. 纯收入	1549.3	3110.1	4502.1	6467.6	12319.1
(1)工资性收入	561.8	1201.1	1865.6	2805.4	4993.7
(2)家庭经营收入	767.3	1608.0	2238.3	3081.1	5778.6
(3)财产性收入	25.8	49.6	86.3	144.1	629.7
(4)转移性收入	194.3	251.5	312.0	436.9	917.1
3. 现金收入	2508.7	3607.6	5165.7	7559.2	15012.0
(1)工资性收入	561.3	1199.5	1863.9	2801.2	4982.5
(2)家庭经营收入	1688.2	2063.6	2852.3	4106.3	8396.1
(3)财产性收入	22.4	37.0	67.0	120.3	588.8
(4)转移性收入	236.9	307.5	382.6	531.4	1044.6
二、支出					
1. 总支出	4136.5	4395.8	5391.9	7038.2	12091.2
(1)家庭经营费用支出	1404.5	1128.6	1330.3	1735.5	3230.5
(2)购置生产性固定资产支出	158.5	126.6	158.6	197.5	408.0
(3)税费支出	7.1	5.8	8.0	11.8	20.4
(4)消费支出	2354.9	2870.9	3546.0	4591.8	7485.7
(5)财产性支出	20.7	22.0	30.1	44.9	88.7
(6)转移性支出	190.9	241.8	318.9	456.7	857.9
2. 现金支出	3504.3	3746.8	4740.6	6388.1	11482.6
(1)家庭经营费用支出	1231.3	976.5	1190.8	1603.0	3108.8
(2)购置生产性固定资产支出	158.5	126.6	158.6	197.5	408.0
(3)税费支出	7.0	5.7	7.9	11.8	20.3
(4)消费支出	1898.5	2376.9	3038.1	4081.2	7008.9
(5)财产性支出	20.7	22.0	30.1	44.9	88.7
(6)转移性支出	188.3	239.1	315.0	449.8	848.0

3-1-2-5 续表 2

单位：元/人

指　标	低收入户(20%)	中等偏下户(20%)	中等收入户(20%)	中等偏上户(20%)	高收入户(20%)
三、消费支出					
1. 消费支出	2354.9	2870.9	3546.0	4591.8	7485.7
食品	1106.8	1317.2	1549.7	1861.7	2601.8
衣着	135.4	164.3	209.5	268.7	436.5
居住	430.5	534.4	655.4	894.6	1731.1
家庭设备及用品	118.0	141.9	178.5	248.0	384.7
交通通信	190.3	240.4	327.7	469.4	910.7
文教娱乐	156.0	210.5	296.1	416.0	722.3
医疗保健	176.5	209.9	256.3	333.7	521.1
其他	41.4	52.4	73.0	99.7	177.5
2. 现金消费支出	1898.5	2376.9	3038.1	4081.2	7008.9
食品	673.7	850.9	1075.7	1389.6	2171.9
衣着	134.7	163.7	208.9	268.2	435.9
居住	408.2	507.5	622.4	856.8	1685.1
家庭设备及用品	117.7	141.6	178.1	247.7	384.3
交通通信	190.3	240.4	327.7	469.4	910.7
文教娱乐	156.0	210.5	296.1	416.0	722.3
医疗保健	176.5	209.9	256.3	333.7	521.1
其他	41.4	52.4	73.0	99.7	177.5
3. 现金消费支出占					
消费支出比重(%)	80.6	82.8	85.7	88.9	93.6
食品	60.9	64.6	69.4	74.6	83.5
衣着	99.5	99.7	99.7	99.8	99.9
居住	94.8	95.0	95.0	95.8	97.3
家庭设备及用品	99.7	99.8	99.8	99.9	99.9
交通通信	100.0	100.0	100.0	100.0	100.0
文教娱乐	100.0	100.0	100.0	100.0	100.0
医疗保健	100.0	100.0	100.0	100.0	100.0
其他	100.0	100.0	100.0	100.0	100.0

3-1-2-6 2010年农村居民家庭基本情况

指　　标	单　位	低收入户(20%)	中等偏下户(20%)	中等收入户(20%)	中等偏上户(20%)	高收入户(20%)
一、常住人口	人/户	4.5	4.2	4.0	3.7	3.3
二、劳动力人数	人/户	3.1	3.0	2.9	2.8	2.6
劳动力负担人口	人/劳动力	1.5	1.4	1.4	1.3	1.3
三、劳动力文化程度						
1.文盲或半文盲	%	8.3	6.6	5.6	4.4	3.3
2.小学程度	%	28.8	26.4	24.0	22.3	19.8
3.初中程度	%	50.8	53.1	54.0	54.0	50.2
4.高中程度	%	9.1	10.4	11.9	13.3	16.3
5.中专程度	%	1.9	2.2	2.7	3.5	4.8
6.大专及以上	%	1.2	1.4	1.8	2.6	5.6
四、年末生产性						
固定资产原值	元/户	10104.7	8537.1	9219.3	10647.9	15022.9
五、年内新建(购)住房面积	平方米/人	0.5	0.6	0.8	0.9	1.3
#砖木结构面积	平方米/人	0.2	0.2	0.2	0.2	0.3
六、年内新建住房价值	元/平方米	576.5	566.8	632.0	654.6	843.7
七、年末居住住房面积	平方米/人	25.8	29.5	33.2	38.0	47.9
#砖木结构面积	平方米/人	11.9	13.7	15.6	17.0	19.3
八、年末居住住房价值	元/平方米	280.0	303.7	338.4	377.7	601.3
九、经营耕地面积	亩/人	1.9	2.1	2.2	2.6	2.8
十、经营山地面积	亩/人	0.4	0.4	0.3	0.4	0.3
十一、主要食品消费量						
粮食	公斤/人	172.2	179.7	182.4	188.8	186.8
蔬菜及制品	公斤/人	76.9	88.2	95.1	103.0	109.2
食用油	公斤/人	5.0	5.7	6.4	7.1	7.9
食糖	公斤/人	0.9	1.0	1.0	1.0	1.4
卷烟	盒/人	17.0	20.4	23.6	27.1	34.9
水果	公斤/人	8.9	10.8	12.1	14.2	18.3
猪肉	公斤/人	12.2	13.2	14.2	15.6	17.7
牛羊肉	公斤/人	1.3	1.1	1.3	1.4	2.1
奶及奶制品	公斤/人	2.7	2.9	3.3	3.8	5.5
禽类	公斤/人	2.7	3.4	4.1	5.0	6.4
蛋及蛋制品	公斤/人	3.2	4.2	5.1	6.0	7.9
水产品	公斤/人	2.3	3.4	4.6	6.3	10.7

3-1-2-6 续表 1

单位：元/人

指　　标	低收入户 (20%)	中等偏下户 (20%)	中等收入户 (20%)	中等偏上户 (20%)	高收入户 (20%)
一、收入					
1. 总收入	3566.2	5101.7	6986.4	9702.1	18327.4
(1)工资性收入	675.4	1431.6	2239.5	3289.8	5880.8
(2)家庭经营收入	2576.0	3241.8	4174.9	5618.2	10514.2
(3)财产性收入	44.1	73.3	120.8	185.8	702.1
(4)转移性收入	270.7	355.0	451.3	608.3	1230.3
2. 纯收入	1869.8	3621.2	5221.7	7440.6	14049.7
(1)工资性收入	675.4	1431.6	2239.5	3289.8	5880.8
(2)家庭经营收入	939.4	1828.3	2496.6	3462.2	6419.4
(3)财产性收入	44.1	73.3	120.8	185.8	702.1
(4)转移性收入	210.9	288.0	364.8	502.8	1047.4
3. 现金收入	2721.7	4085.3	5918.8	8553.0	17200.7
(1)工资性收入	674.6	1429.8	2237.7	3286.4	5871.3
(2)家庭经营收入	1747.9	2258.8	3152.0	4533.7	9486.9
(3)财产性收入	35.0	48.7	86.0	137.2	639.8
(4)转移性收入	264.2	348.0	443.1	595.8	1202.8
二、支出					
1. 总支出	4393.8	4933.2	6045.5	7761.1	13482.9
(1)家庭经营费用支出	1482.8	1274.4	1518.6	1953.7	3772.4
(2)购置生产性固定资产支出	135.6	131.1	142.2	210.0	395.3
(3)税费支出	4.7	5.0	6.2	10.8	18.8
(4)消费支出	2535.4	3219.5	3963.8	5025.6	8190.4
(5)财产性支出	22.5	21.1	30.5	55.7	137.5
(6)转移性支出	212.7	282.0	384.2	505.4	968.6
2. 现金支出	3694.4	4227.5	5354.0	7069.6	12863.2
(1)家庭经营费用支出	1298.0	1105.1	1367.4	1809.7	3641.6
(2)购置生产性固定资产支出	135.6	131.1	142.2	210.0	395.3
(3)税费支出	4.7	5.0	6.2	10.7	18.8
(4)消费支出	2022.5	2685.8	3426.3	4482.9	7710.0
(5)财产性支出	22.5	21.1	30.5	55.7	137.5
(6)转移性支出	211.0	279.4	381.4	500.6	960.1

3-1-2-6 续表 2

单位：元/人

指　　标	低收入户(20%)	中等偏下户(20%)	中等收入户(20%)	中等偏上户(20%)	高收入户(20%)
三、消费支出					
1. 消费支出	2535.4	3219.5	3963.8	5025.6	8190.4
食品	1236.7	1464.6	1718.0	2047.6	2828.4
衣着	151.2	190.6	239.1	305.2	496.9
居住	417.7	562.2	718.4	934.9	1787.9
家庭设备及用品	120.4	174.0	220.7	276.8	435.1
交通通信	208.6	281.1	372.3	525.5	1073.8
文教娱乐	165.0	235.1	318.0	446.1	782.2
医疗保健	190.3	246.7	295.1	381.0	589.9
其他	45.4	65.0	82.1	108.5	196.1
2. 现金消费支出	2022.5	2685.8	3426.3	4482.9	7710.0
食品	756.4	963.3	1216.3	1543.7	2384.4
衣着	150.8	189.8	238.5	304.3	496.3
居住	385.9	531.4	683.8	897.4	1752.6
家庭设备及用品	120.0	173.3	220.1	276.3	434.8
交通通信	208.6	281.1	372.3	525.5	1073.8
文教娱乐	165.0	235.1	318.0	446.1	782.2
医疗保健	190.3	246.7	295.1	381.0	589.9
其他	45.4	65.0	82.1	108.5	196.0
3. 现金消费支出占					
消费支出比重(%)	79.8	83.4	86.4	89.2	94.1
食品	61.2	65.8	70.8	75.4	84.3
衣着	99.7	99.6	99.8	99.7	99.9
居住	92.4	94.5	95.2	96.0	98.0
家庭设备及用品	99.7	99.6	99.7	99.8	99.9
交通通信	100.0	100.0	100.0	100.0	100.0
文教娱乐	100.0	100.0	100.0	100.0	100.0
医疗保健	100.0	100.0	100.0	100.0	100.0
其他	100.0	100.0	100.0	100.0	100.0

3-1-2-7 2011年农村居民家庭基本情况

指　标	单　位	低收入户(20%)	中等偏下户(20%)	中等收入户(20%)	中等偏上户(20%)	高收入户(20%)
一、常住人口	人/户	4.5	4.2	3.9	3.6	3.2
二、劳动力人数	人/户	3.0	2.9	2.8	2.7	2.5
劳动力负担人口	人/劳动力	1.5	1.5	1.4	1.3	1.3
三、劳动力文化程度						
1.文盲或半文盲	%	8.2	6.3	4.9	4.3	3.2
2.小学程度	%	31.4	28.6	26.7	24.1	20.6
3.初中程度	%	50.3	53.1	54.4	54.6	52.6
4.高中程度	%	7.1	8.1	9.5	11.3	14.0
5.中专程度	%	1.6	2.1	2.4	2.9	4.0
6.大专及以上	%	1.4	1.7	2.1	2.8	5.7
四、年末生产性						
固定资产原值	元/户	17907.7	13289.3	13684.5	13906.1	21574.0
五、年内新建(购)住房面积	平方米/人	1.0	1.2	1.2	1.5	1.7
#砖木结构面积	平方米/人	0.3	0.3	0.3	0.4	0.4
六、年内新建住房价值	元/平方米	769.3	711.7	736.1	756.6	1024.6
七、年末居住住房面积	平方米/人	27.7	31.8	35.7	40.5	49.9
#砖木结构面积	平方米/人	12.2	14.3	16.0	18.0	20.8
八、年末居住住房价值	元/平方米	505.1	529.0	567.5	659.8	1006.5
九、经营耕地面积	亩/人	2.0	1.9	2.2	2.5	3.1
十、经营山地面积	亩/人	0.6	0.5	0.5	0.4	0.4
十一、主要食品消费量						
粮食	公斤/人	165.7	167.2	172.6	176.0	174.1
蔬菜及制品	公斤/人	72.1	83.9	91.5	100.6	105.4
食用油	公斤/人	6.2	6.8	7.5	8.3	9.3
食糖	公斤/人	0.9	0.9	1.0	1.2	1.2
卷烟	盒/人	19.2	22.0	25.9	30.2	38.1
水果	公斤/人	9.8	11.5	13.2	15.9	20.0
猪肉	公斤/人	11.6	13.1	14.4	16.0	18.3
牛羊肉	公斤/人	2.1	1.7	1.6	1.7	2.5
奶及奶制品	公斤/人	4.3	4.8	5.0	5.6	6.5
禽类	公斤/人	3.0	3.7	4.5	5.3	6.9
蛋及蛋制品	公斤/人	3.7	4.6	5.6	6.3	7.4
水产品	公斤/人	2.5	3.6	4.9	6.6	10.8

3-1-2-7 续表 1

单位：元/人

指　　标	低收入户(20%)	中等偏下户(20%)	中等收入户(20%)	中等偏上户(20%)	高收入户(20%)
一、收入					
1. 总收入	4420.5	6168.2	8462.4	11685.5	22278.2
(1)工资性收入	861.0	1792.2	2739.8	4083.7	6943.6
(2)家庭经营收入	3147.6	3812.3	4980.5	6578.5	13076.7
(3)财产性收入	49.6	84.3	142.4	212.1	791.7
(4)转移性收入	362.4	479.5	599.7	811.3	1466.1
2. 纯收入	2000.5	4255.7	6207.7	8893.6	16783.1
(1)工资性收入	861.0	1792.2	2739.8	4083.7	6943.6
(2)家庭经营收入	824.9	2018.6	2856.7	3947.6	7784.4
(3)财产性收入	49.6	84.3	142.4	212.1	791.7
(4)转移性收入	265.0	360.7	468.7	650.2	1263.3
3. 现金收入	3498.0	5079.5	7227.3	10341.5	20782.5
(1)工资性收入	860.3	1790.6	2737.6	4078.8	6932.6
(2)家庭经营收入	2253.6	2768.4	3806.9	5315.4	11710.9
(3)财产性收入	32.9	53.9	99.8	157.3	709.2
(4)转移性收入	351.1	466.6	583.0	790.0	1429.9
二、支出					
1. 总支出	5988.4	6224.8	7563.0	9486.3	15871.1
(1)家庭经营费用支出	2049.3	1575.5	1882.2	2363.0	4823.6
(2)购置生产性固定资产支出	233.6	182.8	228.0	256.2	476.4
(3)税费支出	7.6	8.7	9.3	12.2	21.9
(4)消费支出	3312.6	3962.3	4817.9	6002.9	9149.6
(5)财产性支出	7.3	9.7	6.8	9.8	32.0
(6)转移性支出	378.0	485.8	618.8	842.1	1367.7
2. 现金支出	5323.7	5557.7	6898.0	8826.0	15253.4
(1)家庭经营费用支出	1870.3	1411.5	1730.3	2212.6	4663.2
(2)购置生产性固定资产支出	233.6	182.8	228.0	256.2	476.4
(3)税费支出	7.6	8.6	9.3	12.2	21.9
(4)消费支出	2829.5	3462.6	4309.4	5501.9	8711.0
(5)财产性支出	7.3	9.7	6.8	9.8	32.0
(6)转移性支出	375.4	482.4	614.2	833.3	1348.9

3-1-2-7 续表 2　　　　单位：元/人

指　标	低收入户(20%)	中等偏下户(20%)	中等收入户(20%)	中等偏上户(20%)	高收入户(20%)
三、消费支出					
1. 消费支出	3312.6	3962.3	4817.9	6002.9	9149.6
食品	1485.4	1729.9	2010.7	2395.5	3264.4
衣着	208.5	250.4	309.3	400.7	618.4
居住	572.3	677.5	857.0	1086.9	1863.7
家庭设备及用品	172.6	225.3	289.3	373.3	560.2
交通通信	292.0	354.7	476.1	634.1	1144.1
文教娱乐	202.3	267.2	344.3	471.5	815.7
医疗保健	312.6	372.7	421.6	496.6	645.2
其他	66.8	84.7	109.7	144.3	237.9
2. 现金消费支出	2829.5	3462.6	4309.4	5501.9	8711.0
食品	1030.7	1260.0	1534.6	1929.2	2860.5
衣着	208.3	250.1	309.0	400.5	618.1
居住	544.4	648.3	825.1	1052.6	1829.6
家庭设备及用品	172.4	224.9	289.0	373.1	560.0
交通通信	292.0	354.7	476.1	634.1	1144.1
文教娱乐	202.3	267.2	344.3	471.5	815.7
医疗保健	312.6	372.7	421.6	496.6	645.2
其他	66.8	84.7	109.7	144.2	237.9
3. 现金消费支出占					
消费支出比重(%)	85.4	87.4	89.4	91.7	95.2
食品	69.4	72.8	76.3	80.5	87.6
衣着	99.9	99.9	99.9	100.0	99.9
居住	95.1	95.7	96.3	96.8	98.2
家庭设备及用品	99.9	99.8	99.9	100.0	100.0
交通通信	100.0	100.0	100.0	100.0	100.0
文教娱乐	100.0	100.0	100.0	100.0	100.0
医疗保健	100.0	100.0	100.0	100.0	100.0
其他	100.0	100.0	100.0	100.0	100.0

3-1-2-8 2012年农村居民家庭基本情况

指 标	单 位	低收入户(20%)	中等偏下户(20%)	中等收入户(20%)	中等偏上户(20%)	高收入户(20%)
一、常住人口	人/户	4.4	4.2	4.0	3.6	3.2
二、劳动力人数	人/户	2.9	2.9	2.8	2.7	2.5
劳动力负担人口	人/劳动力	1.5	1.5	1.4	1.3	1.3
三、劳动力文化程度						
1.文盲或半文盲	%	8.0	6.3	4.8	3.9	3.0
2.小学程度	%	30.7	28.5	26.2	23.7	20.3
3.初中程度	%	50.7	52.9	54.0	55.1	52.7
4.高中程度	%	7.3	8.5	9.9	11.1	13.9
5.中专程度	%	1.8	2.0	2.6	3.1	4.0
6.大专及以上	%	1.6	1.8	2.5	3.0	6.2
四、年末生产性						
固定资产原值	元/户	18622.5	13828.5	14340.6	15665.3	22338.3
五、年内新建(购)住房面积	平方米/人	0.7	0.8	0.9	1.3	1.3
#砖木结构面积	平方米/人	0.2	0.3	0.2	0.3	0.2
六、年内新建住房价值	元/平方米	766.7	737.7	774.1	833.8	999.2
七、年末居住住房面积	平方米/人	28.5	32.4	36.4	41.6	51.0
#砖木结构面积	平方米/人	13.1	14.6	16.3	18.2	21.1
八、年末居住住房价值	元/平方米	521.4	543.6	583.4	685.4	1007.3
九、经营耕地面积	亩/人	2.0	2.0	2.3	2.6	3.1
十、经营山地面积	亩/人	0.5	0.5	0.4	0.5	0.5
十一、主要食品消费量						
粮食	公斤/人	159.8	161.4	163.9	169.2	169.2
蔬菜及制品	公斤/人	67.9	78.0	86.3	95.3	103.1
食用油	公斤/人	6.5	7.0	7.7	8.7	9.9
食糖	公斤/人	0.9	1.0	1.8	1.1	1.3
卷烟	盒/人	19.2	22.3	25.2	30.6	37.9
水果	公斤/人	11.3	13.0	15.0	18.0	22.6
猪肉	公斤/人	11.2	13.1	14.4	16.1	18.6
牛肉	公斤/人	1.0	0.9	0.9	1.0	1.4
羊肉	公斤/人	1.0	0.9	0.8	0.8	1.2
奶及奶制品	公斤/人	4.1	4.9	5.2	5.5	7.3
禽类	公斤/人	2.9	3.8	4.4	5.2	6.9
蛋及蛋制品	公斤/人	4.2	5.1	5.9	7.0	8.0
水产品	公斤/人	2.5	3.5	4.8	6.6	11.0

3-1-2-8 续表 1

单位：元/人

指　　标	低收入户 (20%)	中等偏下户 (20%)	中等收入户 (20%)	中等偏上户 (20%)	高收入户 (20%)
一、收入					
1. 总收入	4878.3	6823.0	9468.6	13171.0	25037.2
(1)工资性收入	993.4	2053.7	3196.4	4789.2	8109.6
(2)家庭经营收入	3400.5	4106.3	5410.2	7185.9	14313.5
(3)财产性收入	52.7	84.8	143.2	236.7	885.3
(4)转移性收入	431.7	578.2	718.8	959.2	1728.8
2. 纯收入	2316.2	4807.5	7041.0	10142.1	19008.9
(1)工资性收入	993.4	2053.7	3196.4	4789.2	8109.6
(2)家庭经营收入	937.7	2216.2	3124.7	4330.4	8500.1
(3)财产性收入	52.7	84.8	143.2	236.7	885.3
(4)转移性收入	332.4	452.7	576.7	785.8	1513.9
3. 现金收入	3948.6	5679.7	8207.6	11851.5	23575.4
(1)工资性收入	992.7	2052.6	3194.3	4784.0	8096.6
(2)家庭经营收入	2497.9	2999.6	4198.5	5935.9	12964.4
(3)财产性收入	40.0	65.0	114.7	199.0	825.8
(4)转移性收入	418.0	562.4	700.1	932.6	1688.5
二、支出					
1. 总支出	6573.3	6859.8	8402.9	10685.4	17718.0
(1)家庭经营费用支出	2176.3	1664.8	2035.0	2558.0	5325.6
(2)购置生产性固定资产支出	215.6	172.7	234.8	269.9	534.3
(3)税费支出	7.0	6.5	8.6	8.6	20.4
(4)消费支出	3742.3	4464.3	5430.3	6924.2	10275.3
(5)财产性支出	3.8	6.4	7.6	7.9	27.9
(6)转移性支出	428.3	545.2	686.7	916.9	1534.5
2. 现金支出	5933.3	6188.5	7738.1	10042.9	17130.6
(1)家庭经营费用支出	2020.4	1515.8	1893.0	2426.2	5194.5
(2)购置生产性固定资产支出	215.6	172.7	234.8	269.9	534.3
(3)税费支出	6.7	6.4	8.6	8.6	20.4
(4)消费支出	3262.1	3946.1	4912.6	6421.3	9836.2
(5)财产性支出	3.8	6.4	7.6	7.9	27.9
(6)转移性支出	424.6	541.1	681.5	909.1	1517.3

3-1-2-8 续表 2

单位：元/人

指　　标	低收入户(20%)	中等偏下户(20%)	中等收入户(20%)	中等偏上户(20%)	高收入户(20%)
三、消费支出					
1. 消费支出	3742.3	4464.3	5430.3	6924.2	10275.3
食品	1620.3	1902.7	2197.4	2672.6	3622.7
衣着	246.1	287.6	358.4	466.1	717.8
居住	637.7	775.2	990.7	1341.2	1952.8
家庭设备及用品	197.4	250.1	319.1	406.7	618.4
交通通信	360.3	412.7	546.9	732.5	1418.8
文教娱乐	230.2	294.2	386.8	533.1	918.9
医疗保健	370.9	439.1	499.1	595.7	737.1
其他	79.4	102.7	131.9	176.4	288.7
2. 现金消费支出	3262.1	3946.1	4912.6	6421.3	9836.2
食品	1173.2	1416.0	1712.2	2203.1	3217.4
衣着	245.9	287.3	358.1	465.8	717.6
居住	605.2	744.2	958.9	1308.4	1919.6
家庭设备及用品	197.1	249.8	318.7	406.4	618.0
交通通信	360.3	412.7	546.9	732.5	1418.8
文教娱乐	230.2	294.2	386.8	533.1	918.9
医疗保健	370.9	439.1	499.1	595.7	737.1
其他	79.4	102.7	131.9	176.3	288.6
3. 现金消费支出占					
消费支出比重(%)	87.2	88.4	90.5	92.7	95.7
食品	72.4	74.4	77.9	82.4	88.8
衣着	99.9	99.9	99.9	99.9	100.0
居住	94.9	96.0	96.8	97.6	98.3
家庭设备及用品	99.9	99.9	99.9	99.9	99.9
交通通信	100.0	100.0	100.0	100.0	100.0
文教娱乐	100.0	100.0	100.0	100.0	100.0
医疗保健	100.0	100.0	100.0	100.0	100.0
其他	99.9	100.0	100.0	100.0	100.0

二、按四大经济区域分组

(一)城镇住户调查分组综合数据

3-2-1-1 2005年东、中、西部及东北地区城镇居民家庭基本情况

指　　标		东部地区	中部地区	西部地区	东北地区
调查户数	(户)	22727	10698	13821	7250
平均每户家庭人口	(人)	3.00	2.95	2.96	2.86
平均每户就业人口	(人)	1.58	1.51	1.47	1.40
平均每户就业面	(%)	52.67	51.19	49.66	48.95
平均每一就业者负担人数					
(包括就业者本人)	(人)	1.90	1.95	2.01	2.04
平均每人全部年收入	(元)	14584.6	9393.2	9418.4	9295.6
#可支配收入		13374.9	8808.5	8783.2	8730.0
平均每人现金消费支出	(元)	9922.4	6540.9	6963.5	6835.5
食　品		3521.3	2491.9	2655.3	2477.7
衣　着		860.4	791.4	717.5	806.9
居　住		990.4	672.9	692.6	772.8
家庭设备及用品		579.2	372.5	401.3	291.5
交通通信		1472.1	662.1	778.6	692.5
文教娱乐		1438.9	865.5	960.9	822.1
医疗保健		710.6	474.6	521.5	687.2
其他		349.5	209.9	235.9	284.8
平均每人现金消费支出构成 (%)					
(人均现金消费支出=100)					
食　品		35.5	38.1	38.1	36.2
衣　着		8.7	12.1	10.3	11.8
居　住		10.0	10.3	9.9	11.3
家庭设备及用品		5.8	5.7	5.8	4.3
交通通信		14.8	10.1	11.2	10.1
文教娱乐		14.5	13.2	13.8	12.0
医疗保健		7.2	7.3	7.5	10.1
其他		3.5	3.2	3.4	4.2

3-2-1-2 2006年东、中、西部及东北地区城镇居民家庭基本情况

指 标		东部地区	中部地区	西部地区	东北地区
调查户数	(户)	22876	10949	15019	7250
平均每户家庭人口	(人)	2.98	2.92	2.97	2.84
平均每户就业人口	(人)	1.60	1.51	1.52	1.40
平均每户就业面	(%)	53.69	51.71	51.18	49.30
平均每一就业者负担人数					
(包括就业者本人)	(人)	1.86	1.93	1.95	2.03
平均每人全部年收入	(元)	16380.4	10572.9	10443.0	10489.8
#可支配收入		14967.4	9902.3	9728.5	9830.1
平均每人现金消费支出	(元)	10870.5	7260.4	7504.4	7389.8
食 品		3761.9	2703.1	2770.2	2651.2
衣 着		970.1	880.0	818.1	903.1
居 住		1103.8	763.6	756.4	875.9
家庭设备及用品		629.0	420.6	460.9	337.4
交通通信		1678.5	787.8	900.7	757.4
文教娱乐		1597.1	962.6	1021.4	859.3
医疗保健		737.5	509.9	513.9	699.8
其他		392.6	232.8	262.7	305.8
平均每人现金消费支出构成	(%)				
(人均现金消费支出=100)					
食 品		34.6	37.2	36.9	35.9
衣 着		8.9	12.1	10.9	12.2
居 住		10.2	10.5	10.1	11.9
家庭设备及用品		5.8	5.8	6.1	4.6
交通通信		15.4	10.9	12.0	10.2
文教娱乐		14.7	13.3	13.6	11.6
医疗保健		6.8	7.0	6.8	9.5
其他		3.6	3.2	3.5	4.1

3-2-1-3 2007年东、中、西部及东北地区城镇居民家庭基本情况

指　标		东部地区	中部地区	西部地区	东北地区
调查户数	(户)	24266	10999	16690	7350
平均每户家庭人口	(人)	2.94	2.90	2.91	2.78
平均每户就业人口	(人)	1.58	1.53	1.53	1.42
平均每户就业面	(%)	53.74	52.76	52.58	51.08
平均每一就业者负担人数					
(包括就业者本人)	(人)	1.86	1.90	1.90	1.96
平均每人全部年收入	(元)	18545.0	12392.2	12130.7	12306.2
#可支配收入		16974.2	11634.4	11309.5	11463.3
平均每人现金消费支出	(元)	12126.6	8339.3	8477.5	8669.4
食　品		4249.5	3099.0	3295.5	3120.0
衣　着		1094.7	1010.6	975.4	1045.2
居　住		1176.4	838.8	777.5	975.1
家庭设备及用品		733.1	546.5	512.8	407.5
交通通信		1939.1	896.1	993.2	912.1
文教娱乐		1711.3	1084.8	1039.8	1006.6
医疗保健		796.4	576.8	584.4	830.1
其他		426.2	286.9	298.9	373.0
平均每人现金消费支出构成	(%)				
(人均现金消费支出=100)					
食　品		35.0	37.2	38.9	36.0
衣　着		9.0	12.1	11.5	12.1
居　住		9.7	10.1	9.2	11.2
家庭设备及用品		6.0	6.6	6.0	4.7
交通通信		16.0	10.7	11.7	10.5
文教娱乐		14.1	13.0	12.3	11.6
医疗保健		6.6	6.9	6.9	9.6
其他		3.5	3.4	3.5	4.3

3-2-1-4 2008年东、中、西部及东北地区城镇居民家庭基本情况

指　　标		东部地区	中部地区	西部地区	东北地区
调查户数	(户)	28418	10989	17268	8000
平均每户家庭人口	(人)	2.95	2.90	2.92	2.77
平均每户就业人口	(人)	1.53	1.45	1.47	1.37
平均每户就业面	(%)	51.86	50.00	50.34	49.46
平均每一就业者负担人数					
(包括就业者本人)	(人)	1.93	2.00	1.99	2.02
平均每人全部年收入	(元)	20965.5	14061.7	13917.0	14162.0
#可支配收入		19203.5	13225.9	12971.2	13119.7
平均每人现金消费支出	(元)	13434.7	9249.0	9604.0	10038.2
食　品		4928.0	3596.9	3914.0	3724.7
衣　着		1237.3	1083.6	1087.2	1213.8
居　住		1354.4	976.5	891.8	1167.6
家庭设备及用品		834.9	607.3	588.4	503.9
交通通信		1945.5	917.9	1089.9	1039.6
文教娱乐		1761.3	1048.3	1035.1	1050.9
医疗保健		860.7	706.3	664.5	897.8
其他		512.6	312.2	333.3	439.8
平均每人现金消费支出构成	(%)				
(人均现金消费支出=100)					
食　品		36.7	38.9	40.8	37.1
衣　着		9.2	11.7	11.3	12.1
居　住		10.1	10.6	9.3	11.6
家庭设备及用品		6.2	6.6	6.1	5.0
交通通信		14.5	9.9	11.3	10.4
文教娱乐		13.1	11.3	10.8	10.5
医疗保健		6.4	7.6	6.9	8.9
其他		3.8	3.4	3.5	4.4

3-2-1-5 2009年东、中、西部及东北地区城镇居民家庭基本情况

指　　标		东部地区	中部地区	西部地区	东北地区
调查户数	(户)	28418	10989	18099	8000
平均每户家庭人口	(人)	2.93	2.88	2.91	2.75
平均每户就业人口	(人)	1.54	1.45	1.48	1.37
平均每户就业面	(%)	52.56	50.35	50.86	49.82
平均每一就业者负担人数					
（包括就业者本人）	(人)	1.90	1.99	1.97	2.01
平均每人全部年收入	(元)	23153.2	15539.4	15523.0	15842.6
#可支配收入		20953.2	14367.1	14213.5	14324.3
平均每人现金消费支出	(元)	14619.8	10031.1	10642.0	11128.9
食　品		5173.2	3773.7	4111.0	4024.9
衣　着		1349.1	1170.1	1235.8	1378.4
居　住		1433.6	1078.0	989.0	1231.0
家庭设备及用品		939.3	698.6	688.7	573.5
交通通信		2315.2	1068.9	1318.0	1265.9
文教娱乐		1903.4	1140.4	1163.6	1119.0
医疗保健		929.8	753.1	739.6	1029.4
其他		576.0	348.4	396.3	506.9
平均每人现金消费支出构成 (%)					
（人均现金消费支出=100）					
食　品		35.4	37.6	38.6	36.2
衣　着		9.2	11.7	11.6	12.4
居　住		9.8	10.7	9.3	11.1
家庭设备及用品		6.4	7.0	6.5	5.2
交通通信		15.8	10.7	12.4	11.4
文教娱乐		13.0	11.4	10.9	10.1
医疗保健		6.4	7.5	7.0	9.2
其他		3.9	3.5	3.7	4.6

3-2-1-6　2010年东、中、西部及东北地区城镇居民家庭基本情况

指　　标		东部地区	中部地区	西部地区	东北地区
调查户数	(户)	28419	11090	18100	8000
平均每户家庭人口	(人)	2.91	2.87	2.90	2.72
平均每户就业人口	(人)	1.55	1.44	1.48	1.36
平均每户就业面	(%)	53.26	50.17	51.03	50.00
平均每一就业者负担人数					
(包括就业者本人)	(人)	1.88	1.99	1.96	2.00
平均每人全部年收入	(元)	25773.3	17303.0	17309.0	17688.2
#可支配收入		23272.8	15962.0	15806.5	15941.0
平均每人现金消费支出	(元)	15972.6	11100.9	11780.0	12075.2
食　品		5581.7	4012.7	4444.9	4170.7
衣　着		1515.6	1314.2	1373.9	1590.0
居　住		1557.9	1164.6	1097.9	1262.0
家庭设备及用品		1061.6	813.4	800.3	714.6
交通通信		2666.0	1352.6	1560.9	1491.4
文教娱乐		2077.2	1281.6	1281.4	1279.0
医疗保健		929.0	769.9	776.4	1059.1
其他		583.7	391.9	444.3	508.6
平均每人现金消费支出构成	(%)				
(人均现金消费支出=100)					
食　品		34.9	36.1	37.7	34.5
衣　着		9.5	11.8	11.7	13.2
居　住		9.8	10.5	9.3	10.5
家庭设备及用品		6.6	7.3	6.8	5.9
交通通信		16.7	12.2	13.3	12.4
文教娱乐		13.0	11.5	10.9	10.6
医疗保健		5.8	6.9	6.6	8.8
其他		3.7	3.5	3.8	4.2

3-2-1-7 2011年东、中、西部及东北地区城镇居民家庭基本情况

指　　标		东部地区	中部地区	西部地区	东北地区
调查户数	(户)	28717	10989	17950	7999
平均每户家庭人口	(人)	2.91	2.86	2.91	2.65
平均每户就业人口	(人)	1.55	1.43	1.49	1.32
平均每户就业面	(%)	53.26	50.00	51.20	49.81
平均每一就业者负担人数					
(包括就业者本人)	(人)	1.88	2.00	1.95	2.01
平均每人全部年收入	(元)	29226.0	19868.2	19868.0	20163.2
#可支配收入		26406.0	18323.2	18159.4	18301.3
平均每人现金消费支出	(元)	17870.0	12647.0	13335.9	13491.2
食　品		6329.2	4710.7	5121.5	4730.3
衣　着		1755.0	1535.8	1618.2	1778.9
居　住		1635.2	1235.3	1162.2	1339.5
家庭设备及用品		1205.2	870.7	916.0	841.7
交通通信		2838.3	1534.3	1699.6	1642.8
文教娱乐		2360.2	1475.5	1447.3	1443.0
医疗保健		1033.1	856.0	880.5	1144.6
其他		713.9	428.6	490.7	570.5
平均每人现金消费支出构成	(%)				
(人均现金消费支出=100)					
食　品		35.4	37.2	38.4	35.1
衣　着		9.8	12.1	12.1	13.2
居　住		9.2	9.8	8.7	9.9
家庭设备及用品		6.7	6.9	6.9	6.2
交通通信		15.9	12.1	12.7	12.2
文教娱乐		13.2	11.7	10.9	10.7
医疗保健		5.8	6.8	6.6	8.5
其他		4.0	3.4	3.7	4.2

3-2-1-8　2012年东、中、西部及东北地区城镇居民家庭基本情况

指　　标		东部地区	中部地区	西部地区	东北地区
调查户数	(户)	28819	10988	18175	7998
平均每户家庭人口	(人)	2.89	2.84	2.91	2.68
平均每户就业人口	(人)	1.55	1.45	1.49	1.34
平均每户就业面	(%)	53.63	51.06	51.20	50.00
平均每一就业者负担人数					
(包括就业者本人)	(人)	1.86	1.96	1.95	2.00
平均每人全部年收入	(元)	32713.5	22451.1	22475.1	22816.2
#可支配收入		29621.6	20697.2	20600.2	20759.3
平均每人现金消费支出	(元)	19510.2	13968.8	14845.3	14968.5
食　品		6919.4	5157.6	5692.6	5176.5
衣　着		1885.2	1680.4	1788.9	1966.5
居　住		1713.5	1303.1	1248.0	1438.7
家庭设备及用品		1286.4	985.9	1017.1	918.0
交通通信		3233.5	1723.7	1975.5	1919.7
文教娱乐		2576.9	1646.4	1590.4	1594.2
医疗保健		1097.2	988.9	963.3	1299.3
其他		798.2	482.8	569.6	655.6
平均每人现金消费支出构成	(%)				
(人均现金消费支出=100)					
食　品		35.5	36.9	38.3	34.6
衣　着		9.7	12.0	12.1	13.1
居　住		8.8	9.3	8.4	9.6
家庭设备及用品		6.6	7.1	6.9	6.1
交通通信		16.6	12.3	13.3	12.8
文教娱乐		13.2	11.8	10.7	10.7
医疗保健		5.6	7.1	6.5	8.7
其他		4.1	3.5	3.8	4.4

(二)农村住户调查分组综合数据

3-2-2-1　2005年东、中、西部及东北地区农村居民家庭基本情况

指　　标	单　位	东部地区	中部地区	西部地区	东北地区
一、调查户数	户	21550	18850	22060	5730
二、常住人口	人/户	3.9	4.1	4.3	3.6
三、劳动力人数	人/户	2.8	2.9	2.9	2.7
劳动力负担人口	人/劳动力	1.4	1.4	1.5	1.3
四 、劳动力文化程度					
1.不识字或识字很少	%	4.9	6.2	10.4	2.3
2.小学程度	%	22.6	25.2	33.4	26.6
3.初中程度	%	54.0	55.5	45.9	59.8
4.高中程度	%	13.6	10.1	7.8	7.8
5.中专程度	%	3.2	2.2	1.8	2.1
6.大专及以上	%	1.7	0.8	0.6	1.4
五、年末生产性					
固定资产原值	元/户	8164.3	4955.3	7391.9	9689.9
六、年内新建住房面积	平方米/人	0.8	1.1	0.7	0.5
#砖木结构面积	平方米/人	0.3	0.3	0.3	0.4
七、年内新建住房造价	元/平方米	522.2	307.3	278.1	491.7
八、年末居住住房面积	平方米/人	34.5	31.4	25.7	21.8
#砖木结构面积	平方米/人	16.9	16.0	9.6	16.6
九、年末居住住房价值	元/平方米	388.5	202.4	179.2	319.7
十、经营耕地面积	亩/人	1.1	1.6	2.3	7.0
十一、经营山地面积	亩/人	0.3	0.4	0.4	0.1
十二、主要食品消费量					
粮食	公斤/人	196.6	222.1	214.2	184.6
蔬菜及制品	公斤/人	86.0	116.1	97.7	138.8
食用油	公斤/人	6.7	5.9	5.0	7.9
食糖	公斤/人	1.2	1.1	1.2	0.8
卷烟	盒/人	27.1	27.0	22.3	21.1
水果	公斤/人	12.4	11.2	10.6	20.6
猪肉	公斤/人	13.2	12.9	20.7	12.5
牛羊肉	公斤/人	0.9	0.6	2.8	1.0
奶及奶制品	公斤/人	3.6	1.0	4.0	1.9
禽类	公斤/人	5.0	3.1	3.1	3.2
蛋及蛋制品	公斤/人	6.0	5.2	2.6	7.4
水产品	公斤/人	9.4	4.5	1.4	4.5

注：东部地区:北京、天津、河北、上海、江苏、浙江、福建、山东、广东、海南。中部地区：山西、安徽、江西、河南湖北、湖南。西部地区：内蒙古、广西、重庆、四川、贵州、云南、西藏、陕西、甘肃、青海、宁夏、新疆。东北地区：辽宁、吉林、黑龙江。

3-2-2-1 续表 1

单位：元/人

指　　标	东部地区	中部地区	西部地区	东北地区
一、收入				
1. 总收入	6226.6	4051.8	3646.0	5783.7
(1)工资性收入	2198.1	1052.6	674.5	709.7
(2)家庭经营收入	3574.1	2809.2	2770.9	4639.8
(3)财产性收入	159.7	36.8	49.3	170.6
(4)转移性收入	294.7	153.2	151.3	263.6
2. 纯收入	4720.3	2956.6	2378.9	3379.0
(1)工资性收入	2198.1	1052.6	674.5	709.7
(2)家庭经营收入	2140.6	1774.9	1537.8	2310.8
(3)财产性收入	159.7	36.8	49.3	170.6
(4)转移性收入	221.9	92.2	117.3	187.9
3. 现金收入	5679.7	3288.4	2806.9	5124.7
(1)工资性收入	2195.0	1051.8	673.8	709.6
(2)家庭经营收入	3049.9	2055.6	1947.0	4098.8
(3)财产性收入	149.6	31.1	39.5	54.0
(4)转移性收入	285.2	149.9	146.6	262.4
二、支出				
1. 总支出	5095.3	3518.3	3447.8	5578.2
(1)家庭经营费用支出	1274.1	940.5	1111.9	2140.3
(2)购置生产性固定资产支出	103.4	99.4	136.2	341.6
(3)税费支出	20.8	13.1	7.2	8.4
(4)消费支出	3409.0	2276.9	2022.9	2557.3
(5)财产性支出	22.0	7.2	14.8	110.5
(6)转移性支出	266.0	181.2	154.9	420.0
2. 现金支出	4707.2	2964.0	2709.7	5120.8
(1)家庭经营费用支出	1210.6	852.4	876.4	1971.7
(2)购置生产性固定资产支出	103.4	99.4	136.2	341.6
(3)税费支出	20.7	12.9	7.0	8.3
(4)消费支出	3087.4	1811.6	1521.5	2268.7
(5)财产性支出	22.0	7.2	14.8	110.5
(6)转移性支出	263.0	180.4	153.9	420.0

3-2-2-1 续表 2

单位：元/人

指　　标	东部地区	中部地区	西部地区	东北地区
三、消费支出				
1. 消费支出	3409.0	2276.9	2022.9	2557.3
食品	1435.9	1094.1	1007.2	1009.6
衣着	191.5	134.5	112.8	191.0
居住	537.5	307.2	265.5	403.4
家庭设备及用品	163.2	97.6	82.5	84.4
交通通信	367.5	197.5	167.5	278.4
文教娱乐	414.7	260.2	216.5	303.4
医疗保健	218.5	137.6	134.6	230.1
其他	80.2	48.3	36.2	57.0
2. 现金消费支出	3087.4	1811.6	1521.5	2268.7
食品	1137.0	661.9	533.0	773.8
衣着	191.1	133.8	111.9	190.7
居住	515.9	275.5	240.6	350.9
家庭设备及用品	163.0	97.0	81.7	84.4
交通通信	367.5	197.5	167.5	278.4
文教娱乐	414.7	260.2	216.5	303.4
医疗保健	218.5	137.6	134.6	230.1
其他	79.7	48.2	35.7	57.0
3. 现金消费支出占				
消费支出比重(%)	90.6	79.6	75.2	88.7
食品	79.2	60.5	52.9	76.6
衣着	99.8	99.5	99.2	99.8
居住	96.0	89.7	90.6	87.0
家庭设备及用品	99.9	99.4	99.0	100.0
交通通信	100.0	100.0	100.0	100.0
文教娱乐	100.0	100.0	100.0	100.0
医疗保健	100.0	100.0	100.0	100.0
其他	99.4	99.8	98.5	100.0

3-2-2-2　2006年东、中、西部及东北地区农村居民家庭基本情况

指　　标	单　位	东部地区	中部地区	西部地区	东北地区
一、调查户数	户	21550	18850	22060	5730
二、常住人口	人/户	3.9	4.1	4.3	3.6
三、劳动力人数	人/户	2.8	2.9	2.9	2.6
劳动力负担人口	人/劳动力	1.4	1.4	1.5	1.3
四 、劳动力文化程度					
1.不识字或识字很少	%	4.8	6.1	9.9	2.2
2.小学程度	%	21.9	24.1	32.9	25.1
3.初中程度	%	54.3	55.9	46.8	61.2
4.高中程度	%	13.8	10.7	7.9	7.8
5.中专程度	%	3.3	2.2	1.8	2.2
6.大专及以上	%	2.0	1.0	0.7	1.5
五、年末生产性					
固定资产原值	元/户	8800.4	5331.0	7707.0	10698.2
六、年内新建(购)住房面积	平方米/人	0.9	1.1	0.7	0.5
#砖木结构面积	平方米/人	0.3	0.2	0.2	0.4
七、年内新建(购)住房价值	元/平方米	509.7	323.4	322.2	568.3
八、年末居住住房面积	平方米/人	35.9	32.5	26.3	22.2
#砖木结构面积	平方米/人	17.4	15.9	10.4	17.3
九、年末居住住房价值	元/平方米	422.1	213.0	191.0	339.7
十、经营耕地面积	亩/人	1.1	1.6	2.3	7.0
十一、经营山地面积	亩/人	0.3	0.4	0.4	0.1
十二、主要食品消费量					
粮食	公斤/人	195.4	219.4	208.0	184.7
蔬菜及制品	公斤/人	86.7	112.0	95.1	139.9
食用油	公斤/人	6.5	5.7	5.0	7.5
食糖	公斤/人	1.2	1.0	1.1	0.8
卷烟	盒/人	26.8	26.6	21.9	20.9
水果	公斤/人	13.5	10.4	10.4	17.5
猪肉	公斤/人	14.0	13.1	19.3	12.8
牛羊肉	公斤/人	1.0	0.6	3.0	0.8
奶及奶制品	公斤/人	4.2	1.3	3.9	2.2
禽类	公斤/人	4.9	2.9	2.9	2.8
蛋及蛋制品	公斤/人	6.4	5.6	2.8	7.6
水产品	公斤/人	9.5	4.6	1.4	4.5

3-2-2-2 续表 1　　单位：元/人

指　标	东部地区	中部地区	西部地区	东北地区
一、收入				
1. 总收入	6753.7	4440.8	3926.7	6181.3
(1)工资性收入	2484.5	1256.5	795.9	902.6
(2)家庭经营收入	3743.4	2960.9	2890.3	4797.2
(3)财产性收入	188.4	43.3	56.9	156.6
(4)转移性收入	337.4	180.1	183.5	324.8
2. 纯收入	5188.2	3283.2	2588.4	3744.9
(1)工资性收入	2484.5	1256.5	795.9	902.6
(2)家庭经营收入	2251.8	1869.5	1588.8	2435.2
(3)财产性收入	188.4	43.3	56.9	156.6
(4)转移性收入	263.6	113.8	146.8	250.4
3. 现金收入	6189.8	3678.6	3108.1	5392.9
(1)工资性收入	2482.4	1255.8	795.4	902.4
(2)家庭经营收入	3200.0	2211.0	2087.9	4109.6
(3)财产性收入	177.9	36.4	44.5	57.3
(4)转移性收入	329.6	175.4	180.4	323.6
二、支出				
1. 总支出	5602.3	3886.1	3702.9	5788.3
(1)家庭经营费用支出	1325.3	992.7	1175.9	2152.5
(2)购置生产性固定资产支出	132.5	110.9	141.8	267.5
(3)税费支出	16.1	11.5	6.4	8.7
(4)消费支出	3806.2	2559.9	2192.1	2781.1
(5)财产性支出	13.3	6.4	15.5	129.4
(6)转移性支出	308.8	204.7	171.2	449.1
2. 现金支出	5211.2	3335.7	2983.7	5323.0
(1)家庭经营费用支出	1266.0	903.0	936.4	1977.6
(2)购置生产性固定资产支出	132.5	110.9	141.8	267.5
(3)税费支出	15.9	11.5	6.4	8.5
(4)消费支出	3477.7	2101.1	1713.3	2491.4
(5)财产性支出	13.3	6.4	15.5	129.4
(6)转移性支出	305.7	202.8	170.3	448.7

3-2-2-2 续表 2 单位：元/人

指　　标	东部地区	中部地区	西部地区	东北地区
三、消费支出				
1. 消费支出	3806.2	2559.9	2192.1	2781.1
食品	1542.1	1151.4	1019.4	1043.4
衣着	218.8	153.3	125.9	210.4
居住	673.0	392.4	347.5	482.2
家庭设备及用品	178.3	116.3	95.4	96.9
交通通信	428.9	237.8	204.2	297.1
文教娱乐	430.9	284.7	206.7	322.2
医疗保健	245.3	163.4	152.2	258.9
其他	88.9	60.6	40.7	69.9
2. 现金消费支出	3477.7	2101.1	1713.3	2491.4
食品	1243.8	721.2	573.1	804.8
衣着	218.4	152.7	124.8	210.0
居住	643.7	364.8	317.4	431.5
家庭设备及用品	178.2	115.9	94.4	96.9
交通通信	428.9	237.8	204.2	297.1
文教娱乐	430.9	284.7	206.7	322.2
医疗保健	245.3	163.4	152.2	258.9
其他	88.5	60.6	40.5	69.9
3. 现金消费支出占				
消费支出比重(%)	91.4	82.1	78.2	89.6
食品	80.7	62.6	56.2	77.1
衣着	99.8	99.6	99.1	99.8
居住	95.7	93.0	91.3	89.5
家庭设备及用品	99.9	99.7	98.9	100.0
交通通信	100.0	100.0	100.0	100.0
文教娱乐	100.0	100.0	100.0	100.0
医疗保健	100.0	100.0	100.0	100.0
其他	99.5	100.0	99.5	100.0

3-2-2-3 2007年东、中、西部及东北地区农村居民家庭基本情况

指 标	单 位	东部地区	中部地区	西部地区	东北地区
一、调查户数	户	21550	18850	22060	5730
二、常住人口	人/户	3.9	4.1	4.3	3.5
三、劳动力人数	人/户	2.8	2.9	2.9	2.6
劳动力负担人口	人/劳动力	1.4	1.4	1.5	1.3
四 、劳动力文化程度					
1.不识字或识字很少	%	4.2	5.7	9.9	2.0
2.小学程度	%	21.1	23.6	32.2	24.7
3.初中程度	%	54.4	55.9	46.8	62.0
4.高中程度	%	14.5	11.2	8.3	7.7
5.中专程度	%	3.5	2.4	2.0	2.0
6.大专及以上	%	2.4	1.1	0.8	1.6
五、年末生产性					
固定资产原值	元/户	9342.1	5973.1	8527.7	12228.1
六、年内新建(购)住房面积	平方米/人	1.0	1.2	0.9	0.5
#砖木结构面积	平方米/人	0.3	0.3	0.3	0.4
七、年内新建(购)住房价值	元/平方米	654.4	398.4	392.3	609.7
八、年末居住住房面积	平方米/人	37.0	33.6	27.1	22.7
#砖木结构面积	平方米/人	17.5	16.1	10.6	18.2
九、年末居住住房价值	元/平方米	460.8	233.0	204.5	378.0
十、经营耕地面积	亩/人	1.2	1.6	2.4	7.5
十一、经营山地面积	亩/人	0.3	0.4	0.4	0.1
十二、主要食品消费量					
粮食	公斤/人	190.6	211.5	202.4	177.3
蔬菜及制品	公斤/人	87.1	112.4	91.5	132.7
食用油	公斤/人	6.5	6.0	4.9	8.6
食糖	公斤/人	1.2	1.0	1.1	0.7
卷烟	盒/人	26.6	26.0	21.9	21.5
水果	公斤/人	14.8	11.7	11.3	19.5
猪肉	公斤/人	11.7	11.1	17.3	10.1
牛羊肉	公斤/人	1.1	0.6	2.8	0.9
奶及奶制品	公斤/人	4.6	1.7	4.1	3.0
禽类	公斤/人	5.2	3.3	3.2	3.3
蛋及蛋制品	公斤/人	6.0	5.3	2.6	7.2
水产品	公斤/人	9.9	5.2	1.6	4.7

3-2-2-3 续表 1　　　　单位：元/人

指　　标	东部地区	中部地区	西部地区	东北地区
一、收入				
1. 总收入	7626.9	5161.2	4544.9	7392.7
(1)工资性收入	2795.7	1492.2	944.3	1049.4
(2)家庭经营收入	4205.4	3378.5	3305.1	5724.0
(3)财产性收入	231.6	65.3	69.6	216.1
(4)转移性收入	394.2	225.2	225.9	403.2
2. 纯收入	5855.0	3844.4	3028.4	4348.3
(1)工资性收入	2795.7	1492.2	944.3	1049.4
(2)家庭经营收入	2518.3	2133.7	1831.7	2764.0
(3)财产性收入	231.6	65.3	69.6	216.1
(4)转移性收入	309.4	153.2	182.7	318.8
3. 现金收入	6996.0	4278.7	3606.4	6400.9
(1)工资性收入	2793.7	1491.8	943.7	1049.4
(2)家庭经营收入	3607.4	2519.3	2387.3	4881.9
(3)财产性收入	210.7	47.3	54.0	68.0
(4)转移性收入	384.2	220.3	221.3	401.6
二、支出				
1. 总支出	6301.5	4423.0	4282.6	7026.5
(1)家庭经营费用支出	1510.1	1134.7	1332.6	2717.2
(2)购置生产性固定资产支出	109.2	95.1	178.1	358.9
(3)税费支出	16.8	12.0	7.9	10.0
(4)消费支出	4281.0	2937.5	2526.9	3180.3
(5)财产性支出	20.7	7.0	23.1	144.9
(6)转移性支出	363.7	236.7	214.0	615.3
2. 现金支出	5892.0	3838.7	3469.9	6509.5
(1)家庭经营费用支出	1458.4	1050.4	1064.9	2521.5
(2)购置生产性固定资产支出	109.2	95.1	178.1	358.9
(3)税费支出	16.8	12.0	7.8	6.9
(4)消费支出	3927.8	2438.6	1983.0	2862.1
(5)财产性支出	20.7	7.0	23.1	144.9
(6)转移性支出	359.2	235.6	213.0	615.3

3-2-2-3 续表 2

单位：元/人

指　　标	东部地区	中部地区	西部地区	东北地区
三、消费支出				
1. 消费支出	4281.0	2937.5	2526.9	3180.3
食品	1736.4	1317.3	1178.0	1204.2
衣着	243.2	178.9	148.0	254.9
居住	812.6	498.1	427.9	551.7
家庭设备及用品	204.6	142.2	111.5	121.1
交通通信	482.0	272.4	234.1	344.1
文教娱乐	439.7	274.6	205.3	335.9
医疗保健	259.1	182.6	174.1	281.4
其他	103.3	71.4	47.9	87.0
2. 现金消费支出	3927.8	2438.6	1983.0	2862.1
食品	1421.7	849.7	664.5	946.6
衣着	242.7	178.2	146.6	253.9
居住	775.1	467.9	400.1	492.3
家庭设备及用品	204.5	141.9	110.6	120.9
交通通信	482.0	272.4	234.1	344.1
文教娱乐	439.7	274.6	205.3	335.9
医疗保健	259.1	182.6	174.1	281.4
其他	102.8	71.2	47.6	87.0
3. 现金消费支出占				
消费支出比重(%)	91.7	83.0	78.5	90.0
食品	81.9	64.5	56.4	78.6
衣着	99.8	99.6	99.1	99.6
居住	95.4	93.9	93.5	89.2
家庭设备及用品	100.0	99.8	99.2	99.9
交通通信	100.0	100.0	100.0	100.0
文教娱乐	100.0	100.0	100.0	100.0
医疗保健	100.0	100.0	100.0	100.0
其他	99.6	99.7	99.3	100.0

3-2-2-4 2008年东、中、西部及东北地区农村居民家庭基本情况

指　　标	单　位	东部地区	中部地区	西部地区	东北地区
一、调查户数	户	21550	18850	22060	5730
二、常住人口	人/户	3.9	4.0	4.3	3.5
三、劳动力人数	人/户	2.8	2.9	2.9	2.6
劳动力负担人口	人/劳动力	1.4	1.4	1.5	1.3
四、劳动力文化程度					
1.不识字或识字很少	%	4.0	5.6	9.7	1.7
2.小学程度	%	20.8	23.1	31.7	24.1
3.初中程度	%	54.0	55.8	46.9	62.3
4.高中程度	%	14.8	11.7	8.7	7.9
5.中专程度	%	3.6	2.5	2.0	2.1
6.大专及以上	%	2.7	1.3	1.0	1.8
五、年末生产性					
固定资产原值	元/户	9887.1	6322.9	9300.5	13967.4
六、年内新建(购)住房面积	平方米/人	0.9	1.3	0.9	0.5
#砖木结构面积	平方米/人	0.3	0.3	0.3	0.4
七、年内新建(购)住房价值	元/平方米	710.1	438.6	459.9	719.5
八、年末居住住房面积	平方米/人	38.0	34.6	27.7	23.2
#砖木结构面积	平方米/人	17.8	16.2	10.6	18.1
九、年末居住住房价值	元/平方米	484.8	247.5	222.0	402.1
十、经营耕地面积	亩/人	1.2	1.6	2.4	7.6
十一、经营山地面积	亩/人	0.3	0.4	0.4	0.1
十二、主要食品消费量					
粮食	公斤/人	185.5	216.7	201.0	179.1
蔬菜及制品	公斤/人	85.6	122.5	89.2	121.5
食用油	公斤/人	7.1	6.2	4.9	9.3
食糖	公斤/人	1.2	1.0	1.1	0.8
卷烟	盒/人	26.0	25.5	21.8	22.1
水果	公斤/人	14.4	11.8	10.8	20.1
猪肉	公斤/人	11.1	10.5	16.3	10.3
牛羊肉	公斤/人	0.8	0.5	2.5	0.8
奶及奶制品	公斤/人	4.4	1.9	4.0	2.7
禽类	公斤/人	5.9	3.7	3.8	3.4
蛋及蛋制品	公斤/人	6.9	6.0	2.9	8.8
水产品	公斤/人	9.9	4.9	1.6	4.6

3-2-2-4 续表 1

单位：元/人

指　　标	东部地区	中部地区	西部地区	东北地区
一、收入				
1. 总收入	8604.0	5988.1	5285.8	9133.7
(1)工资性收入	3189.5	1744.5	1098.6	1233.1
(2)家庭经营收入	4648.9	3862.2	3768.0	7060.5
(3)财产性收入	275.8	75.3	80.1	213.2
(4)转移性收入	489.8	306.1	339.2	626.9
2. 纯收入	6598.2	4453.4	3517.7	5101.2
(1)工资性收入	3189.5	1744.5	1098.6	1233.1
(2)家庭经营收入	2731.4	2408.3	2045.7	3143.4
(3)财产性收入	275.8	75.3	80.1	213.2
(4)转移性收入	401.5	225.3	293.5	511.4
3. 现金收入	7874.2	4955.3	4176.8	8141.6
(1)工资性收入	3183.8	1743.1	1096.0	1230.9
(2)家庭经营收入	3951.4	2850.5	2680.0	6193.7
(3)财产性收入	260.7	62.2	68.2	92.2
(4)转移性收入	478.2	299.5	332.6	624.9
二、支出				
1. 总支出	7123.1	5134.7	4890.6	8695.1
(1)家庭经营费用支出	1728.8	1338.5	1570.1	3642.3
(2)购置生产性固定资产支出	120.8	129.9	180.0	367.0
(3)税费支出	18.4	11.3	6.8	6.6
(4)消费支出	4802.1	3375.6	2867.1	3720.3
(5)财产性支出	24.2	8.6	20.3	208.9
(6)转移性支出	428.6	270.8	246.2	750.1
2. 现金支出	6683.3	4512.9	4000.1	8085.6
(1)家庭经营费用支出	1674.8	1255.4	1289.5	3402.2
(2)购置生产性固定资产支出	120.8	129.9	180.0	367.0
(3)税费支出	18.4	11.3	6.8	6.6
(4)消费支出	4421.7	2838.7	2259.6	3351.2
(5)财产性支出	24.2	8.6	20.3	208.9
(6)转移性支出	423.5	269.0	243.9	749.7

3-2-2-4 续表 2

单位：元/人

指　　标	东部地区	中部地区	西部地区	东北地区
三、消费支出				
1. 消费支出	4802.1	3375.6	2867.1	3720.3
食品	1978.9	1524.8	1367.5	1382.0
衣着	267.5	193.2	161.0	289.9
居住	924.9	630.5	497.3	690.3
家庭设备及用品	232.4	175.1	129.0	137.5
交通通信	529.0	293.8	257.3	393.5
文教娱乐	458.7	270.0	205.8	394.7
医疗保健	304.6	215.4	199.2	338.6
其他	106.1	72.8	50.1	93.8
2. 现金消费支出	4421.7	2838.7	2259.6	3351.2
食品	1641.5	1014.0	788.1	1118.1
衣着	266.9	192.6	159.8	289.9
居住	882.5	605.6	471.0	585.3
家庭设备及用品	232.3	174.6	128.3	137.3
交通通信	529.0	293.8	257.3	393.5
文教娱乐	458.7	270.0	205.8	394.7
医疗保健	304.6	215.4	199.2	338.6
其他	106.1	72.8	50.1	93.8
3. 现金消费支出占				
消费支出比重 (%)	92.1	84.1	78.8	90.1
食品	83.0	66.5	57.6	80.9
衣着	99.8	99.6	99.3	100.0
居住	95.4	96.1	94.7	84.8
家庭设备及用品	100.0	99.7	99.5	99.8
交通通信	100.0	100.0	100.0	100.0
文教娱乐	100.0	100.0	100.0	100.0
医疗保健	100.0	100.0	100.0	100.0
其他	100.0	100.0	100.0	100.0

3-2-2-5　2009年东、中、西部及东北地区农村居民家庭基本情况

指　　标	单　位	东部地区	中部地区	西部地区	东北地区
一、调查户数	户	21550	18850	22060	5730
二、常住人口	人/户	3.8	4.0	4.2	3.4
三、劳动力人数	人/户	2.8	2.9	2.9	2.6
劳动力负担人口	人/劳动力	1.4	1.4	1.4	1.3
四、劳动力文化程度					
1.不识字或识字很少	%	3.9	5.2	9.4	1.6
2.小学程度	%	19.9	22.7	31.0	23.2
3.初中程度	%	54.1	55.5	46.6	63.2
4.高中程度	%	15.0	12.1	9.4	7.8
5.中专程度	%	3.8	2.7	2.3	2.1
6.大专及以上	%	3.4	1.7	1.3	2.1
五、年末生产性					
固定资产原值	元/户	10977.9	7040.5	10164.6	15074.4
六、年内新建(购)住房面积	平方米/人	1.0	1.5	1.3	0.5
#砖木结构面积	平方米/人	0.2	0.3	0.4	0.4
七、年内新建(购)住房价值	元/平方米	826.4	502.4	583.7	796.1
八、年末居住住房面积	平方米/人	39.0	36.0	28.8	24.0
#砖木结构面积	平方米/人	18.0	15.9	11.0	19.1
九、年末居住住房价值	元/平方米	517.2	271.1	246.5	434.7
十、经营耕地面积	亩/人	1.2	1.7	2.5	8.0
十一、经营山地面积	亩/人	0.3	0.4	0.4	0.1
十二、主要食品消费量					
粮食	公斤/人	180.0	198.7	195.4	162.5
蔬菜及制品	公斤/人	88.4	110.5	94.3	114.2
食用油	公斤/人	7.4	6.0	5.0	8.8
食糖	公斤/人	1.2	1.0	1.1	0.8
卷烟	盒/人	26.1	25.7	22.0	22.6
水果	公斤/人	14.5	12.1	12.3	21.1
猪肉	公斤/人	12.4	11.6	17.6	12.3
牛羊肉	公斤/人	1.0	0.5	2.6	0.7
奶及奶制品	公斤/人	4.4	2.5	3.9	2.9
禽类	公斤/人	5.7	3.6	3.7	3.1
蛋及蛋制品	公斤/人	6.7	6.1	2.9	8.1
水产品	公斤/人	10.1	4.7	1.6	4.5

3-2-2-5 续表 1

单位：元/人

指　　标	东部地区	中部地区	西部地区	东北地区
一、收入				
1. 总收入	9233.2	6350.6	5604.1	9336.4
(1)工资性收入	3543.1	1902.4	1233.7	1354.7
(2)家庭经营收入	4789.5	3981.2	3855.7	7031.8
(3)财产性收入	305.9	90.6	90.4	244.3
(4)转移性收入	594.7	376.4	424.3	705.6
2. 纯收入	7155.5	4792.8	3816.5	5456.6
(1)工资性收入	3543.1	1902.4	1233.7	1354.7
(2)家庭经营收入	2817.2	2519.5	2121.1	3262.3
(3)财产性收入	305.9	90.6	90.4	244.3
(4)转移性收入	489.4	280.2	371.3	595.3
3. 现金收入	8603.4	5439.6	4579.9	8686.5
(1)工资性收入	3535.4	1901.6	1231.7	1351.8
(2)家庭经营收入	4200.6	3088.0	2846.8	6513.3
(3)财产性收入	290.9	81.6	82.8	117.9
(4)转移性收入	576.5	368.4	418.5	703.6
二、支出				
1. 总支出	7550.2	5429.0	5380.3	9250.6
(1)家庭经营费用支出	1766.8	1334.5	1568.3	3466.7
(2)购置生产性固定资产支出	144.7	147.3	232.4	498.5
(3)税费支出	14.8	10.6	6.0	8.1
(4)消费支出	5148.6	3622.0	3238.7	4148.3
(5)财产性支出	20.7	8.9	26.5	291.9
(6)转移性支出	454.5	305.7	308.4	837.2
2. 现金支出	7119.1	4814.1	4517.4	8705.6
(1)家庭经营费用支出	1720.7	1247.2	1298.9	3265.9
(2)购置生产性固定资产支出	144.7	147.3	232.4	498.5
(3)税费支出	14.7	10.6	5.9	8.1
(4)消费支出	4771.5	3098.2	2647.5	3813.9
(5)财产性支出	20.7	8.9	26.5	291.9
(6)转移性支出	446.8	301.9	306.2	827.4

3-2-2-5 续表 2

单位：元/人

指　　标	东部地区	中部地区	西部地区	东北地区
三、消费支出				
1. 消费支出	5148.6	3622.0	3238.7	4148.3
食品	2047.7	1539.5	1395.9	1414.5
衣着	289.4	206.0	184.1	325.8
居住	992.8	748.4	677.4	839.3
家庭设备及用品	260.3	204.4	163.1	170.7
交通通信	604.6	313.8	296.4	403.5
文教娱乐	498.1	288.4	221.5	444.0
医疗保健	339.6	240.4	245.9	448.8
其他	116.1	81.2	54.4	101.6
2. 现金消费支出	4771.5	3098.2	2647.5	3813.9
食品	1709.3	1042.3	829.7	1155.7
衣着	289.1	205.5	183.0	325.6
居住	954.6	722.6	653.8	764.0
家庭设备及用品	260.1	204.0	162.6	170.7
交通通信	604.6	313.8	296.4	403.5
文教娱乐	498.1	288.4	221.5	444.0
医疗保健	339.6	240.4	245.9	448.8
其他	116.1	81.2	54.4	101.6
3. 现金消费支出占				
消费支出比重(%)	92.7	85.5	81.7	91.9
食品	83.5	67.7	59.4	81.7
衣着	99.9	99.8	99.4	99.9
居住	96.2	96.6	96.5	91.0
家庭设备及用品	99.9	99.8	99.7	100.0
交通通信	100.0	100.0	100.0	100.0
文教娱乐	100.0	100.0	100.0	100.0
医疗保健	100.0	100.0	100.0	100.0
其他	100.0	100.0	100.0	100.0

3-2-2-6 2010年东、中、西部及东北地区农村居民家庭基本情况

指 标	单 位	东部地区	中部地区	西部地区	东北地区
一、调查户数	户	21550	18850	22060	5730
二、常住人口	人/户	3.8	4.0	4.2	3.4
三、劳动力人数	人/户	2.7	3.0	2.9	2.5
劳动力负担人口	人/劳动力	1.4	1.4	1.4	1.3
四、劳动力文化程度					
1.不识字或识字很少	%	3.7	5.1	9.1	1.4
2.小学程度	%	19.7	22.5	30.7	23.0
3.初中程度	%	53.8	55.1	46.5	63.3
4.高中程度	%	15.1	12.4	9.9	7.9
5.中专程度	%	3.9	2.8	2.3	2.1
6.大专及以上	%	3.8	2.0	1.5	2.2
五、年末生产性					
固定资产原值	元/户	11522.4	7455.1	11179.8	16510.5
六、年内新建(购)住房面积	平方米/人	0.7	1.0	0.8	0.4
#砖木结构面积	平方米/人	0.2	0.2	0.2	0.3
七、年内新建(购)住房价值	元/平方米	848.4	549.5	616.5	1042.4
八、年末居住住房面积	平方米/人	39.3	36.7	29.4	24.2
#砖木结构面积	平方米/人	17.9	16.0	11.3	19.8
九、年末居住住房价值	元/平方米	564.3	296.2	272.1	464.9
十、经营耕地面积	亩/人	1.2	1.7	2.5	8.0
十一、经营山地面积	亩/人	0.3	0.4	0.4	0.1
十二、主要食品消费量					
粮食	公斤/人	175.0	188.6	186.6	156.0
蔬菜及制品	公斤/人	82.6	108.6	86.8	110.1
食用油	公斤/人	7.2	6.3	5.0	8.6
食糖	公斤/人	1.1	0.9	1.1	0.8
卷烟	盒/人	26.1	24.9	21.6	22.5
水果	公斤/人	14.0	11.0	11.1	18.9
猪肉	公斤/人	13.0	12.2	18.0	11.8
牛羊肉	公斤/人	1.0	0.5	2.7	0.8
奶及奶制品	公斤/人	4.4	2.4	3.9	2.8
禽类	公斤/人	5.7	3.4	3.7	2.6
蛋及蛋制品	公斤/人	6.6	5.6	2.9	7.3
水产品	公斤/人	9.9	4.6	1.6	4.2

3-2-2-6 续表 1

单位：元/人

指　　标	东部地区	中部地区	西部地区	东北地区
一、收入				
1. 总收入	10473.6	7262.3	6390.0	10921.8
(1)工资性收入	4116.5	2244.6	1499.3	1629.8
(2)家庭经营收入	5303.2	4463.3	4310.9	8237.3
(3)财产性收入	358.5	111.4	113.6	319.5
(4)转移性收入	695.5	443.0	466.2	735.2
2. 纯收入	8142.8	5509.6	4417.9	6434.5
(1)工资性收入	4116.5	2244.6	1499.3	1629.8
(2)家庭经营收入	3095.4	2816.6	2403.1	3841.6
(3)财产性收入	358.5	111.4	113.6	319.5
(4)转移性收入	572.4	337.0	401.9	643.5
3. 现金收入	9713.4	6197.5	5191.0	9685.0
(1)工资性收入	4109.0	2242.7	1498.7	1627.9
(2)家庭经营收入	4604.7	3428.9	3132.5	7198.6
(3)财产性收入	326.5	92.3	98.9	127.6
(4)转移性收入	673.2	433.6	460.8	730.9
二、支出				
1. 总支出	8435.9	5992.7	5891.9	10041.3
(1)家庭经营费用支出	1990.5	1515.9	1725.7	4065.1
(2)购置生产性固定资产支出	134.8	145.4	216.9	513.7
(3)税费支出	15.4	6.7	4.8	5.3
(4)消费支出	5735.4	3957.4	3537.5	4352.1
(5)财产性支出	32.1	15.2	34.8	323.8
(6)转移性支出	527.8	352.0	372.2	781.4
2. 现金支出	7980.7	5343.8	4946.1	9500.8
(1)家庭经营费用支出	1944.6	1416.8	1433.1	3847.7
(2)购置生产性固定资产支出	134.8	145.4	216.9	513.7
(3)税费支出	15.3	6.7	4.8	5.3
(4)消费支出	5333.4	3410.5	2886.6	4029.3
(5)财产性支出	32.1	15.2	34.8	323.8
(6)转移性支出	520.5	349.2	369.9	781.1

3-2-2-6 续表 2

单位：元/人

指　　标	东部地区	中部地区	西部地区	东北地区
三、消费支出				
1. 消费支出	5735.4	3957.4	3537.5	4352.1
食品	2243.0	1680.4	1556.6	1566.6
衣着	327.8	232.9	213.1	359.5
居住	1106.4	768.7	663.9	767.0
家庭设备及用品	297.2	234.5	190.6	173.1
交通通信	703.0	353.6	341.6	428.8
文教娱乐	534.5	311.1	233.5	511.5
医疗保健	394.4	284.6	275.6	439.6
其他	129.1	91.5	62.6	106.0
2. 现金消费支出	5333.4	3410.5	2886.6	4029.3
食品	1877.1	1168.7	934.5	1303.2
衣着	327.5	232.2	212.0	359.5
居住	1070.8	735.1	636.9	707.5
家庭设备及用品	297.1	233.7	189.9	173.1
交通通信	703.0	353.6	341.6	428.8
文教娱乐	534.5	311.1	233.5	511.5
医疗保健	394.4	284.6	275.6	439.6
其他	129.0	91.5	62.6	106.0
3. 现金消费支出占				
消费支出比重(%)	93.0	86.2	81.6	92.6
食品	83.7	69.5	60.0	83.2
衣着	99.9	99.7	99.5	100.0
居住	96.8	95.6	95.9	92.2
家庭设备及用品	100.0	99.6	99.6	100.0
交通通信	100.0	100.0	100.0	100.0
文教娱乐	100.0	100.0	100.0	100.0
医疗保健	100.0	100.0	100.0	100.0
其他	100.0	100.0	100.0	100.0

3-2-2-7 2011年东、中、西部及东北地区农村居民家庭基本情况

指　标	单　位	东部地区	中部地区	西部地区	东北地区
一、调查户数	户	25520	18850	23260	6000
二、常住人口	人/户	3.7	4.0	4.2	3.3
三、劳动力人数	人/户	2.7	2.9	2.7	2.5
劳动力负担人口	人/劳动力	1.4	1.4	1.5	1.3
四、劳动力文化程度					
1.不识字或识字很少	%	3.9	4.8	8.2	2.2
2.小学程度	%	22.2	23.6	32.6	28.4
3.初中程度	%	54.6	55.1	47.7	60.9
4.高中程度	%	12.3	11.1	7.6	5.6
5.中专程度	%	3.2	2.8	2.0	1.3
6.大专及以上	%	3.7	2.6	1.9	1.7
五、年末生产性					
固定资产原值	元/户	14930.4	10974.5	18845.0	26162.3
六、年内新建(购)住房面积	平方米/人	1.2	1.7	1.2	0.5
#砖木结构面积	平方米/人	0.3	0.3	0.4	0.4
七、年内新建(购)住房价值	元/平方米	999.4	689.2	746.5	1043.5
八、年末居住住房面积	平方米/人	40.9	40.2	31.4	26.0
#砖木结构面积	平方米/人	18.7	16.3	12.3	21.5
九、年末居住住房价值	元/平方米	932.7	501.7	492.0	751.6
十、经营耕地面积	亩/人	1.1	1.6	2.5	8.7
十一、经营山地面积	亩/人	0.4	0.6	0.6	0.1
十二、主要食品消费量					
粮食	公斤/人	157.2	172.9	181.7	163.4
蔬菜及制品	公斤/人	85.2	99.3	82.5	102.3
食用油	公斤/人	7.9	7.8	6.3	10.1
食糖	公斤/人	1.1	0.9	1.1	0.7
卷烟	盒/人	29.3	28.1	22.1	28.1
水果	公斤/人	16.6	12.2	11.0	20.5
猪肉	公斤/人	14.4	12.2	16.7	11.8
牛肉	公斤/人	0.7	0.4	1.7	0.7
羊肉	公斤/人	0.4	0.2	2.0	0.3
奶及奶制品	公斤/人	5.6	2.9	6.8	3.9
禽类	公斤/人	6.1	4.0	4.0	3.2
蛋及蛋制品	公斤/人	7.1	6.0	3.1	7.6
水产品	公斤/人	10.3	5.1	1.6	4.7

3-2-2-7 续表 1

单位：元/人

指标	东部地区	中部地区	西部地区	东北地区
一、收入				
1. 总收入	12495.3	8790.9	7854.7	13996.2
(1)工资性收入	5014.8	2809.5	1811.4	2020.9
(2)家庭经营收入	6200.9	5271.2	5291.8	10737.1
(3)财产性收入	407.2	111.0	137.3	407.1
(4)转移性收入	872.4	599.1	614.2	831.1
2. 纯收入	9585.0	6529.9	5246.7	7790.6
(1)工资性收入	5014.8	2809.5	1811.4	2020.9
(2)家庭经营收入	3444.6	3184.4	2780.8	4669.7
(3)财产性收入	407.2	111.0	137.3	407.1
(4)转移性收入	718.4	425.0	517.2	692.9
3. 现金收入	11687.8	7599.1	6535.9	11810.4
(1)工资性收入	5006.9	2807.3	1809.5	2020.0
(2)家庭经营收入	5465.8	4125.0	4006.2	8825.5
(3)财产性收入	375.1	89.6	113.0	143.3
(4)转移性收入	840.1	577.2	607.3	821.7
二、支出				
1. 总支出	10338.4	7558.3	7279.3	12707.1
(1)家庭经营费用支出	2466.1	1894.3	2202.5	5536.4
(2)购置生产性固定资产支出	196.4	173.0	300.6	740.1
(3)税费支出	19.9	8.2	8.2	8.7
(4)消费支出	6856.3	4786.0	4187.9	5348.6
(5)财产性支出	14.1	11.0	13.0	5.8
(6)转移性支出	785.6	685.9	567.0	1067.5
2. 现金支出	9955.1	6945.9	6355.8	12088.5
(1)家庭经营费用支出	2416.7	1803.6	1914.7	5264.8
(2)购置生产性固定资产支出	196.4	173.0	300.6	740.1
(3)税费支出	19.9	8.1	8.2	8.7
(4)消费支出	6539.9	4267.4	3554.6	5004.3
(5)财产性支出	14.1	11.0	13.0	5.8
(6)转移性支出	768.1	682.8	564.6	1064.7

3-2-2-7 续表 2

单位：元/人

指　　标	东部地区	中部地区	西部地区	东北地区
三、消费支出				
1. 消费支出	6856.3	4786.0	4187.9	5348.6
食品	2667.1	1955.4	1780.3	2028.6
衣着	440.3	302.1	270.2	443.1
居住	1250.3	922.9	771.3	872.6
家庭设备及用品	403.1	315.0	244.1	221.2
交通通信	802.3	430.1	422.4	573.3
文教娱乐	580.5	341.1	269.3	489.4
医疗保健	544.6	400.1	349.3	573.7
其他	168.1	119.4	81.1	146.8
2. 现金消费支出	6539.9	4267.4	3554.6	5004.3
食品	2377.7	1464.0	1177.8	1758.1
衣着	440.1	301.8	269.8	443.1
居住	1223.8	896.3	741.2	799.0
家庭设备及用品	402.9	314.7	243.7	221.1
交通通信	802.3	430.1	422.4	573.3
文教娱乐	580.5	341.1	269.3	489.4
医疗保健	544.6	400.1	349.3	573.7
其他	168.1	119.4	81.1	146.8
3. 现金消费支出占				
消费支出比重(%)	95.4	89.2	84.9	93.6
食品	89.1	74.9	66.2	86.7
衣着	99.9	99.9	99.9	100.0
居住	97.9	97.1	96.1	91.6
家庭设备及用品	100.0	99.9	99.9	100.0
交通通信	100.0	100.0	100.0	100.0
文教娱乐	100.0	100.0	100.0	100.0
医疗保健	100.0	100.0	100.0	100.0
其他	100.0	100.0	100.0	100.0

3-2-2-8 2012年东、中、西部及东北地区农村居民家庭基本情况

指　　标	单　位	东部地区	中部地区	西部地区	东北地区
一、调查户数	户	26630	18850	22270	6000
二、常住人口	人/户	3.6	4.0	4.2	3.3
三、劳动力人数	人/户	2.6	2.9	2.9	2.5
劳动力负担人口	人/劳动力	1.4	1.4	1.5	1.3
四、劳动力文化程度					
1.不识字或识字很少	%	3.8	4.7	8.0	2.1
2.小学程度	%	21.9	23.1	32.0	28.0
3.初中程度	%	54.9	54.9	47.9	61.0
4.高中程度	%	12.2	11.4	7.8	5.6
5.中专程度	%	3.3	2.8	2.2	1.3
6.大专及以上	%	3.9	3.1	2.1	1.9
五、年末生产性					
固定资产原值	元/户	15809.8	11414.4	19969.4	27526.1
六、年内新建(购)住房面积	平方米/人	0.9	1.3	0.9	0.3
#砖木结构面积	平方米/人	0.2	0.2	0.3	0.2
七、年内新建(购)住房价值	元/平方米	1078.5	689.8	775.7	1150.4
八、年末居住住房面积	平方米/人	42.1	41.0	32.2	26.2
#砖木结构面积	平方米/人	19.2	16.1	13.1	21.9
九、年末居住住房价值	元/平方米	985.7	517.0	507.9	764.9
十、经营耕地面积	亩/人	1.1	1.7	2.5	9.0
十一、经营山地面积	亩/人	0.4	0.7	0.5	0.2
十二、主要食品消费量					
粮食	公斤/人	149.1	162.7	179.7	154.6
蔬菜及制品	公斤/人	80.3	93.7	79.1	96.1
食用油	公斤/人	8.1	8.3	6.7	10.3
食糖	公斤/人	1.1	1.4	1.1	0.8
卷烟	盒/人	29.6	27.0	22.5	28.8
水果	公斤/人	18.9	13.8	12.6	23.2
猪肉	公斤/人	14.8	12.3	16.0	12.5
牛肉	公斤/人	0.6	0.4	2.0	0.5
羊肉	公斤/人	0.4	0.1	2.1	0.3
奶及奶制品	公斤/人	6.1	3.0	6.6	3.8
禽类	公斤/人	6.1	3.8	4.0	3.1
蛋及蛋制品	公斤/人	7.9	6.4	3.5	7.5
水产品	公斤/人	10.6	5.0	1.6	4.4

3-2-2-8 续表 1

单位：元/人

指标	东部地区	中部地区	西部地区	东北地区
一、收入				
1. 总收入	13919.2	9829.4	8857.1	15711.0
(1)工资性收入	5791.0	3328.1	2124.4	2377.7
(2)家庭经营收入	6647.0	5703.1	5807.9	11985.5
(3)财产性收入	451.9	113.5	154.9	421.5
(4)转移性收入	1029.4	684.8	770.0	926.4
2. 纯收入	10817.5	7435.2	6026.6	8846.5
(1)工资性收入	5791.0	3328.1	2124.4	2377.7
(2)家庭经营收入	3710.8	3483.1	3083.9	5283.2
(3)财产性收入	451.9	113.5	154.9	421.5
(4)转移性收入	863.8	510.6	663.4	764.2
3. 现金收入	13194.1	8580.7	7511.7	13430.9
(1)工资性收入	5781.5	3326.1	2123.4	2374.0
(2)家庭经营收入	5983.0	4495.3	4489.3	9942.6
(3)财产性收入	438.8	100.2	136.9	198.3
(4)转移性收入	990.9	659.0	762.1	916.1
二、支出				
1. 总支出	11397.4	8462.3	8164.0	14017.6
(1)家庭经营费用支出	2630.0	2021.8	2396.9	6144.0
(2)购置生产性固定资产支出	171.9	206.6	305.9	777.8
(3)税费支出	17.2	6.0	8.2	5.7
(4)消费支出	7683.0	5469.0	4798.4	5941.2
(5)财产性支出	12.8	7.3	9.7	8.9
(6)转移性支出	882.5	751.6	645.0	1139.9
2. 现金支出	11037.8	7865.0	7242.2	13433.0
(1)家庭经营费用支出	2590.7	1947.8	2134.4	5909.4
(2)购置生产性固定资产支出	171.9	206.6	305.9	777.8
(3)税费支出	17.2	6.0	8.0	5.7
(4)消费支出	7379.0	4950.5	4141.1	5594.4
(5)财产性支出	12.8	7.3	9.7	8.9
(6)转移性支出	866.1	746.9	643.0	1136.8

3-2-2-8 续表 2

单位：元/人

指　　标	东部地区	中部地区	西部地区	东北地区
三、消费支出				
1. 消费支出	7683.0	5469.0	4798.4	5941.2
食品	2947.5	2119.2	1992.2	2237.3
衣着	498.0	355.0	322.0	517.2
居住	1379.9	1108.1	877.8	848.9
家庭设备及用品	443.5	350.2	272.0	242.6
交通通信	965.8	515.7	503.9	654.7
文教娱乐	647.1	385.6	306.3	555.6
医疗保健	604.7	492.5	419.0	704.0
其他	196.5	142.8	105.0	180.9
2. 现金消费支出	7379.0	4950.5	4141.1	5594.4
食品	2671.1	1629.0	1366.4	1969.7
衣着	497.8	354.7	321.7	517.0
居住	1352.9	1080.3	847.2	770.3
家庭设备及用品	443.2	350.0	271.6	242.2
交通通信	965.8	515.7	503.9	654.7
文教娱乐	647.1	385.6	306.3	555.6
医疗保健	604.7	492.5	419.0	704.0
其他	196.4	142.8	105.0	180.9
3. 现金消费支出占				
消费支出比重(%)	96.0	90.5	86.3	94.2
食品	90.6	76.9	68.6	88.0
衣着	100.0	99.9	99.9	100.0
居住	98.0	97.5	96.5	90.7
家庭设备及用品	99.9	100.0	99.9	99.8
交通通信	100.0	100.0	100.0	100.0
文教娱乐	100.0	100.0	100.0	100.0
医疗保健	100.0	100.0	100.0	100.0
其他	100.0	100.0	99.9	100.0

4

主要年份各地区城乡居民收支数据

一、主要年份各地区城镇居民收支数据

4-1-1 2005年城镇居民家庭全年收入来源

单位：元/人

地 区	可支配收 入	总收入				
			工薪收入	经营净收入	财产性收入	转移性收入
全 国	**10493.0**	**11320.8**	**7797.5**	**679.6**	**192.9**	**2650.7**
北 京	17653.0	19533.3	13666.3	213.7	190.4	5462.9
天 津	12638.6	13563.3	8174.6	665.5	148.2	4575.0
河 北	9107.1	9616.8	6346.5	643.8	117.5	2509.0
山 西	8913.9	9538.6	7103.5	351.0	136.4	1947.8
内蒙古	9136.8	9565.1	6669.5	857.6	161.3	1876.8
辽 宁	9107.6	9837.2	6103.4	486.0	95.6	3152.2
吉 林	8690.6	9123.0	5905.9	712.9	80.7	2423.6
黑龙江	8272.5	8722.5	5478.0	858.7	73.0	2312.8
上 海	18645.0	20602.9	14280.7	798.1	292.2	5232.0
江 苏	12318.6	13330.0	8397.2	1028.7	240.4	3663.7
浙 江	16293.8	17877.4	11941.1	1921.8	552.9	3461.6
安 徽	8470.7	9184.6	6425.5	620.7	124.6	2013.7
福 建	12321.3	13407.6	8791.6	839.4	448.0	3328.7
江 西	8619.7	9042.5	6222.6	532.6	81.2	2206.2
山 东	10744.8	11607.8	9026.6	492.1	151.9	1937.3
河 南	8668.0	9146.0	6095.5	660.9	95.8	2293.8
湖 北	8785.9	9395.1	6576.9	419.7	112.3	2286.1
湖 南	9524.0	10106.1	6805.3	872.3	195.6	2232.9
广 东	14769.9	16249.9	12265.0	1043.5	417.3	2524.1
广 西	9286.7	10022.4	6975.4	519.9	176.1	2351.0
海 南	8123.9	8670.2	6071.2	661.6	198.2	1739.2
重 庆	10243.5	11079.2	7848.5	492.4	188.2	2550.0
四 川	8386.0	9003.6	5838.3	515.5	211.4	2438.4
贵 州	8151.1	8385.1	5516.2	790.8	90.3	1987.8
云 南	9265.9	9994.7	6170.9	595.5	428.1	2800.2
西 藏※	9431.2	10659.3	10401.7	43.2	10.4	204.0
陕 西	8272.0	8902.3	6347.8	179.3	135.2	2240.0
甘 肃	8086.8	8738.1	6486.8	373.8	39.6	1837.8
青 海	8057.9	8766.7	5613.8	513.4	62.1	2577.4
宁 夏	8093.6	8744.9	5771.6	956.7	64.4	1952.2
新 疆	7990.2	8693.7	6553.5	522.1	54.5	1563.5

注:2005年及以前城镇住户调查西藏仅调查了拉萨市,2006年开始调查范围扩大到七市县。

4-1-2　2005年城镇居民家庭全年现金消费支出

单位：元/人

地　区	现金消费支出	食　品	粮　食	淀粉及薯类	干豆类及豆制品	油脂类	肉禽及制品	蛋　类
全　国	**7942.9**	**2914.4**	**242.2**	**23.4**	**38.4**	**85.4**	**564.9**	**71.5**
北　京	13244.2	4215.6	255.6	30.9	46.4	92.7	649.7	82.4
天　津	9653.3	3542.9	258.0	34.4	35.0	87.6	547.2	115.5
河　北	6699.7	2315.8	219.0	22.2	30.6	109.3	402.4	89.8
山　西	6342.6	2056.8	262.1	32.8	28.5	53.6	280.6	75.2
内蒙古	6928.6	2177.6	256.5	25.2	21.1	53.9	384.4	51.2
辽　宁	7369.3	2861.0	272.8	35.4	45.3	93.7	480.1	93.8
吉　林	6794.7	2356.0	242.6	29.4	38.7	69.5	415.0	65.4
黑龙江	6178.0	2071.6	255.9	29.6	30.6	71.4	371.5	60.6
上　海	13773.4	4940.1	253.5	29.6	68.5	80.0	695.4	76.7
江　苏	8621.8	3205.8	223.3	24.6	53.4	72.3	622.0	74.8
浙　江	12253.7	4140.3	239.5	20.7	53.0	77.6	579.0	56.7
安　徽	6367.7	2781.5	235.4	19.2	40.7	89.5	572.0	99.6
福　建	8794.4	3595.2	306.8	22.8	45.3	88.8	794.2	80.8
江　西	6109.4	2495.1	225.0	13.6	47.7	116.4	557.3	56.7
山　东	7457.3	2512.7	219.2	23.9	32.3	66.1	433.9	95.5
河　南	6038.0	2067.5	228.8	24.8	32.7	66.1	371.2	76.1
湖　北	6736.6	2625.4	225.1	16.5	42.3	103.3	498.9	59.0
湖　南	7505.0	2689.4	243.0	13.5	43.5	112.4	582.7	54.5
广　东	11809.9	4265.2	284.2	16.4	30.8	97.5	1047.5	55.3
广　西	7032.8	2906.7	224.4	15.6	39.4	94.2	876.5	50.9
海　南	5928.8	2820.0	193.9	10.5	18.3	88.5	810.1	35.1
重　庆	8623.3	3135.7	218.1	29.9	39.0	99.8	692.6	73.4
四　川	6891.3	2709.7	222.4	24.3	33.0	102.2	657.7	69.0
贵　州	6159.3	2458.3	220.0	13.2	30.9	87.7	565.1	54.5
云　南	6996.9	2997.1	267.6	19.0	36.8	52.8	523.0	61.3
西　藏	8617.1	3830.5	356.0	25.0	9.4	138.8	767.8	59.0
陕　西	6656.5	2401.5	240.3	28.2	39.1	75.2	325.3	59.4
甘　肃	6529.2	2352.8	224.2	27.4	25.4	87.2	358.3	57.0
青　海	6245.3	2267.4	244.0	26.1	19.5	64.2	439.5	47.4
宁　夏	6404.3	2228.6	237.1	25.9	30.6	77.7	361.9	42.7
新　疆	6207.5	2257.4	252.4	22.0	23.5	79.8	447.0	48.6

4-1-2 续表 1

单位：元/人

地 区	水产品类	菜 类	调味品	糖 类	烟草类	酒和饮料	干鲜瓜果类	#坚果及果仁
全 国	**188.8**	**275.5**	**37.0**	**29.0**	**146.0**	**134.7**	**206.3**	**32.4**
北 京	174.0	294.9	75.0	52.8	139.1	286.0	380.4	72.6
天 津	287.0	270.4	61.6	30.0	144.6	204.4	282.6	62.4
河 北	112.4	254.3	31.4	30.1	118.7	174.7	185.4	23.6
山 西	36.8	247.6	24.5	17.1	131.8	84.7	144.1	22.5
内蒙古	50.1	169.5	28.8	20.8	120.0	123.3	172.9	24.9
辽 宁	224.2	329.4	49.7	38.9	174.9	163.6	269.8	29.4
吉 林	113.0	273.9	33.8	28.6	103.3	119.3	235.9	22.2
黑龙江	93.2	195.9	32.6	20.6	73.3	94.7	188.2	25.4
上 海	573.3	382.6	52.6	65.6	258.8	230.9	333.7	62.7
江 苏	266.2	291.6	39.2	26.1	191.7	133.1	192.8	38.2
浙 江	515.8	335.2	35.8	33.2	325.8	194.2	297.1	54.3
安 徽	132.4	274.3	35.0	22.9	186.4	207.8	167.6	27.9
福 建	623.5	335.0	45.1	24.4	129.2	138.4	228.6	31.8
江 西	140.5	271.7	27.9	24.4	105.7	80.8	178.2	27.3
山 东	147.0	211.9	30.0	19.4	75.5	153.4	206.9	34.3
河 南	43.5	217.3	29.5	17.2	96.6	119.6	147.0	25.1
湖 北	147.3	305.5	35.7	23.7	153.3	109.1	151.8	27.2
湖 南	132.3	257.1	26.1	31.3	154.1	94.5	209.4	29.1
广 东	405.7	348.6	38.1	39.5	96.2	112.9	237.8	26.7
广 西	178.5	266.7	28.2	26.1	65.7	74.6	183.0	26.3
海 南	399.0	268.9	30.3	18.4	94.0	61.8	145.2	8.4
重 庆	122.2	308.1	44.7	35.0	207.5	106.6	182.3	35.0
四 川	82.8	274.2	44.4	31.7	153.3	104.6	168.9	30.2
贵 州	49.9	240.8	33.3	33.9	194.3	110.3	174.4	27.2
云 南	93.4	347.9	29.6	25.3	296.7	103.7	178.9	19.5
西 藏	124.5	470.8	53.0	114.5	439.7	334.4	240.3	4.2
陕 西	57.5	208.0	36.2	20.2	132.2	104.7	170.5	35.1
甘 肃	50.5	213.0	34.7	19.4	152.5	132.2	192.9	34.9
青 海	59.5	195.5	30.0	26.0	117.4	133.1	163.0	30.8
宁 夏	53.2	198.0	28.8	24.2	125.6	98.5	198.8	36.6
新 疆	58.3	205.7	26.1	31.8	82.1	90.1	200.2	39.0

4-1-2 续表 2

单位：元/人

地区	糕点类	奶及奶制品	其他食品	在外用餐	食品加工服务费	衣着	服装	衣着材料
全国	**61.4**	**138.6**	**62.7**	**607.2**	**1.3**	**800.5**	**577.0**	**9.6**
北京	151.8	270.4	85.1	1147.4	0.9	1184.1	803.2	16.8
天津	107.9	149.2	80.1	847.2	0.4	698.9	488.9	11.5
河北	50.0	134.3	19.6	330.6	1.0	787.3	552.0	13.2
山西	45.4	154.3	32.0	405.4	0.5	933.0	689.9	11.8
内蒙古	34.2	120.1	96.0	448.6	1.0	1047.9	733.1	10.2
辽宁	60.1	140.1	39.2	348.3	1.6	740.8	506.9	7.9
吉林	44.1	105.3	42.3	394.3	1.8	826.2	588.1	7.5
黑龙江	35.4	95.6	35.5	386.4	0.5	878.0	605.7	7.0
上海	132.3	246.9	128.6	1330.9	0.1	940.5	694.1	15.3
江苏	57.9	156.3	103.0	676.0	1.6	804.2	588.1	9.7
浙江	71.9	155.3	84.7	1063.7	1.4	1264.1	969.8	10.9
安徽	54.4	154.7	52.5	436.2	0.9	763.5	549.0	9.7
福建	56.6	152.3	48.8	474.4	0.4	708.8	549.8	3.3
江西	49.6	119.6	80.0	398.7	1.4	647.8	475.9	12.5
山东	68.5	159.6	83.3	484.8	1.5	925.9	665.0	12.4
河南	48.6	115.3	41.8	391.5	0.4	806.4	595.3	10.0
湖北	57.3	110.3	46.3	538.7	1.6	806.7	579.8	11.8
湖南	43.4	119.2	85.9	485.9	0.7	790.7	568.4	9.1
广东	85.3	134.5	65.6	1169.0	0.2	673.9	491.0	1.9
广西	45.5	99.6	56.7	579.9	1.2	520.0	385.2	7.2
海南	43.5	69.5	24.8	508.1	0.1	309.5	242.4	0.5
重庆	48.8	168.1	56.1	696.6	6.9	849.5	626.2	4.9
四川	42.6	138.9	46.2	510.0	3.6	640.9	458.3	9.0
贵州	46.5	96.4	69.0	437.2	1.2	702.9	500.6	8.3
云南	78.4	78.2	48.6	755.7	0.5	643.9	488.2	8.3
西藏	38.3	339.9	33.9	280.0	5.3	1051.8	663.2	1.5
陕西	64.9	124.3	59.6	655.2	0.7	673.1	474.3	12.9
甘肃	38.4	136.8	96.2	506.5	0.4	806.3	560.3	12.8
青海	39.2	104.4	99.7	458.6	0.3	690.8	495.1	7.9
宁夏	36.0	124.2	81.5	483.8	0.3	776.5	567.4	12.9
新疆	49.9	113.8	48.1	477.2	1.0	826.0	578.3	13.7

4-1-2 续表 3

单位：元/人

地 区	鞋 类	衣着加工服务费	居 住	住 房	水电燃料及其他	家庭设备及用品	耐用消费品	室内装饰品
全 国	**176.2**	**6.7**	**808.7**	**249.3**	**516.3**	**446.5**	**213.2**	**16.6**
北 京	296.2	15.5	1039.8	456.3	527.7	852.2	442.0	33.6
天 津	160.1	8.0	1291.6	562.1	658.5	524.2	294.7	25.9
河 北	184.6	7.4	762.1	170.2	569.9	414.5	248.4	19.1
山 西	192.1	2.4	727.9	269.3	419.6	359.4	195.6	17.5
内蒙古	229.6	11.2	722.6	191.9	473.6	394.4	172.1	29.6
辽 宁	182.1	6.6	792.8	187.9	583.8	304.8	93.6	24.8
吉 林	193.0	8.9	845.5	205.6	603.5	279.6	125.9	7.1
黑龙江	218.8	7.9	695.2	159.1	505.0	282.8	121.2	11.4
上 海	182.4	12.2	1412.1	666.8	610.7	800.3	409.7	31.2
江 苏	163.8	8.3	794.9	335.0	433.6	586.8	286.1	16.3
浙 江	240.6	9.2	1059.4	368.2	641.3	609.2	285.3	26.8
安 徽	177.4	2.9	590.3	157.1	415.2	290.9	153.9	7.8
福 建	132.4	3.3	1071.9	386.2	648.4	455.4	203.7	8.1
江 西	133.3	5.3	646.2	197.8	435.3	427.0	206.8	10.6
山 东	198.3	8.2	751.7	209.0	505.9	503.4	275.6	20.4
河 南	168.8	5.0	652.0	160.2	457.7	376.3	190.1	13.7
湖 北	180.4	7.1	683.9	156.8	505.7	371.0	162.6	10.1
湖 南	178.3	5.1	771.5	272.7	470.0	451.0	205.0	12.8
广 东	151.1	4.7	1181.4	278.1	780.3	605.1	230.9	16.1
广 西	106.1	4.0	769.8	224.7	513.2	420.7	209.7	13.1
海 南	55.6	1.3	585.4	161.8	388.2	304.1	118.5	9.7
重 庆	186.9	5.1	882.4	365.6	461.7	583.5	334.1	30.9
四 川	144.4	7.1	705.4	257.3	407.5	422.7	202.6	10.8
贵 州	167.0	3.2	583.5	102.1	462.8	335.7	113.5	4.9
云 南	128.2	1.3	543.1	124.5	394.2	291.2	131.7	7.6
西 藏	368.4	5.3	517.5	112.0	386.3	476.3	96.3	41.2
陕 西	152.3	6.8	653.4	166.5	458.5	371.8	177.7	12.7
甘 肃	175.9	7.5	680.8	225.0	423.1	366.2	186.5	16.3
青 海	142.7	5.9	666.4	226.4	393.8	356.5	168.3	17.5
宁 夏	160.7	8.0	711.2	190.7	483.1	417.4	225.8	23.4
新 疆	187.8	10.5	571.7	125.2	406.4	310.0	122.0	22.4

4-1-2 续表 4

单位：元/人

地 区	床上用品	家庭日用杂品	家具材料	家庭服务	交通通信	交 通	通 信
全 国	**39.7**	**138.4**	**3.0**	**35.7**	**996.7**	**499.6**	**497.1**
北 京	53.6	246.9	6.0	70.2	1943.5	1100.7	842.8
天 津	29.4	135.6	1.2	37.5	998.0	505.3	492.7
河 北	39.5	89.5	3.3	14.8	772.3	385.3	387.1
山 西	23.4	98.3	3.1	21.6	604.4	188.5	415.8
内蒙古	39.8	131.3	3.4	18.2	755.5	320.1	435.4
辽 宁	44.8	115.6	7.6	18.5	744.0	282.2	461.8
吉 林	27.5	105.7	1.0	12.3	733.5	319.1	414.4
黑龙江	29.9	98.9	3.0	18.6	597.0	232.9	364.1
上 海	73.9	185.5	1.9	98.0	1983.7	1161.3	822.4
江 苏	44.8	184.6	2.4	52.7	1050.9	632.3	418.6
浙 江	74.2	155.0	10.0	57.9	2097.4	1299.0	798.5
安 徽	21.7	90.3	2.1	15.0	676.9	259.0	417.9
福 建	37.5	151.2	1.1	53.8	1048.7	384.3	664.4
江 西	38.3	134.1	5.0	32.2	567.5	191.4	376.1
山 东	37.8	151.1	2.4	16.1	902.3	476.7	425.6
河 南	37.7	106.9	4.4	23.6	636.6	177.1	459.5
湖 北	26.3	143.9	0.6	27.6	649.9	242.8	407.1
湖 南	42.5	152.1	4.8	33.8	801.3	296.2	505.1
广 东	58.4	202.3	0.5	97.0	2333.1	1557.6	775.5
广 西	38.6	130.1	0.6	28.7	703.4	317.8	385.6
海 南	25.8	129.2	1.2	19.8	728.3	351.0	377.3
重 庆	44.2	139.7	0.6	34.1	929.9	324.4	605.5
四 川	33.0	130.6	3.4	42.3	827.7	402.7	425.0
贵 州	26.6	168.0	0.9	21.9	625.4	219.5	405.9
云 南	48.4	84.4	1.7	17.3	930.6	390.7	539.9
西 藏	134.9	177.2	8.1	18.6	1310.0	520.4	789.5
陕 西	29.8	126.6	4.3	20.8	630.2	217.6	412.5
甘 肃	29.0	115.8	2.7	15.9	638.6	243.3	395.3
青 海	33.6	120.7	6.8	9.7	691.3	347.1	344.1
宁 夏	25.7	121.0	0.6	21.1	705.7	291.4	414.3
新 疆	22.9	117.9	1.3	23.5	757.1	375.8	381.3

4-1-2 续表 5

单位：元/人

地区	文教娱乐	文化娱乐用品	教育	文化娱乐服务	医疗保健	其他	其他商品	服务
全国	**1097.5**	**280.2**	**571.3**	**245.9**	**600.9**	**277.8**	**173.1**	**104.6**
北京	2186.6	677.4	924.8	584.4	1295.8	526.8	335.0	191.8
天津	1283.7	382.5	716.4	184.8	996.4	317.6	187.6	130.0
河北	795.4	234.7	408.6	152.1	642.7	209.5	118.6	90.9
山西	932.5	215.5	548.8	168.2	538.7	189.9	106.8	83.1
内蒙古	968.8	263.2	504.8	200.8	533.4	328.4	203.8	124.6
辽宁	849.5	194.4	529.1	126.0	751.2	325.2	144.0	181.2
吉林	800.2	176.9	502.1	121.3	675.8	278.0	157.3	120.7
黑龙江	802.5	180.9	479.9	141.8	613.2	237.8	161.6	76.2
上海	2272.8	647.2	1136.2	489.4	796.8	627.2	427.8	199.4
江苏	1287.9	362.0	656.3	269.6	579.3	311.9	185.1	126.8
浙江	1849.7	412.5	972.7	464.5	831.8	401.9	252.4	149.5
安徽	666.4	194.0	352.8	119.6	400.3	197.9	95.8	102.0
福建	1107.0	319.4	531.4	256.2	478.4	329.1	181.2	147.9
江西	805.4	184.5	392.8	228.1	326.5	194.0	118.8	75.2
山东	1040.0	328.1	546.6	165.2	579.0	242.3	169.0	73.3
河南	805.1	208.7	421.7	174.7	472.3	221.9	147.6	74.3
湖北	904.8	192.7	517.3	194.7	499.3	195.6	136.3	59.4
湖南	1138.7	251.3	582.2	305.3	601.3	261.2	169.1	92.1
广东	1669.1	353.9	755.9	559.2	704.9	377.2	244.2	133.0
广西	998.9	250.9	528.1	219.8	466.0	247.4	150.2	97.2
海南	652.0	162.7	347.1	142.3	351.1	178.6	130.4	48.1
重庆	1391.1	359.6	772.5	259.0	629.3	221.9	162.2	59.6
四川	909.0	230.5	449.7	228.8	442.8	233.0	146.7	86.3
贵州	811.7	204.8	383.0	223.9	403.4	238.4	160.2	78.2
云南	775.6	213.2	337.4	225.0	663.0	152.4	92.0	60.5
西藏	678.3	121.6	428.1	128.6	338.6	414.3	201.6	212.6
陕西	1081.9	211.0	701.8	169.1	605.3	239.3	147.7	91.6
甘肃	942.8	257.1	505.9	179.8	492.2	249.5	168.7	80.9
青海	803.1	219.0	360.5	223.6	554.1	215.8	153.0	62.8
宁夏	770.0	219.6	388.3	162.1	535.9	259.0	174.7	84.3
新疆	741.4	182.8	456.3	102.3	499.2	244.8	174.7	70.1

4-1-3 2006年城镇居民家庭全年收入来源

单位：元/人

地 区	可支配收入	总收入				
			工薪收入	经营净收入	财产性收入	转移性收入
全 国	**11759.5**	**12719.2**	**8767.0**	**809.6**	**244.0**	**2898.7**
北 京	19977.5	22417.2	16284.2	236.4	270.5	5626.1
天 津	14283.1	15476.0	9259.7	743.0	165.1	5308.3
河 北	10304.6	10887.2	7065.3	779.3	113.5	2929.1
山 西	10027.7	10793.9	7877.3	377.0	159.4	2380.1
内蒙古	10358.0	10811.9	7552.7	955.6	209.8	2093.8
辽 宁	10369.6	11230.0	6611.4	688.2	146.5	3783.9
吉 林	9775.1	10245.3	6576.5	786.2	117.3	2765.3
黑龙江	9182.3	9721.9	6028.1	1032.1	99.3	2562.4
上 海	20667.9	22808.6	16016.4	958.5	300.3	5533.4
江 苏	14084.3	15248.7	9501.4	1259.8	259.6	4227.9
浙 江	18265.1	19954.0	13015.8	2172.1	888.8	3877.4
安 徽	9771.1	10574.5	7430.9	680.3	148.3	2315.1
福 建	13753.3	15102.4	10164.5	956.5	508.7	3472.7
江 西	9551.1	10014.6	6897.9	653.4	107.0	2356.3
山 东	12192.2	13222.9	10442.1	558.2	220.7	2002.0
河 南	9810.3	10339.2	6861.5	770.4	129.7	2577.6
湖 北	9802.7	10533.3	7573.6	486.9	122.8	2350.1
湖 南	10504.7	11146.1	7401.7	929.8	287.2	2527.3
广 东	16015.6	17725.6	13031.3	1339.4	565.5	2789.4
广 西	9898.8	10624.3	7419.4	890.8	189.8	2124.3
海 南	9395.1	10081.7	6954.5	727.1	231.2	2168.9
重 庆	11569.7	12548.9	9266.4	525.2	192.9	2564.4
四 川	9350.1	10117.0	6676.0	644.0	260.2	2536.8
贵 州	9116.6	9439.3	6507.1	886.3	120.9	1925.0
云 南	10069.9	10848.1	6881.4	536.7	467.3	2962.7
西 藏	8941.1	9540.9	7512.3	389.9	218.0	1420.8
陕 西	9267.7	9938.2	6958.2	309.0	175.4	2495.5
甘 肃	8920.6	9586.5	7008.4	403.6	32.1	2142.4
青 海	9000.4	9803.1	6316.6	564.1	62.9	2859.5
宁 夏	9177.3	10002.0	6450.8	979.0	89.2	2483.1
新 疆	8871.3	9689.1	7490.7	594.8	58.4	1545.2

4-1-4 2006年城镇居民家庭全年现金消费支出

单位：元/人

地 区	现金消费支出	食 品	粮 食	淀粉及薯类	干豆类及豆制品	油脂类	肉禽及制品	蛋 类
全 国	**8696.6**	**3111.9**	**246.5**	**23.9**	**38.3**	**87.1**	**545.6**	**67.6**
北 京	14825.4	4560.5	259.5	34.6	44.2	97.0	631.3	77.0
天 津	10548.1	3680.2	247.3	29.5	31.4	98.4	514.2	96.0
河 北	7343.5	2492.3	221.3	24.3	31.5	108.4	381.5	83.6
山 西	7170.9	2252.5	278.7	36.9	32.9	58.3	289.3	71.0
内蒙古	7666.6	2323.6	261.1	21.1	21.5	54.4	371.3	45.5
辽 宁	7987.5	3102.1	294.3	41.1	44.9	97.2	474.5	89.0
吉 林	7352.6	2457.2	234.1	32.4	39.8	66.7	402.4	59.9
黑龙江	6655.4	2215.7	255.1	30.6	33.0	66.7	366.0	58.1
上 海	14761.8	5249.0	272.1	30.3	65.7	84.4	684.2	72.5
江 苏	9628.6	3462.7	235.1	28.1	53.9	77.0	600.6	72.8
浙 江	13348.5	4393.4	243.7	21.6	51.5	77.9	549.4	54.8
安 徽	7294.7	3091.3	243.8	17.3	40.8	92.2	548.9	96.2
福 建	9807.7	3854.3	312.8	21.9	44.7	88.5	772.8	76.0
江 西	6645.5	2636.9	233.7	10.6	45.1	117.8	530.7	54.8
山 东	8468.4	2711.7	223.6	23.6	33.2	69.0	422.4	89.9
河 南	6685.2	2215.3	236.7	26.4	32.9	69.4	362.5	71.8
湖 北	7397.3	2868.4	226.1	16.7	42.4	107.7	473.2	59.9
湖 南	8169.3	2850.9	247.1	12.9	45.2	111.4	569.9	53.7
广 东	12432.2	4503.9	284.5	16.6	31.0	103.4	1013.8	52.0
广 西	6792.0	2857.4	230.3	15.8	36.3	87.0	870.6	46.7
海 南	7126.8	3097.7	192.9	12.0	18.4	87.7	823.9	35.6
重 庆	9398.7	3415.9	212.4	30.1	39.2	95.9	634.9	73.7
四 川	7524.8	2838.2	223.2	23.6	33.6	102.2	601.8	63.9
贵 州	6848.4	2649.0	214.7	11.7	30.1	82.5	536.6	52.3
云 南	7379.8	3102.5	253.8	17.2	32.8	43.5	497.4	60.3
西 藏	6192.6	3107.9	317.9	29.8	7.0	95.6	722.5	38.4
陕 西	7553.3	2588.9	248.1	28.3	38.8	77.4	323.4	52.7
甘 肃	6974.2	2408.4	224.9	21.4	22.8	82.6	327.5	48.8
青 海	6530.1	2366.4	246.1	17.9	19.0	60.0	430.8	42.5
宁 夏	7205.6	2445.0	243.4	30.1	28.9	80.0	370.8	40.1
新 疆	6730.0	2387.0	256.7	23.0	25.2	76.0	436.7	43.5

4-1-4 续表 1 单位：元/人

地区	水产品类	菜类	调味品	糖类	烟草类	酒和饮料	干鲜瓜果类	
								坚果及果仁
全国	**202.9**	**298.5**	**39.9**	**33.3**	**164.7**	**148.5**	**240.2**	**36.4**
北京	182.9	314.3	78.4	54.2	160.9	311.6	447.1	87.4
天津	292.6	308.2	61.3	32.5	157.3	188.6	303.4	58.7
河北	119.5	279.3	34.5	35.4	136.2	196.9	215.8	27.3
山西	44.6	242.6	28.5	20.4	152.5	102.2	178.8	25.9
内蒙古	50.0	191.4	29.4	20.9	130.7	134.1	188.7	25.1
辽宁	255.5	348.6	55.0	44.7	200.8	179.8	319.7	39.0
吉林	115.5	284.3	38.5	32.9	113.6	129.8	278.3	26.9
黑龙江	97.3	217.0	36.9	25.3	81.2	102.9	225.7	30.2
上海	595.3	402.3	55.1	62.3	289.4	231.2	378.0	70.9
江苏	285.6	320.3	42.7	32.3	215.5	152.3	224.6	43.4
浙江	552.4	364.6	38.0	37.5	370.5	196.4	334.3	57.9
安徽	143.2	295.6	38.4	29.6	235.2	253.1	204.7	34.2
福建	670.3	352.9	47.4	30.6	146.6	157.2	262.9	35.4
江西	140.7	320.2	31.4	28.2	123.9	85.6	207.3	31.5
山东	174.1	239.3	33.3	23.0	82.9	166.9	251.0	38.4
河南	47.6	245.7	32.5	19.6	106.5	128.6	168.5	29.8
湖北	152.0	348.3	39.2	28.1	194.7	124.4	175.1	29.3
湖南	133.7	297.2	29.7	36.4	175.8	101.6	249.3	30.7
广东	414.2	356.9	38.4	43.9	114.2	131.0	271.4	29.5
广西	237.1	280.8	27.7	26.6	59.8	74.4	191.4	22.7
海南	434.2	291.5	35.7	21.8	104.3	66.2	176.1	10.2
重庆	135.9	339.2	47.9	45.2	225.7	120.1	229.3	39.7
四川	83.3	297.8	47.4	36.1	173.0	116.1	194.4	31.6
贵州	53.5	262.8	34.1	39.0	229.7	135.6	202.2	30.5
云南	87.5	338.9	31.8	34.6	340.8	93.5	208.0	21.5
西藏	41.3	311.4	27.9	68.1	359.2	269.6	150.1	2.5
陕西	58.5	235.1	37.5	25.0	139.2	120.9	193.9	36.3
甘肃	48.6	250.0	35.0	21.9	141.8	140.4	207.7	37.6
青海	60.8	229.6	29.6	25.8	123.2	147.8	183.8	33.0
宁夏	54.0	230.4	30.1	28.9	141.3	111.4	230.4	44.0
新疆	61.0	230.5	27.4	35.9	85.6	100.4	226.6	46.4

4-1-4 续表 2.

单位：元/人

地区	糕点类	奶及奶制品	其他食品	在外用餐	食品加工服务费	衣着	服装	衣着材料
全国	**64.2**	**150.2**	**68.2**	**691.2**	**1.4**	**901.8**	**646.7**	**9.4**
北京	168.7	279.9	99.5	1319.0	0.5	1442.4	991.0	13.3
天津	103.1	153.2	83.4	979.6	0.4	864.9	606.7	13.9
河北	54.1	140.6	18.5	409.5	1.5	849.6	591.4	12.5
山西	47.9	171.8	37.3	458.6	0.4	1016.7	749.0	11.2
内蒙古	37.0	125.0	122.7	518.1	0.8	1168.9	825.4	6.9
辽宁	61.9	149.1	39.5	404.7	1.8	846.9	582.4	9.3
吉林	46.6	106.5	43.4	430.9	1.7	907.6	640.2	7.7
黑龙江	40.1	106.3	44.4	422.7	6.5	971.4	657.7	7.1
上海	142.6	267.3	134.8	1481.6	0.2	1026.9	752.9	18.0
江苏	61.0	173.1	111.6	774.5	1.7	886.8	640.9	9.7
浙江	73.4	160.3	81.4	1185.0	0.8	1383.6	1057.5	10.5
安徽	57.2	175.1	62.3	557.6	0.4	869.6	626.2	11.1
福建	59.2	159.1	53.1	597.8	0.6	784.7	605.5	2.9
江西	51.8	129.1	92.6	432.8	0.8	725.7	531.6	10.4
山东	76.9	176.7	76.6	547.8	1.5	1091.2	777.3	11.7
河南	52.1	123.2	46.1	444.7	0.5	919.3	671.3	8.5
湖北	58.8	124.2	57.8	638.7	1.2	877.0	622.4	9.9
湖南	45.0	117.9	78.9	544.8	0.6	868.2	624.9	9.0
广东	88.1	157.3	68.1	1318.7	0.4	719.3	525.2	1.7
广西	46.1	95.0	49.1	481.4	1.2	477.7	354.5	5.0
海南	42.2	83.9	30.8	640.2	0.3	375.4	288.5	0.7
重庆	45.9	187.8	74.6	873.9	4.4	1039.0	764.3	6.1
四川	43.5	146.3	54.3	594.7	3.1	754.9	533.6	10.8
贵州	50.5	107.1	93.7	511.3	1.6	832.7	592.7	11.4
云南	61.6	68.8	59.0	872.8	0.4	745.1	564.9	6.7
西藏	18.5	269.2	33.0	346.8	1.6	734.8	493.6	7.2
陕西	72.1	133.2	68.1	736.2	0.7	768.5	543.2	12.2
甘肃	36.5	137.9	109.2	550.8	0.7	854.0	591.7	12.6
青海	40.7	112.8	98.5	497.1	0.5	725.0	510.1	7.8
宁夏	39.4	135.1	91.8	557.6	1.5	874.4	631.9	13.4
新疆	55.1	123.7	50.0	528.9	0.9	953.0	665.3	13.9

4-1-4 续表 3

单位：元/人

地 区	鞋 类	衣着加工服务费	居 住	住 房	水电燃料及其他	家庭设备及用品	耐用消费品	室内装饰品
全 国	**205.8**	**7.2**	**904.2**	**285.1**	**569.4**	**498.5**	**233.9**	**19.8**
北 京	364.4	16.9	1212.9	575.7	585.6	977.5	507.0	38.8
天 津	199.7	9.4	1368.2	524.6	756.7	634.4	329.8	40.2
河 北	207.3	7.7	864.9	205.5	632.7	460.3	264.5	25.8
山 西	214.8	2.8	830.4	325.8	454.9	441.8	241.3	20.4
内蒙古	258.2	13.0	802.3	203.9	523.0	464.6	220.4	33.1
辽 宁	214.2	6.1	909.4	257.3	626.2	362.1	120.3	27.5
吉 林	221.9	9.3	985.0	227.4	726.6	318.7	127.4	17.0
黑龙江	256.9	8.3	755.3	179.3	547.0	319.4	126.7	14.1
上 海	205.7	12.8	1435.7	683.0	619.1	877.6	458.3	32.9
江 苏	192.5	8.2	997.5	490.1	478.7	647.5	306.6	15.3
浙 江	271.7	8.7	1229.3	478.4	698.1	615.5	288.1	23.1
安 徽	201.6	3.5	694.2	214.6	457.2	337.0	167.1	6.8
福 建	153.3	3.7	1233.5	480.8	700.3	525.7	253.8	12.5
江 西	156.7	5.4	742.9	253.9	474.0	451.3	210.8	14.7
山 东	243.4	8.6	838.2	217.7	573.0	526.3	276.0	21.5
河 南	204.1	5.7	737.0	173.1	525.5	431.0	230.2	15.7
湖 北	209.0	7.3	752.6	186.7	539.4	401.2	162.6	9.2
湖 南	205.4	5.8	871.7	278.3	562.3	513.6	235.6	13.5
广 东	162.6	4.5	1254.7	307.5	802.5	633.0	229.4	26.5
广 西	99.7	3.8	826.9	276.9	522.4	360.6	167.4	7.9
海 南	74.2	1.6	743.6	218.9	477.5	405.8	168.0	14.0
重 庆	232.0	7.0	954.6	302.5	583.3	615.7	305.0	31.8
四 川	177.8	8.1	728.4	200.5	477.5	505.8	241.5	17.4
贵 州	198.4	4.4	627.2	118.1	486.1	446.5	159.6	12.5
云 南	154.2	1.4	585.4	156.0	401.4	335.1	158.2	7.8
西 藏	221.6	2.1	612.7	64.9	538.1	211.1	59.2	17.2
陕 西	177.8	7.6	746.6	231.7	475.4	478.6	262.5	20.3
甘 肃	187.5	8.8	716.4	222.2	464.0	403.8	211.2	21.6
青 海	161.4	5.1	653.0	198.6	401.8	420.3	216.3	25.9
宁 夏	193.0	8.0	891.0	309.6	538.0	480.7	260.9	24.4
新 疆	222.7	12.2	698.7	194.3	470.0	364.1	140.0	24.5

4-1-4 续表 4

单位：元/人

地 区	床上用品	家庭日用杂品	家具材料	家庭服务	交通通信	交 通	通 信
全 国	**44.7**	**158.4**	**3.4**	**38.4**	**1147.1**	**606.9**	**540.2**
北 京	69.2	286.5	6.6	69.3	2173.3	1232.1	941.2
天 津	41.8	171.9	2.6	48.1	1092.9	520.6	572.3
河 北	47.5	101.8	1.7	19.0	875.4	453.6	421.9
山 西	27.4	110.4	7.8	34.5	825.2	354.5	470.7
内蒙古	44.2	143.8	2.6	20.5	928.5	458.3	470.2
辽 宁	52.6	130.7	5.9	25.3	797.6	330.3	467.3
吉 林	32.6	121.9	1.3	18.6	815.0	398.1	416.9
黑龙江	34.2	120.2	1.5	22.6	665.0	261.9	403.2
上 海	82.0	209.3	2.4	92.7	2332.8	1395.5	937.3
江 苏	53.8	210.0	3.8	58.1	1203.5	747.3	456.2
浙 江	59.6	161.8	17.6	65.3	2492.0	1628.2	863.8
安 徽	27.7	115.2	1.4	18.9	788.3	289.6	498.6
福 建	41.1	164.2	2.6	51.4	1232.7	523.9	708.9
江 西	37.9	159.7	0.3	27.9	600.2	189.0	411.2
山 东	44.2	160.8	4.2	19.8	1175.6	703.8	471.7
河 南	43.3	118.2	3.4	20.4	762.1	259.5	502.6
湖 北	33.9	164.0	0.5	31.1	763.1	321.1	442.0
湖 南	44.4	177.5	3.1	39.6	965.1	451.1	514.0
广 东	59.0	228.2	2.7	87.3	2394.7	1593.8	800.9
广 西	31.9	128.1	0.1	25.3	785.0	415.4	369.6
海 南	34.3	159.1	1.3	29.1	1154.9	720.9	434.0
重 庆	56.8	154.3	12.3	55.6	976.0	336.6	639.5
四 川	39.4	165.2	0.8	41.6	1009.4	511.2	498.2
贵 州	37.6	205.6	3.2	28.1	775.1	279.4	495.7
云 南	58.4	90.8	0.2	19.8	1076.9	530.6	546.3
西 藏	43.6	78.9	5.0	7.2	694.2	193.9	500.3
陕 西	34.8	141.0	0.5	19.5	824.5	373.7	450.8
甘 肃	36.2	112.6	4.5	17.8	703.1	276.4	426.7
青 海	30.3	123.6	6.5	17.8	753.1	338.3	414.8
宁 夏	32.1	141.8	0.3	21.3	774.6	324.1	450.5
新 疆	24.2	144.6	6.1	24.7	765.7	344.7	421.0

4-1-4 续表 5

单位：元/人

地区	文教娱乐	文化娱乐用品	教育	文化娱乐服务	医疗保健	其他	其他商品	服务
全国	**1203.0**	**310.3**	**612.0**	**280.8**	**620.5**	**309.5**	**195.7**	**113.8**
北京	2514.8	809.4	974.6	730.7	1322.4	621.7	427.7	194.0
天津	1452.2	432.7	749.5	269.9	1049.3	406.0	238.2	167.8
河北	827.7	243.9	416.1	167.7	737.4	235.9	122.8	113.1
山西	1007.9	260.6	539.9	207.4	590.0	206.5	112.0	94.5
内蒙古	1052.7	307.5	515.7	229.5	555.0	371.2	231.8	139.4
辽宁	853.9	206.7	511.2	136.0	767.1	348.2	165.2	183.0
吉林	890.2	235.3	491.9	163.1	671.4	307.6	169.2	138.4
黑龙江	843.9	209.7	484.3	150.0	634.3	250.4	161.8	88.6
上海	2431.7	702.9	1225.3	503.6	762.9	645.1	445.6	199.5
江苏	1467.4	404.6	721.7	341.0	600.7	362.6	223.6	139.0
浙江	1946.2	448.6	1052.6	444.9	852.3	436.4	275.2	161.1
安徽	869.2	200.7	543.1	125.4	441.4	203.8	113.4	90.4
福建	1321.3	370.6	632.9	317.8	513.6	342.0	183.8	158.1
江西	894.6	212.5	420.5	261.5	357.0	236.9	146.6	90.3
山东	1202.0	354.6	632.5	214.9	624.1	299.5	205.0	94.5
河南	847.1	231.6	423.3	192.2	520.6	252.8	166.0	86.8
湖北	997.7	221.3	557.1	219.4	517.2	220.1	154.7	65.4
湖南	1182.2	269.6	573.3	339.3	632.5	285.0	187.1	97.9
广东	1813.9	406.0	803.6	604.2	707.9	405.0	273.1	132.0
广西	850.9	230.8	398.3	221.9	401.1	232.4	155.6	76.8
海南	791.2	206.8	439.1	145.3	369.3	188.8	135.5	53.3
重庆	1449.5	354.8	816.6	278.1	705.7	242.3	178.2	64.0
四川	976.3	221.3	480.2	274.9	449.9	261.9	159.1	102.7
贵州	938.4	226.6	424.0	287.8	329.8	249.7	169.9	79.7
云南	754.7	190.9	321.6	242.2	600.1	180.1	111.5	68.6
西藏	359.3	35.9	271.9	51.5	221.7	250.8	114.6	136.2
陕西	1280.1	280.3	773.5	226.4	612.3	253.8	164.0	89.8
甘肃	1034.4	277.4	545.1	211.9	562.7	291.5	183.7	107.8
青海	793.7	199.3	336.7	257.7	542.9	275.7	191.0	84.6
宁夏	846.7	284.2	326.5	236.1	578.8	314.5	214.7	99.8
新疆	819.7	230.5	462.0	127.3	472.4	269.5	190.3	79.2

4-1-5　2007年城镇居民家庭全年收入来源

单位：元/人

地　区	可支配收入	总收入				
			工薪收入	经营净收入	财产性收入	转移性收入
全　国	**13785.8**	**14908.6**	**10234.8**	**940.7**	**348.5**	**3384.6**
北　京	21988.7	24575.6	17318.7	298.5	530.8	6427.5
天　津	16357.4	17828.2	10882.2	800.8	233.0	5912.1
河　北	11690.5	12336.0	8325.7	649.8	163.8	3196.7
山　西	11565.0	12468.4	9057.8	431.1	187.5	2792.1
内蒙古	12377.8	12977.1	9300.6	1037.0	303.9	2335.6
辽　宁	12300.4	13438.4	8213.1	765.3	263.7	4196.3
吉　林	11285.5	11798.6	7641.2	741.5	131.8	3284.1
黑龙江	10245.3	10882.2	6946.0	919.7	98.3	2918.3
上　海	23622.7	26101.5	18996.6	1157.6	368.8	5578.6
江　苏	16378.0	17686.5	10791.2	1502.1	402.9	4990.4
浙　江	20573.8	22583.8	14509.7	2611.9	1080.3	4382.0
安　徽	11473.6	12499.3	8684.0	688.3	249.8	2877.3
福　建	15506.1	16983.3	11175.3	1208.8	739.9	3859.3
江　西	11451.7	11984.0	8411.7	655.3	155.5	2761.4
山　东	14264.7	15366.3	11814.2	730.2	304.7	2517.2
河　南	11477.1	12083.0	8058.8	819.3	159.6	3045.2
湖　北	11485.8	12382.9	8809.8	602.2	217.9	2753.1
湖　南	12293.5	12997.9	8612.5	975.1	388.2	3022.1
广　东	17699.3	19618.9	14659.4	1331.5	649.4	2978.5
广　西	12200.4	13182.6	9075.2	890.8	449.4	2767.2
海　南	10996.9	11792.1	8113.0	695.8	283.0	2700.2
重　庆	12590.8	13441.2	9717.5	654.8	230.4	2838.5
四　川	11098.3	12009.8	8147.3	755.2	297.5	2809.8
贵　州	10678.4	11066.4	7750.2	764.6	161.3	2390.3
云　南	11496.1	12296.4	8019.7	686.2	476.8	3113.8
西　藏	11130.9	11951.7	10370.4	280.7	254.4	1046.1
陕　西	10763.3	11482.1	8292.4	280.1	121.0	2788.7
甘　肃	10012.3	10859.7	8140.7	494.1	71.4	2153.6
青　海	10276.1	11428.3	7849.4	542.9	66.6	2969.3
宁　夏	10859.3	11793.1	7667.8	1182.9	147.4	2795.0
新　疆	10313.4	11303.0	9012.2	606.3	68.0	1616.5

4-1-6 2007年城镇居民家庭全年现金消费支出

单位：元/人

地 区	现金消费支出	食 品	粮 食	淀粉及薯类	干豆类及豆制品	油脂类	肉禽及制品	蛋 类
全 国	**9997.5**	**3628.0**	**278.3**	**26.2**	**43.4**	**117.3**	**703.3**	**83.8**
北 京	15330.4	4934.1	314.8	43.1	52.0	133.0	819.1	99.5
天 津	12028.9	4249.3	244.2	33.4	37.0	127.6	622.9	122.7
河 北	8235.0	2789.9	232.6	24.4	32.7	126.7	465.2	104.7
山 西	8101.8	2600.4	320.4	46.5	36.4	79.4	355.9	94.5
内蒙古	9281.5	2824.9	279.8	22.3	25.0	72.6	501.3	55.9
辽 宁	9429.7	3560.2	299.3	19.6	42.6	111.7	580.1	110.6
吉 林	8560.3	2842.7	281.8	35.3	50.5	92.3	510.2	75.7
黑龙江	7519.3	2633.2	278.5	37.2	40.5	107.2	479.8	74.2
上 海	17255.4	6125.5	329.2	38.9	75.0	117.6	907.7	89.1
江 苏	10715.2	3928.7	241.7	30.2	55.2	100.5	758.4	85.5
浙 江	14091.2	4892.6	256.3	24.6	55.7	101.4	672.5	66.0
安 徽	8531.9	3384.4	257.1	14.4	50.7	127.8	617.7	105.5
福 建	11055.1	4296.2	349.4	24.6	46.9	119.3	960.0	92.1
江 西	7810.7	3192.6	252.0	12.0	51.5	155.9	733.3	72.5
山 东	9666.6	3180.6	259.6	28.2	37.2	98.0	541.2	119.5
河 南	7826.7	2707.4	276.8	34.1	40.6	93.9	485.3	98.6
湖 北	8701.2	3456.0	304.4	18.0	53.1	141.5	654.3	78.7
湖 南	8990.7	3243.9	294.2	16.6	49.0	148.8	719.8	59.4
广 东	14336.9	5056.7	326.4	20.1	36.7	134.7	1264.7	65.4
广 西	8151.3	3398.1	255.7	17.4	41.0	109.5	1040.3	60.9
海 南	8292.9	3546.7	212.8	12.4	17.4	105.1	1015.7	38.1
重 庆	9890.3	3674.3	239.7	33.4	43.0	158.8	848.8	85.8
四 川	8692.0	3580.1	265.8	30.0	36.8	150.6	897.3	78.9
贵 州	7758.7	3122.5	248.8	13.3	32.8	127.9	734.1	61.5
云 南	7921.8	3562.3	260.1	16.5	34.1	55.3	671.6	67.1
西 藏	7532.1	3836.5	424.6	32.8	9.9	129.5	955.7	48.9
陕 西	8427.1	3063.7	283.2	33.7	45.6	112.1	429.0	68.6
甘 肃	7875.8	2824.4	270.6	21.5	24.5	125.0	403.6	60.5
青 海	7512.4	2803.5	271.9	20.3	19.4	94.7	523.1	56.6
宁 夏	7817.3	2760.7	269.5	33.3	30.8	109.4	454.3	52.9
新 疆	7874.3	2760.7	269.6	26.1	24.2	108.8	569.4	51.7

4-1-6 续表 1

单位：元/人

地区	水产品类	菜类	调味品	糖类	烟草类	酒和饮料	干鲜瓜果类
全国	**243.8**	**348.6**	**45.5**	**34.5**	**191.9**	**171.6**	**272.2**
北京	208.8	365.7	85.0	59.6	200.1	362.8	489.6
天津	323.4	351.3	67.7	37.0	157.6	239.0	361.9
河北	132.8	318.0	38.8	30.6	140.9	219.2	228.5
山西	46.9	288.2	32.4	20.0	205.9	121.9	196.2
内蒙古	55.1	226.0	33.3	21.8	172.8	173.8	218.9
辽宁	271.7	357.2	60.3	22.7	208.1	205.5	305.8
吉林	135.2	339.0	46.1	26.3	112.7	141.1	315.8
黑龙江	121.7	238.8	41.8	26.1	95.9	118.5	255.5
上海	669.2	443.0	63.6	73.9	301.9	277.9	450.4
江苏	325.7	381.1	46.8	32.4	254.7	171.8	248.4
浙江	597.9	385.0	39.6	36.4	405.1	207.7	362.0
安徽	157.1	325.9	20.0	19.7	303.3	251.5	207.2
福建	747.3	390.1	52.1	29.3	161.4	172.2	277.3
江西	176.9	388.1	35.7	34.0	187.6	109.9	254.6
山东	242.8	290.0	42.1	25.9	91.3	186.9	297.4
河南	58.1	299.8	38.9	22.4	127.3	154.5	213.2
湖北	185.0	415.4	50.1	31.1	241.1	156.4	218.8
湖南	161.5	350.5	37.0	33.5	168.0	114.7	245.0
广东	489.1	411.8	40.8	50.9	137.2	161.4	306.0
广西	225.1	300.0	30.2	35.7	86.1	98.5	234.4
海南	477.2	342.2	37.3	23.9	106.3	72.3	203.5
重庆	135.1	360.8	57.8	43.5	212.5	111.6	228.9
四川	99.6	393.3	66.5	50.0	196.5	165.1	246.7
贵州	59.2	318.6	40.3	39.7	226.8	121.8	236.5
云南	94.6	380.8	39.2	32.4	367.3	107.8	224.5
西藏	46.6	465.9	36.8	78.9	420.7	242.6	187.7
陕西	68.8	300.2	46.4	28.9	160.7	125.5	234.8
甘肃	62.2	304.1	42.6	26.4	158.8	162.3	247.0
青海	68.6	260.1	34.8	29.7	131.9	162.1	204.9
宁夏	58.2	257.6	35.6	31.7	165.3	125.2	256.7
新疆	63.7	243.8	29.5	40.1	91.9	108.6	267.0

4-1-6 续表 2

单位：元/人

地区	糕点类	奶及奶制品	其他食品	在外用餐	食品加工服务费	衣着	服装	衣着材料
全国	**74.0**	**160.7**	**70.0**	**761.0**	**1.9**	**1042.0**	**747.9**	**10.1**
北京	173.9	279.5	71.7	1174.7	1.4	1512.9	1043.0	15.6
天津	119.1	182.2	90.3	1131.6	0.5	1024.2	717.6	13.8
河北	67.9	150.2	34.3	440.7	1.9	975.9	664.2	12.9
山西	53.9	184.0	38.6	478.9	0.6	1064.6	765.5	10.3
内蒙古	41.8	133.3	168.6	621.6	1.1	1396.9	996.3	6.3
辽宁	76.5	153.1	51.4	680.9	3.2	1017.7	652.7	17.6
吉林	57.3	120.1	53.3	445.7	4.2	1127.1	774.9	13.2
黑龙江	46.5	112.5	47.8	510.0	0.7	1021.5	684.7	6.5
上海	170.7	313.0	81.7	1722.5	0.3	1330.1	984.1	14.7
江苏	67.1	182.3	97.8	846.1	3.2	990.0	721.1	9.7
浙江	83.4	169.3	71.6	1355.9	2.2	1406.2	1069.6	11.0
安徽	79.1	192.8	61.5	589.2	4.0	906.5	619.8	17.4
福建	63.6	164.8	39.8	604.1	1.9	940.7	721.2	4.1
江西	58.1	157.5	103.5	408.2	1.3	915.1	686.6	9.9
山东	85.1	197.6	84.9	551.4	1.7	1238.3	884.4	10.0
河南	63.4	145.1	63.2	491.3	0.8	1053.1	771.4	9.6
湖北	72.7	143.6	48.0	641.8	2.2	1046.6	761.6	10.5
湖南	49.4	107.0	98.1	590.3	1.1	1017.6	741.1	9.1
广东	90.3	147.1	57.5	1315.9	0.7	814.6	605.0	2.0
广西	56.3	118.3	67.2	619.6	2.0	656.7	489.8	7.7
海南	50.2	104.1	26.9	700.9	0.6	452.9	345.2	0.8
重庆	57.6	181.9	46.5	823.6	5.0	1171.2	853.6	6.4
四川	55.5	161.7	66.7	615.8	3.5	949.7	681.1	8.6
贵州	52.7	118.3	95.3	593.3	1.8	910.3	643.6	11.7
云南	64.9	56.6	63.1	1026.2	0.5	859.7	624.7	7.9
西藏	35.3	284.9	78.4	355.8	1.7	880.1	615.9	9.2
陕西	83.3	151.8	89.4	800.9	0.9	910.3	660.0	10.8
甘肃	43.2	140.9	126.1	604.2	1.0	939.9	669.7	14.0
青海	51.6	138.7	137.5	597.4	0.3	898.5	654.8	5.9
宁夏	44.5	154.8	97.3	582.7	1.0	994.5	731.5	14.5
新疆	60.0	132.8	51.2	621.4	1.0	1183.7	833.3	17.6

4-1-6 续表 3

单位：元/人

地 区	鞋 类	衣着加工服务费	居 住	住 房	水电燃料及其他	家庭设备及用品	耐用消费品	室内装饰品
全 国	**242.6**	**7.4**	**982.3**	**302.2**	**620.8**	**601.8**	**285.5**	**17.8**
北 京	387.8	14.1	1246.2	605.9	573.8	981.1	478.4	28.3
天 津	243.2	9.5	1417.5	499.9	858.3	760.6	423.2	40.8
河 北	256.4	7.7	917.2	176.1	708.6	546.8	320.0	19.2
山 西	243.0	4.3	991.8	346.9	586.4	477.7	270.5	15.7
内蒙古	312.0	15.5	941.8	320.8	541.0	561.7	247.8	26.7
辽 宁	286.9	9.5	1047.0	250.8	760.4	439.3	204.7	22.8
吉 林	282.5	12.0	1062.5	202.5	801.5	407.4	151.1	20.8
黑龙江	281.4	8.7	784.5	169.9	580.6	355.7	139.4	7.7
上 海	286.3	12.4	1412.1	586.5	656.2	959.5	437.6	33.3
江 苏	217.1	7.5	1020.1	488.8	493.8	707.3	337.0	12.2
浙 江	285.1	7.8	1168.1	400.9	713.2	666.0	315.7	21.9
安 徽	232.7	8.4	850.2	287.4	507.2	465.7	204.5	16.9
福 建	192.4	3.4	1261.2	454.6	750.9	645.4	309.0	11.2
江 西	193.2	4.6	728.8	164.9	535.9	587.4	291.2	9.6
山 东	283.6	7.7	1027.6	322.7	652.4	661.0	358.8	29.1
河 南	236.4	5.9	795.4	215.0	523.8	549.1	288.0	14.7
湖 北	239.5	8.2	857.0	244.4	573.9	550.2	234.3	12.2
湖 南	234.6	6.6	869.6	259.7	573.2	603.2	248.5	17.1
广 东	179.3	4.2	1444.9	360.8	923.2	853.2	355.1	16.0
广 西	139.9	4.3	803.0	217.3	547.6	491.0	229.5	6.8
海 南	93.3	1.6	819.0	259.6	500.5	520.0	241.4	10.9
重 庆	270.1	6.7	968.5	347.1	548.5	706.8	385.6	15.4
四 川	224.8	6.5	690.3	130.5	498.5	562.0	259.3	10.1
贵 州	222.6	4.1	718.7	171.3	521.4	463.6	162.6	9.6
云 南	207.1	1.4	673.1	240.0	411.4	280.6	146.5	4.6
西 藏	239.9	1.9	628.4	76.8	536.7	271.3	41.9	18.0
陕 西	204.8	7.4	831.3	292.0	501.1	513.1	259.1	13.9
甘 肃	211.9	8.0	768.3	233.3	491.1	505.2	250.7	23.0
青 海	192.1	6.8	641.9	154.4	434.5	484.7	230.3	28.6
宁 夏	211.7	7.5	910.7	288.1	561.4	480.8	229.3	29.4
新 疆	272.9	14.4	737.0	224.1	476.9	475.2	201.1	42.5

4-1-6 续表 4

单位：元/人

地区	床上用品	家庭日用杂品	家具材料	家务服务	交通通信	交通	通信
全国	**52.0**	**196.0**	**10.5**	**39.9**	**1357.4**	**759.1**	**598.3**
北京	69.1	336.4	8.1	60.7	2328.5	1401.1	927.4
天津	54.2	192.0	5.1	45.3	1309.9	689.1	620.9
河北	57.6	113.7	14.7	21.6	1010.5	522.2	488.3
山西	28.7	130.2	13.1	19.6	1028.0	544.4	483.6
内蒙古	53.2	197.8	14.5	21.9	1123.8	613.1	510.7
辽宁	61.5	117.6	12.2	20.6	1033.4	486.7	546.7
吉林	50.8	156.4	6.8	21.6	873.9	414.3	459.6
黑龙江	37.3	143.0	6.8	21.4	746.0	321.5	424.5
上海	85.5	282.1	2.6	118.3	3153.7	2079.1	1074.7
江苏	60.6	226.9	6.2	64.5	1303.0	811.9	491.2
浙江	76.5	174.7	11.8	65.4	2473.4	1531.1	942.3
安徽	50.7	160.1	16.1	17.5	891.4	396.6	494.8
福建	47.5	224.1	6.0	47.7	1606.9	837.9	769.0
江西	44.2	206.8	10.9	24.8	733.0	242.4	490.6
山东	46.3	195.2	11.1	20.6	1333.6	827.4	506.2
河南	49.8	164.1	13.1	19.4	858.3	320.6	537.7
湖北	32.1	224.4	22.1	25.2	903.0	413.7	489.4
湖南	57.2	226.5	10.0	43.8	986.9	451.2	535.7
广东	62.9	302.3	10.1	106.7	2966.1	2012.6	953.5
广西	38.0	177.0	13.7	26.1	932.9	512.3	420.6
海南	28.1	207.5	7.0	25.1	1401.9	937.6	464.3
重庆	70.1	189.0	5.3	41.3	1118.8	520.4	598.4
四川	44.3	209.2	10.5	28.7	1074.9	532.7	542.2
贵州	39.7	222.5	9.3	19.8	895.0	386.3	508.7
云南	26.5	87.9	1.6	13.5	1034.7	478.3	556.4
西藏	73.9	124.5	4.7	8.4	866.3	285.7	580.7
陕西	38.8	172.9	3.9	24.5	866.8	410.8	456.0
甘肃	41.4	151.6	19.9	18.7	861.5	399.1	462.4
青海	32.4	160.5	15.1	17.9	785.3	350.1	435.2
宁夏	31.8	160.1	10.1	20.2	859.0	419.0	440.1
新疆	27.3	173.5	6.5	24.5	890.3	449.7	440.6

4-1-6 续表 5

单位：元/人

地 区	文教娱乐	文化娱乐用品	教 育	文化娱乐服务	医疗保健	其他	其他商品	服 务
全 国	**1329.2**	**343.2**	**638.4**	**347.6**	**699.1**	**357.7**	**227.4**	**130.3**
北 京	2384.0	788.8	876.9	718.2	1294.1	649.7	438.1	211.5
天 津	1639.8	498.7	773.6	367.5	1164.0	463.6	304.2	159.5
河 北	895.1	312.9	395.7	186.5	833.5	266.2	156.9	109.2
山 西	1054.1	247.9	582.3	223.9	640.2	245.1	137.1	108.0
内蒙古	1245.1	351.8	553.3	339.9	719.1	468.2	312.2	156.0
辽 宁	1052.9	290.5	609.5	153.0	879.1	400.2	218.3	181.9
吉 林	997.8	243.0	580.6	174.2	854.8	394.3	223.2	171.1
黑龙江	938.2	222.9	557.2	158.2	729.6	310.7	206.0	104.7
上 海	2653.7	741.0	1203.6	709.1	857.1	763.8	551.7	212.1
江 苏	1699.3	474.3	726.5	498.5	689.4	377.4	231.7	145.7
浙 江	2158.3	465.1	1197.9	495.3	859.1	467.5	305.4	162.1
安 徽	1170.0	259.9	667.9	242.2	554.4	309.3	177.9	131.4
福 建	1426.3	370.4	628.8	427.2	502.4	376.0	211.9	164.1
江 西	973.4	215.7	473.6	284.1	385.9	294.6	184.9	109.8
山 东	1191.2	383.5	576.4	231.4	708.6	325.6	226.6	99.1
河 南	936.6	235.8	455.3	245.5	626.6	300.2	187.0	113.2
湖 北	1120.3	243.9	591.5	284.9	525.3	242.8	164.1	78.7
湖 南	1285.2	288.0	622.5	374.8	668.5	315.8	200.9	114.9
广 东	1994.9	468.8	812.0	714.1	752.5	454.1	291.3	162.8
广 西	1050.0	301.4	449.4	299.2	542.1	277.4	171.2	106.3
海 南	837.8	216.6	432.9	188.4	503.8	210.9	154.8	56.1
重 庆	1237.4	321.0	596.1	320.2	749.5	264.0	192.7	71.3
四 川	1031.8	221.3	513.9	296.7	511.8	291.3	175.8	115.5
贵 州	1036.0	235.9	490.0	310.0	354.5	258.2	172.5	85.8
云 南	705.5	163.4	301.7	240.4	631.7	174.2	108.0	66.3
西 藏	441.0	88.7	263.6	88.7	272.8	335.7	135.6	200.1
陕 西	1230.7	284.7	686.0	260.1	678.4	332.8	197.0	135.9
甘 肃	1058.7	238.5	523.1	297.1	564.3	353.7	228.2	125.4
青 海	953.9	273.7	419.2	261.0	613.2	331.4	227.7	103.6
宁 夏	863.4	263.9	375.9	223.5	646.0	302.2	205.3	96.9
新 疆	896.8	241.2	489.0	166.6	598.8	331.8	250.8	81.0

4-1-7 2008年城镇居民家庭全年收入来源

单位：元/人

地 区	可支配收 入	总收入				
			工薪收入	经营净收入	财产性收入	转移性收入
全 国	**15780.8**	**17067.8**	**11299.0**	**1453.6**	**387.0**	**3928.2**
北 京	24724.9	27677.9	18739.0	778.4	452.8	7707.9
天 津	19422.5	21174.0	12849.7	863.5	256.9	7203.9
河 北	13441.1	14141.4	8891.5	1078.7	224.9	3946.4
山 西	13119.1	13859.0	9019.4	983.2	202.3	3654.1
内蒙古	14432.6	15195.4	10284.4	1555.3	324.6	3031.1
辽 宁	14392.7	15836.3	9494.6	1483.3	248.0	4610.3
吉 林	12829.5	13606.0	8677.3	1154.1	97.7	3676.9
黑龙江	11581.3	12264.1	7393.4	1241.4	122.8	3506.5
上 海	26674.9	29759.1	21791.1	1399.1	369.1	6199.8
江 苏	18679.5	20175.6	12319.9	1999.6	307.3	5548.8
浙 江	22726.7	24980.8	15538.8	3161.9	1324.9	4955.1
安 徽	12990.4	14159.5	9302.4	959.4	293.9	3603.7
福 建	17961.5	19686.2	12668.8	2185.1	952.9	3879.3
江 西	12866.4	13463.6	9106.0	1106.3	265.4	2986.0
山 东	16305.4	17549.0	12940.6	1194.4	346.9	3067.1
河 南	13231.1	13907.8	9043.5	1162.0	156.5	3545.9
湖 北	13152.9	14174.3	9474.8	1114.7	244.1	3340.7
湖 南	13821.2	14577.3	9071.0	1575.1	316.5	3614.7
广 东	19732.9	21678.5	15188.4	2405.9	701.3	3383.0
广 西	14146.0	15393.2	10321.2	1314.4	441.2	3316.4
海 南	12607.8	13598.6	8999.8	1311.4	396.9	2890.6
重 庆	14367.6	15217.7	10957.6	788.3	205.9	3265.9
四 川	12633.4	13685.1	9117.0	1040.1	262.9	3265.1
贵 州	11758.8	12185.6	7811.2	770.9	110.9	3492.7
云 南	13250.2	14118.0	8596.9	1166.0	849.5	3505.7
西 藏	12481.5	13647.5	12314.7	303.3	138.1	891.4
陕 西	12857.9	13847.1	9794.8	544.0	151.5	3356.9
甘 肃	10969.4	11669.3	8354.6	638.8	65.3	2610.6
青 海	11640.4	12867.3	8595.5	763.1	50.2	3458.6
宁 夏	12931.5	14118.6	8793.5	1856.9	182.7	3285.5
新 疆	11432.1	12478.6	9422.2	938.2	141.8	1976.5

4-1-8　2008年城镇居民家庭全年现金消费支出

单位：元/人

地　区	现金消费支　出	食　品	粮　食	淀粉及薯类	干豆类及豆制品	油脂类	肉禽及制品	蛋　类
全　国	**11242.9**	**4259.8**	**328.3**	**28.4**	**54.6**	**164.7**	**896.9**	**91.7**
北　京	16460.3	5561.5	369.8	41.3	62.5	174.3	970.5	104.1
天　津	13422.5	5005.1	259.7	37.5	46.8	154.2	817.4	133.2
河　北	9086.7	3155.4	279.1	22.4	38.8	181.6	583.8	110.8
山　西	8806.6	2974.8	387.2	57.2	46.3	120.0	455.2	97.4
内蒙古	10828.6	3553.5	352.5	27.1	29.9	118.8	712.6	62.4
辽　宁	11231.5	4378.1	318.5	19.6	49.8	167.5	774.3	120.5
吉　林	9729.1	3307.1	314.4	34.2	64.3	132.6	633.8	83.6
黑龙江	8623.0	3128.1	339.2	43.3	49.8	168.7	623.8	86.5
上　海	19397.9	7108.6	376.7	47.1	93.2	155.5	1127.7	99.2
江　苏	11977.6	4544.6	278.6	31.4	71.0	137.7	968.8	94.0
浙　江	15158.3	5522.6	298.3	27.8	69.9	140.9	813.3	73.9
安　徽	9524.0	3905.1	298.6	18.3	60.9	162.8	782.1	125.3
福　建	12501.1	5078.9	387.3	29.2	57.6	151.9	1116.3	99.3
江　西	8717.4	3633.1	307.9	13.0	62.9	216.8	898.5	77.5
山　东	11006.6	3699.4	311.6	26.3	43.7	135.9	658.0	123.4
河　南	8837.5	3079.8	306.2	35.7	50.9	127.4	569.4	96.1
湖　北	9477.5	3996.3	400.4	21.1	77.7	204.3	886.0	91.4
湖　南	9945.5	3970.4	349.8	17.0	68.3	205.5	959.4	68.8
广　东	15528.0	5866.9	400.9	24.8	48.7	183.2	1548.6	76.1
广　西	9627.4	4083.0	300.2	19.9	53.0	152.9	1312.2	65.2
海　南	9408.5	4226.9	229.6	17.4	21.2	136.2	1230.0	45.3
重　庆	11146.8	4418.3	273.2	35.0	52.6	229.2	1205.3	94.4
四　川	9679.1	4255.5	308.3	31.6	40.8	232.2	1181.7	90.5
贵　州	8349.2	3597.9	303.1	12.5	42.9	192.3	927.8	63.8
云　南	9076.6	4272.3	296.7	17.2	45.7	84.3	892.7	78.3
西　藏	8323.5	4262.8	425.6	34.3	10.2	164.6	1052.2	45.6
陕　西	9772.1	3586.1	320.5	37.0	55.5	152.4	504.3	70.7
甘　肃	8308.6	3183.8	306.9	26.5	30.8	180.0	492.5	62.2
青　海	8192.6	3315.9	339.0	25.1	26.9	145.9	707.1	65.6
宁　夏	9558.3	3352.8	306.2	34.1	36.1	142.5	590.5	54.3
新　疆	8669.4	3235.8	347.7	27.5	29.3	162.1	703.7	59.6

4-1-8 续表 1

单位：元/人

地区	水产品类	菜类	调味品	糖类	烟草类	酒和饮料	干鲜瓜果类
全国	**280.3**	**409.3**	**52.3**	**35.7**	**205.0**	**192.7**	**293.5**
北京	220.8	428.9	97.6	54.9	181.2	359.3	495.5
天津	351.2	406.3	80.2	39.2	185.3	271.2	420.6
河北	144.8	362.9	43.7	31.0	146.8	247.0	232.2
山西	57.3	312.3	35.4	20.4	197.2	118.1	213.8
内蒙古	97.9	290.4	39.7	24.9	223.8	243.5	248.9
辽宁	318.4	462.2	65.7	28.8	242.3	265.7	385.5
吉林	155.7	406.7	46.7	26.0	123.2	138.1	353.7
黑龙江	148.2	295.6	47.6	25.8	104.2	119.9	265.8
上海	708.1	508.4	73.2	92.9	361.5	299.0	486.9
江苏	356.1	424.6	51.6	34.0	280.4	198.1	285.4
浙江	595.8	413.5	45.3	40.2	398.1	232.4	382.1
安徽	184.1	402.4	28.3	30.3	293.2	279.7	237.0
福建	859.1	423.3	57.8	32.0	161.2	193.8	308.3
江西	212.7	489.7	40.9	29.2	157.5	98.5	248.8
山东	263.1	318.7	47.9	27.7	110.8	245.6	319.6
河南	65.3	323.7	42.7	19.5	158.6	180.1	198.8
湖北	227.0	488.6	57.7	30.5	226.2	136.3	215.1
湖南	202.7	413.0	46.7	33.7	199.8	134.8	277.3
广东	549.8	517.6	52.0	50.3	127.9	183.7	345.3
广西	263.8	359.0	36.3	36.0	106.1	111.7	260.6
海南	567.3	394.5	40.9	23.7	121.6	77.6	233.2
重庆	171.1	425.5	73.3	43.1	236.5	131.5	238.3
四川	126.2	477.9	80.2	49.2	236.7	168.6	222.9
贵州	66.5	378.5	46.3	39.7	258.4	134.7	226.2
云南	114.9	471.4	46.8	33.5	409.0	122.4	258.1
西藏	54.3	491.6	37.0	59.9	445.6	252.6	203.7
陕西	74.9	337.8	52.4	28.0	191.9	150.4	272.5
甘肃	58.6	333.6	48.4	24.6	174.4	158.2	244.6
青海	71.9	334.0	41.0	31.6	161.8	166.5	233.2
宁夏	62.1	294.2	40.5	33.5	203.8	139.4	286.0
新疆	72.8	305.6	34.9	42.1	98.9	118.3	291.0

4-1-8 续表 2

单位：元/人

地　区	糕点类	奶及奶制品	其他食品	在外用餐	食品加工服务费	衣　着	服　装	衣着材料
全　国	**83.4**	**189.8**	**73.9**	**877.9**	**1.6**	**1165.9**	**839.1**	**11.0**
北　京	184.8	332.1	75.9	1406.7	1.3	1571.7	1101.5	16.5
天　津	145.9	211.1	98.0	1346.9	0.3	1153.7	812.5	12.8
河　北	69.5	169.1	45.5	444.8	1.6	1137.2	754.8	17.1
山　西	58.3	205.5	37.6	555.0	0.5	1137.7	820.8	9.6
内蒙古	43.7	159.8	156.9	720.0	0.8	1616.6	1178.4	4.9
辽　宁	95.0	213.2	74.2	774.7	2.4	1187.4	722.0	28.4
吉　林	58.0	126.6	83.0	524.7	1.9	1259.6	871.4	13.0
黑龙江	50.9	129.6	66.5	561.9	0.8	1217.0	830.5	7.1
上　海	183.7	341.7	86.1	2068.0	0.1	1520.6	1135.2	16.5
江　苏	80.5	216.4	108.1	925.7	2.1	1166.9	856.6	12.4
浙　江	100.2	210.2	81.1	1599.0	0.8	1546.5	1184.1	12.8
安　徽	87.1	238.8	57.5	615.6	3.3	1010.6	679.3	19.4
福　建	66.9	201.4	46.3	886.7	0.5	1105.3	862.2	2.9
江　西	64.9	169.3	107.1	436.5	1.5	969.6	739.2	11.5
山　东	97.3	216.0	77.5	675.2	1.6	1394.1	996.9	12.1
河　南	61.1	140.8	65.0	637.8	0.7	1141.8	842.0	7.3
湖　北	82.6	148.9	41.2	659.6	1.7	1099.2	816.2	7.9
湖　南	63.0	135.0	96.1	698.9	1.0	1090.7	787.9	9.3
广　东	102.7	207.5	64.3	1382.8	0.6	975.1	727.0	2.2
广　西	62.2	139.6	60.6	742.6	1.0	772.3	557.2	8.2
海　南	62.5	113.2	34.3	877.6	1.1	491.8	379.9	0.7
重　庆	65.4	204.2	52.4	883.8	4.0	1294.3	947.7	5.7
四　川	63.6	190.2	63.0	685.7	6.3	1042.5	770.8	7.3
贵　州	56.2	118.4	87.2	642.1	1.3	851.5	590.2	11.3
云　南	68.9	65.5	54.2	1212.1	0.7	1026.5	728.6	10.7
西　藏	28.2	311.7	66.3	577.8	1.6	1011.8	759.4	8.9
陕　西	98.5	197.9	91.4	949.5	0.8	1047.6	753.9	12.2
甘　肃	46.4	140.4	133.1	722.3	0.6	1022.6	715.4	13.3
青　海	49.6	140.9	147.2	627.8	1.1	945.1	680.9	5.2
宁　夏	54.8	199.4	117.1	758.1	0.3	1178.9	868.5	11.9
新　疆	67.6	148.5	62.3	662.1	1.8	1245.0	877.7	16.0

4-1-8 续表 3

单位：元/人

地区			居住			家庭设备及用品		
	鞋类	衣着加工服务费		住房	水电燃料及其他		耐用消费品	室内装饰品
全国	**270.4**	**7.5**	**1145.4**	**345.1**	**724.3**	**691.8**	**309.3**	**20.3**
北京	390.7	13.2	1286.3	552.3	639.1	1096.6	548.6	25.8
天津	278.1	9.5	1528.3	513.0	953.0	817.2	467.8	32.1
河北	311.3	8.9	1097.4	209.2	845.2	574.8	305.7	23.1
山西	263.4	4.5	1250.9	394.1	796.3	471.7	259.1	10.7
内蒙古	351.6	11.8	1028.2	288.2	656.0	672.6	307.9	24.9
辽宁	360.9	10.2	1271.0	262.3	936.5	507.4	235.5	28.2
吉林	316.0	9.6	1285.3	267.3	952.3	510.5	214.3	22.1
黑龙江	327.1	9.3	941.3	173.1	728.6	494.5	192.9	15.5
上海	317.8	15.0	1646.2	809.0	673.0	1182.2	545.3	42.0
江苏	251.0	9.2	1042.1	448.5	544.1	813.5	365.6	11.9
浙江	306.4	8.1	1333.7	480.0	783.7	713.3	306.9	20.0
安徽	266.8	9.6	988.1	350.9	571.1	579.6	249.3	24.1
福建	209.6	3.2	1300.1	392.7	827.1	722.2	320.4	12.1
江西	193.2	4.4	851.2	166.7	648.1	623.2	229.8	13.5
山东	321.7	8.2	1247.0	411.4	779.7	806.4	426.8	37.3
河南	255.8	6.3	963.6	271.0	629.3	633.3	332.9	19.2
湖北	241.2	5.6	914.3	225.3	646.9	604.4	265.0	10.6
湖南	255.2	5.5	960.8	241.0	660.7	674.8	254.2	15.6
广东	211.1	5.0	1748.2	500.8	1038.6	947.5	348.7	17.8
广西	179.3	4.8	891.3	204.5	649.6	603.8	294.8	9.0
海南	99.6	1.6	1106.4	476.5	567.7	565.5	255.8	9.3
重庆	298.6	6.7	1096.8	418.8	586.7	842.1	405.5	25.0
四川	226.5	5.5	819.3	203.1	543.2	590.5	211.9	21.3
贵州	218.7	3.1	836.5	175.6	625.1	525.7	186.1	5.8
云南	258.7	1.4	739.2	274.3	436.9	331.9	159.0	10.6
西藏	229.7	1.6	634.9	72.4	546.2	310.2	39.8	17.1
陕西	242.0	8.6	1007.7	279.0	665.3	618.2	287.2	18.5
甘肃	246.8	7.6	846.3	213.3	585.7	546.2	238.0	22.8
青海	202.8	5.9	802.7	197.0	542.6	538.5	242.2	23.3
宁夏	258.1	7.4	1069.2	363.2	637.4	596.8	303.8	30.5
新疆	293.3	14.3	781.9	196.1	545.6	535.3	223.2	30.0

4-1-8 续表 4

单位：元/人

地　区	床上用品	家庭日用杂　品	家具材料	家务服务	交通通信	交　通	通　信
全　国	**62.2**	**238.9**	**11.6**	**49.5**	**1417.1**	**804.4**	**612.7**
北　京	82.7	346.7	8.1	84.7	2293.2	1466.3	826.9
天　津	56.0	211.9	4.0	45.5	1567.9	890.0	677.9
河　北	64.4	144.5	8.2	28.8	1062.3	556.3	506.1
山　西	26.7	132.2	7.7	35.4	931.3	452.5	478.9
内蒙古	60.1	233.4	15.8	30.5	1191.7	719.8	471.9
辽　宁	69.4	133.0	11.0	30.4	1295.7	680.0	615.7
吉　林	54.2	186.0	12.7	21.3	955.0	516.2	438.8
黑龙江	48.6	201.3	20.2	16.1	749.1	349.3	399.8
上　海	114.4	335.6	5.1	139.9	3373.2	2321.8	1051.4
江　苏	73.0	281.7	9.3	72.1	1358.0	854.4	503.6
浙　江	85.2	213.8	8.8	78.7	2392.6	1454.6	938.0
安　徽	61.7	185.4	27.5	31.6	920.8	437.9	482.9
福　建	55.8	249.7	5.9	78.3	1777.1	929.1	848.0
江　西	54.1	280.4	17.4	28.0	872.6	401.5	471.1
山　东	60.6	236.8	11.4	33.5	1410.5	898.2	512.3
河　南	59.9	191.1	6.9	23.4	915.1	390.4	524.8
湖　北	38.7	250.3	11.6	28.2	890.1	436.6	453.6
湖　南	67.8	280.1	18.7	38.5	971.1	454.1	516.9
广　东	71.3	377.1	12.7	120.0	2623.1	1618.4	1004.7
广　西	52.9	208.2	8.7	30.2	1376.0	781.4	594.6
海　南	32.3	236.9	6.6	24.7	1303.5	836.1	467.4
重　庆	100.3	245.0	18.2	48.2	1044.4	470.3	574.0
四　川	55.5	258.7	13.2	30.0	1121.5	548.5	573.0
贵　州	42.0	263.8	2.8	25.4	871.2	400.2	471.0
云　南	35.8	112.6	2.1	11.9	1216.5	685.7	530.8
西　藏	68.1	175.5	6.1	3.6	966.7	357.2	609.5
陕　西	44.7	216.7	11.2	39.9	967.5	461.7	505.9
甘　肃	43.8	196.7	25.7	19.3	817.2	380.3	436.9
青　海	46.9	212.9	3.5	9.7	787.6	389.4	398.2
宁　夏	40.2	189.6	4.8	27.9	1096.3	592.2	504.2
新　疆	42.3	203.2	12.7	23.9	1003.9	552.9	451.0

4-1-8 续表 5 单位：元/人

地 区	文教娱乐	文化娱乐用 品	教 育	文化娱乐服 务	医疗保健	其他	其他商品	服 务
全 国	**1358.3**	**354.8**	**622.2**	**381.3**	**786.2**	**418.3**	**269.2**	**149.1**
北 京	2383.5	800.1	809.3	774.2	1563.1	704.2	491.7	212.6
天 津	1609.0	497.8	715.2	396.0	1220.9	520.5	353.0	167.5
河 北	946.4	373.9	386.6	185.9	808.9	304.3	187.3	117.0
山 西	1041.9	214.4	570.8	256.7	769.8	228.5	126.9	101.7
内蒙古	1383.5	433.5	568.4	381.7	869.7	512.8	364.9	147.9
辽 宁	1145.5	287.0	670.1	188.3	913.1	533.3	282.6	250.7
吉 林	1071.8	284.3	576.2	211.3	914.5	425.3	240.3	185.0
黑龙江	906.2	186.6	551.7	167.9	864.9	322.0	195.3	126.7
上 海	2874.5	834.7	1166.0	873.9	755.3	937.2	642.9	294.3
江 苏	1799.8	500.1	751.0	548.7	794.6	458.1	299.2	158.9
浙 江	2195.6	438.4	1178.5	578.6	933.1	521.0	363.0	158.0
安 徽	1160.1	250.3	633.5	276.4	633.9	325.8	181.7	144.1
福 建	1453.2	335.9	686.4	431.0	540.6	523.8	306.1	217.8
江 西	946.0	234.8	388.5	322.8	484.0	337.9	217.5	120.4
山 东	1277.4	435.0	580.1	262.3	799.8	372.0	264.7	107.3
河 南	989.0	278.3	464.4	246.3	790.9	324.0	217.4	106.6
湖 北	1037.2	215.7	571.0	250.5	675.3	260.7	167.1	93.6
湖 南	1110.1	244.2	543.5	322.4	791.0	376.6	217.1	159.5
广 东	1936.4	456.5	720.6	759.3	836.4	594.5	393.8	200.7
广 西	1081.5	278.5	483.6	319.5	529.4	290.0	202.5	87.6
海 南	930.9	241.8	459.7	229.4	536.4	247.1	177.8	69.3
重 庆	1267.0	370.6	536.4	360.0	878.3	305.6	216.6	89.0
四 川	947.0	216.7	422.1	308.3	564.9	338.0	180.0	158.0
贵 州	934.7	221.7	436.2	276.8	471.4	260.3	168.6	91.7
云 南	733.0	183.9	294.3	254.8	606.9	150.4	103.1	47.3
西 藏	419.6	109.5	205.5	104.6	317.1	400.4	192.8	207.6
陕 西	1281.6	286.8	697.3	297.5	862.7	400.7	274.9	125.8
甘 肃	936.3	254.7	428.4	253.3	654.8	301.4	203.2	98.2
青 海	880.9	246.0	389.0	245.9	610.0	311.7	223.8	87.9
宁 夏	1043.7	301.0	465.1	277.6	816.9	403.7	296.5	107.2
新 疆	812.4	251.8	417.1	143.5	643.5	411.6	309.8	101.8

4-1-9 2009年城镇居民家庭全年收入来源

单位：元/人

地区	可支配收入	总收入				
			工薪收入	经营净收入	财产性收入	转移性收入
全国	**17174.7**	**18858.1**	**12382.1**	**1528.7**	**431.8**	**4515.5**
北京	26738.5	30673.7	21105.6	1095.5	586.7	7885.9
天津	21402.0	23565.7	14389.1	847.2	305.3	8024.0
河北	14718.3	15675.8	9830.6	977.2	193.7	4674.2
山西	13996.6	14983.2	9741.4	944.4	252.4	4045.0
内蒙古	15849.2	16951.4	11267.4	1737.0	363.8	3583.1
辽宁	15761.4	17757.7	10420.6	1553.2	239.8	5544.1
吉林	14006.3	15155.2	9482.1	1307.3	145.7	4220.0
黑龙江	12566.0	13689.9	8356.7	1224.3	88.9	4020.0
上海	28837.8	32403.0	23172.4	1434.9	473.4	7322.3
江苏	20551.7	22494.9	13480.7	2139.8	381.7	6492.7
浙江	24610.8	27119.3	16701.0	3294.5	1414.5	5709.3
安徽	14085.7	15691.9	10362.4	1023.5	272.9	4033.2
福建	19576.8	21692.4	14211.5	2055.0	1172.8	4253.2
江西	14021.5	15047.2	9789.8	1153.5	239.8	3864.1
山东	17811.0	19336.9	13985.8	1379.0	412.8	3559.3
河南	14371.6	15408.0	9910.5	1202.7	164.9	4130.1
湖北	14367.5	15698.1	10331.5	1232.3	296.6	3837.7
湖南	15084.3	16078.1	9854.1	1744.4	419.2	4060.5
广东	21574.7	24116.5	16898.9	2459.8	736.6	4021.2
广西	15451.5	17032.9	11193.6	1385.9	493.4	3960.1
海南	13750.9	14909.3	9678.7	1531.7	424.5	3274.5
重庆	15748.7	16990.3	11824.0	1018.8	254.0	3893.6
四川	13839.4	15323.8	10132.4	1132.1	305.4	3753.8
贵州	12862.5	13793.4	9005.6	1135.1	134.3	3518.4
云南	14423.9	15680.3	9641.7	1092.3	1043.9	3902.4
西藏	13544.4	14979.0	13326.4	378.1	218.3	1056.2
陕西	14128.8	15311.3	10775.4	544.3	152.3	3839.3
甘肃	11929.8	12918.0	9182.2	690.4	59.5	2985.9
青海	12691.9	14150.3	9341.3	835.5	45.7	3927.8
宁夏	14024.7	15550.8	9597.1	2036.1	281.2	3636.4
新疆	12257.5	13602.2	10232.9	974.6	115.8	2278.9

4-1-10 2009年城镇居民家庭全年现金消费支出

单位：元/人

地 区	现金消费支出	食 品	粮 食	淀粉及薯类	干豆类及豆制品	油脂类	肉禽及制品	蛋 类
全 国	**12264.6**	**4478.5**	**334.3**	**30.5**	**58.4**	**129.4**	**867.5**	**92.8**
北 京	17893.3	5936.1	361.2	44.4	67.5	139.9	902.0	106.5
天 津	14801.4	5404.5	295.9	39.8	52.0	139.6	840.7	139.0
河 北	9678.8	3250.8	280.3	23.6	41.0	136.0	554.4	109.1
山 西	9355.1	3071.9	393.1	51.6	51.4	86.7	419.0	94.3
内蒙古	12369.9	3772.6	348.0	25.4	34.1	90.9	650.8	60.6
辽 宁	12324.6	4680.9	329.1	17.8	56.4	132.6	765.0	121.7
吉 林	10914.4	3637.3	340.7	22.7	60.0	110.7	664.0	103.2
黑龙江	9629.6	3397.4	359.2	45.3	52.8	110.0	642.2	85.4
上 海	20992.4	7344.8	387.0	49.6	92.4	123.5	1071.6	106.0
江 苏	13153.0	4773.7	277.2	35.2	72.3	109.3	930.9	94.8
浙 江	16683.5	5604.7	306.2	31.7	72.9	114.7	773.5	74.6
安 徽	10234.0	4051.4	316.2	19.2	62.0	131.1	725.5	121.2
福 建	13450.6	5336.4	408.3	34.9	63.0	124.4	1115.3	105.6
江 西	9740.0	3881.6	324.9	17.1	72.9	170.6	872.3	79.3
山 东	12012.7	3954.3	312.6	29.1	49.2	109.4	647.6	123.1
河 南	9567.0	3272.8	322.3	37.6	54.5	103.2	575.6	96.5
湖 北	10294.1	4160.5	352.6	23.7	81.8	149.5	822.6	87.9
湖 南	10828.2	4174.6	348.3	19.4	76.1	167.6	898.8	71.9
广 东	16857.5	6225.2	417.2	30.3	53.6	143.2	1532.7	77.1
广 西	10352.4	4129.6	300.5	22.1	55.9	103.0	1242.0	62.1
海 南	10086.7	4507.8	241.5	20.1	21.7	119.7	1202.2	42.5
重 庆	12144.1	4576.2	293.8	32.6	56.5	195.1	1095.0	97.3
四 川	10860.2	4391.7	317.4	36.3	44.8	181.3	1100.3	93.8
贵 州	9048.3	3755.6	295.3	16.4	46.7	138.9	874.5	64.8
云 南	10201.8	4460.6	306.4	16.4	45.2	57.9	822.1	76.7
西 藏	9034.3	4581.6	451.9	37.8	5.6	176.6	1082.3	47.9
陕 西	10705.7	3988.6	325.5	39.6	61.2	109.6	503.1	72.6
甘 肃	8890.8	3359.3	315.8	27.0	39.8	142.8	489.7	62.1
青 海	8786.5	3548.9	408.9	29.1	34.5	103.3	726.1	64.3
宁 夏	10280.0	3432.2	305.5	34.8	39.9	122.6	573.9	53.0
新 疆	9327.6	3386.3	339.6	29.7	31.5	127.5	748.1	58.9

4-1-10 续表 1

单位：元/人

地 区	水产品类	菜 类	调味品	糖 类	烟草类	酒和饮料	干鲜瓜果类
全 国	**301.4**	**446.6**	**58.3**	**38.3**	**228.5**	**221.9**	**332.7**
北 京	246.0	441.5	103.6	64.1	193.3	448.2	562.6
天 津	394.7	459.0	96.8	40.9	217.6	292.5	444.7
河 北	156.9	383.7	46.9	28.4	169.3	268.1	249.0
山 西	57.7	333.0	39.4	21.3	222.6	135.8	229.8
内蒙古	87.5	306.3	46.0	28.9	252.0	280.8	289.1
辽 宁	350.2	479.0	75.2	31.0	272.2	295.5	446.3
吉 林	180.5	446.1	51.3	25.3	170.3	190.1	355.7
黑龙江	159.8	343.3	57.7	31.3	117.7	140.1	329.1
上 海	727.6	549.8	77.9	92.3	406.3	297.9	521.8
江 苏	381.7	472.4	54.2	35.3	283.5	220.0	320.2
浙 江	623.0	448.0	49.0	40.3	416.5	238.1	421.3
安 徽	184.2	442.5	39.5	32.2	327.9	318.0	265.7
福 建	954.0	459.3	63.6	32.7	181.5	232.9	356.6
江 西	237.0	486.5	49.0	36.8	189.8	132.0	297.3
山 东	312.3	345.0	53.0	31.3	117.2	282.8	370.0
河 南	75.8	371.3	49.0	24.0	172.5	219.6	241.1
湖 北	238.7	542.8	61.9	35.0	251.3	186.1	245.6
湖 南	213.3	464.1	56.4	34.5	240.0	161.7	320.3
广 东	593.8	525.1	56.5	55.3	154.2	223.7	380.0
广 西	275.8	365.0	37.5	38.5	124.7	123.2	291.4
海 南	619.2	449.4	42.5	29.0	132.8	113.8	272.9
重 庆	181.5	509.1	84.5	51.1	266.4	159.5	269.5
四 川	144.6	571.1	84.9	46.5	267.6	177.6	277.4
贵 州	74.6	420.9	49.6	42.6	266.3	161.6	279.9
云 南	120.8	522.2	45.9	32.0	454.4	126.7	283.8
西 藏	54.9	535.0	46.6	54.8	471.7	308.4	226.3
陕 西	84.6	391.8	58.9	32.9	238.3	188.6	331.4
甘 肃	65.3	363.8	53.2	27.9	201.3	190.1	276.0
青 海	81.1	367.5	46.4	31.3	158.2	196.3	280.7
宁 夏	59.2	333.0	41.3	30.6	195.8	141.4	317.6
新 疆	80.5	313.4	38.4	44.1	99.3	130.3	326.4

4-1-10 续表 2

单位：元/人

地 区	糕点类	奶及奶制品	其他食品	在外用餐	食品加工服务费	衣 着	服 装	衣着材料
全 国	**91.4**	**196.1**	**72.8**	**976.1**	**1.7**	**1284.2**	**924.0**	**10.6**
北 京	207.3	341.9	60.0	1645.8	0.5	1795.7	1254.6	12.0
天 津	159.7	205.9	96.0	1489.7	0.2	1362.6	971.0	16.1
河 北	75.3	166.4	54.0	505.9	2.6	1190.2	797.6	13.0
山 西	62.2	210.6	42.1	620.6	0.9	1162.0	834.7	9.7
内蒙古	51.5	175.5	165.0	879.7	0.7	1857.2	1327.1	6.5
辽 宁	105.8	218.6	64.4	917.4	2.6	1338.8	879.5	15.3
吉 林	63.2	146.3	81.5	621.6	4.2	1419.1	972.4	17.0
黑龙江	63.6	135.2	70.1	653.9	0.8	1403.7	949.0	5.9
上 海	201.4	361.7	86.9	2191.0	0.2	1593.1	1190.3	21.5
江 苏	89.4	216.8	112.0	1066.4	2.3	1298.0	951.1	13.0
浙 江	105.5	206.8	72.5	1609.5	0.9	1614.7	1231.9	16.2
安 徽	91.9	229.0	73.0	669.9	2.5	1080.1	734.1	22.3
福 建	77.9	192.7	46.7	886.3	0.7	1171.9	898.4	2.5
江 西	77.3	180.8	91.8	565.3	1.2	1053.0	793.1	9.2
山 东	102.3	217.9	86.2	763.8	1.6	1548.8	1103.0	12.6
河 南	72.6	148.3	60.4	647.4	0.9	1270.7	925.1	7.2
湖 北	86.6	149.5	44.2	799.2	1.4	1210.3	885.6	9.0
湖 南	66.3	131.4	86.4	816.9	1.0	1146.3	834.4	8.0
广 东	115.8	220.5	61.2	1584.4	0.7	1064.3	791.0	1.4
广 西	70.6	145.3	61.9	809.2	1.0	855.6	637.0	6.5
海 南	61.5	144.4	34.9	958.6	1.2	581.7	451.6	0.8
重 庆	67.4	214.0	73.0	925.6	4.5	1503.5	1103.8	6.9
四 川	66.9	211.8	38.1	726.7	4.7	1178.4	858.5	8.2
贵 州	64.0	133.2	82.6	741.8	2.0	1012.1	711.2	16.5
云 南	73.1	83.9	56.0	1336.6	0.6	1102.1	782.1	9.4
西 藏	32.0	283.2	83.3	681.5	2.0	1086.4	812.0	4.3
陕 西	102.7	222.4	103.1	1121.8	0.7	1210.0	872.3	12.4
甘 肃	54.5	149.6	148.2	752.2	0.4	1169.7	821.0	16.9
青 海	64.0	175.2	116.2	665.5	0.5	1043.4	755.0	7.9
宁 夏	53.3	179.2	115.9	834.6	0.6	1260.6	929.6	12.0
新 疆	76.7	151.6	66.5	722.6	1.1	1357.1	963.3	17.9

4-1-10 续表 3

单位：元/人

地区	鞋类	衣着加工服务费	居住	住房	水电燃料及其他	家庭设备及用品	耐用消费品	室内装饰品
全国	**300.1**	**7.8**	**1228.9**	**397.0**	**746.6**	**786.9**	**359.0**	**24.0**
北京	458.0	13.6	1290.2	552.0	635.1	1225.7	632.4	29.4
天津	317.9	10.7	1505.7	450.5	994.8	911.9	507.6	32.4
河北	328.2	9.1	1142.8	187.2	905.6	628.5	325.7	28.3
山西	276.5	4.9	1319.5	420.8	814.6	563.8	302.2	22.8
内蒙古	422.2	15.2	1246.2	422.5	745.1	797.8	364.6	40.4
辽宁	384.3	8.2	1293.0	276.2	927.3	607.5	224.2	30.9
吉林	371.0	10.5	1394.9	209.3	1105.3	543.7	214.3	32.2
黑龙江	385.5	9.4	1026.8	210.1	770.9	547.9	228.7	15.0
上海	327.0	15.4	1913.2	991.1	702.5	1365.4	683.9	56.6
江苏	280.4	9.6	1148.9	512.1	577.9	923.3	436.8	15.4
浙江	320.2	8.3	1485.9	652.2	762.9	829.0	390.8	23.0
安徽	278.9	8.7	1219.8	576.4	574.7	589.7	241.3	30.0
福建	235.6	4.0	1394.9	469.2	838.6	859.1	416.2	16.7
江西	219.0	5.0	935.4	272.0	625.1	761.9	324.9	14.2
山东	360.1	8.6	1280.0	373.8	839.4	885.0	469.1	38.2
河南	296.8	6.6	1004.4	279.9	666.1	684.8	340.2	22.5
湖北	271.5	7.0	999.5	289.0	665.8	759.2	354.8	17.0
湖南	266.7	6.4	1074.7	315.1	700.3	798.4	342.4	15.6
广东	235.0	4.6	1814.0	562.0	1029.5	1052.6	385.2	22.6
广西	184.7	4.4	1021.1	314.0	663.0	754.8	406.9	11.2
海南	116.2	1.7	1000.3	341.6	584.5	585.7	235.4	13.7
重庆	342.6	6.5	1120.6	385.7	623.8	1043.1	483.9	25.8
四川	263.0	6.8	973.0	314.5	568.7	679.2	279.1	21.2
贵州	249.3	3.4	747.6	113.6	590.7	589.4	212.2	10.5
云南	281.6	1.2	943.7	432.7	465.0	393.2	194.4	9.2
西藏	254.8	3.8	689.8	105.3	552.8	356.9	92.8	18.8
陕西	278.7	9.8	1018.2	243.3	703.1	683.5	319.1	15.5
甘肃	272.5	7.6	801.2	176.6	573.5	559.1	248.9	21.4
青海	219.5	7.6	790.5	166.9	550.7	505.3	221.7	21.5
宁夏	276.3	7.9	1128.1	369.0	692.4	636.9	328.6	38.8
新疆	307.6	16.0	856.8	259.9	550.7	552.5	202.9	30.9

4-1-10 续表 4

单位：元/人

地区	床上用品	家庭日用杂品	家具材料	家庭服务	交通通信	交通	通信
全国	**73.0**	**264.6**	**11.4**	**55.0**	**1682.6**	**1040.9**	**641.7**
北京	93.6	379.0	5.5	85.8	2767.9	1885.0	882.8
天津	65.9	251.9	2.9	51.3	1968.4	1214.7	753.6
河北	76.8	157.5	11.9	28.4	1151.2	636.6	514.6
山西	33.4	148.6	15.6	41.3	1095.8	526.3	569.5
内蒙古	64.9	255.7	34.7	37.5	1557.0	1021.5	535.5
辽宁	84.0	208.0	10.4	50.0	1493.2	911.8	581.4
吉林	78.2	169.5	19.0	30.6	1305.5	827.9	477.5
黑龙江	51.2	225.9	7.8	19.3	922.8	476.5	446.3
上海	120.8	362.2	7.7	134.1	3498.7	2425.8	1072.9
江苏	79.2	305.8	6.5	79.7	1721.9	1172.7	549.2
浙江	86.3	230.5	12.3	86.0	3290.6	2359.8	930.8
安徽	67.1	203.4	12.4	35.6	1013.4	492.1	521.3
福建	60.7	275.1	5.2	85.3	1993.8	1103.2	890.6
江西	60.7	310.0	20.2	32.0	1145.2	676.6	468.6
山东	67.3	260.6	16.0	33.9	1719.7	1192.1	527.6
河南	77.0	212.0	6.9	26.2	1034.0	500.0	534.0
湖北	57.5	289.7	14.0	26.3	953.7	469.2	484.5
湖南	75.7	293.7	16.1	54.9	1233.8	701.2	532.6
广东	85.7	410.2	13.5	135.4	2979.9	1941.4	1038.5
广西	58.0	228.2	11.2	39.3	1598.7	994.4	604.3
海南	30.9	268.5	8.1	29.1	1548.8	1038.0	510.8
重庆	167.8	297.6	21.1	46.9	1189.0	592.5	596.5
四川	58.2	274.7	9.2	36.6	1416.5	752.2	664.3
贵州	53.3	275.3	3.0	35.1	983.1	436.2	546.9
云南	37.2	138.1	0.2	14.1	1587.2	1028.8	558.4
西藏	74.8	150.3	7.8	12.4	1062.8	438.9	623.9
陕西	60.1	250.7	7.0	31.2	1071.5	517.6	553.9
甘肃	50.1	216.7	5.9	16.1	894.4	440.3	454.1
青海	49.3	190.6	8.6	13.7	975.9	555.8	420.1
宁夏	44.8	193.7	1.6	29.4	1363.6	885.2	478.5
新疆	44.7	236.8	8.6	28.7	1198.7	743.6	455.1

4-1-10 续表 5

单位：元/人

地 区	文教娱乐	文化娱乐用品	教 育	文化娱乐服务	医疗保健	其他	其他商品	服 务
全 国	**1472.8**	**381.3**	**645.9**	**445.6**	**856.4**	**474.2**	**308.6**	**165.7**
北 京	2655.0	820.7	924.7	909.6	1389.5	833.3	569.0	264.3
天 津	1740.9	555.9	717.2	467.8	1273.4	634.1	455.9	178.1
河 北	982.2	369.6	361.0	251.6	971.3	361.8	227.0	134.8
山 西	1070.6	253.5	548.1	269.0	789.9	281.6	142.2	139.4
内蒙古	1504.4	412.4	629.5	462.5	992.7	642.0	441.2	200.8
辽 宁	1283.7	313.6	734.1	236.0	1018.4	609.1	299.9	309.2
吉 林	1028.1	198.7	661.4	168.0	1120.4	465.4	206.3	259.1
黑龙江	956.9	229.6	523.9	203.3	978.8	395.4	241.2	154.3
上 海	3139.0	957.5	1191.2	990.3	1002.1	1136.1	830.0	306.0
江 苏	1968.0	516.4	844.3	607.4	808.4	510.9	332.9	178.0
浙 江	2295.3	470.5	1181.5	643.3	984.6	578.7	392.3	186.4
安 徽	1225.4	283.5	637.9	304.0	716.9	337.4	203.3	134.1
福 建	1505.0	410.4	597.5	497.1	591.5	598.1	349.7	248.5
江 西	1066.9	247.3	424.0	395.6	550.3	345.8	238.6	107.2
山 东	1333.0	453.1	572.7	307.3	885.2	406.8	299.7	107.1
河 南	1048.1	284.7	477.6	285.8	875.5	376.7	236.1	140.6
湖 北	1208.5	269.4	628.4	310.6	694.6	307.8	218.7	89.1
湖 南	1207.7	255.5	576.9	375.3	784.7	408.1	266.0	142.1
广 东	2168.9	472.1	778.6	918.2	925.6	627.0	445.7	181.3
广 西	1111.1	341.3	403.6	366.2	538.2	343.3	249.6	93.7
海 南	962.0	257.8	458.5	245.7	604.2	296.3	186.7	109.6
重 庆	1351.9	371.3	538.9	441.7	982.7	377.0	280.0	97.0
四 川	1150.7	266.3	525.1	359.4	648.3	422.4	210.9	211.5
贵 州	1146.4	309.3	435.6	401.4	535.4	278.7	192.7	86.0
云 南	798.7	213.5	278.9	306.3	708.8	207.5	141.1	66.4
西 藏	465.8	151.6	200.7	113.5	352.3	438.7	218.3	220.4
陕 西	1430.2	345.9	679.9	404.5	863.4	440.4	298.2	142.2
甘 肃	1025.5	306.5	426.7	292.2	746.8	335.0	243.2	91.8
青 海	889.3	277.5	367.3	244.5	701.4	331.9	235.6	96.3
宁 夏	1075.9	352.0	438.3	285.6	921.9	460.8	341.9	118.9
新 疆	855.5	255.8	404.0	195.8	684.0	436.7	337.5	99.2

4-1-11 2010年城镇居民家庭全年收入来源

单位：元/人

地　区	可支配收入	总收入				
			工薪收入	经营净收入	财产性收入	转移性收入
全　国	**19109.4**	**21033.4**	**13707.7**	**1713.5**	**520.3**	**5091.9**
北　京	29072.9	33360.4	23099.1	1170.7	655.9	8434.8
天　津	24292.6	26942.0	16780.4	931.8	333.2	8896.6
河　北	16263.4	17334.4	10566.3	1043.7	324.0	5400.4
山　西	15647.7	16893.0	10784.7	1044.9	198.6	4864.8
内蒙古	17698.2	19014.2	12614.5	2013.8	432.8	3953.2
辽　宁	17712.6	20014.6	11712.7	1797.8	249.6	6254.5
吉　林	15411.5	16794.5	10621.4	1363.7	163.8	4645.5
黑龙江	13856.5	15095.6	9087.6	1266.7	102.1	4639.2
上　海	31838.1	35738.5	25440.0	1628.2	512.1	8158.2
江　苏	22944.3	25115.4	14816.9	2519.1	471.0	7308.6
浙　江	27359.0	30134.8	18313.6	3640.9	1470.1	6710.2
安　徽	15788.2	17626.7	11442.4	1172.4	427.0	4584.9
福　建	21781.3	24149.6	15682.5	2135.9	1420.8	4910.4
江　西	15481.1	16558.0	10613.8	1266.2	344.8	4333.2
山　东	19945.8	21736.9	15731.2	1703.7	490.2	3811.8
河　南	15930.3	17141.8	10804.9	1478.1	222.1	4636.8
湖　北	16058.4	17572.8	11460.5	1391.8	378.3	4342.2
湖　南	16565.7	17657.1	10782.0	1880.9	541.1	4453.0
广　东	23897.8	26896.9	18902.4	2666.5	956.6	4371.3
广　西	17063.9	18742.2	12061.8	1474.9	576.9	4628.6
海　南	15581.1	16929.6	10957.9	1716.7	559.8	3695.2
重　庆	17532.4	18990.5	12738.2	1263.2	312.6	4676.5
四　川	15461.2	17128.9	11310.7	1198.7	378.1	4241.4
贵　州	14142.7	15138.8	9628.0	1174.0	213.8	4123.0
云　南	16064.5	17478.9	10845.2	1122.9	1162.1	4348.7
西　藏	14980.5	16539.0	14707.1	395.7	233.0	1203.1
陕　西	15695.2	17064.7	12078.4	573.2	187.4	4225.8
甘　肃	13188.6	14307.3	9882.5	688.0	72.2	3664.6
青　海	13855.0	15480.8	10061.6	944.0	73.9	4401.4
宁　夏	15344.5	17536.8	10821.2	2238.1	189.5	4287.9
新　疆	13643.8	15421.6	11327.9	1131.8	151.9	2810.0

4-1-12 2010年城镇居民家庭全年现金消费支出

单位：元/人

地 区	现金消费支出	食 品	粮 食	淀粉及薯类	干豆类及豆制品	油脂类	肉禽及制品	蛋 类
全 国	**13471.5**	**4804.7**	**385.5**	**41.7**	**66.5**	**125.4**	**914.2**	**98.0**
北 京	19934.5	6392.9	409.0	54.3	77.4	136.9	909.5	120.2
天 津	16561.8	5940.4	385.7	51.3	59.6	130.9	865.7	158.8
河 北	10318.3	3335.2	326.2	37.8	50.8	119.1	578.3	103.5
山 西	9792.7	3052.6	369.5	64.5	64.9	88.1	432.2	89.9
内蒙古	13994.6	4211.5	401.6	37.5	39.2	94.1	761.0	66.4
辽 宁	13280.0	4658.0	387.4	52.3	65.3	113.3	739.0	104.7
吉 林	11679.0	3767.9	391.0	47.4	68.7	106.0	657.1	89.8
黑龙江	10683.9	3784.7	429.7	65.0	66.1	109.6	693.0	94.9
上 海	23200.4	7777.0	614.7	58.2	98.5	113.7	1136.2	117.3
江 苏	14357.5	5243.1	373.4	48.0	82.8	108.1	1027.6	106.9
浙 江	17858.2	6118.5	364.2	40.8	82.7	117.8	845.3	85.9
安 徽	11512.6	4369.6	337.7	22.5	68.6	113.9	742.1	125.4
福 建	14750.0	5790.7	469.7	44.0	73.0	120.1	1152.9	112.4
江 西	10618.7	4195.4	353.1	23.8	86.2	164.5	916.4	89.1
山 东	13118.2	4205.9	343.9	37.0	53.8	107.3	682.7	132.2
河 南	10838.5	3575.8	349.4	48.1	61.0	105.4	611.0	110.6
湖 北	11451.0	4429.3	516.4	29.7	83.5	152.3	853.3	96.4
湖 南	11825.3	4322.1	329.9	24.1	80.3	165.0	918.3	75.5
广 东	18489.5	6746.6	460.1	35.6	59.8	142.3	1640.6	83.8
广 西	11490.1	4372.8	321.4	27.8	62.3	93.8	1280.9	69.2
海 南	10926.7	4896.0	307.6	22.1	28.6	117.7	1285.5	51.2
重 庆	13335.0	5012.6	311.8	39.2	62.5	199.5	1143.0	101.7
四 川	12105.1	4779.6	336.4	53.8	62.0	166.6	1178.0	93.5
贵 州	10058.3	4013.7	320.0	19.5	49.8	137.1	880.8	65.8
云 南	11074.1	4593.5	335.3	32.0	49.7	81.4	882.9	72.5
西 藏	9685.5	4847.6	432.4	33.5	5.2	163.4	1085.0	53.9
陕 西	11821.9	4381.4	390.2	54.0	69.6	110.9	533.0	79.6
甘 肃	9895.4	3702.2	352.8	40.7	46.3	134.3	529.2	70.2
青 海	9613.8	3784.8	452.3	37.6	34.4	107.8	708.9	66.9
宁 夏	11334.4	3768.1	343.1	49.4	48.2	111.6	626.0	56.9
新 疆	10197.1	3694.8	362.7	41.1	36.9	131.1	815.8	68.4

4-1-12 续表 1

单位：元/人

地 区	水产品类	菜 类	调味品	糖 类	烟草类	酒和饮料	干鲜瓜果类
全 国	**326.9**	**501.7**	**63.3**	**41.7**	**232.6**	**230.4**	**378.8**
北 京	251.0	530.9	109.0	71.1	249.1	480.2	646.3
天 津	443.8	521.5	98.1	44.1	235.4	355.5	539.1
河 北	141.8	403.1	55.4	30.1	130.7	209.7	287.3
山 西	57.5	347.9	47.8	24.1	206.5	138.1	289.2
内蒙古	102.1	353.1	54.5	30.3	272.3	333.6	339.6
辽 宁	364.2	499.4	75.9	30.5	231.7	234.8	455.5
吉 林	173.7	462.6	66.9	26.8	144.5	165.2	381.7
黑龙江	185.6	420.3	65.2	36.3	128.3	155.3	395.0
上 海	817.6	622.0	79.8	103.9	444.7	336.5	593.7
江 苏	421.9	568.5	61.2	40.3	309.2	248.7	382.3
浙 江	713.8	543.2	54.3	46.7	413.1	257.0	491.6
安 徽	211.4	472.4	42.2	19.9	345.5	359.1	286.1
福 建	999.6	543.7	67.3	39.4	176.1	261.1	411.7
江 西	254.7	581.9	51.4	39.3	207.4	136.8	345.9
山 东	321.6	401.5	55.6	32.2	128.3	294.7	403.3
河 南	78.5	373.0	55.3	27.6	158.4	224.7	288.1
湖 北	267.5	615.3	68.1	34.3	280.3	177.1	265.5
湖 南	219.4	512.8	50.6	38.9	250.4	162.1	348.3
广 东	657.7	615.8	58.8	63.9	146.0	216.2	432.6
广 西	293.4	428.9	38.6	42.3	123.3	131.7	329.2
海 南	669.8	528.0	45.6	26.8	155.4	111.5	297.0
重 庆	190.5	559.9	97.5	57.0	260.7	171.4	309.5
四 川	144.6	580.0	98.9	51.5	276.9	214.1	323.7
贵 州	81.0	457.1	58.7	43.5	278.7	172.8	316.6
云 南	122.4	562.9	46.8	35.0	434.5	140.8	315.5
西 藏	51.1	566.6	45.9	59.2	408.2	298.4	248.6
陕 西	86.7	443.8	64.9	37.4	284.0	227.2	393.9
甘 肃	72.3	437.1	62.2	30.6	220.2	204.8	327.1
青 海	83.4	405.4	50.0	38.7	185.0	224.6	308.8
宁 夏	70.2	370.7	47.7	36.0	239.6	165.7	360.4
新 疆	87.8	363.3	41.8	47.1	101.5	142.5	363.8

4-1-12 续表 2

单位：元/人

地　区	糕点类	奶及奶制品	其他食品	在外用餐	食品加工服务费	衣　着	服　装	衣着材料
全　国	**98.3**	**198.5**	**80.5**	**1019.3**	**1.6**	**1444.3**	**1057.1**	**9.7**
北　京	220.0	371.0	68.8	1687.3	0.9	2087.9	1458.2	12.8
天　津	185.6	236.1	128.8	1500.3	0.2	1567.6	1122.0	15.3
河　北	80.8	148.2	81.7	549.5	1.2	1225.9	872.6	10.6
山　西	78.0	161.2	62.7	529.2	1.2	1205.9	890.2	7.0
内蒙古	58.4	173.5	175.7	917.5	1.1	2203.6	1615.6	6.8
辽　宁	88.8	188.0	64.7	961.9	0.8	1586.8	1104.7	11.7
吉　林	54.4	109.9	137.3	684.1	0.9	1570.7	1115.7	8.4
黑龙江	68.2	137.0	64.4	670.1	0.6	1608.4	1106.5	5.2
上　海	205.1	410.3	99.4	1925.1	0.2	1794.1	1351.8	19.4
江　苏	102.7	234.1	107.1	1017.5	2.9	1465.5	1092.1	15.0
浙　江	109.3	219.8	77.9	1653.3	2.0	1802.3	1397.2	16.7
安　徽	91.6	241.8	104.2	782.3	3.0	1225.6	858.4	10.7
福　建	87.8	203.2	44.4	983.7	0.8	1281.3	990.6	5.4
江　西	86.1	171.0	96.9	589.1	1.6	1138.8	860.9	8.8
山　东	107.8	225.4	89.0	788.2	1.5	1745.2	1271.5	11.9
河　南	79.7	170.3	72.4	761.0	1.3	1444.6	1061.4	7.4
湖　北	95.3	146.6	49.0	697.2	1.7	1415.7	1067.2	7.4
湖　南	72.2	128.3	92.8	850.9	2.0	1277.5	946.4	8.3
广　东	133.6	211.4	52.9	1734.5	0.9	1230.7	914.5	1.3
广　西	76.1	152.5	63.4	836.7	1.4	926.4	699.1	6.4
海　南	70.1	160.8	44.8	973.5	0.1	636.1	504.8	0.6
重　庆	73.3	234.7	70.4	1126.4	3.7	1697.6	1249.0	8.1
四　川	70.5	203.0	60.6	861.2	4.5	1259.5	911.7	8.4
贵　州	68.7	154.8	88.3	818.6	2.2	1102.4	788.1	18.6
云　南	83.1	89.8	64.5	1242.8	1.6	1158.8	840.8	8.1
西　藏	38.0	310.6	82.0	964.2	1.4	1158.6	842.0	5.5
陕　西	116.7	224.0	100.2	1164.9	0.7	1428.2	1035.0	12.4
甘　肃	61.6	168.1	159.2	785.0	0.5	1255.7	889.8	17.0
青　海	62.1	187.5	101.0	729.7	0.5	1185.6	854.4	6.4
宁　夏	54.7	176.9	107.8	903.0	0.3	1417.5	1052.3	11.9
新　疆	77.1	164.5	59.0	788.9	1.4	1513.4	1073.1	16.8

4-1-12 续表 3

单位：元/人

地 区	鞋 类	衣着加工服务费	居 住	住 房	水电燃料及其他	家庭设备及用品	耐用消费品	室内装饰品
全 国	**323.4**	**8.4**	**1332.1**	**421.2**	**807.9**	**908.0**	**394.6**	**27.1**
北 京	532.5	15.3	1577.4	642.6	794.5	1377.8	618.5	43.2
天 津	356.0	11.0	1615.6	562.8	991.6	1119.9	628.1	37.2
河 北	296.3	5.1	1344.5	313.3	954.1	693.6	353.3	22.8
山 西	264.7	6.3	1245.0	334.4	813.1	612.6	290.3	17.1
内蒙古	468.9	19.7	1384.5	478.6	814.2	948.9	456.2	33.5
辽 宁	399.7	10.2	1314.8	310.6	909.0	785.7	291.1	23.0
吉 林	375.9	9.7	1344.4	184.8	1084.2	710.3	306.0	20.2
黑龙江	422.8	10.8	1128.1	264.4	816.7	618.8	228.4	14.4
上 海	355.1	15.1	2166.2	1214.2	773.9	1800.2	815.8	72.0
江 苏	303.4	10.5	1234.1	423.4	722.1	1026.3	431.3	21.8
浙 江	339.4	9.6	1418.0	493.5	846.7	916.2	380.5	29.7
安 徽	303.4	10.7	1229.6	472.5	636.0	678.8	301.9	25.6
福 建	248.1	4.6	1606.3	612.4	871.6	972.2	426.9	13.9
江 西	235.3	6.0	1109.8	349.0	715.3	854.6	410.1	13.2
山 东	391.3	8.7	1408.6	399.7	919.7	915.0	455.9	39.1
河 南	329.6	8.3	1080.1	345.9	673.5	866.7	444.7	20.3
湖 北	299.3	6.1	1187.5	397.6	706.7	867.3	398.3	22.5
湖 南	280.7	6.5	1182.3	319.5	790.2	903.8	379.8	24.3
广 东	271.8	5.4	1925.2	562.4	1103.5	1208.0	412.5	29.3
广 西	194.0	3.8	1166.9	361.5	749.4	853.6	427.2	10.4
海 南	117.0	1.9	1103.8	298.2	714.1	616.3	211.9	10.9
重 庆	378.4	6.5	1276.0	460.7	669.6	1072.4	490.6	47.2
四 川	279.9	9.3	1126.7	423.4	612.3	876.3	380.9	36.9
贵 州	258.6	3.7	890.8	189.6	637.5	673.3	199.6	18.9
云 南	283.4	2.6	835.5	302.1	473.3	509.4	220.3	17.1
西 藏	287.7	3.9	726.6	137.0	560.4	376.4	75.6	19.6
陕 西	335.0	9.7	1126.9	271.6	782.5	723.7	288.9	19.7
甘 肃	288.5	6.8	910.3	160.4	689.4	597.7	268.7	22.0
青 海	257.0	8.2	923.5	164.0	685.4	644.0	266.2	37.9
宁 夏	306.3	8.8	1181.7	319.6	782.0	716.2	318.5	21.6
新 疆	350.5	15.1	898.4	256.2	579.8	669.9	259.3	33.8

4-1-12 续表 4

单位：元/人

地区	床上用品	家庭日用杂品	家具材料	家庭服务	交通通信	交通	通信
全国	**75.4**	**339.7**	**11.0**	**60.3**	**1983.7**	**1254.8**	**728.9**
北京	103.1	506.9	8.4	97.7	3420.9	2373.1	1047.8
天津	75.9	318.2	4.6	55.9	2454.4	1607.2	847.2
河北	54.9	214.0	18.6	30.0	1398.4	875.9	522.4
山西	49.1	213.5	5.1	37.6	1340.9	739.1	601.8
内蒙古	81.5	301.4	30.4	45.9	1768.7	1195.6	573.1
辽宁	77.2	328.8	7.0	58.6	1773.3	1079.9	693.4
吉林	57.9	280.0	24.6	21.6	1363.9	826.2	537.7
黑龙江	52.2	284.2	11.3	28.2	1191.3	619.7	571.6
上海	132.8	624.9	2.5	152.2	4076.5	2890.9	1185.6
江苏	90.1	384.8	6.9	91.5	1935.1	1199.3	735.8
浙江	90.9	323.2	6.5	85.5	3437.2	2488.8	948.3
安徽	73.9	220.4	22.3	34.8	1356.6	732.5	624.1
福建	71.2	360.5	7.5	92.3	2196.9	1291.8	905.1
江西	62.6	307.4	18.6	42.8	1270.3	733.0	537.3
山东	68.7	309.7	12.1	29.5	2140.4	1524.6	615.9
河南	78.9	281.0	10.4	31.6	1374.8	813.6	561.2
湖北	60.0	336.7	24.4	25.5	1205.5	706.0	499.4
湖南	70.9	363.7	11.2	54.0	1541.4	896.9	644.5
广东	99.8	508.9	5.2	152.4	3419.7	2248.7	1171.1
广西	63.0	308.3	5.5	39.2	1973.0	1330.2	642.8
海南	37.4	326.6	4.3	25.2	1805.1	1177.7	627.4
重庆	131.8	337.3	24.2	41.5	1384.3	623.0	761.3
四川	64.6	339.2	5.1	49.6	1674.1	933.2	741.0
贵州	47.6	328.4	24.5	54.4	1270.5	606.3	664.2
云南	43.8	208.1	0.9	19.2	2039.7	1360.3	679.4
西藏	87.4	178.8	4.6	10.5	1230.9	569.1	661.8
陕西	56.7	329.2	3.4	25.9	1194.8	571.8	623.0
甘肃	49.6	233.3	6.5	17.8	1076.6	477.3	599.3
青海	49.0	255.7	19.2	16.0	1116.6	614.2	502.4
宁夏	50.9	288.5	9.7	26.9	1574.6	1030.0	544.6
新疆	46.5	296.8	4.3	29.2	1255.9	742.6	513.3

4-1-12 续表 5

单位：元/人

地区	文教娱乐	文化娱乐用品	教育	文化娱乐服务	医疗保健	其他	其他商品	服务
全国	**1627.6**	**407.0**	**661.3**	**559.3**	**871.8**	**499.2**	**316.2**	**182.9**
北京	2901.9	833.1	1028.9	1039.9	1327.2	848.5	551.0	297.5
天津	1899.5	567.6	752.5	579.4	1275.6	688.7	485.5	203.2
河北	1001.0	268.1	420.5	312.4	923.8	395.9	246.2	149.8
山西	1229.7	287.6	607.8	334.2	774.9	331.1	185.5	145.7
内蒙古	1641.2	456.0	645.0	540.2	1126.0	710.4	493.5	216.9
辽宁	1495.9	350.1	732.4	413.4	1079.8	585.8	344.1	241.7
吉林	1244.6	263.5	664.2	316.9	1171.3	506.1	288.4	217.7
黑龙江	1001.5	229.5	528.5	243.5	948.4	402.7	242.3	160.4
上海	3363.3	1055.9	1167.9	1139.5	1005.5	1217.7	890.9	326.8
江苏	2133.3	557.9	831.7	743.7	805.7	514.4	318.8	195.6
浙江	2586.1	530.3	1234.1	821.7	1033.7	546.4	339.0	207.4
安徽	1479.8	320.8	696.9	462.1	737.1	435.6	247.2	188.4
福建	1786.0	451.0	605.3	729.8	617.4	499.3	308.7	190.7
江西	1179.9	278.7	473.8	427.4	524.2	345.7	218.9	126.8
山东	1401.8	422.6	606.6	372.6	885.8	415.6	299.8	115.8
河南	1137.2	344.5	396.3	396.3	941.3	418.0	256.9	161.1
湖北	1263.2	229.0	607.3	426.9	709.6	372.9	228.7	144.3
湖南	1418.9	301.2	605.5	512.2	776.9	402.5	251.0	151.5
广东	2376.0	532.8	825.4	1017.8	929.5	653.8	428.1	225.6
广西	1243.7	389.3	454.5	399.9	625.5	328.3	209.2	119.1
海南	1004.6	226.2	481.7	296.8	579.9	284.9	186.1	98.8
重庆	1408.0	344.0	472.4	591.6	1021.5	462.8	320.3	142.5
四川	1224.7	318.0	435.1	471.6	661.0	503.1	248.1	255.0
贵州	1254.6	269.4	494.0	491.2	546.8	306.2	181.3	125.0
云南	1014.4	246.8	323.0	444.6	637.9	285.0	182.9	102.1
西藏	478.0	144.6	198.2	135.1	385.6	481.8	232.6	249.2
陕西	1595.8	378.4	752.1	465.4	935.4	435.7	280.0	155.7
甘肃	1136.7	313.4	477.4	345.9	828.6	387.5	268.1	119.4
青海	908.1	274.9	349.7	283.4	718.8	332.5	219.8	112.7
宁夏	1286.2	371.2	484.4	430.6	890.1	500.1	350.5	149.6
新疆	1012.4	305.4	433.3	273.6	708.2	444.2	336.6	107.6

二、主要年份各地区农村居民收支数据

4-2-1 1980年农村居民总收入

单位：元/人

地区	总收入	一、工资性收入	二、家庭经营收入	三、财产性和转移性收入
全国	**216.9**	**106.4**	**87.4**	**23.1**
北京	316.0	184.5	72.6	59.0
天津	293.2	183.1	57.9	52.2
河北	193.4	96.9	62.8	33.7
山西	164.2	91.0	47.7	25.5
内蒙古	202.1	75.0	110.6	16.6
辽宁	299.4	122.2	110.4	66.8
吉林	263.3	113.2	122.2	27.9
黑龙江	225.9	134.7	73.2	18.0
上海	430.5	196.1	84.2	150.2
江苏	252.5	117.9	92.8	41.8
浙江	249.7	125.1	93.2	31.4
安徽	220.8	96.4	87.9	36.5
福建	195.0	81.8	89.1	24.1
江西	202.4	99.6	83.7	19.1
山东	225.1	119.0	73.8	32.3
河南	184.4	87.5	67.2	29.7
湖北	182.8	94.5	66.3	22.0
湖南	253.3	104.2	122.0	27.1
广东	306.6	118.1	151.4	37.1
广西	209.9	74.4	117.3	18.3
四川	224.3	100.4	103.6	20.3
贵州	189.5	66.6	101.9	21.0
云南	170.7	77.1	76.1	17.5
西藏				
陕西	157.9	69.2	62.0	26.7
甘肃	169.2	91.2	56.1	21.9
青海				
宁夏	186.8	81.8	76.3	28.7
新疆	219.2	127.9	65.4	26.0

4-2-2 1980年农村居民家庭经营总收入

单位：元/人

地区	家庭经营总收入	一、农、林业收入	二、牧业收入	三、其他家庭经营收入
全 国	**87.4**	**30.5**	**48.4**	**8.6**
北 京	72.6	15.9	53.9	2.7
天 津	57.9	21.7	32.4	3.8
河 北	62.8	24.1	31.5	7.1
山 西	47.7	17.6	22.9	7.1
内蒙古	110.6	51.6	52.3	6.7
辽 宁	110.4	44.9	54.4	11.0
吉 林	122.2	58.9	57.6	5.6
黑龙江	73.2	28.6	42.0	2.5
上 海	84.2	23.4	58.4	2.5
江 苏	92.8	29.3	58.2	5.4
浙 江	93.2	31.0	47.3	14.9
安 徽	87.9	33.3	46.1	8.5
福 建	89.1	27.1	49.6	12.3
江 西	83.7	25.8	49.3	8.6
山 东	73.8	21.4	45.4	7.0
河 南	67.2	23.0	34.5	9.7
湖 北	66.3	18.8	41.7	5.8
湖 南	122.0	38.2	74.8	9.0
广 东	151.4	50.2	80.3	20.9
广 西	117.3	42.3	66.0	8.9
四 川	103.6	30.9	64.6	8.1
贵 州	101.9	38.1	47.7	16.1
云 南	76.1	23.7	46.2	6.3
西 藏				
陕 西	62.0	23.7	33.5	4.8
甘 肃	56.1	26.5	22.4	7.2
青 海				
宁 夏	76.3	41.8	21.5	13.0
新 疆	65.4	33.8	25.0	6.6

4-2-3 1980年农村居民现金收入

单位：元/人

地　区	现金收入	一、工资性收入	二、家庭经营收入	三、财产性和转移性收入
全　国	**113.1**	**40.2**	**57.4**	**15.5**
北　京	202.6	116.6	56.2	29.8
天　津	158.4	78.4	50.7	29.4
河　北	110.1	38.7	44.9	26.4
山　西	86.1	32.8	33.5	19.8
内蒙古	100.0	32.8	53.9	13.3
辽　宁	163.9	69.2	54.1	40.6
吉　林	112.0	32.9	59.4	19.7
黑龙江	115.3	52.4	50.3	12.7
上　海	274.7	169.1	63.8	41.8
江　苏	153.6	60.9	72.5	20.1
浙　江				
安　徽	113.5	32.8	63.1	17.6
福　建	111.9	38.9	59.3	13.8
江　西	92.0	32.1	47.5	12.4
山　东	141.2	60.6	61.0	19.6
河　南	110.6	31.7	54.9	24.0
湖　北	86.2	29.8	40.7	15.7
湖　南	115.6	27.0	68.3	20.3
广　东	186.0	66.7	95.5	23.8
广　西	101.2	18.2	70.9	12.2
四　川	103.1	28.5	58.4	16.2
贵　州	81.8	18.0	47.4	16.4
云　南	79.4	23.5	41.5	14.4
西　藏				
陕　西	67.1	16.7	29.2	21.2
甘　肃	85.8	34.1	29.5	22.2
青　海				
宁　夏	89.3	24.2	40.9	24.2
新　疆	112.8	66.6	32.5	13.8

4-2-4 1980年农村居民家庭经营现金收入

单位:元/人

地 区	家庭经营现金收入	一、出售农产品收入	二、其他家庭经营收入
全 国	**57.4**	**48.6**	**8.8**
北 京	56.2	54.5	1.6
天 津	50.7	44.9	5.8
河 北	44.9	38.7	6.3
山 西	33.5	28.1	5.5
内蒙古	53.9	49.7	4.3
辽 宁	54.1	46.0	8.1
吉 林	59.4	57.1	2.3
黑龙江	50.3	49.1	1.1
上 海	63.8	61.3	2.5
江 苏	72.5	66.5	6.0
浙 江			
安 徽	63.1	57.9	5.2
福 建	59.3	51.5	7.8
江 西	47.5	41.7	5.8
山 东	61.0	56.2	4.8
河 南	54.9	48.8	6.1
湖 北	40.7	36.3	4.5
湖 南	68.3	61.4	7.0
广 东	95.5	78.5	17.0
广 西	70.9	64.2	6.7
四 川	58.4	53.5	4.9
贵 州	47.4	39.7	7.7
云 南	41.5	37.6	3.9
西 藏			
陕 西	29.2	25.9	3.3
甘 肃	29.5	23.3	6.1
青 海			
宁 夏	40.9	31.2	9.7
新 疆	32.5	26.6	6.0

4-2-5　1980年农村居民纯收入

单位：元/人

地　区	纯收入	一、工资性收入	二、家庭经营纯收入	三、财产性和转移性收入
全　国	**191.3**	**106.4**	**62.6**	**22.4**
北　京	290.5	184.5	47.0	59.0
天　津	277.9	183.1	42.6	52.2
河　北	175.8	96.9	45.2	33.7
山　西	155.8	91.0	39.3	25.5
内蒙古	181.3	75.0	90.3	16.0
辽　宁	273.0	122.2	84.0	66.8
吉　林	236.3	113.2	95.2	27.9
黑龙江	205.4	134.7	52.8	17.9
上　海	397.4	196.1	51.1	150.2
江　苏	217.9	117.9	58.3	41.7
浙　江	219.2	125.1	62.8	31.3
安　徽	184.8	96.4	59.6	28.8
福　建	171.7	81.8	66.8	23.1
江　西	180.9	99.6	62.4	18.9
山　东	194.3	119.0	43.9	31.4
河　南	160.8	87.5	45.4	27.9
湖　北	169.9	94.4	53.5	22.0
湖　南	219.7	104.2	88.5	27.0
广　东	274.4	118.1	120.2	36.1
广　西	173.7	74.4	81.6	17.7
四　川	187.9	100.4	67.6	19.9
贵　州	161.5	66.9	75.1	19.5
云　南	150.1	77.1	55.6	17.5
西　藏				
陕　西	142.5	69.2	46.7	26.6
甘　肃	153.3	91.2	40.3	21.8
青　海				
宁　夏	178.1	81.8	67.6	28.6
新　疆	198.0	127.9	46.8	23.3

4-2-6 1980年农村居民总支出

单位：元/人

地　区	总支出	一、家庭经营费用支出	二、交纳税金	三、消费支出	四、财产性和转移性支出
全　国	**196.2**	**25.3**	**0.3**	**162.2**	**8.4**
北　京	287.7	25.6		252.7	9.5
天　津	250.7	15.2		208.4	27.1
河　北	166.0	17.6		142.0	6.4
山　西	149.0	8.4		134.4	6.2
内蒙古	183.4	20.2	0.7	156.6	6.0
辽　宁	276.3	26.3		228.1	21.8
吉　林	253.2	26.2		216.3	10.8
黑龙江	193.7	20.4	0.1	164.1	9.1
上　海	375.2	33.0	0.1	321.8	20.2
江　苏	241.5	34.5		194.7	12.3
浙　江	233.6	30.5		191.9	11.3
安　徽	206.2	35.5	0.5	162.9	7.3
福　建	186.1	22.9	0.4	157.7	5.2
江　西	184.0	20.7	0.7	156.0	6.6
山　东	185.1	30.7	0.1	145.9	8.4
河　南	164.5	23.5	0.1	135.5	5.4
湖　北	172.8	12.5	0.4	152.7	7.2
湖　南	236.1	32.9	0.7	192.9	9.7
广　东	266.9	31.7	0.5	222.2	12.4
广　西	192.8	35.9	0.4	151.1	5.5
四　川	202.4	36.0	0.4	159.4	6.5
贵　州	175.0	27.2	0.8	139.3	7.7
云　南	152.6	20.3	0.3	124.6	7.4
西　藏					
陕　西	161.6	15.1	0.2	139.8	6.4
甘　肃	146.7	15.8		126.6	4.3
青　海					
宁　夏	152.0	8.7		135.5	7.8
新　疆	181.4	20.4	0.8	150.6	9.5

4-2-7 1980年农村居民家庭经营费用支出

单位：元/人

地区	家庭经营费用支出	一、农业支出	二、牧业支出	三、其他经营费用支出
全国	**25.3**	**5.9**	**17.6**	**1.8**
北京	25.6	1.2	20.3	4.1
天津	15.2	2.8	12.1	0.3
河北	17.6	3.8	12.9	0.9
山西	8.4	2.5	5.0	0.9
内蒙古	20.2	7.2	11.0	2.0
辽宁	26.3	4.1	21.2	1.0
吉林	26.2	4.4	20.3	1.5
黑龙江	20.4	5.1	14.0	1.2
上海	33.0	3.1	28.7	1.3
江苏	34.5	3.6	29.9	1.1
浙江	30.5	7.3	20.6	2.6
安徽	35.5	18.6	13.2	3.7
福建	22.9	7.6	13.4	1.8
江西	20.7	4.9	14.1	1.8
山东	30.7	7.4	22.4	0.9
河南	23.5	7.5	14.1	1.9
湖北	12.5	3.6	8.2	0.7
湖南	32.9	3.9	27.6	1.5
广东	31.7	9.4	20.0	2.4
广西	35.9	4.3	30.6	1.0
四川	36.0	5.5	26.4	4.1
贵州	27.2	9.0	17.0	1.2
云南	20.3	2.6	16.7	0.9
西藏				
陕西	15.1	5.0	9.0	1.1
甘肃	15.8	7.3	8.2	0.3
青海				
宁夏	8.7	4.7	3.5	0.4
新疆	20.4	9.3	8.9	2.3

4-2-8 1980年农村居民消费支出

单位：元/人

地 区	消费支出	一、食品支出	二、衣着支出	三、居住支出	四、家庭设备及用品支出	五、交通通信支出	六、文教娱乐支出	七、医疗保健支出	八、其他支出
全 国	**162.2**	**100.2**	**20.0**	**22.5**	**4.1**	**0.6**	**8.3**	**3.4**	**3.2**
北 京	252.7	135.8	32.7	38.7	8.3	1.1	19.6	8.5	8.0
天 津	208.4	118.9	31.7	31.0	4.8	0.7	11.6	5.0	4.7
河 北	142.0	79.8	19.9	23.0	3.5	0.4	8.3	3.6	3.5
山 西	134.4	80.6	21.0	15.6	3.2	0.4	7.3	3.2	3.1
内蒙古	156.6	102.6	21.7	11.6	3.7	0.6	9.0	3.8	3.6
辽 宁	228.1	128.9	30.9	33.0	6.3	1.0	15.4	6.5	6.1
吉 林	216.3	140.2	27.7	24.9	4.5	0.3	9.7	4.6	4.5
黑龙江	164.1	95.8	27.6	18.3	4.1	0.6	9.7	4.2	3.9
上 海	321.8	170.2	36.7	72.1	8.0	0.8	18.1	8.1	7.8
江 苏	194.7	113.2	24.7	33.4	4.1	0.8	10.4	4.3	3.9
浙 江	191.9	109.3	22.9	38.3	3.8	0.7	9.5	3.9	3.6
安 徽	162.9	87.8	19.1	36.9	3.2	0.8	8.7	3.4	3.0
福 建	157.7	99.7	16.3	25.2	2.7	0.7	7.5	2.9	2.6
江 西	156.0	97.5	15.8	25.8	2.9	0.6	7.5	3.1	2.8
山 东	145.9	80.1	24.0	21.5	3.7	0.4	8.7	3.8	3.6
河 南	135.5	78.7	18.7	21.7	3.0	0.5	7.2	3.0	2.9
湖 北	152.7	98.6	17.9	20.5	2.7	0.6	7.1	2.8	2.6
湖 南	192.9	127.9	20.5	27.3	3.1	0.5	7.5	3.2	2.9
广 东	222.2	134.5	19.9	40.2	4.8	0.9	12.2	5.0	4.6
广 西	151.1	96.6	14.2	22.6	3.2	0.4	7.7	3.3	3.1
四 川	159.4	111.9	17.7	15.1	2.5	0.6	6.7	2.6	2.3
贵 州	139.3	96.7	14.7	16.5	1.7	0.7	5.5	1.9	1.6
云 南	124.6	87.1	12.5	16.1	1.5	0.4	4.0	1.6	1.5
西 藏									
陕 西	139.8	83.8	18.2	22.2	2.8	0.4	6.9	2.9	2.7
甘 肃	126.6	81.6	17.1	13.8	2.5	0.5	6.3	2.6	2.4
青 海									
宁 夏	135.5	86.1	19.5	14.7	2.7	0.5	6.7	2.8	2.6
新 疆	150.6	90.8	31.4	13.2	2.7	0.5	6.7	2.8	2.6

4-2-9 1980年农村居民现金支出

单位：元/人

地区	现金支出	一、生产费用支出	二、交纳税金	三、现金消费支出	四、财产性和转移性支出
全国	**107.0**	**13.8**	**0.2**	**83.8**	**9.1**
北京	203.5	14.2		179.7	9.6
天津	155.2	6.3		122.3	26.6
河北	99.4	6.0		80.8	12.6
山西	81.2	4.5		71.3	5.4
内蒙古	87.9	11.8	0.1	69.6	6.4
辽宁	164.2	10.9		132.0	21.2
吉林	114.4	12.9		88.5	13.0
黑龙江	105.7	10.5	0.1	85.0	10.2
上海	273.7	19.9	0.1	233.5	20.2
江苏	152.2	19.8		119.9	12.4
浙江					
安徽	114.4	20.4	0.2	84.4	9.5
福建	105.8	16.6	0.4	83.5	5.3
江西	84.2	9.0	0.7	68.0	6.6
山东	117.8	12.4		92.4	12.9
河南	100.0	16.1	0.1	77.6	6.2
湖北	87.5	7.3	0.4	71.3	8.4
湖南	113.0	15.4	0.7	85.8	11.2
广东	165.8	28.0	0.5	124.3	12.9
广西	97.4	16.9	0.4	74.6	5.6
四川	100.6	20.0	0.4	73.8	6.3
贵州	79.8	14.8	0.5	57.8	6.7
云南	73.2	10.6	0.3	55.2	7.1
西藏					
陕西	78.6	6.6	0.2	65.6	6.2
甘肃	79.8	9.7		62.8	7.2
青海					
宁夏	78.4	3.9		66.7	7.8
新疆	97.3	5.3	0.8	79.5	11.7

4-2-10 1980年农村居民现金消费支出

单位：元/人

地 区	现金消费支 出	一、食品支出	二、衣着支出	三、居住支出	四、家庭设备及用品支出	五、交通通信支出	六、文教娱乐支出	七、医疗保健支出	八、其他支出
全 国	**83.8**	**31.4**	**19.8**	**14.5**	**3.2**	**0.6**	**8.0**	**3.3**	**3.1**
北 京	179.7	69.6	32.3	35.9	7.6	1.1	18.2	7.8	7.3
天 津	122.3	49.8	30.8	17.4	4.4	0.7	10.7	4.5	4.2
河 北	80.8	26.6	19.2	17.0	3.3	0.4	7.8	3.4	3.2
山 西	71.3	22.4	20.1	11.9	3.1	0.4	7.2	3.2	3.0
内蒙古	69.6	20.3	21.7	6.4	3.8	0.6	9.2	3.9	3.7
辽 宁	132.0	46.3	30.8	20.3	6.2	1.0	15.1	6.4	5.9
吉 林	88.5	26.9	27.6	11.5	4.4	0.2	9.3	4.4	4.4
黑龙江	85.0	23.9	27.5	11.6	4.0	0.6	9.5	4.1	3.8
上 海	233.5	97.1	35.2	62.2	7.2	0.8	16.6	7.4	7.1
江 苏	119.9	47.7	24.4	25.2	4.0	0.7	10.0	4.1	3.8
浙 江									
安 徽	84.4	29.6	18.6	18.0	3.0	0.8	8.3	3.2	2.8
福 建	83.5	37.6	16.3	13.1	2.7	0.7	7.5	2.9	2.6
江 西	68.0	22.7	15.5	13.8	2.8	0.6	7.1	2.9	2.7
山 东	92.4	32.4	23.5	16.4	3.7	0.4	8.7	3.8	3.6
河 南	77.6	25.0	18.4	17.8	2.9	0.5	7.1	3.0	2.8
湖 北	71.3	25.7	17.5	12.9	2.6	0.6	6.9	2.7	2.5
湖 南	85.8	36.4	20.4	12.3	3.0	0.5	7.4	3.1	2.8
广 东	124.3	53.5	19.9	23.8	4.8	0.9	12.1	4.9	4.6
广 西	74.6	32.3	14.2	10.4	3.2	0.4	7.6	3.3	3.1
四 川	73.8	32.7	17.5	9.1	2.4	0.6	6.6	2.6	2.3
贵 州	57.8	24.9	14.4	8.0	1.6	0.7	5.1	1.7	1.4
云 南	55.2	26.6	12.4	7.5	1.5	0.4	4.0	1.6	1.4
西 藏									
陕 西	65.6	19.9	17.8	12.2	2.8	0.4	6.8	2.9	2.7
甘 肃	62.8	21.2	16.4	11.7	2.3	0.5	6.1	2.4	2.2
青 海									
宁 夏	66.7	20.7	19.4	11.8	2.6	0.5	6.5	2.7	2.5
新 疆	79.5	24.6	30.2	9.9	2.6	0.5	6.6	2.7	2.5

4-2-11 1985年农村居民总收入

单位：元/人

地　区	总收入	一、工资性收入	二、家庭经营收入	三、财产性和转移性收入
全　国	**547.3**	**72.2**	**445.3**	**29.9**
北　京	939.7	438.8	459.3	41.6
天　津	722.0	210.2	466.0	45.8
河　北	529.2	88.7	412.5	28.0
山　西	463.7	110.2	330.1	23.4
内蒙古	518.3	36.7	472.3	9.3
辽　宁	685.4	143.2	522.4	19.8
吉　林	645.6	53.2	572.2	20.2
黑龙江	623.9	52.8	559.6	11.6
上　海	1036.2	430.4	553.2	52.7
江　苏	676.6	135.1	502.9	38.6
浙　江	711.1	162.6	523.1	25.5
安　徽	526.6	35.8	460.9	29.9
福　建	542.4	73.7	442.5	26.2
江　西	494.2	52.8	418.7	22.8
山　东	587.9	80.9	489.0	18.0
河　南	455.8	44.6	390.0	21.2
湖　北	565.5	50.4	479.2	35.9
湖　南	553.7	53.9	484.7	15.1
广　东	671.4	77.4	549.4	44.7
广　西	420.3	27.5	379.2	13.6
四　川	455.8	47.2	389.6	19.0
贵　州	394.1	27.3	351.4	15.5
云　南	446.5	36.2	378.4	32.0
西　藏	463.8	20.6	414.4	28.8
陕　西	399.9	38.7	339.4	21.9
甘　肃	358.3	40.1	290.9	27.3
青　海	464.0	58.6	381.4	24.0
宁　夏	438.4	65.0	348.1	25.3
新　疆	594.2	38.3	530.1	25.8

4-2-12 1985年农村居民家庭经营总收入

单位：元/人

地 区	家庭经营总收入	一、第一产业收入	1.农业收入	2.林业收入	3.牧业收入	4.渔业收入	二、第二产业收入
全 国	**445.3**	**400.6**	**283.4**	**7.4**	**104.0**	**5.7**	**12.3**
北 京	459.3	365.4	231.4	6.8	126.3	0.9	18.6
天 津	466.0	405.4	287.2	1.0	114.9	2.4	14.8
河 北	412.5	369.1	298.6	2.4	67.2	1.0	13.4
山 西	330.1	258.8	209.1	4.3	45.3		7.6
内蒙古	472.3	456.5	338.9	1.7	115.4	0.4	3.6
辽 宁	522.4	458.5	333.4	2.6	115.0	7.5	20.0
吉 林	572.2	528.1	419.7	1.9	105.5	1.1	6.3
黑龙江	559.6	518.9	420.5	0.7	88.2	9.5	3.5
上 海	553.2	523.7	308.9	0.5	210.9	3.5	5.5
江 苏	502.9	450.3	314.7	5.0	119.8	10.7	20.2
浙 江	523.1	465.6	307.4	21.7	124.2	12.3	17.0
安 徽	460.9	418.6	324.6	6.2	83.6	4.2	7.4
福 建	442.5	386.8	244.6	12.3	122.4	7.6	13.3
江 西	418.7	388.9	253.9	18.3	111.3	5.5	9.6
山 东	489.0	436.0	336.5	5.5	91.6	2.5	12.4
河 南	390.0	357.0	300.2	4.3	51.3	1.1	9.5
湖 北	479.2	430.0	313.0	7.6	98.2	11.3	14.4
湖 南	484.7	441.0	270.8	15.3	146.0	8.9	15.6
广 东	549.4	483.8	272.2	10.8	165.6	35.2	23.1
广 西	379.2	335.0	188.9	8.6	133.3	4.2	14.5
四 川	389.6	358.9	228.7	6.6	122.3	1.2	10.3
贵 州	351.4	314.8	204.4	7.2	102.3	1.0	8.0
云 南	378.4	340.0	212.6	8.3	117.1	2.0	13.1
西 藏	414.4	357.4	246.1	11.6	99.8		18.9
陕 西	339.4	305.4	234.6	5.0	65.7	0.1	9.2
甘 肃	290.9	257.7	199.1	4.5	54.1		10.0
青 海	381.4	330.4	202.7	2.1	125.6	0.1	8.3
宁 夏	348.1	318.2	252.0	6.5	58.7	1.0	7.9
新 疆	530.1	488.5	387.6	7.9	92.8	0.2	6.7

4-2-12 续表 单位：元/人

地　区	1.工业收入	2.建筑业收入	三、第三产业收入	1.交通运输业、邮电业收入	2.批发和零售贸易、餐饮业收入	3.社会服务业收入	4.其他家庭经营收入
全　国	**4.3**	**8.0**	**32.4**	**12.6**	**8.7**	**4.0**	**7.2**
北　京	5.6	13.0	75.3	56.4	5.1	4.5	9.2
天　津	0.9	13.9	45.7	20.4	12.2	4.8	8.5
河　北	4.5	9.0	29.9	10.2	9.5	4.0	6.3
山　西	2.9	4.7	63.7	42.4	7.4	4.5	9.4
内蒙古	1.2	2.4	12.2	5.2	3.1	2.1	1.7
辽　宁	7.6	12.3	44.0	22.8	9.2	3.6	8.4
吉　林	1.2	5.1	37.8	14.3	6.8	2.6	14.2
黑龙江	1.6	1.9	37.2	16.8	6.6	2.4	11.4
上　海		5.5	23.9	8.1	4.1	2.7	9.0
江　苏	6.8	13.4	32.5	12.3	6.7	5.5	8.1
浙　江	6.4	10.6	40.5	14.6	10.3	6.1	9.6
安　徽	1.9	5.5	34.9	11.4	13.4	4.1	6.1
福　建	6.3	7.1	42.3	15.8	10.8	6.8	8.9
江　西	4.4	5.2	20.2	7.0	5.2	3.1	4.8
山　东	3.2	9.3	40.6	12.0	13.2	4.9	10.5
河　南	1.6	7.9	23.6	9.4	5.6	2.9	5.7
湖　北	7.3	7.1	34.8	11.9	15.0	4.1	3.8
湖　南	8.4	7.2	28.2	9.4	11.7	3.2	3.9
广　东	4.7	18.5	42.4	12.3	12.2	6.1	11.8
广　西	9.4	5.1	29.7	7.1	9.4	2.7	10.4
四　川	3.5	6.8	20.5	7.7	5.1	3.7	4.1
贵　州	3.1	4.9	28.6	10.0	8.7	3.5	6.4
云　南	5.1	8.0	25.2	6.9	8.0	5.0	5.4
西　藏	0.1	18.8	38.1	24.0	2.3	1.6	10.1
陕　西	1.2	8.0	24.7	12.1	5.7	2.2	4.7
甘　肃	2.0	8.0	23.1	8.1	4.7	2.3	8.1
青　海	4.5	3.9	42.7	19.9	9.6	5.3	8.0
宁　夏	2.4	5.5	22.0	15.2	2.6	2.6	1.6
新　疆	2.1	4.6	34.9	15.9	10.2	4.0	4.8

4-2-13　1985年农村居民现金收入

单位：元/人

地　区	现金收入	一、工资性收入	二、家庭经营收入	三、财产性和转移性收入
全　国	**357.4**	**68.9**	**251.7**	**36.8**
北　京	736.0	399.5	281.3	55.3
天　津	562.1	205.3	295.7	61.1
河　北	351.5	85.9	236.5	29.1
山　西	336.4	104.8	187.7	44.0
内蒙古	289.9	35.6	230.8	23.6
辽　宁	486.2	128.5	321.2	36.6
吉　林	454.8	52.7	360.4	41.7
黑龙江	414.8	49.8	321.9	43.1
上　海	859.7	420.9	361.9	76.9
江　苏	483.1	133.0	312.6	37.5
浙　江	555.5	161.7	345.9	47.9
安　徽	339.4	35.6	272.5	31.4
福　建	394.8	73.1	278.6	43.0
江　西	307.0	51.6	231.1	24.3
山　东	405.5	77.8	296.3	31.4
河　南	292.9	43.4	214.0	35.5
湖　北	347.4	46.3	267.2	34.0
湖　南	351.5	53.1	250.2	48.2
广　东	500.4	77.0	366.4	57.0
广　西	282.2	27.5	225.7	29.0
四　川	274.9	46.9	194.7	33.3
贵　州	218.2	26.9	161.4	29.9
云　南	254.1	37.1	182.7	34.3
西　藏	199.0	20.1	147.2	31.7
陕　西	234.9	38.8	159.0	37.0
甘　肃	198.4	39.2	129.8	29.4
青　海	278.9	58.0	182.3	38.6
宁　夏	294.6	64.4	190.1	40.1
新　疆	414.0	40.6	342.8	30.6

4-2-14　1985年农村居民家庭经营现金收入

单位：元/人

地区	家庭经营现金收入	一、第一产业收入	农业收入	牧业收入	二、第二产业收入	建筑业收入
全国	**251.7**	**208.3**	**122.8**	**75.2**	**11.6**	**7.7**
北京	281.3	198.6	90.1	102.6	16.9	11.3
天津	295.7	235.8	125.3	107.6	14.6	13.7
河北	236.5	195.0	135.1	57.0	13.1	8.8
山西	187.7	122.3	84.9	34.2	7.0	4.5
内蒙古	230.8	215.3	150.6	62.9	3.5	2.3
辽宁	321.2	264.2	178.7	77.3	16.7	10.0
吉林	360.4	317.1	246.4	67.9	6.3	5.1
黑龙江	321.9	282.6	210.0	63.4	2.5	1.6
上海	361.9	336.6	140.8	193.4	5.3	5.3
江苏	312.6	262.1	146.0	2.3	19.4	12.9
浙江	345.9	271.4	142.8	98.3	16.1	10.6
安徽	272.5	231.4	155.0	68.0	7.3	5.4
福建	278.6	224.0	106.8	99.5	12.9	7.0
江西	231.1	202.4	104.9	79.2	9.1	5.0
山东	296.3	245.7	160.2	79.1	12.0	8.8
河南	214.0	182.6	133.5	45.0	8.9	7.4
湖北	267.2	221.4	149.6	59.4	12.5	6.2
湖南	250.2	207.6	90.1	102.4	14.6	7.0
广东	366.4	302.0	127.9	135.3	23.0	18.3
广西	225.7	182.8	74.5	98.4	13.2	5.1
四川	194.7	164.4	76.1	82.5	10.0	6.7
贵州	161.4	126.0	64.3	55.2	8.0	5.0
云南	182.7	144.5	78.5	58.0	13.1	7.9
西藏	147.2	92.9	50.8	34.3	18.7	18.7
陕西	159.0	125.1	76.3	44.8	9.0	8.1
甘肃	129.8	98.6	57.1	37.8	9.3	7.7
青海	182.3	133.3	49.5	82.3	8.2	3.9
宁夏	190.1	160.5	110.6	42.6	7.9	5.5
新疆	342.8	301.3	226.9	68.3	6.5	4.6

4-2-14 续表　　　　单位：元/人

地　　区	三、第三产业收入	1.交通运输业、邮电业收入	2.批发和零售贸易、餐饮业收入	3.社会服务业收入	4.其他家庭经营收入
全　　国	**31.8**	**12.1**	**8.5**	**3.9**	**7.3**
北　　京	65.8	49.6	3.8	4.3	8.0
天　　津	45.3	20.4	12.1	4.8	8.2
河　　北	28.4	9.3	9.4	4.0	5.8
山　　西	58.4	38.7	7.2	4.5	8.1
内 蒙 古	12.0	5.2	3.1	2.1	1.6
辽　　宁	40.3	20.8	8.8	3.3	7.4
吉　　林	37.0	14.3	6.8	2.6	13.4
黑 龙 江	36.8	16.7	6.6	2.3	11.2
上　　海	20.0	7.8	2.7	2.7	6.8
江　　苏	31.1	12.2	6.6	5.4	7.6
浙　　江	58.3	14.6	10.3	6.0	27.5
安　　徽	33.8	11.3	13.3	4.0	5.3
福　　建	41.7	15.6	10.7	6.8	8.7
江　　西	19.7	6.9	5.2	3.0	4.5
山　　东	38.6	11.5	13.0	4.7	9.5
河　　南	22.5	9.3	5.2	2.8	5.1
湖　　北	33.3	11.0	14.7	3.8	3.9
湖　　南	28.0	9.4	11.6	3.2	3.8
广　　东	41.4	12.2	12.2	6.1	10.9
广　　西	29.7	7.1	9.4	2.7	10.4
四　　川	20.3	7.6	5.0	3.7	4.0
贵　　州	27.4	10.0	8.0	3.5	5.9
云　　南	25.1	6.8	8.0	5.0	5.4
西　　藏	35.7	23.9	1.7	1.2	8.9
陕　　西	24.9	12.0	5.8	2.2	4.9
甘　　肃	21.9	7.9	4.7	2.3	7.0
青　　海	40.8	18.9	9.6	5.2	6.9
宁　　夏	21.7	15.2	2.6	2.6	1.4
新　　疆	35.0	15.9	10.1	4.0	5.1

4-2-15 1985年农村居民纯收入

单位:元/人

地　区	纯收入	一、工资性收入	二、家庭经营纯收入	三、财产性和转移性收入
全　国	**397.6**	**72.2**	**296.0**	**29.5**
北　京	775.1	438.8	294.7	41.6
天　津	564.6	210.2	308.6	45.8
河　北	385.2	88.7	268.5	28.0
山　西	358.3	110.2	224.7	23.4
内蒙古	360.4	36.7	314.4	9.3
辽　宁	467.8	143.2	304.8	19.8
吉　林	413.7	53.2	340.4	20.2
黑龙江	397.8	52.8	333.5	11.6
上　海	805.9	430.4	322.9	52.7
江　苏	492.6	135.1	318.9	38.6
浙　江	548.6	162.6	360.5	25.5
安　徽	369.4	35.8	303.7	29.9
福　建	396.5	73.7	296.5	26.2
江　西	377.3	52.8	301.8	22.8
山　东	408.1	80.9	309.2	18.0
河　南	329.4	44.6	263.6	21.2
湖　北	421.2	50.4	335.0	35.9
湖　南	395.3	53.9	326.2	15.1
广　东	495.3	77.4	373.2	44.7
广　西	303.0	27.5	261.9	13.6
四　川	315.1	47.2	248.9	19.0
贵　州	287.8	27.3	245.1	15.5
云　南	338.3	36.2	270.2	32.0
西　藏	353.0	20.6	303.6	28.8
陕　西	295.3	38.7	234.7	21.9
甘　肃	255.2	40.1	187.8	27.3
青　海	343.0	58.6	260.4	24.0
宁　夏	321.2	65.0	230.8	25.3
新　疆	394.3	38.3	330.2	25.8

4-2-16 1985年农村居民总支出

单位：元/人

地区	总支出	一、家庭经营费用支出	二、购置生产性固定资产支出	三、税费支出	四、消费支出	五、财产性和转移性支出
全国	**485.5**	**121.4**	**18.7**	**18.4**	**317.4**	**9.6**
北京	726.3	143.9	38.0	15.0	510.0	19.4
天津	611.8	138.2	16.7	11.4	426.1	19.4
河北	461.2	117.9	19.9	16.6	297.7	9.1
山西	407.9	77.1	30.8	16.4	272.7	10.8
内蒙古	465.5	121.0	26.1	20.8	291.3	6.4
辽宁	643.6	174.8	24.8	30.7	401.6	11.7
吉林	649.3	174.7	47.7	39.8	364.5	22.7
黑龙江	576.5	157.2	47.3	52.1	306.6	13.4
上海	1025.6	185.5	4.5	37.2	778.4	20.0
江苏	610.5	152.2	10.6	25.4	415.6	6.7
浙江	662.2	141.7	17.5	12.2	473.8	16.9
安徽	476.0	128.0	20.0	19.8	299.0	9.2
福建	514.6	129.1	9.8	10.1	350.6	15.0
江西	433.1	93.4	10.2	16.3	303.1	10.0
山东	523.2	144.8	18.7	26.7	322.0	11.0
河南	403.5	97.1	18.8	19.5	259.6	8.5
湖北	493.2	108.5	15.6	28.4	334.6	6.1
湖南	519.9	134.5	14.3	16.2	348.5	6.4
广东	585.5	151.7	16.3	15.8	388.0	13.6
广西	395.3	103.9	13.2	4.8	268.3	5.1
四川	421.5	117.6	7.5	15.2	276.3	5.1
贵州	366.8	91.3	7.4	6.6	254.6	7.0
云南	387.6	89.5	16.9	7.4	267.0	6.8
西藏	387.8	73.3	36.7		269.6	8.2
陕西	353.8	86.6	17.7	10.0	233.4	6.0
甘肃	325.5	85.8	18.2	7.0	204.6	9.9
青海	409.6	85.5	28.7	12.5	274.7	8.2
宁夏	401.5	95.7	25.5	9.7	265.2	5.5
新疆	513.6	155.4	28.2	27.0	290.4	12.6

4-2-17 1985年农村居民家庭经营费用支出

单位：元/人

地区	家庭经营费用支出	一、第一产业支出	1.农业支出	2.林业支出	3.牧业支出	4.渔业支出	二、第二产业支出
全国	**121.4**	**110.7**	**59.5**	**1.0**	**48.4**	**1.9**	**2.0**
北京	143.9	119.4	43.4	0.2	75.6	0.2	2.9
天津	138.2	130.8	61.7	0.5	67.9	0.8	
河北	117.9	107.0	69.4	0.7	36.6	0.2	2.3
山西	77.1	57.5	42.4	0.5	14.6		0.7
内蒙古	121.0	115.6	76.7	0.6	38.2	0.1	1.0
辽宁	174.8	157.5	84.9	1.2	69.8	1.5	4.8
吉林	174.7	161.1	103.5	0.7	56.3	0.6	1.6
黑龙江	157.2	145.4	97.6	0.4	44.3	3.1	0.9
上海	185.5	179.2	66.1	0.6	111.1	1.4	
江苏	152.2	140.6	70.4	1.1	66.0	3.2	5.2
浙江	141.7	131.5	62.9	4.3	59.7	4.6	3.6
安徽	128.0	117.2	77.8	0.5	37.7	1.2	1.4
福建	129.1	113.9	53.3	1.2	56.3	3.1	2.8
江西	93.4	86.5	46.0	1.4	37.6	1.6	1.6
山东	144.8	129.6	71.6	2.0	55.1	1.0	2.0
河南	97.1	91.7	63.6	1.0	26.7	0.4	0.8
湖北	108.5	96.0	53.0	0.7	37.7	4.6	2.5
湖南	134.5	123.5	52.4	0.5	68.5	2.1	2.5
广东	151.7	141.1	61.9	0.6	66.1	12.5	2.0
广西	103.9	94.1	37.4	0.7	55.0	1.0	1.6
四川	117.6	110.4	37.9	0.4	71.5	0.5	1.8
贵州	91.3	82.1	36.1	0.4	45.4	0.2	1.6
云南	89.5	79.3	31.1	0.6	47.0	0.7	3.5
西藏	73.3	56.9	32.5	0.3	24.2		0.6
陕西	86.6	78.9	53.3	1.0	24.5	0.1	0.4
甘肃	85.8	78.3	52.0	0.6	25.6		1.0
青海	85.5	76.9	47.2	0.3	29.4		1.3
宁夏	95.7	88.4	67.6	1.0	19.0	0.8	1.0
新疆	155.4	141.0	93.2	2.5	44.9	0.3	1.1

4-2-17 续表

单位：元/人

地　区	1.工业支出	2.建筑业支出	三、第三产业支出	1.交通运输、邮电业支出	2.批发和零贸易、餐饮业支出	3.社会服务业支出	4.其他家庭经营支出
全　国	**1.7**	**0.3**	**8.7**	**3.6**	**2.3**	**0.6**	**2.2**
北　京	2.7	0.2	21.6	17.4	1.3	0.6	2.4
天　津		0.0	7.4	2.2	2.7	0.3	2.2
河　北	1.9	0.5	8.6	2.8	2.9	0.8	2.1
山　西	0.7	0.0	18.9	15.0	2.0	0.5	1.4
内蒙古	0.7	0.2	4.5	1.9	0.5	0.4	1.7
辽　宁	4.2	0.6	12.6	7.1	1.9	0.6	3.1
吉　林	1.3	0.4	12.0	4.7	3.9	0.6	2.9
黑龙江	0.9	0.0	10.9	3.3	2.2	0.2	5.1
上　海			6.3	1.1	2.3	0.0	2.9
江　苏	4.9	0.4	6.4	3.2	0.8	0.6	1.8
浙　江	3.4	0.2	6.7	2.0	0.6	0.5	3.6
安　徽	0.9	0.6	9.4	3.2	3.8	0.7	1.7
福　建	2.3	0.5	12.3	5.0	3.3	1.1	2.9
江　西	1.5	0.1	5.3	2.2	0.6	0.1	2.3
山　东	1.2	0.8	13.2	3.5	5.8	0.7	3.3
河　南	0.4	0.4	4.6	2.4	0.5	0.3	1.5
湖　北	2.3	0.2	10.0	3.4	4.6	0.5	1.5
湖　南	2.4	0.1	8.6	3.3	4.2	0.3	0.8
广　东	1.7	0.2	8.6	2.7	3.0	0.9	2.0
广　西	1.5	0.1	8.2	2.3	2.5	0.6	2.8
四　川	1.6	0.2	5.4	2.7	1.1	0.7	0.9
贵　州	1.0	0.6	7.5	3.3	1.8	0.4	2.1
云　南	3.1	0.4	6.8	1.5	2.0	1.2	2.0
西　藏		0.6	15.8	9.0		0.2	6.6
陕　西	0.3	0.1	7.3	4.9	0.4	0.4	1.6
甘　肃	0.7	0.3	6.6	2.5	0.6	0.1	3.4
青　海	1.2	0.1	7.3	5.5	0.2	0.4	1.2
宁　夏	1.0		6.3	5.4	0.1	0.1	0.7
新　疆	0.7	0.3	13.4	6.3	3.2	1.2	2.7

4-2-18 1985年农村居民消费支出

单位：元/人

地　区	消费支出	一、食品支出	二、衣着支出	三、居住支出
全　国	**317.4**	**183.4**	**30.8**	**57.9**
北　京	510.0	240.1	52.5	106.8
天　津	426.1	202.2	48.6	89.9
河　北	297.7	149.0	31.9	66.4
山　西	272.7	148.2	39.5	37.8
内蒙古	291.3	183.6	29.6	36.0
辽　宁	401.6	207.2	43.7	81.2
吉　林	364.5	199.5	37.0	66.8
黑龙江	306.6	176.8	31.9	52.4
上　海	778.4	341.5	64.8	254.5
江　苏	415.6	217.0	36.8	101.7
浙　江	473.8	247.3	41.9	110.5
安　徽	299.0	174.9	28.5	58.0
福　建	350.6	218.8	24.4	59.0
江　西	303.1	185.4	26.4	52.9
山　东	322.0	168.2	35.7	66.1
河　南	259.6	145.5	28.6	51.9
湖　北	334.6	198.0	33.4	55.3
湖　南	348.5	219.6	32.8	51.0
广　东	388.0	234.4	19.2	77.2
广　西	268.3	166.9	19.1	45.8
四　川	276.3	173.9	27.3	41.4
贵　州	254.6	177.9	23.7	29.4
云　南	267.0	178.0	22.9	38.9
西　藏	269.6	184.3	33.3	34.6
陕　西	233.4	134.1	25.2	41.8
甘　肃	204.6	123.6	25.0	25.1
青　海	274.7	176.2	36.9	31.0
宁　夏	265.2	156.3	30.4	32.9
新　疆	290.4	168.1	46.6	33.2

4-2-18 续表

单位：元/人

地　区	四、家庭设备及用品支出	五、交通通信支出	六、文教娱乐支出	七、医疗保健支出	八、其他支出
全　国	**16.2**	**5.6**	**12.4**	**7.7**	**3.6**
北　京	44.9	10.0	40.2	10.5	5.0
天　津	31.6	9.2	30.5	8.8	5.3
河　北	17.9	6.7	14.2	8.3	3.4
山　西	16.1	5.7	14.4	7.4	3.7
内 蒙 古	13.6	5.3	11.8	8.6	2.9
辽　宁	21.3	9.4	25.7	8.3	4.9
吉　林	18.8	6.3	21.2	11.1	3.8
黑 龙 江	15.5	5.2	12.2	10.0	2.5
上　海	52.1	14.9	35.8	8.1	6.8
江　苏	24.2	8.6	15.1	7.8	4.5
浙　江	32.7	11.7	14.8	9.3	5.7
安　徽	13.8	5.1	9.0	6.5	3.3
福　建	15.2	5.4	13.4	9.0	5.5
江　西	11.9	5.1	11.6	7.0	2.9
山　东	21.9	5.4	14.2	6.7	3.8
河　南	12.2	4.0	7.1	8.1	2.4
湖　北	17.1	5.1	14.3	8.0	3.6
湖　南	15.7	6.6	11.9	7.5	3.4
广　东	17.4	6.8	16.0	11.9	5.2
广　西	12.8	4.8	8.7	6.6	3.7
四　川	11.1	3.5	9.7	6.3	3.0
贵　州	7.9	1.7	6.2	4.1	3.7
云　南	9.8	3.1	6.2	5.6	2.6
西　藏	12.9	1.0	1.0	0.1	2.5
陕　西	11.6	4.0	6.7	7.5	2.5
甘　肃	10.7	4.0	7.5	6.4	2.4
青　海	8.6	5.0	7.5	6.3	3.3
宁　夏	15.1	6.0	14.7	8.1	1.6
新　疆	14.6	5.6	11.2	7.8	3.2

4-2-19 1985年农村居民现金支出

单位：元/人

地　区	现金支出	一、家庭经营费用支出	二、购买生产性固定资产支出	三、税费支出	四、消费支出	五、财产性和转移性支出
全　国	**331.2**	**80.0**	**18.9**	**16.4**	**194.7**	**21.3**
北　京	619.9	104.0	37.9	10.7	438.8	28.5
天　津	497.8	104.8	16.7	5.6	338.4	32.3
河　北	327.5	78.5	19.9	14.3	198.5	16.4
山　西	307.2	58.0	31.1	15.6	183.7	18.9
内蒙古	259.1	53.9	26.6	20.1	141.4	17.2
辽　宁	471.7	120.6	25.3	24.0	270.4	31.5
吉　林	452.6	108.5	50.8	39.1	219.9	34.2
黑龙江	390.0	96.7	47.6	45.5	178.3	22.0
上　海	840.0	135.5	3.5	6.5	651.7	42.7
江　苏	458.4	108.9	10.7	24.6	286.8	27.5
浙　江	511.9	107.3	18.1	12.1	342.8	31.6
安　徽	317.5	82.8	20.3	19.6	173.1	21.7
福　建	374.1	99.3	10.8	7.9	226.1	30.1
江　西	279.0	64.7	10.5	14.0	166.5	23.2
山　东	379.5	98.7	18.5	23.8	218.8	19.7
河　南	268.1	64.1	18.9	17.7	152.5	15.0
湖　北	332.4	75.0	15.6	26.4	189.2	26.4
湖　南	336.2	81.4	14.3	15.4	192.0	33.0
广　东	437.7	123.1	16.6	10.5	266.4	21.2
广　西	265.1	70.7	13.7	4.6	159.3	16.9
四　川	258.0	65.4	7.5	14.9	154.3	15.9
贵　州	198.1	48.6	7.6	5.8	117.8	18.4
云　南	225.0	55.0	17.3	4.1	135.5	13.0
西　藏	168.8	35.8	31.2		97.1	4.6
陕　西	223.4	51.9	18.6	9.7	129.8	13.4
甘　肃	185.0	44.4	17.8	6.0	101.9	14.9
青　海	237.9	42.1	28.6	11.8	141.0	14.4
宁　夏	260.4	60.3	26.2	7.4	149.3	17.2
新　疆	358.7	108.3	28.5	24.8	179.6	17.6

4-2-20 1985年农村居民家庭经营费用现金支出

单位：元/人

地 区	家庭经营费用现金支出	一、第一产业支出	1.农业支出	2.林业支出	3.牧业支出	4.渔业支出	二、第二产业支出
全 国	**80.0**	**69.9**	**43.1**	**0.9**	**24.2**	**1.7**	**2.0**
北 京	104.0	84.4	34.1	0.2	49.9	0.2	2.8
天 津	104.8	97.6	48.2	0.5	48.1	0.8	
河 北	78.5	68.4	50.8	0.7	16.7	0.2	2.2
山 西	58.0	38.8	29.6	0.5	8.7		0.8
内蒙古	53.9	48.5	33.6	0.6	14.2	0.1	1.0
辽 宁	120.6	104.8	64.8	0.9	37.7	1.4	4.7
吉 林	108.5	95.5	65.6	0.7	28.6	0.6	1.6
黑龙江	96.7	86.4	56.4	0.3	26.7	3.1	0.8
上 海	135.5	130.1	38.7	0.6	89.5	1.2	
江 苏	108.9	97.5	57.7	1.1	35.9	2.8	5.3
浙 江	107.3	94.3	54.6	4.3	31.1	4.4	6.2
安 徽	82.8	72.8	52.8	0.5	18.6	1.0	1.3
福 建	99.3	84.5	46.8	1.1	33.7	3.0	2.8
江 西	64.7	58.6	37.6	1.2	18.4	1.4	1.5
山 东	98.7	84.5	55.3	1.8	26.7	0.7	1.9
河 南	62.1	57.0	42.0	0.9	13.8	0.3	0.7
湖 北	74.8	63.2	40.5	0.7	19.2	2.9	2.2
湖 南	81.4	70.6	41.5	0.4	26.6	2.0	2.4
广 东	123.1	112.7	55.6	0.6	44.4	12.2	1.9
广 西	70.7	61.1	32.8	0.6	26.8	1.0	1.5
四 川	65.4	58.4	29.5	0.3	28.1	0.5	1.7
贵 州	48.6	41.0	22.7	0.3	17.9	0.2	1.4
云 南	55.0	45.3	23.3	0.4	21.0	0.6	3.3
西 藏	35.9	21.4	12.5	0.2	8.7		0.4
陕 西	51.9	44.3	32.6	0.9	10.7	0.1	0.4
甘 肃	44.4	38.2	28.8	0.6	8.7		0.9
青 海	42.1	33.7	19.3	0.3	14.1		1.3
宁 夏	60.3	53.1	40.7	1.0	10.6	0.8	1.0
新 疆	108.3	94.3	64.3	2.4	27.3	0.3	0.8

4-2-20 续表　　单位：元/人

地　区	1.工业支出	2.建筑业支出	三、第三产业支出	1.交通运输、邮电业支出	2.批发和零售贸易、餐饮业支出	3.社会服务业支出	4.其他家庭经营支出
全　国	**1.7**	**0.3**	**8.1**	**3.4**	**2.2**	**0.5**	**2.0**
北　京	2.7	0.2	16.7	14.0	0.2	0.5	2.0
天　津			7.2	2.0	2.7		2.5
河　北	1.8	0.4	7.8	2.2	2.8	0.8	2.0
山　西	0.7		18.5	14.8	2.0	0.4	1.2
内蒙古	0.7	0.2	4.4	1.9	0.5	0.4	1.7
辽　宁	4.2	0.6	11.0	6.2	1.8	0.6	2.5
吉　林	1.3	0.4	11.4	4.7	3.9	0.6	2.3
黑龙江	0.8		9.5	2.7	2.2	0.2	4.4
上　海			5.5	1.0	2.3		2.2
江　苏	4.9	0.4	6.1	3.2	0.8	0.5	1.7
浙　江	6.0	0.2	6.8	2.0	0.6	0.4	3.8
安　徽	0.9	0.5	8.6	2.8	3.7	0.4	1.6
福　建	2.3	0.5	12.0	5.0	3.2	1.1	2.6
江　西	1.4	0.1	4.7	1.9	0.6	0.1	2.0
山　东	1.2	0.7	12.3	3.2	5.7	0.6	2.8
河　南	0.4	0.3	4.5	2.4	0.5	0.3	1.3
湖　北	2.0	0.2	9.4	3.3	4.3	0.4	1.4
湖　南	2.3	0.1	8.4	3.2	4.1	0.3	0.8
广　东	1.6	0.2	8.5	2.7	3.0	0.9	1.9
广　西	1.4	0.1	8.2	2.3	2.5	0.6	2.8
四　川	1.6	0.2	5.4	2.7	1.1	0.7	0.9
贵　州	1.0	0.5	6.1	3.0	0.9	0.4	1.9
云　南	2.9	0.4	6.5	1.5	2.0	1.2	1.8
西　藏		0.4	14.0	8.2		0.2	5.7
陕　西	0.4		7.2	4.9	0.4	0.4	1.5
甘　肃	0.6	0.3	5.4	2.0	0.6	0.1	2.6
青　海	1.2	0.1	7.0	5.2	0.2	0.4	1.2
宁　夏	1.0		6.2	5.2	0.1	0.1	0.7
新　疆	0.5	0.3	13.2	6.3	3.3	1.0	2.7

4-2-21　1985年农村居民现金消费支出

单位：元/人

地　区	现金消费支出	一、食品支出	二、衣着支出	三、居住支出
全　国	**194.7**	**76.6**	**30.1**	**42.8**
北　京	438.8	176.6	52.4	99.2
天　津	338.4	128.3	48.4	76.3
河　北	198.5	62.1	30.0	56.0
山　西	183.7	63.8	38.9	34.2
内蒙古	141.4	48.5	29.6	21.3
辽　宁	270.4	99.6	43.4	58.0
吉　林	219.9	77.3	37.0	44.5
黑龙江	178.3	69.0	31.9	32.0
上　海	651.7	233.2	63.4	238.5
江　苏	286.8	108.0	35.9	83.1
浙　江	342.8	137.0	41.2	91.1
安　徽	173.1	69.3	28.0	38.4
福　建	266.1	150.1	24.4	43.4
江　西	166.5	69.5	26.0	32.8
山　东	218.8	81.2	34.5	51.3
河　南	152.5	51.7	27.5	39.8
湖　北	189.2	70.3	32.2	38.9
湖　南	192.0	78.0	32.5	36.4
广　东	266.4	133.7	19.1	56.3
广　西	159.3	76.1	19.1	27.5
四　川	154.3	66.0	26.7	28.1
贵　州	117.8	50.7	23.7	20.0
云　南	135.5	60.0	22.8	25.5
西　藏	97.1	48.3	26.5	6.5
陕　西	129.8	42.1	24.7	30.8
甘　肃	101.9	30.8	24.8	15.6
青　海	141.0	55.3	36.2	18.8
宁　夏	149.3	46.0	30.4	27.4
新　疆	179.7	65.4	45.6	26.5

4-2-21 续表

单位：元/人

地　区	四、家庭设备及用品支出	五、交通通信支出	六、文教娱乐支出	七、医疗保健支出	八、其他支出
全　国	**16.1**	**5.6**	**12.3**	**7.7**	**3.5**
北　京	44.8	10.0	40.2	10.5	5.0
天　津	31.6	9.2	30.5	8.8	5.3
河　北	17.9	6.7	14.1	8.3	3.3
山　西	15.8	5.7	14.3	7.4	3.6
内蒙古	13.5	5.3	11.8	8.6	2.9
辽　宁	21.2	9.6	25.6	8.1	4.8
吉　林	18.8	6.3	21.2	11.1	3.8
黑龙江	15.5	5.2	12.2	10.0	2.4
上　海	51.8	14.9	35.8	7.6	6.8
江　苏	23.8	8.6	15.1	7.8	4.5
浙　江	32.2	11.8	14.7	9.2	5.6
安　徽	13.6	5.1	9.0	6.5	3.3
福　建	15.1	5.4	13.4	9.0	5.4
江　西	11.8	5.1	11.6	7.0	2.8
山　东	21.8	5.4	14.2	6.7	3.8
河　南	12.1	4.0	7.1	8.1	2.4
湖　北	17.0	5.1	14.3	8.0	3.5
湖　南	15.6	6.6	11.9	7.5	3.4
广　东	17.4	6.8	16.0	11.9	5.2
广　西	12.8	4.8	8.7	6.6	3.7
四　川	11.0	3.5	9.7	6.3	3.0
贵　州	7.8	1.7	6.2	4.1	3.7
云　南	9.8	3.1	6.2	5.6	2.6
西　藏	12.2	1.1	0.4	0.2	2.0
陕　西	11.6	4.0	6.7	7.5	2.5
甘　肃	10.6	4.0	7.4	6.4	2.3
青　海	8.6	5.0	7.5	6.3	3.3
宁　夏	15.1	6.0	14.7	8.1	1.6
新　疆	14.6	5.2	11.2	8.0	3.3

4-2-22 1990年农村居民总收入

单位：元/人

地 区	总收入	一、工资性收入	二、家庭经营收入	三、财产性和转移性收入
全 国	**990.4**	**138.8**	**815.8**	**35.8**
北 京	1649.2	704.7	857.9	86.5
天 津	1371.5	464.1	837.4	70.0
河 北	894.8	171.4	691.3	32.1
山 西	825.0	165.3	623.6	36.1
内蒙古	947.2	52.3	871.1	23.8
辽 宁	1235.9	260.6	951.1	24.3
吉 林	1312.8	75.7	1207.3	29.8
黑龙江	1329.6	77.1	1233.7	18.8
上 海	2232.1	1065.6	1092.6	73.8
江 苏	1273.3	300.6	938.4	34.4
浙 江	1445.7	354.1	1029.1	62.5
安 徽	837.3	77.1	734.9	25.2
福 建	1112.1	156.6	888.2	67.3
江 西	940.9	87.2	822.5	31.2
山 东	994.4	167.8	795.0	31.6
河 南	764.4	79.2	655.2	30.0
湖 北	957.0	82.4	849.9	24.7
湖 南	975.6	85.1	859.8	30.7
广 东	1488.9	235.5	1181.5	71.9
广 西	898.5	59.8	803.5	35.2
海 南	949.3	60.8	827.2	61.3
四 川	846.7	83.6	727.6	35.5
贵 州	629.0	47.0	554.6	27.4
云 南	775.0	77.0	662.6	35.4
西 藏	869.8	45.6	790.6	33.6
陕 西	735.0	87.9	613.6	33.4
甘 肃	614.7	80.9	508.6	25.2
青 海	782.7	81.7	664.2	36.8
宁 夏	835.1	80.4	725.4	29.2
新 疆	1112.0	54.0	1034.7	23.3

4-2-23 1990年农村居民家庭经营总收入

单位：元/人

地 区	家庭经营总收入	一、第一产业收入	1.农业收入	2.林业收入	3.牧业收入	4.渔业收入	二、第二产业收入
全 国	**815.8**	**735.6**	**531.1**	**8.5**	**185.7**	**10.2**	**25.9**
北 京	857.9	693.9	486.5	18.3	185.4	3.7	35.4
天 津	837.4	706.9	538.7	1.8	159.6	6.7	19.9
河 北	691.3	627.6	513.6	2.9	108.8	2.3	25.4
山 西	623.6	517.7	430.5	7.0	80.2		15.8
内蒙古	871.1	845.1	677.8	2.0	164.5	0.8	7.7
辽 宁	951.1	870.4	660.0	1.2	199.6	9.6	21.5
吉 林	1207.3	1166.4	1011.0	1.9	153.0	0.5	9.0
黑龙江	1233.7	1151.3	998.9	0.7	147.0	4.8	11.7
上 海	1092.6	1051.8	762.3	11.4	272.8	5.4	8.0
江 苏	938.4	830.6	567.7	8.7	235.5	18.7	41.1
浙 江	1029.1	839.7	528.3	8.6	277.9	24.9	56.0
安 徽	734.9	672.6	522.9	7.1	134.5	8.2	19.0
福 建	888.2	770.3	456.0	24.0	273.9	16.4	34.4
江 西	822.5	760.9	511.6	16.3	219.3	13.7	21.2
山 东	795.0	717.1	571.0	7.2	138.1	0.9	27.7
河 南	655.2	587.6	486.6	8.7	91.2	1.2	24.2
湖 北	849.9	787.2	593.1	7.3	175.8	10.9	16.1
湖 南	859.8	775.4	476.5	13.5	271.7	13.6	40.1
广 东	1181.5	995.9	598.8	6.6	322.2	68.4	67.9
广 西	803.5	723.5	443.7	12.2	257.0	10.6	36.5
海 南	827.2	703.7	372.6	35.2	190.8	105.2	34.2
四 川	727.6	668.5	397.6	7.9	258.7	4.2	27.0
贵 州	554.6	506.2	320.6	7.3	176.8	1.5	14.2
云 南	662.6	607.3	393.0	7.4	203.9	3.1	15.0
西 藏	790.6	736.1	508.5	16.1	211.5		11.4
陕 西	613.6	559.2	450.8	8.0	99.9	0.6	16.9
甘 肃	508.6	465.2	379.8	6.2	79.2	0.1	13.6
青 海	664.2	596.7	387.8	2.7	205.8	0.5	11.9
宁 夏	725.4	673.2	540.7	5.4	126.2	0.9	14.5
新 疆	1034.7	966.5	823.1	14.1	129.3		5.6

4-2-23 续表 单位：元/人

地　区	1.工业收入	2.建筑业收入	三、第三产业收入	1.交通运输、邮电业收入	2.批发和零贸易、餐饮业收入	3.社会服务业收入	4.其他家庭经营收入
全　国	**13.2**	**12.7**	**54.3**	**21.2**	**14.8**	**7.7**	**10.6**
北　京	16.0	19.4	128.6	76.2	16.0	17.2	19.2
天　津	5.3	14.5	110.6	34.1	45.2	13.4	17.9
河　北	14.7	10.7	38.4	12.6	12.6	6.5	6.7
山　西	10.2	5.6	90.1	64.7	10.1	6.7	8.6
内蒙古	6.3	1.5	18.3	8.9	4.3	2.7	2.3
辽　宁	8.1	13.4	59.2	33.3	14.1	4.8	7.0
吉　林	6.0	3.1	31.9	16.1	5.0	2.2	8.5
黑龙江	9.3	2.3	70.8	18.7	6.8	4.6	40.7
上　海	0.3	7.7	32.8	10.4	3.8	9.0	9.6
江　苏	14.3	26.8	66.7	21.5	17.5	12.4	15.2
浙　江	33.8	22.3	133.4	55.4	30.6	23.6	23.8
安　徽	9.6	9.4	43.3	13.3	17.4	5.9	6.8
福　建	18.9	15.5	83.4	26.1	16.3	14.4	26.6
江　西	13.4	7.8	40.3	15.1	13.4	6.7	5.1
山　东	10.5	17.2	50.2	17.6	13.7	6.1	12.7
河　南	12.0	12.2	43.4	18.8	8.9	5.7	10.0
湖　北	9.7	6.4	46.7	16.1	20.4	7.4	2.9
湖　南	19.7	20.4	44.4	11.8	20.3	7.9	4.4
广　东	28.8	39.1	117.8	37.1	38.1	18.2	24.3
广　西	27.1	9.4	43.5	15.6	17.8	4.0	6.2
海　南	13.9	20.3	89.3	35.2	14.1	5.6	34.4
四　川	10.8	16.1	32.2	11.5	8.7	7.9	4.0
贵　州	8.5	5.7	34.2	10.3	11.7	5.0	7.3
云　南	9.1	5.9	40.4	16.7	10.1	5.6	8.0
西　藏	1.2	10.1	43.1	23.8	11.4	1.3	6.5
陕　西	9.8	7.1	37.5	16.4	11.1	4.2	5.8
甘　肃	7.1	6.5	29.8	11.8	7.7	4.2	6.0
青　海	7.3	4.6	55.5	30.0	11.5	7.9	6.1
宁　夏	9.3	5.2	37.7	27.1	7.7	1.5	1.5
新　疆	2.7	2.9	62.6	30.7	18.1	6.8	7.0

4-2-24 1990年农村居民现金收入

单位：元/人

地 区	现金收入	一、工资性收入	二、家庭经营收入	三、财产性和转移性收入
全 国	**676.7**	**136.4**	**481.2**	**59.1**
北 京	1330.6	686.5	547.3	96.8
天 津	1024.3	460.5	487.0	76.7
河 北	610.8	166.7	397.7	46.4
山 西	586.8	163.5	366.1	57.2
内蒙古	527.0	51.2	431.8	44.1
辽 宁	874.8	249.8	579.8	45.2
吉 林	926.7	75.6	787.5	63.6
黑龙江	871.7	69.8	757.3	44.6
上 海	1740.0	1056.6	555.5	128.0
江 苏	914.1	298.6	551.7	63.8
浙 江	1203.6	352.8	754.5	96.3
安 徽	583.0	76.5	462.6	44.0
福 建	849.4	156.0	605.9	87.5
江 西	577.4	85.5	446.8	45.1
山 东	686.9	158.5	482.6	45.7
河 南	512.9	78.3	386.2	48.5
湖 北	618.1	77.6	476.3	64.1
湖 南	638.5	84.1	475.9	78.5
广 东	1177.7	235.2	832.2	110.3
广 西	569.5	59.8	459.6	50.2
海 南	715.2	59.1	598.4	57.7
四 川	520.5	83.6	380.4	56.6
贵 州	356.5	46.4	265.2	44.9
云 南	479.7	76.9	346.3	56.5
西 藏	292.9	45.6	213.5	33.9
陕 西	454.4	87.9	307.7	58.8
甘 肃	326.9	80.8	212.9	33.2
青 海	471.1	80.2	333.2	57.7
宁 夏	560.3	79.6	423.5	57.1
新 疆	862.1	53.0	750.3	58.8

4-2-25　1990年农村居民家庭经营现金收入

单位:元/人

地　区	家庭经营现金收入	一、第一产业收入			二、第二产业收入
			农业收入	牧业收入	
全　国	**481.2**	**401.3**	**248.6**	**137.3**	**25.4**
北　京	547.3	393.5	220.9	152.5	34.7
天　津	487.0	362.0	206.1	147.5	19.6
河　北	397.7	338.0	245.3	88.3	23.0
山　西	366.1	260.8	190.4	63.8	15.8
内蒙古	431.8	407.0	317.8	86.5	7.0
辽　宁	579.8	504.9	356.3	138.9	19.1
吉　林	787.5	746.6	641.6	102.7	9.0
黑龙江	757.3	689.7	578.7	106.0	11.4
上　海	555.5	512.9	297.8	204.6	8.0
江　苏	551.7	444.0	242.2	181.7	41.1
浙　江	754.5	517.8	244.0	243.8	56.0
安　徽	462.6	401.8	281.8	107.3	18.3
福　建	605.9	490.9	228.9	225.1	34.2
江　西	446.8	386.3	197.0	168.4	20.9
山　东	482.6	408.5	285.2	116.6	26.8
河　南	386.2	319.6	234.1	78.0	24.0
湖　北	476.3	417.0	303.1	100.6	14.8
湖　南	475.9	391.6	165.0	209.8	40.0
广　东	832.2	647.8	308.2	271.7	67.7
广　西	459.6	380.6	167.5	193.8	35.4
海　南	598.4	475.8	193.9	149.0	34.1
四　川	380.4	321.4	135.2	176.8	26.9
贵　州	265.2	217.6	111.2	99.2	13.9
云　南	346.3	292.3	160.7	123.5	14.5
西　藏	213.5	159.8	88.9	57.8	11.2
陕　西	307.7	253.6	180.0	67.2	16.9
甘　肃	212.9	170.2	117.9	47.3	13.3
青　海	333.2	266.4	137.0	127.2	11.9
宁　夏	423.5	371.4	273.9	91.3	14.5
新　疆	750.3	683.8	571.6	103.2	5.5

4-2-25 续表

单位：元/人

地　区	1.工业收入	2.建筑业收入	三、第三产业收入	1.交通运输、邮电业收入	2.批发和零贸易、餐饮业收入	3.社会服务业收入	4.其他家庭经营收入
全　国	**12.9**	**12.5**	**54.6**	**20.9**	**14.7**	**7.6**	**11.4**
北　京	16.0	18.8	119.0	69.4	15.9	16.9	16.8
天　津	5.3	14.3	105.4	33.7	45.2	13.4	13.1
河　北	12.4	10.6	36.7	11.4	12.3	6.5	6.4
山　西	10.2	5.6	89.5	64.6	10.1	6.7	8.2
内蒙古	5.6	1.5	17.8	8.7	4.1	2.7	2.3
辽　宁	7.8	11.3	55.7	30.2	14.2	4.5	6.8
吉　林	5.9	3.1	31.9	16.1	5.0	2.2	8.5
黑龙江	9.1	2.3	56.2	18.6	6.7	4.5	26.5
上　海	0.3	7.7	34.6	10.4	3.8	9.0	11.4
江　苏	14.3	26.8	66.7	21.5	17.5	12.4	15.2
浙　江	33.8	22.3	180.7	55.4	30.6	23.6	71.0
安　徽	9.1	9.2	42.4	13.3	17.3	5.8	6.1
福　建	18.9	15.3	80.9	26.1	16.3	14.3	24.2
江　西	13.3	7.6	39.6	15.1	13.2	6.7	4.7
山　东	10.3	16.6	47.3	16.8	13.2	6.0	11.3
河　南	12.0	12.0	42.6	18.8	8.9	5.7	9.3
湖　北	9.4	5.4	44.6	15.4	19.4	7.0	2.9
湖　南	19.5	20.4	44.3	11.8	20.3	8.0	4.3
广　东	28.6	39.1	116.7	37.1	37.5	18.1	24.0
广　西	26.0	9.4	43.5	15.6	17.8	4.0	6.1
海　南	13.9	20.2	88.6	35.2	13.8	5.6	33.9
四　川	10.7	16.1	32.0	11.5	8.7	7.9	4.0
贵　州	8.3	5.6	33.7	10.3	11.6	5.0	6.8
云　南	8.9	5.7	39.5	16.6	10.0	5.6	7.4
西　藏	1.2	10.0	42.5	23.8	11.4	1.3	6.0
陕　西	9.7	7.1	37.3	16.4	11.1	4.2	5.6
甘　肃	6.8	6.5	29.3	11.8	7.7	4.0	5.8
青　海	7.2	4.6	54.9	30.0	11.5	7.9	5.5
宁　夏	9.3	5.2	37.6	27.1	7.6	1.5	1.5
新　疆	2.6	2.9	61.0	30.1	18.0	6.8	6.1

4-2-26 1990年农村居民纯收入

单位：元/人

地 区	纯收入	一、工资性收入	二、家庭经营纯收入	三、财产性和转移性收入
全 国	**686.3**	**138.8**	**518.6**	**29.0**
北 京	1297.1	704.7	520.9	71.5
天 津	1069.0	464.1	545.9	59.0
河 北	621.7	171.4	422.9	27.4
山 西	603.5	165.3	407.9	30.3
内 蒙 古	607.2	52.3	542.5	12.4
辽 宁	836.2	260.6	557.2	18.3
吉 林	803.5	75.7	702.1	25.7
黑 龙 江	759.9	77.1	670.8	12.0
上 海	1907.3	1065.6	781.8	59.9
江 苏	959.1	300.6	631.5	27.0
浙 江	1099.0	354.1	690.2	54.8
安 徽	539.2	77.1	442.0	20.0
福 建	764.4	156.6	554.2	53.6
江 西	669.9	87.2	557.9	24.8
山 东	680.2	167.8	486.0	26.4
河 南	527.0	79.2	423.2	24.5
湖 北	670.8	82.4	568.8	19.6
湖 南	664.2	85.1	557.1	22.0
广 东	1043.0	235.5	745.4	62.2
广 西	639.5	59.8	553.0	26.7
海 南	696.2	60.8	579.8	55.6
四 川	557.8	83.6	445.6	28.6
贵 州	435.1	47.0	365.3	22.9
云 南	540.9	77.0	434.0	29.9
西 藏	649.7	45.6	580.7	23.4
陕 西	530.8	87.9	414.8	28.1
甘 肃	431.0	80.9	329.8	20.3
青 海	559.8	81.7	448.8	29.4
宁 夏	578.1	80.4	474.3	23.4
新 疆	683.5	54.0	612.7	16.8

4-2-27 1990年农村居民总支出

单位：元/人

地区	总支出	一、家庭经营费用支出	二、购置生产性固定资产支出	三、税费支出	四、消费支出	五、财产性和转移性支出
全国	**903.5**	**241.1**	**20.3**	**38.7**	**584.6**	**18.8**
北京	1371.6	276.9	17.3	50.9	980.7	45.9
天津	1062.5	248.9	17.8	28.2	732.9	34.7
河北	775.7	219.1	23.1	32.7	485.7	15.1
山西	730.1	160.5	27.8	34.9	487.7	19.2
内蒙古	827.7	261.8	21.8	40.7	491.9	11.4
辽宁	1091.0	295.9	20.9	78.2	679.1	16.8
吉林	1176.6	368.3	43.4	99.9	632.9	32.0
黑龙江	1168.3	411.0	32.8	117.2	585.8	21.5
上海	1834.3	258.0	5.0	36.2	1505.1	30.2
江苏	1166.7	250.6	13.0	42.8	842.8	17.6
浙江	1337.8	296.2	33.0	20.7	946.0	41.9
安徽	822.4	231.6	17.0	45.0	514.9	13.9
福建	1082.9	300.6	10.9	17.8	708.0	45.6
江西	858.6	224.2	9.7	28.8	577.2	18.9
山东	878.3	237.3	18.1	57.6	547.1	18.1
河南	688.2	174.8	19.4	41.3	437.7	14.9
湖北	902.3	210.5	12.9	58.4	607.6	13.0
湖南	930.2	258.5	17.3	32.2	608.7	13.6
广东	1410.2	373.6	24.9	46.2	932.6	32.9
广西	803.1	226.9	18.1	10.8	537.0	10.3
海南	834.3	208.3	14.6	13.6	565.8	32.0
四川	801.8	239.2	9.2	31.0	509.2	13.2
贵州	608.0	165.6	12.8	11.0	403.3	15.2
云南	730.3	196.6	21.4	14.1	485.5	12.8
西藏	668.0	144.6	22.1	0.5	490.8	10.0
陕西	699.2	167.5	23.9	17.7	477.1	13.0
甘肃	530.1	147.9	16.6	15.7	339.3	10.6
青海	723.5	161.0	40.4	23.6	474.8	23.7
宁夏	766.7	206.5	40.7	22.4	483.7	13.4
新疆	971.5	326.0	57.7	62.1	506.8	18.9

4-2-28　1990年农村居民家庭经营费用支出

单位：元/人

地　　区	家庭经营费用支出	一、第一产业支出	1.农业支出	2.林业支出	3.牧业支出	4.渔业支出	二、第二产业支出
全　　国	**241.1**	**223.4**	**130.4**	**1.0**	**88.9**	**3.1**	**4.6**
北　　京	276.9	237.9	124.3	2.3	110.8	0.5	5.5
天　　津	248.9	218.6	122.6	1.6	93.8	0.7	0.5
河　　北	219.1	207.9	154.3	0.4	52.8	0.4	4.4
山　　西	160.5	124.3	95.3	0.4	28.6		3.7
内 蒙 古	261.8	253.6	179.2	0.2	73.9	0.2	3.1
辽　　宁	295.9	277.1	180.7	0.6	94.2	1.7	3.4
吉　　林	368.3	353.2	272.2	0.5	80.3	0.2	2.4
黑 龙 江	411.0	389.3	310.9	0.5	76.1	1.8	3.6
上　　海	258.0	249.1	96.5	3.3	146.1	3.3	1.0
江　　苏	250.6	234.8	121.7	1.0	108.8	3.3	6.4
浙　　江	296.2	258.3	123.8	0.7	127.1	6.6	9.4
安　　徽	231.6	215.4	154.0	0.6	59.1	1.8	4.0
福　　建	300.6	271.2	128.0	4.1	133.0	6.1	11.1
江　　西	224.2	205.4	112.9	0.9	89.1	2.6	5.0
山　　东	237.3	226.0	157.1	2.1	66.4	0.3	3.1
河　　南	174.8	159.9	118.4	0.8	40.6	0.1	5.3
湖　　北	210.5	195.0	125.4	0.9	67.3	1.3	2.7
湖　　南	258.5	245.7	99.2	0.6	143.3	2.6	4.7
广　　东	373.6	347.1	156.2	0.8	160.9	29.3	6.8
广　　西	226.9	206.6	82.8	0.7	121.4	1.7	10.2
海　　南	208.3	182.2	69.4	4.5	67.8	40.5	4.8
四　　川	239.2	226.3	75.9	0.2	148.7	1.6	4.0
贵　　州	165.6	152.7	70.9	0.7	80.8	0.4	3.4
云　　南	196.6	180.1	75.3	0.7	103.2	0.8	2.5
西　　藏	144.6	126.4	72.6	0.3	53.4		0.4
陕　　西	167.5	156.1	111.4	1.0	43.6	0.1	3.4
甘　　肃	147.9	137.0	103.6	0.5	32.9		1.8
青　　海	161.0	145.2	95.2	0.7	49.2	0.1	1.2
宁　　夏	206.5	193.5	139.6		52.1	1.8	2.9
新　　疆	326.0	300.7	211.7	4.0	85.1		1.5

4-2-28 续表

单位：元/人

地区	1.工业支出	2.建筑业支出	三、第三产业支出	1.交通运输、邮电业支出	2.批发和零贸易、餐饮业支出	3.社会服务业支出	4.其他家庭经营支出
全国	**4.1**	**0.5**	**13.2**	**7.8**	**2.1**	**0.9**	**2.3**
北京	5.2	0.3	33.6	26.3	1.6	3.4	2.3
天津	0.5		29.7	8.6	15.9	1.6	3.7
河北	4.1	0.3	6.9	3.7	1.2	0.7	1.3
山西	3.0	0.6	32.6	26.1	1.5	1.1	3.9
内蒙古	3.1	0.0	5.1	2.6	0.2	0.4	1.8
辽宁	2.9	0.5	15.4	11.1	1.3	0.4	2.7
吉林	2.1	0.3	12.7	7.5	1.3	0.4	3.6
黑龙江	3.3	0.3	18.1	6.5	0.6	0.7	10.3
上海		1.0	7.9	3.5	0.6	0.8	3.1
江苏	6.2	0.3	9.3	5.4	2.2	0.8	1.0
浙江	9.1	0.3	28.6	18.1	4.2	2.3	3.9
安徽	3.7	0.3	12.2	4.7	4.4	1.1	2.1
福建	5.3	5.7	18.4	10.5	1.2	2.1	4.6
江西	4.8	0.2	13.7	7.6	3.8	0.8	1.5
山东	2.9	0.2	8.3	5.3	1.2	0.5	1.2
河南	4.9	0.4	9.6	5.7	0.5	0.7	2.7
湖北	2.5	0.3	12.8	7.7	3.2	1.0	1.0
湖南	4.5	0.2	8.1	3.2	3.1	1.2	0.6
广东	6.2	0.6	19.8	12.5	2.9	1.3	3.0
广西	10.2	0.0	10.1	5.7	3.4	0.3	0.7
海南	3.8	1.0	21.3	13.3	2.0	0.1	5.9
四川	3.8	0.2	8.9	5.5	1.1	1.3	1.0
贵州	2.7	0.8	9.5	4.2	2.6	0.8	2.0
云南	2.4	0.1	14.1	8.4	3.0	0.9	1.8
西藏		0.4	17.8	12.0	1.6	0.0	4.1
陕西	2.8	0.7	8.0	5.9	1.1	0.3	0.8
甘肃	1.8	0.0	9.2	4.1	0.6	0.4	4.1
青海	1.2	0.0	14.6	8.1	1.0	2.1	3.4
宁夏	2.5	0.4	10.1	9.2	0.5	0.2	0.2
新疆	1.4	0.1	23.7	15.6	2.3	2.0	3.8

4-2-29 1990年农村居民消费支出

单位：元/人

地　区	消费支出	一、食品支出	二、衣着支出	三、居住支出
全　国	**584.6**	**343.8**	**45.4**	**101.4**
北　京	980.7	496.8	91.9	181.0
天　津	732.9	396.4	70.2	126.4
河　北	485.7	253.8	46.9	102.2
山　西	487.7	257.9	59.8	76.0
内蒙古	491.9	302.7	38.0	65.1
辽　宁	679.1	367.6	69.0	126.0
吉　林	632.9	385.4	54.0	99.9
黑龙江	585.8	331.7	58.7	102.2
上　海	1505.1	807.7	132.7	285.8
江　苏	842.8	465.6	57.9	195.0
浙　江	946.0	503.1	59.0	225.8
安　徽	514.9	300.1	38.9	99.1
福　建	708.0	429.2	38.9	121.7
江　西	577.2	372.8	36.3	85.4
山　东	547.1	297.1	52.8	105.7
河　南	437.7	240.9	43.2	80.7
湖　北	607.6	376.2	42.8	90.0
湖　南	608.7	390.7	37.3	82.8
广　东	932.6	538.2	38.4	176.1
广　西	537.0	350.0	26.2	81.6
海　南	565.8	362.5	36.5	69.3
四　川	509.2	330.0	35.6	72.7
贵　州	403.3	282.8	30.2	43.4
云　南	485.5	310.4	35.8	76.2
西　藏	490.8	362.3	42.5	63.7
陕　西	477.1	278.9	38.1	85.3
甘　肃	339.3	208.7	30.1	46.0
青　海	474.8	282.6	60.3	59.8
宁　夏	483.7	277.4	47.9	67.6
新　疆	506.8	272.1	76.9	69.4

4-2-29 续表

单位：元/人

地区	四、家庭设备及用品支出	五、交通通信支出	六、文教娱乐支出	七、医疗保健支出	八、其他支出
全国	**30.9**	**8.4**	**31.4**	**19.0**	**4.3**
北京	79.1	19.9	65.0	39.3	7.9
天津	56.6	10.8	45.6	25.1	1.9
河北	30.2	6.6	24.2	19.1	2.6
山西	30.7	6.6	32.8	20.1	3.7
内蒙古	23.3	8.6	33.2	19.3	1.7
辽宁	34.9	12.5	39.2	24.8	5.1
吉林	26.1	10.1	26.4	27.5	3.7
黑龙江	24.7	9.2	28.3	28.7	2.4
上海	125.6	23.9	59.3	40.3	29.8
江苏	53.2	10.0	34.7	22.7	3.7
浙江	61.5	16.7	42.0	28.4	9.5
安徽	25.8	6.8	25.7	14.7	4.0
福建	34.8	13.8	39.2	20.1	10.4
江西	24.6	6.1	32.3	16.1	3.5
山东	32.8	6.4	32.7	17.1	2.3
河南	23.9	5.6	22.3	18.0	3.1
湖北	33.8	7.7	35.9	17.6	3.6
湖南	28.6	8.8	39.2	18.3	3.0
广东	50.2	16.1	67.0	34.1	12.7
广西	21.8	7.7	31.8	12.5	5.4
海南	20.5	11.8	40.2	19.7	5.3
四川	22.3	6.4	24.7	14.3	3.1
贵州	13.8	3.9	16.9	7.9	4.4
云南	21.8	5.3	19.4	13.7	2.9
西藏	14.0	2.7	1.7	1.4	2.6
陕西	23.4	6.0	23.9	18.2	3.3
甘肃	14.9	4.5	18.9	13.9	2.2
青海	29.0	6.7	16.5	18.5	1.3
宁夏	27.6	12.5	31.8	17.2	1.8
新疆	30.4	11.4	27.0	16.4	3.3

4-2-30　1990年农村居民现金支出

单位：元/人

地　区	现金支出	一、家庭经营费用支出	二、购买生产性固定资产支出	三、税费支出	四、消费支出	五、财产性和转移性支出
全　国	**639.1**	**162.9**	**20.5**	**33.4**	**374.7**	**47.6**
北　京	1183.6	210.5	16.9	48.0	844.2	64.0
天　津	846.0	194.0	17.5	10.1	558.7	65.7
河　北	561.2	144.6	23.8	27.5	329.8	35.5
山　西	563.4	119.9	27.7	26.8	346.1	42.9
内蒙古	500.6	135.9	21.8	35.9	271.2	35.9
辽　宁	829.6	197.1	20.9	64.3	481.8	65.6
吉　林	866.9	261.2	43.6	99.5	389.7	73.0
黑龙江	806.6	255.9	32.4	95.6	368.4	54.4
上　海	1568.8	251.0	5.8	36.2	1146.1	129.8
江　苏	895.9	195.7	12.9	42.8	569.7	75.0
浙　江	1132.9	238.7	33.3	20.7	746.6	93.7
安　徽	578.2	151.0	17.0	43.4	323.0	43.9
福　建	848.6	243.4	10.5	14.2	500.8	79.8
江　西	553.2	156.1	9.6	24.0	317.3	46.2
山　东	646.8	158.7	18.8	51.2	379.6	38.5
河　南	488.5	120.1	19.4	37.1	280.7	31.2
湖　北	603.4	134.2	12.8	48.3	344.0	64.1
湖　南	628.1	154.7	17.3	29.9	352.7	73.6
广　东	1089.4	297.4	26.7	22.7	686.4	56.1
广　西	507.1	158.5	18.2	10.4	290.3	29.6
海　南	618.8	165.4	14.7	5.0	399.4	34.3
四　川	502.3	142.5	9.2	30.8	285.1	34.8
贵　州	350.5	92.9	13.1	9.8	199.3	35.5
云　南	447.7	107.1	21.6	6.8	285.3	27.0
西　藏	245.4	40.7	21.8	0.5	173.1	9.4
陕　西	444.9	105.8	24.0	15.9	270.3	28.9
甘　肃	308.7	85.7	16.6	12.4	174.3	19.7
青　海	446.3	86.2	40.6	23.3	256.6	39.6
宁　夏	534.2	136.4	40.7	22.1	297.3	37.7
新　疆	716.7	236.4	57.8	58.2	333.9	30.5

4-2-31 1990年农村居民家庭经营费用现金支出

单位：元/人

地区	家庭经营费用现金支出	一、第一产业支出	1.农业支出	2.林业支出	3.牧业支出	4.渔业支出	二、第二产业支出
全国	**162.9**	**146.4**	**99.5**	**0.8**	**43.2**	**3.0**	**4.2**
北京	210.5	174.6	102.5	0.6	71.1	0.4	5.4
天津	194.0	166.1	99.0	1.6	64.9	0.7	0.5
河北	144.6	136.2	114.1	0.3	21.4	0.4	2.5
山西	119.9	88.1	72.9	0.4	14.9		3.5
内蒙古	135.9	129.0	105.1	0.2	23.5	0.2	2.5
辽宁	197.1	180.9	139.6	0.2	39.5	1.6	3.3
吉林	261.2	246.4	216.4	0.5	29.3	0.2	2.4
黑龙江	255.9	236.0	194.3	0.4	39.5	1.8	3.2
上海	251.0	242.1	95.1	3.2	140.6	3.3	1.0
江苏	195.7	179.9	111.2	1.0	64.5	3.3	6.4
浙江	238.7	201.1	115.4	0.5	78.8	6.5	9.3
安徽	151.0	135.8	106.9	0.5	26.7	1.7	3.8
福建	243.4	215.8	112.8	3.8	93.3	5.9	10.4
江西	156.1	137.8	95.3	0.6	39.5	2.4	5.0
山东	158.7	148.9	121.8	1.7	25.1	0.3	2.0
河南	120.1	105.7	88.3	0.7	16.6	0.1	5.1
湖北	134.2	120.9	90.2	0.6	29.0	1.1	2.3
湖南	154.7	142.1	81.6	0.6	57.5	2.5	4.6
广东	297.4	271.2	132.7	0.4	109.5	28.7	6.7
广西	158.5	138.2	76.3	0.7	59.5	1.7	10.2
海南	165.4	141.4	59.1	4.2	37.6	40.5	4.4
四川	142.5	129.8	63.5	0.1	64.6	1.6	4.0
贵州	92.9	81.2	47.1	0.2	33.5	0.3	3.0
云南	107.1	91.5	52.0	0.7	38.2	0.6	2.4
西藏	40.7	29.4	21.2	0.1	8.1		0.4
陕西	105.8	94.5	77.9	1.0	15.4	0.1	3.4
甘肃	85.7	78.0	67.5	0.4	10.1		1.7
青海	86.2	70.5	48.7	0.7	21.0	0.1	1.2
宁夏	136.4	123.4	93.9		27.6	1.8	2.9
新疆	236.4	213.0	168.8	1.9	42.3		1.5

4-2-31 续表 单位：元/人

地　区	1.工业支出	2.建筑业支出	三、第三产业支出	1.交通运输、邮电业支出	2.批发和零贸易、餐饮业支出	3.社会服务业支出	4.其他家庭经营支出
全　国	**3.8**	**0.4**	**12.3**	**7.5**	**2.0**	**0.9**	**1.9**
北　京	5.2	0.2	30.5	23.3	1.6	3.3	2.3
天　津	0.5		27.5	8.2	15.9	1.6	1.8
河　北	2.4	0.1	5.9	2.8	1.2	0.6	1.2
山　西	2.9	0.6	28.3	24.4	1.4	1.1	1.5
内蒙古	2.5		4.4	2.4	0.2	0.4	1.3
辽　宁	2.8	0.5	12.9	10.2	0.8	0.3	1.6
吉　林	2.1	0.3	12.5	7.5	1.3	0.4	3.4
黑龙江	2.9	0.3	16.8	6.0	0.6	0.7	9.5
上　海		1.0	7.9	3.5	0.6	0.8	3.1
江　苏	6.2	0.3	9.3	5.4	2.2	0.8	1.0
浙　江	9.0	0.3	28.4	18.1	4.2	2.3	3.8
安　徽	3.5	0.3	11.4	4.5	4.0	1.1	1.8
福　建	5.1	5.4	17.2	10.3	1.2	1.7	4.0
江　西	4.8	0.2	13.4	7.6	3.8	0.7	1.2
山　东	1.8	0.2	7.9	5.2	1.2	0.5	1.0
河　南	4.7	0.4	9.3	5.6	0.4	0.7	2.5
湖　北	2.2	0.1	11.0	6.7	2.6	0.9	0.8
湖　南	4.4	0.2	8.0	3.3	3.1	1.1	0.6
广　东	6.1	0.6	19.5	12.5	2.8	1.3	3.0
广　西	10.2		10.1	5.7	3.4	0.3	0.7
海　南	3.7	0.7	19.7	12.6	2.0	0.1	4.9
四　川	3.8	0.2	8.8	5.5	1.1	1.3	0.8
贵　州	2.7	0.4	8.7	3.9	2.6	0.7	1.5
云　南	2.3	0.1	13.1	8.3	2.7	0.9	1.2
西　藏		0.4	11.0	9.3	0.4		1.3
陕　西	2.8	0.7	8.0	5.8	1.1	0.3	0.7
甘　肃	1.7		6.0	4.0	0.4	0.2	1.5
青　海	1.2		14.5	8.1	1.0	2.1	3.3
宁　夏	2.5	0.4	10.1	9.2	0.5	0.2	0.2
新　疆	1.4	0.1	21.8	15.6	2.3	2.0	2.0

4-2-32 1990年农村居民现金消费支出

单位：元/人

地区	现金消费支出	一、食品支出	二、衣着支出	三、居住支出
全国	**374.7**	**155.9**	**44.0**	**81.2**
北京	844.2	367.7	91.8	182.2
天津	558.7	241.5	69.5	107.8
河北	329.8	116.6	43.2	87.3
山西	346.1	122.4	58.9	71.2
内蒙古	271.2	94.7	44.0	46.6
辽宁	481.8	200.6	68.9	96.4
吉林	389.7	164.4	54.0	77.6
黑龙江	368.4	148.5	58.7	68.2
上海	1146.1	497.3	106.8	274.1
江苏	569.7	224.4	51.9	170.1
浙江	746.6	324.6	56.6	207.4
安徽	323.0	134.4	37.9	74.2
福建	500.8	252.1	38.8	92.3
江西	317.3	141.5	35.9	57.6
山东	379.6	152.0	49.7	86.7
河南	280.7	102.1	41.0	64.9
湖北	344.0	138.9	41.8	64.8
湖南	352.7	152.8	37.2	64.8
广东	686.4	321.4	38.2	147.1
广西	290.3	134.7	26.2	50.3
海南	399.4	216.2	36.5	49.3
四川	285.1	126.7	35.3	52.5
贵州	199.3	90.1	30.1	32.5
云南	285.3	124.6	35.7	62.4
西藏	173.1	88.4	42.5	19.9
陕西	270.3	87.7	37.0	70.8
甘肃	174.3	56.1	30.1	33.9
青海	256.6	89.6	54.6	41.4
宁夏	297.3	95.7	47.9	62.9
新疆	333.9	110.8	74.5	60.4

4-2-32 续表 单位：元/人

地　区	四、家庭设备及用品支出	五、交通通信支出	六、文教娱乐支出	七、医疗保健支出	八、其他支出
全　国	**30.7**	**8.4**	**31.3**	**19.0**	**4.3**
北　京	78.9	17.3	64.2	36.8	5.4
天　津	56.6	10.7	45.6	25.1	1.9
河　北	30.2	6.6	24.2	19.1	2.6
山　西	30.4	6.6	32.7	20.1	3.8
内蒙古	23.2	8.6	33.2	19.3	1.6
辽　宁	34.5	12.5	39.1	24.7	5.0
吉　林	26.1	10.1	26.4	27.5	3.7
黑龙江	24.6	9.2	28.3	28.6	2.4
上　海	125.6	23.9	59.3	40.3	18.8
江　苏	52.3	10.0	34.7	22.7	3.7
浙　江	61.4	16.7	42.0	28.4	9.5
安　徽	25.6	6.7	25.6	14.6	3.9
福　建	34.7	13.8	39.1	19.9	10.3
江　西	24.5	6.1	32.3	16.1	3.2
山　东	32.7	6.3	32.7	17.1	2.3
河　南	23.8	5.6	22.3	17.9	3.1
湖　北	33.7	7.7	35.9	17.5	3.6
湖　南	28.6	8.8	39.2	18.3	3.0
广　东	50.2	16.1	66.9	34.0	12.5
广　西	21.7	7.7	31.8	12.5	5.4
海　南	20.4	11.8	40.2	19.7	5.4
四　川	22.1	6.4	24.7	14.3	3.1
贵　州	13.7	3.8	16.9	7.8	4.4
云　南	21.3	5.3	19.4	13.7	2.9
西　藏	14.0	2.7	1.7	1.4	2.6
陕　西	23.3	6.0	23.9	18.2	3.3
甘　肃	14.9	4.4	18.8	13.8	2.3
青　海	28.1	6.7	16.5	18.5	1.3
宁　夏	27.6	12.5	31.9	17.2	1.7
新　疆	30.2	11.4	27.0	16.4	3.3

4-2-33 1995年农村居民总收入

单位：元/人

地区	总收入	一、工资性收入	二、家庭经营收入	三、财产性收入	四、转移性收入
全国	**2337.9**	**353.7**	**1877.4**	**41.0**	**65.8**
北京	3923.2	1715.0	1904.1	116.6	187.5
天津	3373.7	1012.2	2253.3	55.3	52.9
河北	2376.5	441.2	1851.4	40.9	43.0
山西	1565.7	367.2	1131.7	22.9	43.9
内蒙古	2053.8	98.6	1871.5	54.8	28.9
辽宁	2953.5	486.2	2350.6	70.6	46.1
吉林	2819.5	165.6	2481.5	145.4	27.1
黑龙江	3159.3	130.3	2921.4	80.5	27.2
上海	4860.6	2734.0	1776.3	154.8	195.5
江苏	3290.9	821.9	2368.0	25.6	75.5
浙江	3974.9	1109.8	2691.8	62.5	110.8
安徽	2016.4	234.2	1688.5	35.4	58.2
福建	2748.9	520.5	1977.9	118.9	131.5
江西	2325.4	319.7	1940.6	14.5	50.5
山东	2627.0	409.0	2135.2	28.8	54.0
河南	1862.9	163.5	1631.0	28.4	40.0
湖北	2184.2	192.4	1907.4	33.5	51.0
湖南	2235.4	268.0	1892.4	15.1	59.9
广东	3536.3	712.3	2579.1	50.1	194.9
广西	2101.4	202.1	1802.9	11.4	85.0
海南	1935.0	53.6	1716.2	74.3	91.0
四川	1864.9	208.6	1558.6	21.4	76.4
贵州	1574.4	146.3	1353.2	16.3	58.6
云南	1709.5	120.8	1483.5	57.0	48.1
西藏	1501.5	79.2	1313.3	46.0	63.0
陕西	1440.1	186.0	1192.7	17.3	44.1
甘肃	1368.5	91.7	1216.3	18.3	42.2
青海	1382.2	96.7	1253.5	3.0	29.0
宁夏	1825.1	188.8	1588.2	22.5	25.6
新疆	2414.6	64.5	2238.7	65.3	46.1

4-2-34 1995年农村居民家庭经营总收入

单位：元/人

地区	家庭经营总收入	一、第一产业收入	1.农业收入	2.林业收入	3.牧业收入	4.渔业收入	二、第二产业收入
全国	**1877.4**	**1652.3**	**1188.1**	**16.5**	**420.8**	**26.9**	**65.4**
北京	1904.1	1506.2	1128.7	15.1	317.4	45.2	52.5
天津	2253.3	2039.4	1558.8	2.1	470.6	7.8	62.3
河北	1851.4	1626.5	1355.3	6.2	263.3	1.7	55.4
山西	1131.7	932.9	768.5	8.5	155.5	0.4	47.3
内蒙古	1871.5	1791.5	1402.1	2.9	386.0	0.6	21.7
辽宁	2350.6	2169.9	1610.6	4.6	520.6	34.1	32.6
吉林	2481.5	2390.7	2104.7	3.1	281.3	1.7	26.4
黑龙江	2921.4	2775.5	2388.6	3.9	359.2	23.8	26.3
上海	1776.3	1608.5	1227.9		373.7	6.8	21.4
江苏	2368.0	2058.3	1515.9	12.7	485.1	44.6	131.5
浙江	2691.8	1900.5	1226.1	14.6	581.5	78.2	298.8
安徽	1688.5	1547.7	1157.3	18.9	348.1	23.4	31.3
福建	1977.9	1593.3	1107.5	20.7	419.8	45.4	105.2
江西	1940.6	1797.1	1100.8	25.1	620.0	51.2	29.7
山东	2135.2	1969.5	1553.4	24.4	389.1	2.6	49.3
河南	1631.0	1482.0	1236.8	15.6	225.4	4.2	35.7
湖北	1907.4	1762.4	1304.1	20.6	401.9	35.9	38.3
湖南	1892.4	1648.8	974.4	15.2	618.2	40.9	109.7
广东	2579.1	1986.8	1154.9	21.6	640.1	170.3	182.4
广西	1802.9	1566.5	853.2	27.5	658.7	27.2	84.9
海南	1716.2	1442.1	969.3	72.9	346.6	53.3	44.4
四川	1558.6	1429.0	822.1	15.2	579.1	12.6	45.9
贵州	1353.2	1209.3	783.4	12.2	410.1	3.7	39.6
云南	1483.5	1284.7	832.0	22.1	416.6	14.0	44.3
西藏	1313.3	979.0	613.7	45.0	320.3		30.4
陕西	1192.7	1060.9	833.8	8.2	218.3	0.5	41.4
甘肃	1216.3	1058.8	841.8	11.4	205.5		36.7
青海	1253.5	1088.8	705.5	4.5	378.8		16.6
宁夏	1588.2	1412.9	1000.2	8.3	401.9	2.5	27.8
新疆	2238.7	2074.0	1630.1	35.2	398.3	10.3	11.0

4-2-34 续表　　　　　　　　　　　　　　　　　　　　　　　　　　单位：元/人

地　区	1.工业收入	2.建筑业收入	三、第三产业收入	1.交通运输、邮电业收入	2.批发和零贸易、餐饮业收入	3.社会服务业收入	4.其他家庭经营收入
全　国	**26.9**	**38.5**	**159.7**	**47.6**	**43.7**	**20.3**	**48.0**
北　京	45.5	6.9	345.4	243.1	24.9	14.2	63.3
天　津	32.0	30.2	151.7	31.8	48.0	30.7	41.1
河　北	34.2	21.2	169.5	51.2	70.8	14.2	33.3
山　西	23.5	23.8	151.5	79.4	28.6	18.5	24.9
内蒙古	18.6	3.1	58.2	13.4	13.4	5.4	26.0
辽　宁	14.0	18.6	148.0	42.8	50.9	13.5	40.8
吉　林	12.7	13.8	64.3	20.2	17.5	3.7	23.0
黑龙江	12.6	13.6	119.6	46.5	11.4	12.5	49.2
上　海	6.6	14.7	146.4	44.3	7.6	28.7	65.9
江　苏	31.6	99.9	178.2	60.3	61.8	26.4	29.7
浙　江	206.2	92.6	492.5	153.0	146.9	69.9	122.8
安　徽	7.0	24.2	109.5	25.3	27.0	14.4	42.8
福　建	19.5	85.7	279.4	80.9	65.4	46.2	87.0
江　西	15.7	14.0	113.9	30.8	28.3	21.1	33.7
山　东	14.1	35.2	116.4	24.5	25.0	11.5	55.5
河　南	7.5	28.2	113.3	36.6	24.4	12.8	39.6
湖　北	17.9	20.4	106.7	20.6	42.9	15.4	27.9
湖　南	49.9	59.9	133.9	34.9	47.0	20.3	31.7
广　东	29.5	152.9	409.8	110.3	138.7	52.9	107.9
广　西	34.9	50.0	151.5	47.0	51.9	15.0	37.6
海　南	12.8	31.5	229.8	33.0	20.7	23.6	152.5
四　川	12.4	33.5	83.7	21.4	19.9	20.9	21.6
贵　州	22.8	16.8	104.3	17.8	35.7	21.0	29.8
云　南	23.4	20.9	154.5	55.1	24.8	7.6	67.1
西　藏	10.3	20.1	303.9	85.2	57.4	13.3	148.0
陕　西	21.9	19.6	90.4	34.3	25.8	7.8	22.6
甘　肃	6.9	29.9	120.8	21.6	19.4	15.1	64.8
青　海	7.8	8.8	148.1	46.2	35.5	9.7	56.7
宁　夏	24.0	3.9	147.5	90.6	44.8	6.6	5.5
新　疆	5.1	5.9	153.7	38.4	32.2	27.4	55.7

4-2-35　1995年农村居民现金收入

单位：元/人

地　区	现金收入	一、工资性收入	二、家庭经营收入	三、财产性收入	四、转移性收入
全　国	**1595.6**	**352.9**	**1116.7**	**38.2**	**87.8**
北　京	3300.0	1707.8	1303.9	88.4	199.9
天　津	2275.4	1007.8	1181.1	29.2	57.2
河　北	1423.6	440.8	902.1	28.3	52.4
山　西	1088.2	366.3	631.5	21.5	68.8
内蒙古	1197.0	98.5	1004.3	48.5	45.7
辽　宁	1923.2	501.2	1307.6	43.1	71.3
吉　林	1853.9	165.3	1586.1	55.4	47.0
黑龙江	2195.1	130.0	1912.9	99.5	52.7
上　海	4272.4	2719.7	1178.9	120.9	252.9
江　苏	2323.0	815.0	1367.7	33.2	107.2
浙　江	3431.4	1106.0	2095.4	66.9	163.1
安　徽	1367.7	233.9	1041.4	20.9	71.5
福　建	2226.9	526.2	1502.7	37.5	160.5
江　西	1539.9	319.5	1126.4	24.4	69.6
山　东	1608.3	404.0	1097.9	40.7	65.7
河　南	1020.7	162.7	776.8	33.8	47.5
湖　北	1380.3	192.2	1076.2	19.0	93.0
湖　南	1515.3	267.4	1097.4	38.7	111.9
广　东	2891.3	708.9	1892.3	57.5	232.6
广　西	1550.2	201.9	1213.7	33.1	101.6
海　南	1363.3	53.4	1193.2	16.1	100.5
四　川	1129.1	208.3	802.6	18.8	99.4
贵　州	913.7	146.0	663.4	22.7	81.6
云　南	1209.7	120.3	984.2	40.0	65.2
西　藏	772.4	79.0	599.7	33.5	60.1
陕　西	881.1	185.8	571.9	71.0	52.5
甘　肃	674.3	91.5	515.5	15.9	51.4
青　海	733.2	96.5	573.9	21.1	41.7
宁　夏	1279.6	188.7	1019.7	34.8	36.4
新　疆	1876.6	64.4	1700.9	59.2	52.1

4-2-36 1995年农村居民家庭经营现金收入

单位：元/人

地区	家庭经营现金收入	一、第一产业收入	农业收入	牧业收入	二、第二产业收入
全国	**1116.7**	**879.1**	**523.1**	**322.5**	**64.3**
北京	1303.9	904.4	606.0	245.0	41.2
天津	1181.1	964.8	506.9	448.9	62.3
河北	902.1	670.1	454.6	211.3	53.0
山西	631.5	411.0	289.4	116.6	46.6
内蒙古	1004.3	916.0	684.6	228.2	20.6
辽宁	1307.6	1119.3	707.0	387.8	36.6
吉林	1586.1	1483.6	1177.2	302.1	26.8
黑龙江	1912.9	1760.7	1513.7	227.5	23.9
上海	1178.9	987.3	681.3	301.9	21.4
江苏	1367.7	1026.0	578.0	401.7	129.3
浙江	2095.4	1207.0	602.3	515.2	298.8
安徽	1041.4	890.8	589.2	267.8	31.2
福建	1502.7	1063.7	583.1	413.5	105.6
江西	1126.4	972.7	414.9	499.2	28.9
山东	1097.9	926.9	620.8	293.1	48.7
河南	776.8	627.7	451.1	164.6	35.3
湖北	1076.2	924.3	640.7	251.4	34.4
湖南	1097.4	833.8	292.3	502.7	107.6
广东	1892.3	1270.0	564.0	538.2	182.2
广西	1213.7	983.3	357.5	579.7	81.1
海南	1193.2	909.9	517.6	270.4	46.0
四川	802.6	671.2	246.1	404.9	45.3
贵州	663.4	516.7	253.1	253.2	36.9
云南	984.2	784.6	457.1	299.1	43.9
西藏	599.7	264.5	139.2	118.0	29.9
陕西	571.9	441.2	286.5	149.5	38.4
甘肃	515.5	358.7	255.1	97.1	36.7
青海	573.9	409.3	188.1	218.4	16.4
宁夏	1019.7	838.7	497.4	331.5	27.8
新疆	1700.9	1538.0	1213.9	300.1	11.0

4-2-36 续表 单位：元/人

地　区	1.工业收入	2.建筑业收入	三、第三产业收入	1.交通运输、邮电业收入	2.批发和零贸易、餐饮业收入	3.社会服务业收入	4.其他家庭经营收入
全　国	**25.7**	**38.6**	**173.3**	**47.6**	**43.7**	**20.3**	**61.7**
北　京	34.3	6.9	358.3	243.1	24.9	14.2	76.2
天　津	32.0	30.2	152.5	31.8	48.0	30.7	41.9
河　北	31.8	21.2	178.9	51.2	70.8	14.2	42.7
山　西	22.8	23.8	173.9	79.4	28.6	18.5	47.3
内蒙古	17.6	3.1	67.6	13.4	13.4	5.4	35.4
辽　宁	16.5	20.1	151.7	42.8	50.9	13.4	44.6
吉　林	13.0	13.8	75.8	20.2	17.5	3.7	34.5
黑龙江	10.2	13.6	128.3	46.5	11.4	12.5	57.8
上　海	6.6	14.7	170.2	44.3	7.6	28.7	89.6
江　苏	29.4	99.9	212.3	60.3	61.8	26.4	63.9
浙　江	206.2	92.6	589.6	153.0	146.9	69.9	219.8
安　徽	7.0	24.2	119.4	25.3	27.0	14.3	52.7
福　建	19.9	85.7	333.3	80.9	65.4	46.2	140.9
江　西	14.9	14.0	124.8	30.8	28.3	21.1	44.6
山　东	13.6	35.1	122.4	24.5	25.0	11.5	61.5
河　南	7.1	28.2	113.7	36.6	24.4	12.8	40.1
湖　北	14.0	20.4	117.5	20.6	42.9	15.4	38.6
湖　南	47.8	59.9	155.9	34.9	47.0	20.3	53.7
广　东	29.3	152.9	440.2	110.3	138.7	52.9	138.2
广　西	31.0	50.0	149.3	47.0	51.9	15.0	35.5
海　南	14.4	31.5	237.4	33.0	20.7	23.6	160.1
四　川	11.9	33.5	86.0	21.4	19.9	20.9	23.9
贵　州	20.1	16.8	109.8	17.8	35.7	21.1	35.2
云　南	23.1	20.9	155.7	55.1	24.8	7.6	68.2
西　藏	9.8	20.1	305.3	85.2	57.4	13.3	149.4
陕　西	18.8	19.6	92.3	34.3	25.8	7.8	24.5
甘　肃	6.8	29.9	120.1	21.6	19.4	15.1	64.0
青　海	7.7	8.8	148.1	46.2	35.5	9.7	56.7
宁　夏	24.0	3.9	153.2	90.6	44.8	6.6	11.2
新　疆	5.1	5.9	151.9	38.4	29.9	27.4	56.2

4-2-37 1995年农村居民纯收入

单位：元/人

地 区	纯收入	一、工资性收入	二、家庭经营纯收入	三、财产性收入	四、转移性收入
全 国	**1577.7**	**353.7**	**1125.8**	**41.0**	**57.3**
北 京	3223.7	1715.0	1220.9	116.6	171.2
天 津	2406.4	1012.2	1297.7	55.3	41.2
河 北	1668.7	441.2	1149.8	40.9	36.8
山 西	1208.3	367.2	780.8	22.9	37.4
内蒙古	1208.4	98.6	1036.0	54.8	19.0
辽 宁	1756.5	486.2	1161.6	70.6	38.2
吉 林	1609.6	165.6	1277.5	145.4	21.2
黑龙江	1766.3	130.3	1534.1	80.5	21.4
上 海	4245.6	2734.0	1183.4	154.8	173.4
江 苏	2456.9	821.9	1544.4	25.6	65.0
浙 江	2966.2	1109.8	1696.6	62.5	97.4
安 徽	1302.8	234.2	980.7	35.4	52.5
福 建	2048.6	520.5	1296.0	118.9	113.2
江 西	1537.4	319.7	1161.5	14.5	41.7
山 东	1715.1	409.0	1230.6	28.8	46.8
河 南	1232.0	163.5	1004.2	28.5	35.8
湖 北	1511.2	192.4	1237.9	33.5	47.5
湖 南	1425.2	268.0	1095.9	15.1	46.2
广 东	2699.2	712.3	1756.6	50.1	180.3
广 西	1446.1	202.1	1158.1	11.4	74.5
海 南	1519.7	53.6	1307.9	74.3	84.0
四 川	1158.3	208.6	860.4	21.4	67.9
贵 州	1086.6	146.3	871.4	16.3	52.6
云 南	1011.0	120.8	792.0	57.0	41.1
西 藏	1200.3	79.2	1022.2	46.0	53.0
陕 西	962.9	186.0	723.2	17.3	36.4
甘 肃	880.3	91.7	734.0	18.3	36.4
青 海	1029.8	96.7	908.2	3.0	21.9
宁 夏	998.8	188.8	767.2	22.5	20.2
新 疆	1136.5	64.5	967.6	65.3	39.1

4-2-38 1995年农村居民总支出

单位：元/人

地　区	总支出	一、家庭经营费用支出	二、购置生产性固定资产支出	三、税费支出	四、消费支出	五、财产性和转移性支出
全　国	**2138.3**	**621.7**	**62.3**	**88.7**	**1310.4**	**55.3**
北　京	3103.2	547.1	48.7	64.5	2335.6	107.3
天　津	2597.3	825.9	48.8	84.8	1548.4	89.4
河　北	1882.7	574.8	68.9	84.2	1104.3	50.4
山　西	1298.1	278.9	30.6	45.1	928.0	15.6
内蒙古	2098.1	664.0	101.2	105.3	1180.5	47.2
辽　宁	2804.6	982.8	46.8	162.7	1471.9	140.3
吉　林	2864.2	975.8	156.5	153.1	1494.6	84.3
黑龙江	3073.7	1002.0	180.9	294.6	1479.8	116.5
上　海	4060.5	497.9	41.3	65.7	3387.0	68.5
江　苏	2861.6	675.2	51.5	117.7	1938.0	79.1
浙　江	3535.8	855.4	169.7	53.9	2378.4	78.3
安　徽	1855.8	569.0	66.1	97.1	1070.6	53.1
福　建	2660.0	599.2	41.9	51.6	1793.7	173.5
江　西	2083.9	678.7	36.2	73.8	1256.1	39.2
山　东	2301.3	722.8	56.7	146.0	1338.5	37.4
河　南	1604.8	505.6	55.7	80.1	929.4	33.9
湖　北	1971.6	510.2	26.4	132.2	1245.1	57.6
湖　南	2203.4	669.3	35.7	105.3	1367.3	25.8
广　东	3151.3	714.5	25.4	73.8	2255.0	82.6
广　西	1890.0	589.8	43.7	29.9	1202.9	23.6
海　南	1558.1	332.4	19.2	35.4	1080.5	90.7
四　川	1828.2	599.8	33.5	66.4	1092.9	35.7
贵　州	1438.6	422.7	28.6	27.9	930.6	28.8
云　南	1733.8	609.3	60.6	34.5	981.1	48.3
西　藏	1211.0	180.1	114.7	2.6	896.8	16.8
陕　西	1423.5	385.5	42.2	58.0	913.7	24.1
甘　肃	1469.8	423.3	65.1	30.9	915.3	35.3
青　海	1306.4	258.3	69.5	39.2	913.8	25.6
宁　夏	1990.6	704.2	141.5	46.0	1063.2	35.8
新　疆	2363.5	1035.1	144.3	173.4	941.6	69.1

4-2-39 1995年农村居民家庭经营费用支出

单位：元/人

地区	家庭经营费用支出	一、第一产业支出	1.农业支出	2.林业支出	3.牧业支出	4.渔业支出	二、第二产业支出
全国	**621.7**	**575.6**	**321.5**	**2.5**	**242.4**	**9.2**	**14.3**
北京	547.1	378.4	218.6	2.7	127.3	29.8	32.3
天津	825.9	783.6	417.9	4.0	360.9	0.7	24.7
河北	574.8	530.4	355.1	1.6	173.1	0.6	13.1
山西	278.9	240.2	182.8	1.8	55.4	0.2	10.0
内蒙古	664.0	644.1	448.9	0.9	194.2	0.1	8.8
辽宁	982.8	943.9	534.5	2.6	388.8	18.0	5.3
吉林	975.8	950.3	729.7	1.7	217.9	1.0	7.5
黑龙江	1002.0	969.1	771.5	1.1	182.6	13.8	4.0
上海	497.9	472.1	221.3	2.0	244.5	4.2	8.8
江苏	675.2	621.1	310.4	1.3	296.7	12.7	14.5
浙江	855.4	646.6	273.7	3.6	326.8	42.5	108.7
安徽	569.0	541.6	343.2	2.1	187.4	8.9	5.9
福建	599.2	529.4	253.8	10.7	249.3	15.7	20.4
江西	678.7	649.5	297.7	2.5	336.4	13.0	10.0
山东	722.8	696.9	423.2	3.0	270.3	0.5	6.4
河南	505.6	472.4	329.0	2.7	137.4	3.4	5.7
湖北	510.2	482.6	287.7	2.1	186.3	6.5	9.6
湖南	669.3	611.7	217.9	0.8	380.5	12.4	30.6
广东	714.5	646.4	239.1	1.7	354.9	50.7	12.9
广西	589.8	544.1	201.6	1.8	334.9	5.9	19.7
海南	332.4	317.4	183.6	14.1	106.9	12.8	1.7
四川	599.7	577.0	200.3	1.0	371.9	3.8	6.9
贵州	422.7	386.5	159.0	1.9	225.2	0.3	8.6
云南	609.3	550.4	261.8	4.3	277.7	6.5	15.2
西藏	180.1	123.7	85.8	0.4	37.5		1.8
陕西	385.5	357.8	230.6	2.2	124.9	0.1	10.5
甘肃	423.3	389.6	301.3	3.0	85.3		3.3
青海	258.3	230.9	161.4	0.5	69.0		1.2
宁夏	704.2	649.3	359.6	0.3	286.7	2.7	8.0
新疆	1035.1	986.2	768.2	3.8	208.4	5.7	4.8

4-2-39 续表

单位：元/人

地　区	1.工业支出	2.建筑业支出	三、第三产业支出	1.交通运输、邮电业支出	2.批发和零贸易、餐饮业支出	3.社会服务业支出	4.其他家庭经营支出
全　国	**11.0**	**3.3**	**31.8**	**16.4**	**7.8**	**2.6**	**5.0**
北　京	22.8	9.5	136.4	127.1	1.0	6.6	1.6
天　津	19.4	5.3	17.6	10.5	3.5	1.6	2.0
河　北	12.0	1.2	31.3	14.4	13.8	1.8	1.3
山　西	7.8	2.2	28.7	23.3	1.8	1.7	1.9
内蒙古	8.3	0.5	11.2	3.2	1.3	0.6	6.0
辽　宁	3.6	1.7	33.6	20.5	9.7	0.8	2.6
吉　林	4.6	3.0	18.0	7.9	5.6	1.4	3.1
黑龙江	2.3	1.7	29.0	17.1	3.3	2.4	6.2
上　海	0.4	8.4	17.1	10.9	0.8	4.6	0.9
江　苏	12.8	1.7	39.6	16.2	18.6	2.2	2.7
浙　江	97.3	11.3	100.1	46.2	29.0	12.2	12.6
安　徽	1.8	4.0	21.5	8.2	3.3	1.4	8.5
福　建	4.2	16.3	49.4	26.9	10.2	4.8	7.4
江　西	9.2	0.8	19.1	10.7	2.8	3.0	2.6
山　东	2.5	3.9	19.4	9.3	5.3	1.5	3.4
河　南	4.1	1.6	27.5	16.0	5.4	1.6	4.5
湖　北	7.4	2.2	18.0	5.5	8.5	1.7	2.3
湖　南	27.1	3.5	27.0	11.1	8.8	2.6	4.5
广　东	3.9	9.1	55.1	24.7	15.9	5.9	8.6
广　西	18.4	1.3	26.0	17.4	5.6	2.0	1.1
海　南	1.1	0.6	13.3	5.8	1.6	0.8	5.1
四　川	4.0	2.9	15.8	7.6	2.5	2.6	3.1
贵　州	6.5	2.1	27.7	5.9	12.3	4.2	5.3
云　南	11.0	4.2	43.7	26.0	5.8	2.7	9.3
西　藏	0.1	1.7	54.5	44.7	0.7	0.8	8.4
陕　西	9.3	1.2	17.2	10.2	5.2	1.1	0.7
甘　肃	1.6	1.6	30.5	7.8	1.9	0.8	19.9
青　海	1.1	0.2	26.1	17.9	5.1	2.2	0.9
宁　夏	7.9	0.0	46.8	39.1	4.4	1.4	1.9
新　疆	3.8	1.0	44.1	22.3	12.9	0.7	8.3

4-2-40 1995年农村居民消费支出

单位：元/人

地　区	消费支出	一、食品支出	二、衣着支出	三、居住支出
全　国	**1310.4**	**768.2**	**89.8**	**182.2**
北　京	2335.6	1183.4	229.5	225.0
天　津	1548.4	911.4	129.5	212.5
河　北	1104.3	627.4	89.6	165.4
山　西	928.0	586.0	103.0	77.6
内蒙古	1180.5	704.7	86.2	157.0
辽　宁	1471.9	887.1	138.4	169.9
吉　林	1494.6	841.9	134.0	189.8
黑龙江	1479.8	813.4	139.6	229.0
上　海	3387.0	1491.4	252.3	761.1
江　苏	1938.0	1061.4	126.8	344.6
浙　江	2378.4	1198.0	157.1	442.3
安　徽	1070.6	625.4	70.6	165.6
福　建	1793.7	1093.5	99.2	212.5
江　西	1256.1	774.6	70.3	167.6
山　东	1338.5	748.7	102.0	208.6
河　南	929.4	544.3	77.1	131.9
湖　北	1245.1	753.9	81.1	147.1
湖　南	1367.3	823.9	73.5	192.4
广　东	2255.0	1228.0	91.3	345.7
广　西	1202.9	760.3	49.2	139.5
海　南	1080.5	737.2	48.1	92.2
四　川	1092.9	718.3	63.5	127.3
贵　州	930.6	661.9	55.6	78.7
云　南	981.1	602.9	60.8	133.9
西　藏	896.8	667.1	92.7	45.0
陕　西	913.7	542.0	61.8	136.9
甘　肃	915.3	649.3	45.5	93.4
青　海	913.8	593.9	85.5	88.8
宁　夏	1063.2	617.7	84.4	144.9
新　疆	941.6	471.5	119.9	121.2

4-2-40 续表

单位：元/人

地　区	四、家庭设备及用品支出	五、交通通信支出	六、文教娱乐支出	七、医疗保健支出	八、其他支出
全　国	**68.5**	**33.8**	**102.4**	**42.5**	**23.1**
北　京	196.2	91.7	246.3	107.3	56.3
天　津	66.5	37.3	97.8	62.1	31.3
河　北	58.2	33.5	73.0	40.9	16.3
山　西	43.0	14.1	62.8	31.1	10.4
内蒙古	50.0	22.4	97.5	48.5	14.2
辽　宁	60.1	35.6	107.2	48.6	25.1
吉　林	64.9	33.1	138.3	57.8	34.8
黑龙江	56.4	34.2	113.7	74.8	18.7
上　海	284.4	159.0	256.0	72.6	110.3
江　苏	133.0	52.3	139.2	49.1	31.7
浙　江	147.8	76.5	163.9	103.2	89.6
安　徽	57.2	21.3	79.5	34.1	17.0
福　建	83.1	70.6	148.7	44.4	41.8
江　西	57.9	32.3	93.5	39.5	20.5
山　东	73.7	43.1	106.1	40.3	16.1
河　南	43.8	17.4	63.5	34.4	17.0
湖　北	55.3	30.5	128.3	34.9	14.0
湖　南	68.8	26.3	128.8	35.8	17.8
广　东	140.5	82.1	245.2	67.5	54.8
广　西	52.0	27.3	127.7	29.0	18.0
海　南	49.2	17.0	92.5	24.6	19.7
四　川	50.7	18.4	75.4	29.4	10.0
贵　州	42.6	14.0	49.3	16.3	12.3
云　南	54.3	21.5	58.1	32.0	17.6
西　藏	61.6	8.5	6.4	6.4	9.1
陕　西	41.6	15.1	65.1	41.3	9.8
甘　肃	30.9	13.5	45.9	29.2	7.5
青　海	34.3	22.5	33.7	34.7	20.5
宁　夏	59.8	28.4	72.4	41.5	14.2
新　疆	56.3	35.7	64.9	48.0	24.1

4-2-41 1995年农村居民现金支出

单位：元/人

地 区	现金支出	一、家庭经营费用支出	二、购买生产性固定资产支出	三、税费支出	四、消费支出	五、财产性和转移性支出
全 国	**1545.8**	**454.7**	**62.3**	**77.0**	**859.4**	**92.4**
北 京	2917.3	543.7	48.7	63.4	2073.6	188.0
天 津	2041.1	732.3	48.8	47.2	1098.0	114.9
河 北	1263.8	387.5	68.9	65.8	690.0	51.7
山 西	896.3	206.7	30.6	42.2	564.0	52.8
内蒙古	1404.2	434.4	101.2	104.2	689.2	75.3
辽 宁	1935.7	638.3	46.8	149.3	942.6	158.7
吉 林	2310.6	779.6	156.5	150.3	1092.9	131.3
黑龙江	2561.7	861.8	180.9	294.6	1058.0	166.5
上 海	3891.3	496.3	41.3	65.7	2933.5	354.5
江 苏	2108.3	528.3	51.5	83.9	1285.8	158.8
浙 江	3201.3	782.3	169.7	46.6	1986.8	215.9
安 徽	1321.7	399.3	66.1	94.1	682.5	79.8
福 建	2100.3	525.1	41.9	39.5	1311.0	182.8
江 西	1470.2	504.4	36.2	59.8	776.1	93.6
山 东	1514.6	422.8	56.7	117.8	851.9	65.5
河 南	1043.0	336.9	55.7	68.9	533.8	47.7
湖 北	1341.2	376.3	26.4	129.9	700.2	108.5
湖 南	1593.0	462.9	35.7	97.7	875.1	121.6
广 东	2609.0	630.2	25.4	38.0	1790.3	125.0
广 西	1389.5	490.3	43.7	19.3	784.2	52.0
海 南	976.6	239.3	19.2	7.5	654.6	56.1
四 川	1111.9	352.9	33.5	57.1	605.1	63.3
贵 州	815.9	237.6	28.6	24.1	456.4	69.2
云 南	1144.2	376.0	60.6	17.2	630.0	60.4
西 藏	652.0	108.6	114.7	2.6	413.4	12.8
陕 西	922.7	255.1	42.2	58.0	527.7	39.8
甘 肃	720.2	248.5	65.1	23.5	355.0	28.1
青 海	779.8	165.6	69.5	38.8	458.7	47.2
宁 夏	1394.0	472.0	141.5	44.6	662.2	73.8
新 疆	2009.2	940.4	144.3	172.6	682.1	69.7

4-2-42 1995年农村居民家庭经营费用现金支出

单位：元/人

地区	家庭经营费用现金支出	一、第一产业支出	1.农业支出	2.林业支出	3.牧业支出	4.渔业支出	二、第二产业支出
全国	**454.7**	**410.7**	**261.4**	**2.1**	**138.3**	**8.8**	**13.8**
北京	543.7	375.0	216.9	2.7	125.5	29.8	32.3
天津	732.3	690.0	363.3	3.6	322.3	0.7	24.7
河北	387.5	345.8	262.3	1.5	81.4	0.6	11.9
山西	206.7	168.0	139.0	1.8	27.1	0.2	10.0
内蒙古	434.4	416.7	351.7	0.8	64.2	0.1	6.5
辽宁	638.3	601.3	383.3	0.5	199.5	18.0	4.6
吉林	779.6	754.1	650.4	1.7	101.3	0.7	7.5
黑龙江	861.8	828.9	689.9	1.1	125.3	12.6	3.9
上海	496.3	470.5	220.2	2.0	244.1	4.2	8.8
江苏	528.3	476.2	283.2	1.3	179.9	11.9	14.5
浙江	782.3	575.7	267.9	3.6	261.9	42.3	108.7
安徽	399.3	375.4	262.6	1.9	102.1	8.8	5.8
福建	525.1	455.3	231.1	10.6	197.9	15.7	20.4
江西	504.4	475.6	268.6	1.7	193.1	12.2	10.0
山东	422.8	403.2	278.5	2.9	121.5	0.4	5.6
河南	336.9	305.4	237.5	2.2	62.6	3.2	5.3
湖北	376.3	350.9	237.9	1.4	105.3	6.3	9.4
湖南	462.9	406.6	194.9	0.8	198.8	12.1	29.7
广东	630.2	563.1	220.1	1.6	294.8	46.6	12.6
广西	490.3	444.6	194.6	1.8	242.4	5.9	19.7
海南	239.3	225.6	163.3	8.0	41.5	12.8	1.7
四川	352.9	332.5	154.4	0.8	174.0	3.3	6.7
贵州	237.6	204.6	115.5	1.6	87.3	0.3	8.5
云南	376.0	322.8	184.2	3.6	129.4	5.6	14.8
西藏	108.6	52.4	46.2	0.4	5.8	0.0	1.8
陕西	255.1	230.7	181.0	2.2	47.4	0.1	7.3
甘肃	248.5	217.9	186.0	1.2	30.6	0.0	2.2
青海	165.6	138.4	103.6	0.5	34.3	0.0	1.2
宁夏	472.0	417.2	253.8	0.3	160.5	2.6	8.0
新疆	940.4	891.7	723.3	3.7	159.0	5.7	4.8

4-2-42 续表

单位：元/人

地　区	1.工业支出	2.建筑业支出	三、第三产业支出	1.交通运输、邮电业支出	2.批发和零贸易、餐饮业支出	3.社会服务业支出	4.其他家庭经营支出
全　国	**10.6**	**3.2**	**30.3**	**16.3**	**7.4**	**2.5**	**4.2**
北　京	22.8	9.5	136.4	127.1	1.0	6.6	1.6
天　津	19.4	5.3	17.6	10.5	3.5	1.6	2.0
河　北	10.7	1.2	29.9	14.2	13.4	1.7	0.6
山　西	7.8	2.2	28.6	23.3	1.8	1.7	1.9
内蒙古	6.1	0.5	11.2	3.2	1.3	0.6	6.0
辽　宁	3.4	1.2	32.4	19.7	9.7	0.7	2.3
吉　林	4.6	3.0	18.0	7.9	5.6	1.4	3.1
黑龙江	2.2	1.7	28.9	17.1	3.3	2.4	6.2
上　海	0.4	8.4	17.0	10.9	0.8	4.5	0.9
江　苏	12.8	1.7	37.6	16.2	16.8	2.2	2.5
浙　江	97.3	11.3	97.9	46.1	28.3	12.2	11.3
安　徽	1.8	4.0	18.2	8.2	3.3	1.4	5.3
福　建	4.2	16.3	49.3	26.9	10.2	4.8	7.4
江　西	9.2	0.8	18.8	10.7	2.8	3.0	2.3
山　东	2.2	3.3	14.0	8.7	3.3	0.9	1.1
河　南	3.7	1.6	26.2	15.8	4.3	1.6	4.5
湖　北	7.3	2.1	15.9	5.5	7.8	1.5	1.0
湖　南	26.2	3.5	26.6	10.8	8.8	2.6	4.5
广　东	3.9	8.7	54.6	24.6	15.9	5.9	8.2
广　西	18.4	1.2	26.0	17.4	5.6	2.0	1.1
海　南	1.1	0.6	12.0	5.8	1.6	0.8	3.8
四　川	3.9	2.8	13.7	7.5	1.9	2.1	2.2
贵　州	6.4	2.1	24.5	5.5	11.7	4.0	3.2
云　南	10.6	4.2	38.3	25.3	5.6	2.6	4.8
西　藏	0.1	1.7	54.3	44.4	0.7	0.8	8.4
陕　西	6.2	1.2	17.1	10.2	5.1	1.1	0.7
甘　肃	1.5	0.7	28.3	7.4	1.3	0.7	18.9
青　海	1.1	0.2	26.0	17.8	5.1	2.2	0.9
宁　夏	7.9	0.0	46.8	39.1	4.4	1.4	1.9
新　疆	3.8	1.0	43.9	22.3	12.9	0.7	8.0

4-2-43 1995年农村居民现金消费支出

单位：元/人

地　　区	现金消费支出	一、食品支出	二、衣着支出	三、居住支出
全　　国	**859.4**	**353.2**	**88.7**	**147.9**
北　　京	2073.6	922.4	229.2	224.8
天　　津	1098.0	486.4	129.4	187.3
河　　北	690.0	252.6	87.7	127.8
山　　西	564.0	228.8	102.5	71.5
内 蒙 古	689.2	232.9	85.7	137.9
辽　　宁	942.6	407.9	138.0	120.7
吉　　林	1092.9	482.4	134.0	147.6
黑 龙 江	1058.0	464.2	139.6	156.3
上　　海	2933.5	1065.1	232.9	754.1
江　　苏	1285.7	478.8	123.4	282.4
浙　　江	1986.8	821.2	156.9	427.8
安　　徽	682.5	285.1	69.9	118.5
福　　建	1311.0	652.7	99.0	170.8
江　　西	776.1	324.4	69.9	138.3
山　　东	851.9	330.2	99.5	144.7
河　　南	533.8	190.4	75.2	93.3
湖　　北	700.2	258.7	79.5	99.0
湖　　南	875.1	346.5	73.0	178.2
广　　东	1790.3	794.0	89.7	317.3
广　　西	784.2	369.1	49.2	112.2
海　　南	654.6	357.4	48.1	46.2
四　　川	605.1	266.5	63.1	91.9
贵　　州	456.4	198.1	55.6	68.2
云　　南	630.0	271.3	59.9	115.4
西　　藏	413.4	204.0	92.1	25.9
陕　　西	527.6	185.4	61.0	108.2
甘　　肃	355.0	129.7	45.3	53.1
青　　海	458.7	173.9	84.7	54.4
宁　　夏	662.2	225.3	84.3	136.4
新　　疆	682.1	233.4	116.8	103.5

4-2-43 续表　　　　单位：元/人

地　区	四、家庭设备及用品支出	五、交通通信支出	六、文教娱乐支出	七、医疗保健支出	八、其他支出
全　国	**68.1**	**33.7**	**102.3**	**42.5**	**23.1**
北　京	195.6	91.6	246.3	107.3	56.3
天　津	66.3	37.3	97.8	62.1	31.3
河　北	58.1	33.5	73.0	40.9	16.3
山　西	42.7	14.0	62.8	31.1	10.4
内蒙古	50.0	22.4	97.5	48.5	14.2
辽　宁	59.5	35.6	107.3	48.6	25.0
吉　林	64.8	33.1	138.3	57.8	34.8
黑龙江	56.4	34.1	113.7	74.8	18.7
上　海	283.6	159.0	256.0	72.6	110.3
江　苏	128.8	52.3	139.2	49.1	31.7
浙　江	147.7	76.5	163.9	103.2	89.6
安　徽	57.2	21.3	79.4	34.1	17.0
福　建	82.9	70.6	148.7	44.4	41.8
江　西	57.8	32.3	93.5	39.5	20.5
山　东	73.6	42.4	105.2	40.1	16.0
河　南	42.6	17.4	63.5	34.4	17.0
湖　北	55.3	30.5	128.3	34.9	14.0
湖　南	68.8	26.3	128.8	35.8	17.8
广　东	139.8	82.1	245.2	67.5	54.8
广　西	51.7	27.3	127.7	29.0	17.9
海　南	49.1	17.0	92.5	24.6	19.7
四　川	50.5	18.4	75.4	29.3	10.0
贵　州	42.6	14.0	49.3	16.3	12.3
云　南	54.2	21.5	58.1	32.0	17.6
西　藏	61.0	8.5	6.4	6.4	9.1
陕　西	41.6	15.1	65.1	41.3	9.8
甘　肃	30.8	13.5	45.9	29.2	7.5
青　海	34.3	22.5	33.7	34.7	20.5
宁　夏	59.8	28.4	72.4	41.5	14.2
新　疆	55.8	35.7	64.9	48.0	24.1

4-2-44　2000年农村居民总收入

单位：元/人

地　区	总收入	一、工资性收入	二、家庭经营收入	三、财产性收入	四、转移性收入
全　国	**3146.2**	**702.3**	**2251.3**	**45.0**	**147.6**
北　京	5515.6	2819.1	2238.9	158.3	299.4
天　津	4649.1	1638.3	2825.5	42.9	142.5
河　北	3307.5	949.3	2217.1	62.7	78.6
山　西	2423.9	726.1	1579.2	19.7	98.9
内蒙古	3440.3	287.6	3049.5	35.2	68.0
辽　宁	3704.3	883.0	2577.9	58.2	185.3
吉　林	3259.1	343.9	2775.0	31.3	108.9
黑龙江	3712.6	338.0	3195.0	60.6	119.1
上　海	6399.5	4309.9	1547.5	142.8	399.3
江　苏	4542.0	1663.1	2636.1	48.1	194.7
浙　江	5325.2	2000.5	2844.9	181.0	298.7
安　徽	2585.6	547.8	1910.3	24.7	102.7
福　建	4103.5	1069.0	2556.7	77.0	400.9
江　西	2833.8	744.5	1959.5	18.8	111.1
山　东	3881.0	850.6	2809.4	57.8	163.2
河　南	2726.1	473.7	2134.3	29.2	88.9
湖　北	3008.1	547.7	2277.5	19.5	163.4
湖　南	3195.1	789.7	2130.1	20.7	254.6
广　东	4590.5	1362.2	2869.4	73.7	285.3
广　西	2649.2	483.8	2042.4	7.5	115.6
海　南	2840.7	151.4	2520.6	38.1	130.6
重　庆	2594.9	623.3	1793.4	8.5	169.7
四　川	2829.9	606.9	2059.2	30.0	133.9
贵　州	1947.5	274.9	1556.4	7.0	109.2
云　南	2246.9	263.6	1844.7	47.9	90.7
西　藏	1732.3	227.6	1325.2	106.5	72.9
陕　西	2032.8	446.0	1457.1	47.0	82.7
甘　肃	1958.0	355.0	1524.9	16.1	61.9
青　海	2000.3	312.3	1597.0	24.7	66.3
宁　夏	2819.8	484.0	2170.0	80.8	85.0
新　疆	3129.4	104.6	2926.7	40.4	57.6

4-2-45 2000年农村居民家庭经营总收入

单位：元/人

地 区	家庭经营总收入	一、第一产业收入	1.农业收入	2.林业收入	3.牧业收入	4.渔业收入	二、第二产业收入
全 国	**2251.3**	**1810.7**	**1231.7**	**27.9**	**502.8**	**48.3**	**133.7**
北 京	2238.9	1276.3	911.1	32.8	258.7	73.7	194.6
天 津	2825.5	2110.3	1334.0	2.0	724.4	49.9	121.9
河 北	2217.1	1595.7	1214.8	8.2	361.3	11.5	154.4
山 西	1579.2	1119.7	889.4	14.5	215.8		70.0
内蒙古	3049.5	2864.8	1667.2	15.5	1182.1		35.0
辽 宁	2577.9	2189.0	1463.2	7.9	641.4	76.6	93.4
吉 林	2775.0	2623.9	2192.5	7.2	421.4	2.8	25.4
黑龙江	3195.0	3034.0	2658.5	0.9	371.6	3.1	30.9
上 海	1547.5	1267.2	996.8	0.5	234.7	35.3	51.6
江 苏	2636.1	1916.0	1214.8	33.3	532.9	135.1	295.8
浙 江	2844.9	1570.7	972.4	33.2	500.1	65.0	569.5
安 徽	1910.3	1610.1	1160.4	22.3	403.9	23.5	93.5
福 建	2556.7	1704.5	1053.0	75.1	440.0	136.5	293.9
江 西	1959.5	1651.1	1084.9	27.7	483.1	55.4	88.3
山 东	2809.4	2260.2	1662.2	46.3	536.6	15.1	162.4
河 南	2134.3	1767.2	1309.7	25.0	412.3	20.3	95.8
湖 北	2277.5	1958.7	1357.0	37.6	478.7	85.4	103.5
湖 南	2130.1	1618.7	933.7	18.9	616.8	49.2	222.3
广 东	2869.4	2118.6	1217.8	44.4	564.0	292.5	218.6
广 西	2042.4	1744.8	943.6	49.9	701.7	49.6	105.2
海 南	2520.6	2083.5	1241.8	199.8	446.6	195.3	50.1
重 庆	1793.4	1561.6	832.5	13.7	685.4	30.0	49.4
四 川	2059.2	1768.1	992.6	22.5	736.3	16.6	91.3
贵 州	1556.4	1361.7	877.7	18.8	462.4	2.7	55.1
云 南	1844.7	1585.0	1048.7	42.2	488.7	5.4	76.3
西 藏	1325.2	797.9	517.2	9.1	271.6		177.8
陕 西	1457.1	1105.9	842.2	10.3	252.1	1.3	82.8
甘 肃	1524.9	1185.7	945.1	11.0	229.6		88.9
青 海	1597.0	1366.9	610.5	6.1	730.0	20.3	28.0
宁 夏	2170.0	1721.3	1097.6	6.9	581.4	35.5	66.3
新 疆	2926.7	2726.5	2260.6	31.5	434.3		17.6

4-2-45 续表

单位：元/人

地　区	1.工业收入	2.建筑业收入	三、第三产业收入	1.交通运输业、邮电业收入	2.批发和零售贸易、餐饮业收入	3.社会服务业收入	4.文教卫生业收入	5.其他家庭经营收入
全　国	**79.6**	**54.1**	**306.9**	**96.6**	**96.2**	**32.9**	**8.3**	**72.9**
北　京	93.3	101.2	768.0	385.0	234.7	59.9	33.9	54.5
天　津	98.6	23.4	593.3	207.0	229.3	34.0	25.5	97.6
河　北	131.8	22.6	467.0	148.6	197.4	33.4	18.0	69.7
山　西	31.6	38.4	389.5	159.5	67.4	31.7	5.0	126.0
内蒙古	29.0	6.1	149.6	28.0	41.0	11.8	7.4	61.4
辽　宁	65.9	27.5	295.4	82.6	103.6	27.6	9.5	72.1
吉　林	19.2	6.2	125.7	31.3	16.0	5.0	1.5	71.9
黑龙江	18.4	12.5	130.1	40.9	17.1	9.3	8.9	54.0
上　海	38.7	12.9	228.7	96.1	38.0	28.7	0.3	65.6
江　苏	206.4	89.4	424.3	134.9	145.6	51.7	5.8	86.3
浙　江	414.0	155.6	704.7	216.2	232.3	142.7	11.9	101.5
安　徽	42.7	50.8	206.7	52.8	56.3	32.3	6.0	59.3
福　建	120.3	173.5	558.3	141.1	173.9	73.7	22.8	146.8
江　西	46.6	41.6	220.1	57.0	65.7	40.0	6.9	50.5
山　东	115.2	47.2	386.8	120.7	123.0	39.2	4.5	99.3
河　南	65.6	30.3	271.2	67.1	79.5	26.8	9.4	88.5
湖　北	61.0	42.5	215.2	65.9	72.0	20.3	5.3	51.7
湖　南	93.0	129.4	289.1	93.2	119.6	36.9	4.3	35.1
广　东	68.8	149.7	532.1	160.2	187.2	60.1	19.2	105.6
广　西	57.7	47.5	192.4	43.9	94.1	17.9	6.4	30.1
海　南	30.4	19.7	387.0	83.0	69.1	37.8	5.6	191.6
重　庆	31.7	17.7	182.4	83.0	29.7	20.5	7.2	42.0
四　川	48.2	43.1	199.8	71.7	64.7	27.6	6.8	29.0
贵　州	29.3	25.7	139.6	40.6	42.5	10.9	3.6	42.0
云　南	65.2	11.2	183.4	44.0	37.9	5.9	1.4	94.2
西　藏	34.4	143.4	349.5	167.6	47.4	14.9	2.9	116.7
陕　西	52.7	30.0	268.5	119.2	87.5	16.1	6.8	38.9
甘　肃	32.4	56.5	250.3	70.2	54.8	18.1	10.0	97.2
青　海	16.0	11.9	202.2	103.7	28.2	3.7	12.3	54.3
宁　夏	51.7	14.6	382.4	191.8	123.5	25.5	3.7	38.0
新　疆	10.6	7.0	182.7	45.2	29.0	19.4		89.1

4-2-46　2000年农村居民现金收入

单位：元/人

地　区	现金收入	一、工资性收入	二、家庭经营收入	三、财产性收入	四、转移性收入
全　国	**2381.6**	**700.4**	**1498.8**	**38.9**	**143.5**
北　京	5092.6	2809.4	1844.6	152.4	286.1
天　津	3938.5	1636.5	2118.5	41.3	142.1
河　北	2607.2	949.1	1522.8	57.3	78.0
山　西	1836.3	725.5	996.2	17.3	97.2
内蒙古	2448.9	287.6	2073.9	19.5	67.9
辽　宁	3050.7	881.3	1956.6	33.6	179.4
吉　林	2296.1	343.7	1829.5	15.1	107.8
黑龙江	2654.6	337.3	2175.0	24.6	117.7
上　海	5914.9	4305.2	1073.3	141.8	394.6
江　苏	3673.6	1648.2	1793.8	47.3	184.3
浙　江	4863.4	1991.9	2410.7	167.5	293.3
安　徽	1901.6	547.2	1230.5	23.1	100.7
福　建	3617.2	1066.2	2098.6	63.5	389.0
江　西	2004.9	744.3	1134.5	18.4	107.7
山　东	3090.7	848.7	2029.6	54.0	158.4
河　南	1854.4	473.4	1268.0	27.7	85.3
湖　北	2098.2	543.7	1388.6	8.8	157.1
湖　南	2440.7	789.5	1377.8	20.5	252.9
广　东	3759.5	1360.8	2051.2	73.7	273.9
广　西	1975.7	483.7	1369.0	7.4	115.5
海　南	2208.7	151.2	1904.2	27.6	125.7
重　庆	1627.8	623.3	827.7	8.4	168.4
四　川	1841.7	606.3	1078.5	29.9	127.0
贵　州	1136.4	273.6	748.5	7.0	107.3
云　南	1430.0	263.2	1038.2	41.7	87.0
西　藏	1174.8	225.6	842.8	39.3	67.1
陕　西	1559.0	445.6	988.0	43.5	81.9
甘　肃	1309.0	353.1	879.6	16.1	60.3
青　海	1365.7	311.0	974.1	24.7	55.9
宁　夏	2169.2	484.0	1535.1	73.0	77.1
新　疆	2444.3	104.5	2245.3	37.9	56.7

4-2-47 2000年农村居民家庭经营现金收入

单位：元/人

地　区	家庭经营现金收入	一、第一产业收　入	农业收入	牧业收入	二、第二产业收　入	1.工业收入
全　国	**1498.8**	**1044.5**	**600.6**	**383.5**	**133.7**	**79.6**
北　京	1844.6	836.2	481.7	250.2	194.6	93.3
天　津	2118.5	1325.6	661.3	632.2	121.9	98.6
河　北	1522.8	885.4	561.8	309.8	154.4	131.8
山　西	996.2	533.5	335.8	188.1	70.0	31.6
内蒙古	2073.9	1874.8	1012.7	848.4	35.0	29.0
辽　宁	1956.6	1541.0	945.8	514.4	93.4	65.9
吉　林	1829.5	1666.6	1362.5	297.7	25.4	19.2
黑龙江	2175.0	2012.1	1717.0	288.5	30.9	18.4
上　海	1073.3	785.9	581.8	170.3	51.6	38.7
江　苏	1793.8	1057.8	508.9	416.1	295.8	206.4
浙　江	2410.7	1133.6	569.5	463.6	569.5	414.0
安　徽	1230.5	916.1	568.3	308.1	93.5	42.7
福　建	2098.6	1189.1	616.6	447.1	293.9	120.3
江　西	1134.5	821.3	369.2	394.7	88.3	46.6
山　东	2029.6	1456.0	910.1	490.3	162.4	115.2
河　南	1268.0	896.0	546.0	316.1	95.8	65.6
湖　北	1388.6	1065.8	685.4	298.9	103.5	61.0
湖　南	1377.8	860.8	319.7	490.9	222.3	93.0
广　东	2051.2	1259.4	527.3	446.2	218.6	68.8
广　西	1369.0	1068.6	406.1	580.7	105.2	57.7
海　南	1904.2	1463.5	766.2	339.9	50.1	30.4
重　庆	827.7	591.8	157.7	398.0	49.4	31.7
四　川	1078.5	782.4	263.3	496.3	91.3	48.2
贵　州	748.5	551.2	254.8	280.9	55.1	29.3
云　南	1038.2	777.3	455.3	290.6	76.3	65.2
西　藏	842.8	311.9	187.0	110.9	177.8	34.4
陕　西	988.0	615.9	410.1	198.1	82.8	52.7
甘　肃	879.6	520.8	389.8	124.5	88.9	32.4
青　海	974.1	735.9	254.4	470.0	28.0	16.0
宁　夏	1535.1	1075.5	552.0	482.9	66.3	51.7
新　疆	2245.3	2019.6	1647.3	344.6	17.6	10.6

4-2-47 续表

单位：元/人

地　区	2.建筑业收入	三、第三产业收入	1.交通运输业、邮电业收入	2.批发和零售贸易、餐饮业收入	3.社会服务业收入	4.文教卫生业收入	5.其他家庭经营收入
全　国	**54.1**	**320.6**	**96.6**	**96.2**	**32.9**	**8.3**	**86.5**
北　京	101.2	813.8	385.0	234.7	59.9	33.9	100.2
天　津	23.4	671.0	207.0	229.3	34.0	25.5	175.2
河　北	22.6	483.1	148.6	197.4	33.4	18.0	85.8
山　西	38.4	392.7	159.5	67.4	31.7	5.0	129.3
内蒙古	6.1	164.1	28.0	41.0	11.8	7.4	75.9
辽　宁	27.5	322.2	82.6	103.6	27.6	9.5	98.9
吉　林	6.2	137.5	31.3	16.0	5.0	1.5	83.7
黑龙江	12.5	132.0	40.9	17.1	9.3	8.9	56.0
上　海	12.9	235.8	96.1	38.0	28.7	0.3	72.7
江　苏	89.4	440.2	134.9	145.6	51.7	5.8	102.2
浙　江	155.6	707.6	216.2	232.3	142.7	11.9	104.4
安　徽	50.8	221.0	52.8	56.3	32.3	6.0	73.6
福　建	173.5	615.6	141.1	173.9	73.7	22.8	204.1
江　西	41.6	224.9	57.0	65.7	40.0	6.9	55.3
山　东	47.2	411.2	120.7	123.0	39.2	4.5	123.7
河　南	30.3	276.2	67.1	79.5	26.8	9.4	93.4
湖　北	42.5	219.3	65.9	72.0	20.3	5.3	55.8
湖　南	129.4	294.7	93.2	119.6	36.9	4.3	40.7
广　东	149.7	573.1	160.2	187.2	60.1	19.2	146.6
广　西	47.5	195.2	43.9	94.1	17.9	6.4	32.8
海　南	19.7	390.5	83.0	69.1	37.8	5.6	195.1
重　庆	17.7	186.5	83.0	29.7	20.5	7.2	46.1
四　川	43.1	204.8	71.7	64.7	27.6	6.8	34.0
贵　州	25.7	142.2	40.6	42.5	10.9	3.6	44.6
云　南	11.2	184.6	44.0	37.9	5.9	1.4	95.4
西　藏	143.4	353.1	167.6	47.4	14.9	2.9	120.3
陕　西	30.0	289.3	119.2	87.5	16.1	6.8	59.7
甘　肃	56.5	269.9	70.2	54.8	18.1	10.0	116.8
青　海	11.9	210.2	103.7	28.2	3.7	12.3	62.4
宁　夏	14.6	393.4	191.8	123.5	25.5	3.7	48.9
新　疆	7.0	208.1	45.2	29.0	19.4		114.5

4-2-48　2000年农村居民纯收入

单位：元/人

地　区	纯收入	一、工资性收入	二、家庭经营纯收入	三、财产性收入	四、转移性收入
全　国	**2253.4**	**702.3**	**1427.3**	**45.0**	**78.8**
北　京	4604.5	2819.1	1437.6	158.3	189.6
天　津	3622.4	1638.3	1857.4	42.9	83.9
河　北	2478.9	949.3	1418.0	62.7	49.0
山　西	1905.6	726.1	1113.6	19.7	46.3
内蒙古	2038.2	287.6	1690.8	35.2	24.6
辽　宁	2355.6	883.0	1353.4	58.2	61.1
吉　林	2022.5	343.9	1611.2	31.3	36.2
黑龙江	2148.2	338.0	1699.4	60.6	50.3
上　海	5596.4	4309.9	933.7	142.8	209.9
江　苏	3595.1	1663.1	1770.9	48.1	113.0
浙　江	4253.7	2000.5	1917.9	181.0	154.2
安　徽	1934.6	547.8	1298.4	24.7	63.6
福　建	3230.5	1069.0	1844.3	77.0	240.2
江　西	2135.3	744.5	1319.9	18.8	52.1
山　东	2659.2	850.6	1676.9	57.8	73.9
河　南	1985.8	473.7	1427.2	29.2	55.7
湖　北	2268.6	547.7	1617.8	19.5	83.5
湖　南	2197.2	789.7	1329.1	20.7	57.6
广　东	3654.5	1362.2	2002.9	73.7	215.7
广　西	1864.5	483.8	1297.2	7.5	76.1
海　南	2182.3	151.4	1897.7	38.1	95.0
重　庆	1892.4	623.3	1155.6	8.5	105.0
四　川	1903.6	606.9	1194.2	30.0	72.5
贵　州	1374.2	274.9	1029.5	7.0	62.8
云　南	1478.6	263.6	1115.7	47.9	51.4
西　藏	1330.8	227.6	934.5	106.5	62.2
陕　西	1443.9	446.0	901.1	47.0	49.7
甘　肃	1428.7	355.0	1011.8	16.1	45.7
青　海	1490.5	312.3	1119.8	24.7	33.7
宁　夏	1724.3	484.0	1121.4	80.8	38.1
新　疆	1618.1	104.6	1451.3	40.4	21.7

4-2-49　2000年农村居民总支出

单位：元/人

地　区	总支出	一、家庭经营费用支出	二、购置生产性固定资产支出	三、税费支出	四、消费支出	五、财产性支出	六、转移性支出
全　国	**2652.4**	**654.3**	**63.9**	**95.5**	**1670.1**	**19.7**	**148.9**
北　京	4498.1	634.7	59.9	35.2	3425.7	57.8	284.8
天　津	3127.3	797.4	33.8	67.6	1995.6	7.3	225.7
河　北	2264.8	627.3	102.5	69.1	1365.2	16.2	84.4
山　西	1711.7	353.1	50.0	44.9	1149.0	10.4	104.3
内蒙古	3123.3	1009.6	119.7	220.4	1614.9	36.5	122.2
辽　宁	3385.4	1006.0	107.7	136.5	1753.5	58.3	323.5
吉　林	3016.7	867.3	101.3	201.2	1553.4	79.3	214.3
黑龙江	3390.1	1077.8	103.5	315.8	1540.3	101.4	251.1
上　海	5577.5	489.6	17.7	53.7	4137.6	26.7	852.3
江　苏	3434.3	678.0	28.8	103.3	2337.5	14.7	272.0
浙　江	4527.2	737.2	104.7	60.9	3230.9	34.3	359.3
安　徽	2045.6	452.2	53.7	93.3	1321.5	12.3	112.6
福　建	3412.0	596.7	38.9	46.1	2409.7	53.4	267.1
江　西	2447.2	518.6	47.4	80.5	1642.7	10.7	147.4
山　东	3036.2	905.6	107.9	134.5	1770.8	10.1	107.4
河　南	2119.5	540.2	66.1	97.4	1315.8	13.3	86.6
湖　北	2404.7	474.1	27.6	145.3	1555.6	16.9	185.2
湖　南	2964.8	642.2	40.5	108.3	1942.9	11.1	219.8
广　东	3613.1	753.1	30.6	55.1	2646.0	4.4	123.9
广　西	2317.1	662.2	50.9	41.5	1488.0	6.4	68.2
海　南	2145.3	530.3	27.2	33.8	1483.9	6.0	64.1
重　庆	2165.6	543.5	34.2	58.0	1395.5	7.3	127.0
四　川	2431.9	708.9	24.7	96.3	1484.6	6.7	110.7
贵　州	1717.5	447.1	45.1	36.1	1096.6	3.6	89.0
云　南	2066.4	625.7	50.5	35.5	1270.8	10.8	73.0
西　藏	1477.5	227.9	94.2	4.9	1116.6	19.9	14.1
陕　西	1917.8	431.5	70.1	68.8	1251.2	25.2	70.9
甘　肃	1639.0	402.3	46.4	49.4	1084.0	4.1	52.8
青　海	1845.8	348.1	136.4	46.9	1218.2	8.0	88.2
宁　夏	2582.6	837.9	118.9	68.0	1417.1	17.1	123.6
新　疆	2819.8	1198.2	115.2	177.2	1236.4	11.1	81.5

4-2-50 2000年农村居民家庭经营费用支出

单位：元/人

地 区	家庭经营费用支出	一、第一产业支出	1.农业支出	2.林业支出	3.牧业支出	4.渔业支出	二、第二产业支出
全 国	**654.3**	**571.7**	**315.8**	**4.3**	**234.6**	**16.9**	**27.2**
北 京	634.7	338.9	173.4	31.1	84.4	50.0	121.4
天 津	797.4	725.2	279.4	4.9	411.7	29.1	8.4
河 北	627.3	536.6	359.7	2.4	169.7	4.9	31.0
山 西	353.1	272.5	187.7	1.5	83.3		14.3
内蒙古	1009.6	964.6	504.0	3.3	457.3		12.3
辽 宁	1006.0	915.9	510.3	3.8	362.3	39.4	25.2
吉 林	867.3	827.7	612.1	2.6	212.3	0.7	7.0
黑龙江	1077.8	1039.2	826.2	2.3	204.0	6.8	9.5
上 海	489.6	374.9	227.8	2.0	133.9	11.1	32.4
江 苏	678.0	534.6	283.1	5.5	205.7	40.3	69.0
浙 江	737.2	536.4	244.0	14.7	252.3	25.5	108.0
安 徽	452.2	407.4	256.9	2.9	140.3	7.1	13.2
福 建	596.7	496.7	237.3	5.0	211.2	43.3	35.3
江 西	518.6	452.7	219.3	2.4	220.7	10.3	16.3
山 东	905.6	795.4	474.9	8.1	310.8	1.7	40.5
河 南	540.2	470.4	287.7	1.3	175.2	6.1	21.4
湖 北	474.1	417.4	239.3	2.0	154.3	21.8	20.3
湖 南	642.2	545.2	206.4	2.1	323.4	13.3	32.7
广 东	753.1	647.8	240.9	9.0	262.7	135.3	25.1
广 西	662.2	596.7	236.2	3.1	345.9	11.4	24.4
海 南	530.3	494.2	301.3	8.2	147.3	37.4	5.6
重 庆	543.5	468.4	154.2	1.6	303.9	8.7	14.1
四 川	708.9	639.9	204.9	2.6	427.8	4.7	21.6
贵 州	447.1	409.7	172.4	3.8	232.6	0.9	11.5
云 南	625.7	527.7	268.1	4.8	253.8	1.0	36.6
西 藏	227.9	160.8	106.5	0.3	54.0		2.9
陕 西	431.5	349.3	228.7	3.4	115.8	1.5	17.7
甘 肃	402.3	353.0	265.2	2.6	85.1		13.1
青 海	348.1	296.9	169.7	1.7	124.1	1.4	5.5
宁 夏	837.9	727.2	380.1	7.9	319.7	19.4	19.0
新 疆	1198.2	1155.0	934.1	7.3	213.5		5.6

4-2-50 续表　　　　单位：元/人

地　区	1.工业支出	2.建筑业支出	三、第三产业支出	1.交通运输业、邮电业支出	2.批发和零售贸易、餐饮业支出	3.社会服务业支出	4.文教卫生业支出	5.其他家庭经营支出
全　国	**21.4**	**5.9**	**55.4**	**26.2**	**14.0**	**3.8**	**1.1**	**10.1**
北　京	39.6	81.8	174.4	45.0	99.8	9.4	9.2	11.0
天　津	2.3	6.0	63.8	35.1	17.0	2.3	0.3	9.2
河　北	29.7	1.3	59.7	33.0	16.4	4.7	0.9	4.6
山　西	6.3	8.0	66.2	43.6	7.1	7.3	0.7	7.5
内蒙古	10.2	2.2	32.6	8.9	2.8	2.8	2.1	16.0
辽　宁	23.6	1.6	64.9	26.6	18.5	3.1	2.9	13.7
吉　林	3.5	3.5	32.5	11.2	1.0	1.5	0.1	18.8
黑龙江	2.7	6.9	29.0	15.1	3.1	1.6	0.8	8.3
上　海	23.1	9.3	82.2	52.3	1.5	9.8	1.2	17.4
江　苏	58.1	10.8	74.4	27.2	28.6	7.7	0.9	10.0
浙　江	98.5	9.5	92.9	52.1	15.2	14.9	0.6	10.1
安　徽	8.0	5.2	31.7	13.5	7.5	3.4	0.6	6.6
福　建	16.6	18.8	64.7	27.1	11.5	6.9	1.4	17.8
江　西	12.5	3.8	49.5	17.8	10.4	4.3	1.9	15.1
山　东	31.4	9.1	69.7	22.9	31.9	4.4	1.4	9.1
河　南	15.0	6.4	48.4	20.8	16.9	2.1	1.0	7.5
湖　北	16.7	3.5	36.4	17.7	10.9	1.9	0.9	5.0
湖　南	30.0	2.7	64.3	31.7	17.9	4.2	0.3	10.2
广　东	17.3	7.8	80.2	34.6	23.9	3.4	2.6	15.8
广　西	22.4	2.0	41.1	17.5	16.0	1.9	0.7	5.0
海　南	2.4	3.2	30.5	17.2	2.0	1.6	0.4	9.4
重　庆	9.8	4.4	61.0	36.4	5.5	4.0	0.8	14.2
四　川	19.3	2.4	47.4	27.6	9.3	2.8	1.5	6.2
贵　州	6.2	5.3	25.9	11.8	6.2	1.9	0.4	5.7
云　南	34.4	2.2	61.4	20.7	14.9	1.7	0.6	23.5
西　藏	2.8	0.1	64.2	49.3	1.5	0.6	0.0	12.7
陕　西	16.4	1.3	64.5	46.0	10.1	1.8	1.9	4.9
甘　肃	4.7	8.4	36.1	21.2	6.3	1.8	1.8	5.0
青　海	2.5	3.0	45.8	30.4	0.5	0.8	0.7	13.3
宁　夏	18.6	0.5	91.6	55.4	15.2	2.8	0.0	18.3
新　疆	3.4	2.2	37.6	15.6	4.4	3.6		14.0

4-2-51　2000年农村居民消费支出

单位：元/人

地　区	消费支出	一、食品支出	二、衣着支出	三、居住支出
全　国	**1670.1**	**820.5**	**96.0**	**258.3**
北　京	3425.7	1304.7	245.9	539.6
天　津	1995.6	800.0	162.1	282.5
河　北	1365.2	539.3	104.8	322.0
山　西	1149.0	558.9	113.4	143.9
内蒙古	1614.9	723.4	110.9	249.4
辽　宁	1753.5	815.7	152.7	243.1
吉　林	1553.4	705.4	103.2	273.4
黑龙江	1540.3	682.8	105.3	304.2
上　海	4137.6	1822.5	201.2	723.6
江　苏	2337.5	1017.6	126.7	441.6
浙　江	3230.9	1406.4	167.4	580.5
安　徽	1321.5	693.1	71.2	196.9
福　建	2409.7	1172.3	117.0	350.7
江　西	1642.7	894.5	84.4	223.9
山　东	1770.8	781.9	117.5	299.8
河　南	1315.8	654.1	86.9	206.1
湖　北	1555.6	827.3	75.2	179.4
湖　南	1942.9	1053.4	89.8	251.9
广　东	2646.0	1317.5	104.2	378.9
广　西	1488.0	825.0	51.6	201.1
海　南	1483.9	844.3	59.1	180.3
重　庆	1395.5	747.5	62.0	199.1
四　川	1484.6	810.8	72.3	212.8
贵　州	1096.6	687.4	53.0	138.9
云　南	1270.8	749.2	55.3	177.1
西　藏	1116.6	885.6	87.1	47.2
陕　西	1251.2	543.8	82.3	199.9
甘　肃	1084.0	525.2	60.5	171.1
青　海	1218.2	705.2	93.4	126.2
宁　夏	1417.1	691.3	96.7	227.4
新　疆	1236.4	618.2	114.3	170.9

4-2-51 续表　　　　单位：元/人

地　区	四、家庭设备及用品支出	五、交通通信支出	六、文教娱乐支出	七、医疗保健支出	八、其他支出
全　国	**75.4**	**93.1**	**186.7**	**87.6**	**52.5**
北　京	235.3	236.0	484.9	249.0	130.3
天　津	95.0	87.4	235.2	270.9	62.5
河　北	65.4	84.6	130.7	78.3	40.1
山　西	48.8	48.8	135.4	60.3	39.5
内蒙古	61.0	93.4	232.6	104.5	39.9
辽　宁	70.6	112.8	195.3	109.5	53.9
吉　林	63.6	85.1	171.8	102.7	48.2
黑龙江	50.9	84.2	150.7	117.2	45.2
上　海	225.2	278.6	559.1	208.9	118.3
江　苏	115.0	155.5	269.0	129.5	82.7
浙　江	145.9	275.5	328.0	200.1	127.2
安　徽	57.6	58.4	145.5	58.0	40.8
福　建	110.2	206.1	254.3	87.4	111.6
江　西	55.5	95.6	184.2	63.5	41.0
山　东	114.9	101.6	207.9	118.7	28.5
河　南	69.4	56.4	133.1	63.5	46.3
湖　北	69.4	72.7	209.9	69.7	52.1
湖　南	78.1	99.4	222.5	82.2	65.7
广　东	125.7	205.5	313.5	100.3	100.5
广　西	62.9	64.8	186.8	52.4	43.4
海　南	63.6	61.3	174.4	44.1	56.8
重　庆	66.8	61.3	154.5	68.9	35.5
四　川	62.6	54.4	159.5	72.8	39.2
贵　州	38.2	26.9	97.3	27.7	27.3
云　南	47.5	32.0	106.1	64.3	39.2
西　藏	39.8	15.4	11.1	16.1	14.4
陕　西	57.8	58.5	181.8	91.4	35.6
甘　肃	42.2	43.8	143.9	70.6	26.7
青　海	44.8	53.1	79.4	78.2	37.9
宁　夏	62.1	79.8	145.0	88.5	26.4
新　疆	45.7	61.0	106.0	73.7	46.7

4-2-52 2000年农村居民现金支出

单位：元/人

地 区	现金支出	一、家庭经营费用支出	二、购买生产性固定资产支出	三、税费支出	四、消费支出	五、财产性支出	六、转移性支出
全 国	**2140.4**	**544.5**	**63.9**	**89.8**	**1284.7**	**9.8**	**147.6**
北 京	4374.6	629.3	59.9	34.4	3336.5	35.3	279.2
天 津	2940.3	775.0	33.8	67.5	1833.6	4.8	225.7
河 北	1977.4	559.1	102.5	65.7	1156.2	9.8	84.2
山 西	1425.9	319.9	50.0	43.4	901.6	7.0	103.9
内蒙古	2355.7	713.7	119.7	219.1	1171.0	10.2	122.0
辽 宁	2783.1	823.9	107.7	136.5	1386.0	5.5	323.5
吉 林	2495.4	747.9	101.3	201.2	1204.5	26.2	214.3
黑龙江	2821.1	941.9	103.5	315.5	1187.6	21.8	250.9
上 海	5200.0	487.0	17.7	52.8	3763.5	26.7	852.3
江 苏	2970.2	638.4	28.8	97.0	1922.1	13.2	270.8
浙 江	4160.2	710.7	104.7	57.1	2911.8	16.9	358.9
安 徽	1614.7	395.4	53.7	91.7	954.9	6.7	112.3
福 建	3017.5	570.1	38.9	41.4	2074.6	26.6	265.9
江 西	1861.3	412.0	47.4	75.5	1170.7	10.4	145.2
山 东	2575.0	742.9	107.9	126.6	1482.4	9.4	105.8
河 南	1578.1	440.4	66.1	90.3	889.7	5.1	86.5
湖 北	1808.6	393.0	27.6	138.7	1058.3	10.0	180.9
湖 南	2363.3	523.3	40.5	102.8	1467.9	10.4	218.4
广 东	3090.9	710.1	30.6	29.4	2197.6	4.4	118.7
广 西	1809.4	567.3	50.9	30.3	1087.2	6.4	67.2
海 南	1643.6	451.6	27.2	15.7	1083.2	1.9	64.0
重 庆	1516.8	367.4	34.2	54.1	927.2	6.9	126.9
四 川	1709.6	457.8	24.7	89.7	1021.3	6.6	109.4
贵 州	1063.3	272.3	45.1	31.3	622.5	3.6	88.5
云 南	1360.6	401.3	50.5	22.1	808.3	6.9	71.4
西 藏	719.6	134.2	94.2	4.9	476.6	2.3	7.4
陕 西	1599.5	372.7	70.1	68.0	1007.6	11.0	70.1
甘 肃	1226.3	329.0	46.4	46.5	747.6	4.1	52.7
青 海	1327.2	285.2	136.4	46.9	765.5	8.0	85.3
宁 夏	2032.2	694.4	118.9	65.8	1017.4	14.3	121.4
新 疆	2353.4	1100.4	115.2	177.2	871.4	7.7	81.5

4-2-53　2000年农村居民家庭经营费用现金支出

单位：元/人

地　区	家庭经营费用支出	一、第一产业支出	1.农业支出	2.林业支出	3.牧业支出	4.渔业支出	二、第二产业支出
全　国	**544.5**	**462.9**	**286.5**	**4.2**	**155.7**	**16.5**	**27.0**
北　京	629.3	333.6	172.9	31.1	79.5	50.0	121.4
天　津	775.0	702.8	275.8	4.9	392.9	29.1	8.4
河　北	559.1	468.5	336.6	2.4	124.7	4.9	31.0
山　西	319.9	239.4	172.8	1.5	65.1		14.3
内蒙古	713.7	668.7	429.8	3.3	235.6		12.3
辽　宁	823.9	736.8	451.6	3.8	242.2	39.2	25.2
吉　林	747.9	708.6	576.6	2.6	128.7	0.6	7.0
黑龙江	941.9	903.3	757.9	2.3	136.4	6.7	9.5
上　海	487.0	372.5	227.4	2.0	131.9	11.1	32.4
江　苏	638.4	496.5	264.7	5.0	187.0	39.8	67.6
浙　江	710.7	510.0	241.6	14.5	228.9	24.9	107.9
安　徽	395.4	350.8	245.8	2.9	94.9	7.1	13.2
福　建	570.1	470.8	232.4	5.0	190.2	43.2	35.3
江　西	412.0	347.3	205.5	2.4	129.5	9.9	16.3
山　东	742.9	634.1	422.8	8.1	201.5	1.7	39.3
河　南	440.4	371.5	251.0	1.2	113.2	6.0	21.1
湖　北	393.0	336.4	212.1	1.9	103.6	18.7	20.3
湖　南	523.3	426.7	194.0	2.0	217.8	12.8	32.4
广　东	710.1	606.6	231.1	8.7	233.4	133.3	24.7
广　西	567.3	501.9	232.1	3.1	255.3	11.4	24.3
海　南	451.6	418.0	289.8	8.2	83.5	36.5	5.6
重　庆	367.4	292.6	141.7	1.6	141.1	8.2	14.1
四　川	457.8	389.1	165.5	2.4	216.6	4.5	21.5
贵　州	272.3	235.1	137.1	3.6	93.7	0.6	11.3
云　南	401.3	311.7	201.7	2.7	106.5	0.8	36.6
西　藏	134.2	73.1	44.3	0.3	28.5		2.9
陕　西	372.7	290.8	209.1	3.4	76.8	1.5	17.5
甘　肃	329.0	279.8	224.5	2.6	52.7		13.1
青　海	285.2	234.0	134.8	1.7	96.1	1.4	5.5
宁　夏	694.4	583.8	307.7	7.9	248.9	19.3	19.0
新　疆	1100.4	1059.9	893.4	6.7	159.8		5.6

4-2-53 续表　　　　　　　　　　单位：元/人

地　区	1.工业支出	2.建筑业支出	三、第三产业支出	1.交通运输业、邮电业支出	2.批发和零售贸易、餐饮业支出	3.社会服务业支出	4.文教卫生业支出	5.其他家庭经营支出
全　国	**21.3**	**5.8**	**54.6**	**26.2**	**13.9**	**3.8**	**1.1**	**9.5**
北　京	39.6	81.8	174.4	45.0	99.8	9.4	9.2	11.0
天　津	2.3	6.0	63.8	35.1	17.0	2.3	0.3	9.2
河　北	29.7	1.3	59.6	33.0	16.4	4.6	0.9	4.6
山　西	6.3	8.0	66.2	43.6	7.1	7.3	0.7	7.5
内蒙古	10.2	2.2	32.6	8.9	2.8	2.8	2.1	16.0
辽　宁	23.6	1.6	61.9	26.6	18.5	3.1	2.9	10.7
吉　林	3.5	3.5	32.3	11.2	1.0	1.5	0.1	18.5
黑龙江	2.7	6.9	29.0	15.1	3.1	1.6	0.8	8.3
上　海	23.1	9.3	82.1	52.2	1.5	9.8	1.2	17.4
江　苏	58.1	9.4	74.4	27.2	28.6	7.7	0.9	10.0
浙　江	98.5	9.4	92.8	52.0	15.2	14.9	0.6	10.1
安　徽	8.0	5.2	31.5	13.5	7.5	3.4	0.6	6.4
福　建	16.6	18.8	64.0	27.1	11.2	6.9	1.4	17.4
江　西	12.5	3.8	48.4	17.8	10.4	4.3	1.9	14.0
山　东	30.4	8.9	69.5	22.8	31.9	4.4	1.4	8.9
河　南	14.8	6.3	47.8	20.7	16.7	2.1	1.0	7.2
湖　北	16.7	3.5	36.4	17.6	10.9	1.9	0.9	5.0
湖　南	29.7	2.7	64.2	31.7	17.9	4.2	0.3	10.2
广　东	17.2	7.5	78.9	34.4	22.9	3.3	2.6	15.8
广　西	22.4	2.0	41.1	17.5	16.0	1.9	0.7	5.0
海　南	2.4	3.2	28.0	17.2	2.0	1.6	0.4	6.8
重　庆	9.8	4.4	60.7	36.4	5.5	4.0	0.8	14.0
四　川	19.1	2.4	47.2	27.5	9.2	2.8	1.5	6.2
贵　州	6.1	5.3	25.9	11.8	6.2	1.9	0.4	5.7
云　南	34.4	2.2	53.0	20.6	14.6	1.5	0.6	15.7
西　藏	2.8	0.1	58.2	49.1	1.0	0.6	0.0	7.5
陕　西	16.2	1.3	64.3	46.0	10.1	1.8	1.9	4.7
甘　肃	4.7	8.4	36.1	21.2	6.3	1.8	1.8	5.0
青　海	2.5	3.0	45.8	30.4	0.5	0.8	0.7	13.3
宁　夏	18.6	0.5	91.6	55.4	15.2	2.8	0.0	18.3
新　疆	3.4	2.2	34.9	15.6	4.4	3.6		11.3

4-2-54 2000年农村居民现金消费支出

单位：元/人

地 区	现金消费支出	一、食品支出	二、衣着支出	三、居住支出
全 国	**1284.7**	**464.3**	**95.2**	**231.1**
北 京	3336.5	1216.7	245.8	538.6
天 津	1833.6	650.3	162.1	270.2
河 北	1156.2	330.9	104.2	322.0
山 西	901.6	313.6	113.3	141.8
内蒙古	1171.0	337.9	110.9	191.0
辽 宁	1386.0	483.8	152.7	208.2
吉 林	1204.5	446.3	103.2	183.6
黑龙江	1187.6	454.8	105.3	179.4
上 海	3763.5	1451.2	201.2	720.9
江 苏	1922.1	636.0	123.3	412.1
浙 江	2911.8	1098.3	167.4	569.8
安 徽	954.9	362.3	70.8	161.6
福 建	2074.6	854.5	117.0	336.9
江 西	1170.7	466.2	83.4	181.3
山 东	1482.4	506.7	116.2	288.1
河 南	889.7	286.5	85.6	161.4
湖 北	1058.3	358.3	72.2	154.9
湖 南	1467.9	590.2	89.6	240.3
广 东	2197.6	908.5	101.8	343.9
广 西	1087.2	437.0	51.6	188.4
海 南	1083.2	495.6	59.1	128.3
重 庆	927.2	299.8	62.0	178.5
四 川	1021.3	376.1	72.2	184.6
贵 州	622.5	224.9	53.0	127.2
云 南	808.3	305.8	55.3	158.1
西 藏	476.6	256.6	87.0	36.3
陕 西	1007.6	327.7	82.0	172.7
甘 肃	747.6	213.8	60.5	146.1
青 海	765.5	262.7	93.3	116.2
宁 夏	1017.4	302.7	96.7	216.2
新 疆	871.4	270.5	110.9	156.9

3-2-54 续表

单位：元/人

地区	四、家庭设备及用品支出	五、交通通信支出	六、文教娱乐支出	七、医疗保健支出	八、其他支出
全国	**74.4**	**93.1**	**186.7**	**87.6**	**52.5**
北京	235.3	236.0	484.9	249.0	130.3
天津	95.0	87.4	235.2	270.9	62.5
河北	65.4	84.6	130.7	78.3	40.1
山西	48.7	48.8	135.4	60.3	39.5
内蒙古	61.0	93.4	232.6	104.5	39.9
辽宁	69.9	112.8	195.3	109.5	53.9
吉林	63.6	85.1	171.8	102.7	48.2
黑龙江	50.8	84.2	150.7	117.2	45.2
上海	225.2	278.6	559.1	208.9	118.3
江苏	114.1	155.5	269.0	129.5	82.7
浙江	145.6	275.5	328.0	200.1	127.2
安徽	57.6	58.4	145.5	58.0	40.8
福建	106.8	206.1	254.3	87.4	111.6
江西	55.4	95.6	184.2	63.5	41.0
山东	114.8	101.6	207.9	118.7	28.5
河南	56.8	56.4	133.1	63.5	46.3
湖北	68.5	72.7	209.9	69.7	52.1
湖南	78.0	99.4	222.5	82.2	65.7
广东	123.7	205.5	313.5	100.3	100.5
广西	62.9	64.8	186.8	52.4	43.4
海南	63.6	61.3	174.4	44.1	56.8
重庆	66.7	61.3	154.5	68.9	35.5
四川	62.4	54.4	159.5	72.8	39.2
贵州	38.2	26.9	97.3	27.7	27.3
云南	47.5	32.0	106.1	64.3	39.2
西藏	39.8	15.4	11.1	16.1	14.4
陕西	57.8	58.5	181.8	91.4	35.6
甘肃	42.2	43.8	143.9	70.6	26.7
青海	44.7	53.1	79.4	78.2	37.9
宁夏	62.1	79.8	145.0	88.5	26.4
新疆	45.7	61.0	106.0	73.7	46.7

4-2-55 2005年农村居民总收入

单位：元/人

地区	总收入	一、工资性收入	二、家庭经营收入	三、财产性收入	四、转移性收入
全国	**4631.2**	**1174.5**	**3164.4**	**88.5**	**203.8**
北京	8855.6	4524.3	3203.0	588.0	540.3
天津	7459.7	2720.9	4455.5	152.9	130.5
河北	4986.0	1293.5	3415.4	93.7	183.3
山西	3628.3	1177.9	2268.7	62.7	119.0
内蒙古	5345.9	504.5	4557.2	73.1	211.2
辽宁	6028.3	1212.2	4379.6	113.2	323.2
吉林	5154.2	511.0	4205.5	148.4	289.4
黑龙江	6042.9	464.3	5148.7	230.6	199.3
上海	8960.4	6159.7	1351.7	457.5	991.5
江苏	6682.3	2786.1	3470.6	150.4	275.2
浙江	8805.1	3238.8	4792.8	278.9	494.5
安徽	3669.0	1010.1	2471.3	44.9	142.8
福建	5499.3	1650.7	3333.9	98.7	416.0
江西	4211.8	1227.9	2805.0	25.8	153.1
山东	5677.0	1437.6	3957.0	102.8	179.7
河南	3945.7	854.0	2965.6	35.9	90.2
湖北	4221.8	941.6	3167.3	16.8	96.1
湖南	4489.4	1228.8	2908.5	42.1	310.1
广东	5957.8	2562.4	2944.2	167.3	284.0
广西	3717.5	907.4	2710.9	18.3	80.9
海南	4129.6	473.1	3433.8	55.6	167.1
重庆	3783.0	1088.8	2441.5	30.7	222.0
四川	4158.2	954.9	2970.7	41.6	191.0
贵州	2660.6	583.3	1894.4	35.5	147.4
云南	3179.2	348.3	2652.6	75.5	102.8
西藏	2869.9	565.2	1973.8	217.2	113.6
陕西	3037.0	756.7	2071.1	56.9	152.2
甘肃	2888.0	586.7	2159.4	20.6	121.3
青海	2942.1	560.5	2129.2	62.0	190.4
宁夏	4179.7	702.1	3200.8	48.6	228.2
新疆	4604.9	195.5	4253.0	33.9	122.6

4-2-56 2005年农村居民家庭经营总收入

单位：元/人

地区	家庭经营总收入	一、第一产业收入	1.农业收入	2.林业收入	3.牧业收入	4.渔业收入	二、第二产业收入
全国	**3164.4**	**2621.3**	**1704.1**	**53.2**	**786.0**	**78.0**	**167.1**
北京	3203.0	1528.6	750.0	74.6	630.8	73.2	607.9
天津	4455.5	2800.2	1517.5	15.8	1116.5	150.4	666.8
河北	3415.4	2609.0	1849.3	14.7	744.9	0.1	273.4
山西	2268.7	1665.4	1283.0	18.7	363.8		70.8
内蒙古	4557.2	4408.8	2601.5	21.7	1785.6		34.4
辽宁	4379.6	3945.7	2372.7	23.0	1490.4	59.7	69.2
吉林	4205.5	4020.8	3157.8	15.8	844.2	3.0	28.1
黑龙江	5148.7	5011.2	4045.3	17.1	941.2	7.6	10.2
上海	1351.7	992.5	627.4	1.2	135.7	228.2	51.9
江苏	3470.6	2465.2	1490.5	51.1	699.3	224.3	339.9
浙江	4792.8	2494.8	1197.6	126.9	989.2	181.1	1150.8
安徽	2471.3	2152.5	1626.0	35.3	426.7	64.4	74.1
福建	3333.9	2379.1	1449.2	108.6	626.8	194.6	253.3
江西	2805.0	2410.3	1686.3	69.6	597.6	56.8	134.5
山东	3957.0	3177.4	2215.0	60.3	865.4	36.7	265.2
河南	2965.6	2532.2	1801.6	34.2	672.7	23.7	129.8
湖北	3167.3	2821.9	1933.9	47.8	678.0	162.3	111.6
湖南	2908.5	2276.9	1384.9	60.1	763.3	68.6	246.1
广东	2944.2	2426.4	1187.8	28.4	873.6	336.6	84.8
广西	2710.9	2480.6	1391.0	84.2	918.8	86.7	60.6
海南	3433.8	3017.0	1331.4	448.7	661.3	575.5	85.3
重庆	2441.5	2245.5	1204.0	21.6	974.3	45.6	28.7
四川	2970.7	2622.2	1341.9	30.8	1200.5	49.0	69.6
贵州	1894.4	1622.9	973.2	26.2	621.7	1.9	53.3
云南	2652.6	2426.5	1490.3	146.0	783.7	6.6	28.3
西藏	1973.8	1688.1	1049.2	64.2	574.6	0.1	32.0
陕西	2071.1	1728.0	1231.7	27.3	466.3	2.7	56.4
甘肃	2159.4	1856.4	1440.0	43.7	372.1	0.7	73.4
青海	2129.2	1762.2	994.2	11.5	752.5	4.0	54.3
宁夏	3200.8	2719.8	1747.6	6.8	915.9	49.4	99.5
新疆	4253.0	3899.0	3109.2	69.8	720.0		45.1

4-2-56 续表

单位：元/人

地　区	1.工业收入	2.建筑业收入	三、第三产业收入	1.交通运输业、邮电业收入	2.批发和零售贸易、餐饮业收入	3.社会服务业收入	4.文教卫生业收入	5.其他家庭经营收入
全　国	**111.2**	**55.8**	**376.1**	**139.0**	**145.1**	**40.0**	**13.2**	**38.8**
北　京	202.0	405.9	1066.6	606.9	256.1	146.3	5.7	51.5
天　津	549.7	117.1	988.5	513.4	284.1	125.9	0.8	64.4
河　北	253.8	19.5	533.1	194.7	234.3	45.2	30.2	28.7
山　西	22.2	48.6	532.4	245.8	136.8	69.3	7.7	72.8
内蒙古	23.8	10.6	114.0	44.4	29.6	15.0	7.8	17.1
辽　宁	37.8	31.4	364.8	140.7	134.7	27.0	21.0	41.4
吉　林	16.3	11.9	156.6	79.0	48.8	5.0	4.8	19.1
黑龙江	6.6	3.6	127.3	72.1	28.4	7.3	5.2	14.4
上　海	12.3	39.6	307.3	162.1	105.2	21.9	15.4	2.8
江　苏	221.0	118.9	665.5	298.5	247.3	70.7	5.4	43.6
浙　江	891.8	259.1	1147.1	407.4	447.6	148.5	26.8	116.9
安　徽	38.6	35.5	244.7	61.1	115.9	27.1	10.8	29.8
福　建	93.8	159.5	701.5	227.4	270.7	92.8	15.9	94.6
江　西	69.2	65.3	260.2	73.1	111.2	34.7	12.1	29.0
山　东	209.4	55.8	514.4	166.5	186.2	54.9	28.2	78.7
河　南	99.4	30.4	303.6	96.1	123.1	24.6	17.0	42.8
湖　北	53.9	57.7	233.7	80.6	99.0	25.9	6.9	21.3
湖　南	109.8	136.4	385.6	145.3	148.2	53.2	18.7	20.2
广　东	48.1	36.7	433.0	111.2	223.0	48.2	9.8	40.9
广　西	48.1	12.4	169.8	56.1	70.6	12.4	13.8	16.9
海　南	37.7	47.6	331.6	113.0	100.5	27.8	5.4	85.0
重　庆	18.7	10.0	167.4	37.0	76.4	11.2	20.1	22.6
四　川	36.7	32.9	279.0	112.3	98.1	37.3	10.1	21.1
贵　州	28.9	24.4	218.2	56.6	106.6	21.0	10.9	23.2
云　南	16.0	12.3	197.7	78.4	77.6	9.1	5.5	27.2
西　藏	3.7	28.3	253.8	177.1	45.8	13.8	0.1	17.0
陕　西	43.8	12.7	286.7	111.5	96.5	40.1	11.0	27.7
甘　肃	34.8	38.6	229.6	81.4	93.8	18.1	7.8	28.4
青　海	16.1	38.2	312.7	129.9	109.7	21.0	11.0	41.2
宁　夏	85.8	13.7	381.5	203.7	148.7	19.2		9.9
新　疆	26.6	18.5	308.9	78.1	152.3	11.4	2.8	64.3

4-2-57 2005年农村居民现金收入

单位：元/人

地区	现金收入	一、工资性收入	二、家庭经营收入	三、财产性收入	四、转移性收入
全国	**3915.5**	**1173.1**	**2472.3**	**71.8**	**198.3**
北京	8724.2	4520.7	3128.0	570.1	505.4
天津	7032.5	2715.7	4033.1	154.2	129.4
河北	4317.7	1292.7	2768.3	75.6	181.1
山西	3053.1	1177.5	1702.6	56.8	116.2
内蒙古	4235.1	504.4	3498.9	32.8	199.0
辽宁	5491.4	1212.2	3922.7	36.0	320.5
吉林	4451.5	511.0	3613.9	37.4	289.2
黑龙江	5321.2	464.2	4578.8	79.7	198.5
上海	8723.5	6159.7	1126.8	457.5	979.5
江苏	6035.3	2776.9	2852.3	143.0	263.0
浙江	8445.3	3232.0	4484.9	271.8	456.6
安徽	3043.2	1009.7	1872.5	25.9	135.1
福建	4963.4	1650.5	2822.4	80.0	410.5
江西	3460.2	1227.9	2057.8	24.9	149.6
山东	5114.5	1434.6	3415.5	89.5	174.9
河南	3015.7	850.9	2046.5	31.9	86.4
湖北	3454.2	941.2	2402.7	15.6	94.8
湖南	3692.5	1228.8	2116.2	38.0	309.5
广东	5381.7	2562.3	2369.5	166.6	283.3
广西	2994.1	907.4	1989.0	18.0	79.8
海南	3604.1	473.0	2909.1	55.6	166.4
重庆	2653.1	1087.6	1315.3	30.1	220.1
四川	3086.5	954.4	1901.9	40.8	189.4
贵州	1953.5	583.1	1190.1	34.4	145.9
云南	2175.1	348.3	1660.2	70.1	96.5
西藏	1925.3	550.0	1117.0	152.2	106.0
陕西	2576.0	756.7	1625.1	43.1	151.1
甘肃	2217.4	586.2	1496.6	14.8	119.8
青海	2287.5	560.5	1503.4	55.8	167.9
宁夏	3463.4	702.1	2546.4	28.1	186.8
新疆	3921.2	195.5	3580.4	22.8	122.4

4-2-58 2005年农村居民家庭经营现金收入

单位：元/人

地区	家庭经营现金收入	一、第一产业收入	农业收入	牧业收入	二、第二产业收入	1.工业收入
全国	**2472.3**	**1929.5**	**1104.9**	**700.3**	**166.9**	**111.2**
北京	3128.0	1454.7	647.8	661.1	607.8	202.0
天津	4033.1	2377.9	1115.5	1096.3	666.8	549.7
河北	2768.3	1962.0	1228.9	717.4	273.2	253.7
山西	1702.6	1099.3	729.8	354.8	70.8	22.2
内蒙古	3498.9	3350.6	1715.8	1613.1	34.4	23.8
辽宁	3922.7	3489.2	1989.6	1418.8	69.2	37.8
吉林	3613.9	3429.2	2641.9	768.9	28.1	16.3
黑龙江	4578.8	4441.3	3512.4	904.4	10.2	6.6
上海	1126.8	767.6	433.3	110.7	51.9	12.3
江苏	2852.3	1847.1	922.3	660.4	339.9	221.0
浙江	4484.9	2187.1	920.6	969.2	1150.8	891.7
安徽	1872.5	1553.7	1080.7	374.7	74.1	38.6
福建	2822.4	1867.7	1061.8	538.5	253.3	93.8
江西	2057.8	1663.2	997.6	552.3	134.5	69.2
山东	3415.5	2636.0	1676.3	862.8	265.2	209.4
河南	2046.5	1615.0	918.6	648.0	129.0	99.2
湖北	2402.7	2058.8	1340.3	522.6	110.7	53.0
湖南	2116.2	1484.6	709.4	662.0	246.1	109.8
广东	2369.5	1851.7	702.8	793.1	84.7	48.1
广西	1989.0	1758.7	758.2	842.4	60.6	48.1
海南	2909.1	2492.2	909.6	581.5	85.3	37.7
重庆	1315.3	1119.5	333.1	722.6	28.7	18.7
四川	1901.9	1553.5	470.1	1008.8	69.6	36.7
贵州	1190.1	918.6	417.4	477.4	53.3	28.9
云南	1660.2	1434.2	789.0	500.1	28.3	16.0
西藏	1117.0	831.4	413.1	359.9	32.0	3.7
陕西	1625.1	1281.9	815.6	437.8	56.4	43.8
甘肃	1496.6	1193.8	879.4	270.1	73.4	34.8
青海	1503.4	1136.4	562.1	560.1	54.3	16.1
宁夏	2546.4	2065.3	1170.6	839.4	99.5	85.8
新疆	3580.4	3226.5	2504.6	657.6	45.1	26.6

4-2-58 续表

单位：元/人

地　区	2.建筑业收入	三、第三产业收入	1.交通运输业、邮电业收入	2.批发和零售贸易、餐饮业收入	3.社会服务业收入	4.文教卫生业收入	5.其他家庭经营收入
全　国	**55.8**	**375.9**	**139.0**	**145.1**	**40.0**	**13.2**	**38.7**
北　京	405.8	1065.5	606.9	256.1	146.3	5.7	50.4
天　津	117.1	988.5	513.4	284.1	125.9	0.8	64.4
河　北	19.5	533.1	194.7	234.3	45.2	30.2	28.7
山　西	48.6	532.4	245.8	136.8	69.3	7.7	72.8
内蒙古	10.6	114.0	44.4	29.6	15.0	7.8	17.1
辽　宁	31.4	364.4	140.7	134.7	27.0	21.0	41.0
吉　林	11.9	156.6	79.0	48.8	5.0	4.8	19.1
黑龙江	3.6	127.3	72.1	28.4	7.3	5.2	14.4
上　海	39.6	307.3	162.1	105.2	21.9	15.4	2.7
江　苏	118.8	665.4	298.5	247.3	70.7	5.4	43.5
浙　江	259.1	1147.0	407.4	447.6	148.5	26.8	116.7
安　徽	35.5	244.7	61.1	115.9	27.1	10.8	29.8
福　建	159.5	701.4	227.4	270.7	92.8	15.9	94.6
江　西	65.3	260.1	73.1	111.2	34.7	12.1	28.9
山　东	55.8	514.3	166.5	186.2	54.9	28.2	78.7
河　南	29.7	302.5	96.1	123.1	24.6	17.0	41.8
湖　北	57.7	233.3	80.6	99.0	25.9	6.9	20.9
湖　南	136.4	385.6	145.3	148.2	53.2	18.7	20.2
广　东	36.7	433.0	111.2	223.0	48.2	9.8	40.9
广　西	12.4	169.7	56.1	70.6	12.4	13.8	16.8
海　南	47.6	331.6	113.0	100.5	27.8	5.4	85.0
重　庆	10.0	167.1	37.0	76.4	11.2	20.1	22.3
四　川	32.9	278.9	112.3	98.1	37.3	10.1	21.0
贵　州	24.4	218.2	56.6	106.6	21.0	10.9	23.2
云　南	12.3	197.7	78.4	77.6	9.1	5.5	27.2
西　藏	28.3	253.6	177.1	45.8	13.8	0.1	16.9
陕　西	12.7	286.7	111.5	96.5	40.1	11.0	27.6
甘　肃	38.6	229.5	81.4	93.8	18.1	7.8	28.3
青　海	38.2	312.7	129.9	109.7	21.0	11.0	41.2
宁　夏	13.7	381.5	203.7	148.7	19.2		9.9
新　疆	18.5	308.9	78.1	152.3	11.4	2.8	64.3

4-2-59 2005年农村居民纯收入

单位：元/人

地 区	纯收入	一、工资性收入	二、家庭经营纯收入	三、财产性收入	四、转移性收入
全 国	**3254.9**	**1174.5**	**1844.5**	**88.5**	**147.4**
北 京	7346.3	4524.3	1778.3	588.0	455.6
天 津	5579.9	2720.9	2626.5	152.9	79.7
河 北	3481.6	1293.5	1988.6	93.7	105.8
山 西	2890.7	1177.9	1563.5	62.7	86.5
内蒙古	2988.9	504.5	2223.3	73.1	188.1
辽 宁	3690.2	1212.2	2163.5	113.2	201.3
吉 林	3264.0	511.0	2395.5	148.4	209.2
黑龙江	3221.3	464.3	2363.9	230.6	162.4
上 海	8247.8	6159.7	774.6	457.5	856.0
江 苏	5276.3	2786.1	2125.0	150.4	214.8
浙 江	6660.0	3238.8	2789.4	278.9	352.9
安 徽	2641.0	1010.1	1499.3	44.9	86.8
福 建	4450.4	1650.7	2365.0	98.7	336.0
江 西	3128.9	1227.9	1786.4	25.8	88.8
山 东	3930.6	1437.6	2258.1	102.8	132.1
河 南	2870.6	854.0	1913.7	35.9	67.1
湖 北	3099.2	941.6	2049.0	16.8	91.7
湖 南	3117.7	1228.8	1713.4	42.1	133.6
广 东	4690.5	2562.4	1732.0	167.3	228.9
广 西	2494.7	907.4	1516.4	18.3	52.7
海 南	3004.0	473.1	2345.6	55.6	129.8
重 庆	2809.3	1088.8	1541.5	30.7	148.4
四 川	2802.8	954.9	1681.6	41.6	124.7
贵 州	1877.0	583.3	1153.4	35.5	104.8
云 南	2041.8	348.3	1530.1	75.5	87.8
西 藏	2077.9	565.2	1187.1	217.2	108.4
陕 西	2052.6	756.7	1118.9	56.9	120.1
甘 肃	1979.9	586.7	1263.4	20.6	109.2
青 海	2151.5	560.5	1359.6	62.0	169.4
宁 夏	2508.9	702.1	1561.9	48.6	196.2
新 疆	2482.2	195.5	2140.8	33.9	112.0

4-2-60 2005年农村居民总支出

单位：元/人

地　区	总支出	一、家庭经营费用支出	二、购置生产性固定资产支出	三、税费支出	四、消费支出	五、财产性支出	六、转移性支出
全　国	**4126.9**	**1189.7**	**131.1**	**13.1**	**2555.4**	**22.0**	**215.6**
北　京	7119.0	1268.6	82.2	6.0	5315.7	9.4	437.0
天　津	4943.0	1624.2	62.1	13.9	3036.0	7.5	199.3
河　北	3711.0	1242.8	95.9	25.3	2165.7	13.3	168.0
山　西	2719.4	626.8	46.2	7.5	1877.7	7.7	153.5
内蒙古	5091.9	2084.8	289.0	9.1	2446.2	46.8	216.1
辽　宁	5672.5	2061.2	240.3	6.3	2805.9	37.1	521.8
吉　林	4669.8	1591.8	353.7	13.0	2306.0	124.4	281.0
黑龙江	6151.3	2591.2	410.9	6.7	2544.7	157.3	440.6
上　海	8717.2	533.6	95.7	4.4	7277.9	27.9	777.8
江　苏	5281.3	1185.1	142.7	33.3	3567.1	6.1	346.9
浙　江	8041.3	1750.3	196.5	21.1	5433.0	100.0	540.5
安　徽	3360.4	861.6	108.9	14.6	2196.2	2.6	176.5
福　建	4514.4	857.8	67.2	4.7	3292.6	12.2	279.9
江　西	3776.5	931.7	112.8	16.0	2483.7	9.6	222.8
山　东	4561.3	1496.0	118.5	34.3	2735.8	17.6	159.1
河　南	3107.0	944.7	129.0	3.1	1891.6	5.0	133.7
湖　北	3675.7	1038.1	79.0	11.6	2430.2	10.9	106.0
湖　南	4289.5	1106.0	95.2	26.2	2756.4	8.8	296.8
广　东	5081.0	1154.2	32.1	6.8	3707.7	10.6	169.7
广　西	3696.7	1125.8	109.1	5.9	2349.6	6.3	100.2
海　南	3127.2	984.9	57.1	4.6	1969.1	3.8	107.7
重　庆	3273.4	839.0	71.5	5.3	2142.1	2.2	213.3
四　川	3742.8	1188.2	68.2	12.8	2274.2	1.7	197.7
贵　州	2490.7	675.7	86.0	2.2	1552.4	2.3	172.1
云　南	3017.0	1015.4	102.0	5.4	1789.0	22.2	83.0
西　藏	2389.2	447.6	175.1	4.4	1723.8	1.8	36.6
陕　西	3111.3	858.5	141.4	7.2	1896.5	7.2	200.5
甘　肃	2828.9	790.7	117.2	4.5	1819.6	3.9	93.1
青　海	2966.2	643.2	145.7	4.4	1976.0	41.0	155.8
宁　夏	4126.9	1418.4	322.3	2.6	2094.5	1.3	287.9
新　疆	4302.3	1928.6	258.8	14.4	1924.4	60.7	115.4

4-2-61　2005年农村居民家庭经营费用支出

单位：元/人

地　区	家庭经营费用支出	一、第一产业支出	1.农业支出	2.林业支出	3.牧业支出	4.渔业支出	二、第二产业支出
全　国	**1189.7**	**1058.3**	**540.9**	**7.2**	**476.9**	**33.3**	**47.8**
北　京	1268.6	723.7	204.7	12.0	448.8	58.3	194.1
天　津	1624.2	1176.1	342.6	6.8	766.9	59.9	307.3
河　北	1242.8	1036.3	578.2	3.5	454.6	0.0	94.4
山　西	626.8	503.8	321.2	2.6	180.0		13.4
内蒙古	2084.8	2046.8	1030.8	7.0	1009.0	0.1	10.9
辽　宁	2061.2	1943.3	936.3	5.1	985.6	16.3	17.6
吉　林	1591.8	1553.5	1096.6	5.9	450.2	0.8	8.7
黑龙江	2591.2	2551.6	1848.2	3.5	697.5	2.4	1.3
上　海	533.6	416.4	180.6	10.7	86.2	139.0	5.4
江　苏	1185.1	1009.5	486.1	11.1	427.0	85.3	57.3
浙　江	1750.3	1189.6	365.4	13.4	704.1	106.7	355.5
安　徽	861.6	783.3	516.3	6.1	231.5	29.5	17.9
福　建	857.8	748.6	353.1	18.1	330.1	47.3	18.6
江　西	931.7	829.9	443.2	4.5	365.8	16.4	29.5
山　东	1496.0	1315.0	731.3	11.3	557.8	14.6	92.6
河　南	944.7	841.8	470.4	3.9	357.1	10.5	40.7
湖　北	1038.1	926.5	490.5	6.9	362.1	67.0	41.7
湖　南	1106.0	933.2	394.6	13.0	498.3	27.4	55.9
广　东	1154.2	1077.9	295.3	3.1	613.1	166.4	12.6
广　西	1125.8	1062.4	464.6	4.1	561.9	31.8	25.0
海　南	984.9	920.4	373.3	24.6	296.2	226.3	17.2
重　庆	839.0	788.4	228.5	6.7	535.8	17.5	7.8
四　川	1188.2	1094.9	325.9	5.8	744.3	19.0	21.9
贵　州	675.7	607.1	223.0	1.3	382.6	0.1	14.9
云　南	1015.4	949.6	459.0	10.8	476.8	3.0	9.1
西　藏	447.6	386.5	139.9	0.9	245.7	0.1	4.7
陕　西	858.5	753.3	440.2	3.3	306.9	2.9	18.5
甘　肃	790.7	687.2	490.0	13.1	184.0	0.1	33.8
青　海	643.2	524.4	296.8	1.2	225.8	0.5	11.8
宁　夏	1418.4	1277.7	637.0	0.7	607.3	32.7	46.7
新　疆	1928.6	1806.5	1383.9	7.9	414.7		10.4

4-2-61 续表

单位：元/人

地区	1.工业支出	2.建筑业支出	三、第三产业支出	1.交通运输业、邮电业支出	2.批发和零售贸易、餐饮业支出	3.社会服务业支出	4.文教卫生业支出	5.其他家庭经营支出
全　国	**40.2**	**7.6**	**83.6**	**39.0**	**30.6**	**5.5**	**2.3**	**6.2**
北　京	77.0	117.1	350.8	206.2	118.2	23.9		2.4
天　津	291.4	15.9	140.8	99.7	21.2	8.1	0.1	11.7
河　北	91.0	3.4	112.1	53.3	39.4	8.0	6.5	4.9
山　西	6.0	7.5	109.5	61.6	31.9	7.5	0.5	8.1
内蒙古	8.6	2.3	27.1	12.7	5.7	2.9	2.2	3.7
辽　宁	9.3	8.2	100.3	39.9	40.3	2.5	2.6	15.0
吉　林	4.9	3.8	29.6	22.1	2.7	1.0		3.9
黑龙江	0.7	0.5	38.3	25.8	7.5	0.9	1.5	2.6
上　海	1.8	3.7	111.7	64.2	18.0	26.0		3.5
江　苏	47.3	10.0	118.4	73.9	33.9	6.5	0.2	3.8
浙　江	336.2	19.4	205.2	87.3	79.0	11.2	3.0	24.8
安　徽	16.2	1.7	60.4	20.5	35.8	1.7	1.0	1.3
福　建	7.4	11.2	90.6	39.2	33.4	4.0	0.4	13.6
江　西	21.3	8.2	72.3	23.7	33.7	5.4	2.3	7.3
山　东	87.8	4.8	88.5	27.4	38.7	8.4	4.4	9.8
河　南	30.3	10.4	62.2	26.6	25.8	3.3	3.0	3.4
湖　北	19.5	22.1	69.9	26.1	33.1	4.3	1.6	4.9
湖　南	49.3	6.6	117.0	51.6	47.2	7.7	6.2	4.3
广　东	8.8	3.8	63.7	23.8	21.4	11.6	0.6	6.4
广　西	24.6	0.4	38.4	21.1	9.1	2.6	1.0	4.7
海　南	14.3	2.8	47.4	32.8	1.4	9.8	0.1	3.3
重　庆	4.7	3.2	42.7	10.2	25.0	1.4	3.6	2.5
四　川	17.7	4.1	71.4	46.9	13.7	6.1	1.6	3.0
贵　州	12.2	2.7	53.7	18.5	27.5	1.5	3.6	2.6
云　南	7.1	2.0	56.8	29.9	15.3	2.1	2.4	7.1
西　藏	0.1	4.6	56.4	49.4	0.8		0.2	6.0
陕　西	16.9	1.5	86.8	41.1	21.8	9.4	2.1	12.3
甘　肃	18.7	15.1	69.8	28.0	33.6	4.1	0.9	3.2
青　海	6.6	5.2	107.0	54.1	43.5	0.8	3.4	5.3
宁　夏	44.9	1.8	94.1	46.8	41.4	1.5	0.4	4.0
新　疆	7.2	3.3	111.7	38.0	63.6	1.2	0.4	8.5

4-2-62 2005年农村居民消费支出

单位：元/人

地区	消费支出	一、食品支出	二、衣着支出	三、居住支出
全国	**2555.4**	**1162.2**	**148.6**	**370.2**
北京	5315.7	1736.0	378.7	854.4
天津	3036.0	1171.4	257.3	614.3
河北	2165.7	888.4	155.5	398.9
山西	1877.7	830.5	202.4	200.6
内蒙古	2446.2	1054.3	150.0	334.7
辽宁	2805.9	1127.2	221.0	378.2
吉林	2306.0	1003.2	168.2	256.7
黑龙江	2544.7	923.6	184.1	527.0
上海	7277.9	2683.9	366.4	1319.8
江苏	3567.1	1569.3	191.2	512.5
浙江	5433.0	2061.4	318.9	914.1
安徽	2196.2	999.8	117.4	344.9
福建	3292.6	1517.6	186.7	457.3
江西	2483.7	1220.5	124.5	326.2
山东	2735.8	1087.7	159.7	445.7
河南	1891.6	859.0	132.4	318.0
湖北	2430.2	1192.3	125.0	310.3
湖南	2756.4	1433.0	127.9	307.3
广东	3707.7	1789.4	143.5	530.3
广西	2349.6	1186.7	79.5	379.7
海南	1969.1	1134.8	66.4	146.0
重庆	2142.1	1130.4	96.0	231.2
四川	2274.2	1244.4	116.4	234.1
贵州	1552.4	819.9	79.6	235.5
云南	1789.0	975.7	80.3	225.8
西藏	1723.8	1185.2	182.5	84.2
陕西	1896.5	812.9	124.4	211.7
甘肃	1819.6	858.9	92.3	240.7
青海	1976.0	893.3	156.1	329.3
宁夏	2094.5	922.5	143.1	345.9
新疆	1924.4	803.8	171.4	333.2

4-2-62 续表 单位：元/人

地区	四、家庭设备及用品支出	五、交通通信支出	六、文教娱乐支出	七、医疗保健支出	八、其他支出
全国	**111.4**	**245.0**	**295.5**	**168.1**	**54.5**
北京	326.9	615.5	797.0	504.2	103.2
天津	117.1	327.6	328.9	179.2	40.3
河北	101.5	222.0	225.8	134.8	38.9
山西	68.9	160.3	279.5	102.9	32.7
内蒙古	84.4	293.3	309.4	176.4	43.6
辽宁	100.4	300.7	376.9	233.5	67.9
吉林	81.9	284.9	261.1	193.6	56.4
黑龙江	73.8	256.6	277.0	253.5	49.1
上海	458.1	747.5	936.5	561.7	204.0
江苏	168.0	363.8	478.9	198.6	85.0
浙江	260.5	618.3	723.0	415.6	121.3
安徽	106.4	196.7	256.8	133.7	40.6
福建	154.4	365.6	356.5	154.0	100.5
江西	96.4	229.6	276.3	154.7	55.6
山东	136.5	294.4	377.2	188.5	46.1
河南	82.7	159.7	177.7	123.4	38.8
湖北	110.0	223.2	271.9	135.4	62.2
湖南	114.3	219.0	329.3	168.2	57.5
广东	152.1	411.6	360.7	203.9	116.2
广西	95.5	214.1	226.4	123.4	44.5
海南	92.3	178.0	198.7	93.0	60.0
重庆	95.8	163.1	249.7	142.7	33.5
四川	102.1	171.5	225.2	144.5	36.2
贵州	61.7	99.2	160.9	71.8	23.8
云南	67.0	99.8	182.6	122.3	35.4
西藏	81.2	79.3	28.2	44.4	38.7
陕西	83.6	163.2	297.3	165.8	37.6
甘肃	74.1	155.0	257.9	114.0	26.7
青海	84.0	208.4	109.5	152.3	43.0
宁夏	77.2	178.5	177.9	198.8	50.6
新疆	68.0	183.0	159.3	169.3	36.4

4-2-63 2005年农村居民现金支出

单位：元/人

地 区	现金支出	一、家庭经营费用支出	二、购买生产性固定资产支出	三、税费支出	四、消费支出	五、财产性支出	六、转移性支出
全 国	**3567.3**	**1052.5**	**131.1**	**12.9**	**2134.6**	**22.0**	**214.2**
北 京	7041.6	1255.7	82.2	6.0	5273.6	9.4	414.6
天 津	4811.7	1573.3	62.1	13.6	2956.1	7.5	199.1
河 北	3372.0	1152.9	95.9	25.3	1916.9	13.3	167.6
山 西	2432.0	580.9	46.2	6.9	1636.8	7.7	153.3
内蒙古	4174.0	1621.0	289.0	9.1	1992.1	46.8	216.1
辽 宁	5227.2	1930.3	240.3	6.3	2491.5	37.1	521.8
吉 林	4202.0	1440.2	353.7	12.6	1990.2	124.4	281.0
黑龙江	5692.0	2381.4	410.9	6.7	2295.2	157.3	440.6
上 海	8520.1	524.6	95.7	4.4	7091.5	27.9	776.0
江 苏	4776.1	1118.4	142.7	33.3	3137.9	6.1	337.8
浙 江	7753.7	1718.1	196.5	21.1	5178.6	100.0	539.5
安 徽	2887.9	788.6	108.9	14.5	1797.7	2.6	175.7
福 建	4127.9	836.4	67.2	4.6	2928.9	12.2	278.6
江 西	3169.1	862.5	112.8	15.9	1946.2	9.6	222.1
山 东	4197.1	1399.6	118.5	33.7	2470.4	17.6	157.4
河 南	2657.9	868.0	129.0	3.0	1520.2	5.0	132.6
湖 北	2974.5	954.0	79.0	11.6	1813.4	10.9	105.7
湖 南	3552.8	948.7	95.2	26.0	2178.5	8.8	295.6
广 东	4543.0	1101.4	32.1	6.8	3224.3	10.6	167.9
广 西	3078.5	997.2	109.1	5.9	1860.4	6.3	99.8
海 南	2609.9	913.0	57.1	4.6	1523.9	3.8	107.5
重 庆	2344.0	558.6	71.5	4.9	1494.2	2.2	212.6
四 川	2746.5	845.1	68.2	12.6	1623.0	1.7	195.9
贵 州	1823.1	465.6	86.0	2.2	1095.6	2.3	171.4
云 南	2146.8	681.1	102.0	3.9	1256.8	22.2	80.7
西 藏	1360.3	173.9	175.1	4.3	969.5	1.8	35.8
陕 西	2769.3	770.3	141.4	7.2	1642.8	7.2	200.4
甘 肃	2170.1	656.8	117.2	4.2	1295.7	3.9	92.4
青 海	2286.1	496.0	145.7	4.4	1445.4	41.0	153.7
宁 夏	3426.8	1166.8	322.3	2.6	1648.5	1.3	285.3
新 疆	3855.3	1824.0	258.8	14.4	1582.2	60.7	115.4

4-2-64 2005年农村居民家庭经营费用现金支出

单位：元/人

地　区	家庭经营费用现金支出	一、第一产业支出	1.农业支出	2.林业支出	3.牧业支出	4.渔业支出	二、第二产业支出
全　国	**1052.5**	**921.5**	**510.5**	**6.5**	**371.8**	**32.6**	**47.6**
北　京	1255.7	710.8	204.3	11.9	437.1	57.4	194.1
天　津	1573.3	1125.7	317.3	6.8	741.7	59.9	307.3
河　北	1152.9	946.8	553.3	3.5	389.9		94.4
山　西	580.9	458.0	306.1	2.6	149.3		13.4
内蒙古	1621.0	1583.2	914.7	7.0	661.5	0.1	10.9
辽　宁	1930.3	1812.4	904.0	5.1	887.1	16.3	17.6
吉　林	1440.2	1402.7	1063.7	5.9	332.4	0.8	7.9
黑龙江	2381.4	2342.2	1768.5	2.1	569.6	2.0	1.3
上　海	524.6	407.5	180.5	10.7	79.2	137.1	5.4
江　苏	1118.4	942.7	481.4	11.1	371.6	78.7	57.3
浙　江	1718.1	1157.4	354.9	13.4	686.0	103.1	355.5
安　徽	788.6	710.4	499.9	6.1	174.9	29.5	17.9
福　建	836.4	727.3	352.4	18.0	309.7	47.3	18.6
江　西	862.5	760.7	435.1	4.5	305.0	16.1	29.5
山　东	1399.6	1218.8	696.6	10.9	496.8	14.6	92.6
河　南	868.0	765.6	451.9	3.9	299.4	10.5	40.6
湖　北	954.0	842.7	465.3	5.8	305.0	66.6	41.7
湖　南	948.7	777.6	376.7	5.3	368.6	26.9	54.9
广　东	1101.4	1025.8	286.6	2.9	570.8	165.5	12.5
广　西	997.2	933.8	454.8	4.1	443.1	31.8	25.0
海　南	913.0	848.5	371.9	24.6	226.1	225.9	17.2
重　庆	558.6	508.5	219.4	6.7	265.0	17.4	7.8
四　川	845.1	751.8	277.5	4.7	451.6	18.0	21.9
贵　州	465.6	397.0	198.5	1.3	197.0	0.1	14.9
云　南	681.1	616.9	350.0	8.2	255.7	3.0	8.2
西　藏	173.9	116.3	91.9	0.9	23.5		1.9
陕　西	770.3	665.1	413.0	3.3	245.9	2.9	18.5
甘　肃	656.8	553.3	432.8	13.1	107.5		33.8
青　海	496.0	377.1	232.1	1.2	143.3	0.5	11.8
宁　夏	1166.8	1026.1	555.0	0.6	438.2	32.3	46.7
新　疆	1824.0	1701.9	1348.9	7.9	345.0		10.4

4-2-64 续表 单位：元/人

地　　区	1.工业支出	2.建筑业支出	三、第三产业支出	1.交通运输业、邮电业支出	2.批发和零售贸易、餐饮业支出	3.社会服务业支出	4.文教卫生业支出	5.其他家庭经营支出
全　　国	**40.1**	**7.5**	**83.4**	**39.0**	**30.5**	**5.5**	**2.3**	**6.2**
北　　京	77.0	117.1	350.8	206.2	118.2	23.9		2.4
天　　津	291.4	15.9	140.4	99.7	20.8	8.1	0.1	11.7
河　　北	91.0	3.4	111.7	53.3	39.3	7.8	6.5	4.9
山　　西	6.0	7.5	109.5	61.6	31.9	7.5	0.5	8.1
内 蒙 古	8.6	2.3	27.0	12.6	5.7	2.9	2.2	3.7
辽　　宁	9.3	8.2	100.3	39.9	40.3	2.5	2.6	15.0
吉　　林	4.0	3.8	29.6	22.1	2.7	1.0		3.9
黑 龙 江	0.7	0.5	38.0	25.7	7.3	0.9	1.5	2.6
上　　海	1.8	3.7	111.7	64.2	18.0	26.0		3.5
江　　苏	47.3	10.0	118.4	73.9	33.9	6.5	0.2	3.8
浙　　江	336.2	19.3	205.2	87.3	79.0	11.2	3.0	24.8
安　　徽	16.2	1.7	60.3	20.5	35.8	1.7	1.0	1.3
福　　建	7.4	11.2	90.6	39.2	33.4	4.0	0.4	13.6
江　　西	21.3	8.2	72.2	23.7	33.7	5.3	2.3	7.3
山　　东	87.8	4.8	88.2	27.4	38.7	8.4	4.4	9.5
河　　南	30.2	10.4	61.8	26.5	25.6	3.3	3.0	3.4
湖　　北	19.5	22.1	69.6	26.0	32.8	4.3	1.6	4.8
湖　　南	48.6	6.3	116.3	51.3	46.8	7.7	6.2	4.3
广　　东	8.8	3.7	63.1	23.7	20.9	11.6	0.6	6.3
广　　西	24.6	0.4	38.4	21.1	9.1	2.6	1.0	4.7
海　　南	14.3	2.8	47.4	32.8	1.4	9.8	0.1	3.3
重　　庆	4.7	3.2	42.3	10.2	24.6	1.4	3.6	2.5
四　　川	17.7	4.1	71.4	46.9	13.7	6.1	1.6	3.0
贵　　州	12.2	2.7	53.7	18.5	27.5	1.5	3.6	2.6
云　　南	6.9	1.4	56.0	29.7	14.9	2.1	2.4	7.0
西　　藏	0.1	1.9	55.7	48.9	0.6		0.2	5.9
陕　　西	16.9	1.5	86.8	41.1	21.8	9.4	2.1	12.3
甘　　肃	18.7	15.1	69.8	28.0	33.6	4.1	0.9	3.2
青　　海	6.6	5.2	107.0	54.1	43.5	0.8	3.4	5.3
宁　　夏	44.9	1.8	94.1	46.8	41.4	1.5	0.4	4.0
新　　疆	7.2	3.3	111.7	38.0	63.6	1.2	0.4	8.5

4-2-65 2005年农村居民现金消费支出

单位：元/人

地 区	现金消费支出	一、食品支出	二、衣着支出	三、居住支出
全 国	**2134.6**	**770.7**	**147.9**	**342.3**
北 京	5273.6	1697.3	378.5	853.2
天 津	2956.1	1092.2	256.6	614.3
河 北	1916.9	640.1	155.3	398.9
山 西	1636.8	596.8	202.3	193.6
内蒙古	1992.1	645.7	147.2	294.0
辽 宁	2491.5	837.5	220.2	354.4
吉 林	1990.2	736.9	168.1	207.5
黑龙江	2295.2	751.0	184.1	450.1
上 海	7091.5	2497.4	366.4	1319.8
江 苏	3137.9	1155.6	191.2	498.0
浙 江	5178.6	1835.3	318.5	886.4
安 徽	1797.7	638.9	117.2	310.2
福 建	2928.9	1211.7	186.7	402.9
江 西	1946.2	727.6	124.4	282.0
山 东	2470.4	826.9	158.7	442.8
河 南	1520.2	533.7	131.9	272.6
湖 北	1813.4	611.1	121.8	278.6
湖 南	2178.5	873.1	127.7	289.4
广 东	3224.3	1370.0	143.5	466.5
广 西	1860.4	750.5	79.5	326.7
海 南	1523.9	719.6	66.4	115.9
重 庆	1494.2	509.5	96.0	204.2
四 川	1623.0	623.6	116.0	208.1
贵 州	1095.6	375.4	79.6	224.2
云 南	1256.8	486.0	80.3	183.7
西 藏	969.5	447.0	177.3	75.0
陕 西	1642.8	562.3	124.2	208.9
甘 肃	1295.7	347.3	92.1	228.9
青 海	1445.4	406.5	154.6	294.9
宁 夏	1648.5	484.1	143.1	338.5
新 疆	1582.2	476.1	166.9	324.0

4-2-65 续表

单位：元/人

地　区	四、家庭设备及用品支出	五、交通通信支出	六、文教娱乐支出	七、医疗保健支出	八、其他支出
全　国	**110.9**	**245.0**	**295.5**	**168.1**	**54.1**
北　京	326.3	615.5	797.0	504.2	101.6
天　津	117.1	327.6	328.9	179.2	40.3
河　北	101.5	222.0	225.8	134.8	38.7
山　西	68.9	160.3	279.5	102.9	32.5
内蒙古	84.4	293.3	309.4	176.4	41.7
辽　宁	100.4	300.7	376.9	233.5	67.9
吉　林	81.9	284.9	261.1	193.6	56.4
黑龙江	73.8	256.6	277.0	253.5	49.1
上　海	458.1	747.5	936.5	561.7	204.0
江　苏	166.9	363.8	478.9	198.6	85.0
浙　江	260.4	618.3	723.0	415.6	121.2
安　徽	103.6	196.7	256.8	133.7	40.5
福　建	154.4	365.6	356.5	154.0	97.0
江　西	96.3	229.6	276.3	154.7	55.4
山　东	136.5	294.4	377.2	188.5	45.5
河　南	82.6	159.7	177.7	123.4	38.6
湖　北	109.4	223.2	271.9	135.4	62.2
湖　南	114.3	219.0	329.3	168.2	57.5
广　东	152.0	411.6	360.7	203.9	116.2
广　西	95.5	214.1	226.4	123.4	44.4
海　南	92.3	178.0	198.7	93.0	60.0
重　庆	95.7	163.1	249.7	142.7	33.5
四　川	98.3	171.5	225.2	144.5	36.0
贵　州	61.7	99.2	160.9	71.8	22.8
云　南	67.0	99.8	182.6	122.3	35.2
西　藏	79.7	79.3	28.2	44.4	38.6
陕　西	83.6	163.2	297.3	165.8	37.6
甘　肃	73.8	155.0	257.9	114.0	26.6
青　海	82.6	208.4	109.5	152.3	36.5
宁　夏	77.2	178.5	177.9	198.8	50.6
新　疆	67.2	183.0	159.3	169.3	36.4

4-2-66　2010年农村居民总收入

单位：元/人

地　区	总收入	一、工资性收入	二、家庭经营收入	三、财产性收入	四、转移性收入
全　国	**8119.5**	**2431.1**	**4937.5**	**202.3**	**548.7**
北　京	15119.6	8229.2	3530.7	1339.9	2019.8
天　津	13258.4	5262.0	7034.8	368.4	593.2
河　北	8293.9	2653.4	5034.0	182.5	424.0
山　西	6393.6	2108.6	3615.8	214.2	455.1
内蒙古	9358.0	1036.8	7460.9	164.3	696.1
辽　宁	10902.5	2650.0	7383.6	234.2	634.8
吉　林	10085.5	1072.1	7835.0	377.5	800.9
黑龙江	11526.8	1241.6	9175.4	344.1	765.7
上　海	14777.6	9605.7	1184.9	970.3	3016.7
江　苏	11138.5	4896.4	5068.0	398.9	775.2
浙　江	15366.5	5822.5	8116.3	525.4	902.4
安　徽	6895.6	2203.9	4146.0	142.0	403.8
福　建	8993.1	3094.6	5051.9	245.1	601.6
江　西	7468.5	2394.6	4508.7	100.2	465.0
山　东	9877.3	2958.1	6181.3	238.3	499.7
河　南	7293.4	1943.9	4968.6	59.3	321.6
湖　北	7699.3	2186.1	5077.0	106.9	329.2
湖　南	7480.4	2655.6	4021.2	101.6	702.0
广　东	9386.8	4799.5	3606.7	401.2	579.5
广　西	6181.5	1707.2	4094.3	33.8	346.2
海　南	6904.9	1261.9	5147.9	107.8	387.4
重　庆	6726.7	2335.2	3646.6	90.5	654.4
四　川	6982.8	2248.2	4057.0	144.0	533.6
贵　州	4560.5	1303.9	2674.2	117.2	465.3
云　南	5837.6	930.0	4339.1	176.8	391.6
西　藏	5084.1	1108.8	3250.2	169.1	555.9
陕　西	5793.6	1734.5	3533.7	97.0	428.4
甘　肃	4771.9	1199.5	3193.8	39.9	338.8
青　海	5042.2	1269.8	3056.1	120.7	595.7
宁　夏	7330.8	1788.3	5034.6	98.7	409.2
新　疆	8806.9	556.3	7795.3	126.5	328.8

4-2-67 2010年农村居民家庭经营总收入

单位：元/人

地区	家庭经营总收入	一、第一产业收入	1.农业收入	2.林业收入	3.牧业收入	4.渔业收入	二、第二产业收入
全国	**4937.5**	**4046.1**	**2728.4**	**100.0**	**1098.6**	**119.1**	**279.6**
北京	3530.7	2142.4	805.1	139.1	1064.4	133.8	358.0
天津	7034.8	4633.4	2637.7	28.2	1726.1	241.4	889.1
河北	5034.0	3780.2	2696.1	42.5	1041.6		474.5
山西	3615.8	2846.7	2099.8	25.5	721.4		50.5
内蒙古	7460.9	7124.1	4255.8	28.1	2839.6	0.6	74.0
辽宁	7383.6	6529.6	3976.0	23.1	2452.2	78.3	204.9
吉林	7835.0	7491.2	6000.0	37.1	1443.5	10.7	75.0
黑龙江	9175.4	8785.5	7622.1	27.1	1131.1	5.2	53.4
上海	1184.9	681.5	472.4		161.0	48.1	37.0
江苏	5068.0	3217.1	2159.3	81.8	565.9	410.0	753.1
浙江	8116.3	4867.5	1659.1	182.3	2709.8	316.4	1670.7
安徽	4146.0	3493.6	2830.7	70.7	489.9	102.4	177.7
福建	5051.9	3669.6	2246.1	249.6	897.9	276.0	413.6
江西	4508.7	3625.3	2715.2	138.2	676.5	95.5	343.1
山东	6181.3	4908.2	3550.5	109.3	1197.8	50.6	414.0
河南	4968.6	4099.0	2977.8	51.5	1041.7	28.1	241.4
湖北	5077.0	4379.4	3115.1	65.6	869.1	329.6	223.4
湖南	4021.2	2971.1	1984.0	74.0	801.7	111.4	401.6
广东	3606.7	2970.7	1582.4	48.1	888.3	452.0	85.7
广西	4094.3	3669.9	2366.4	134.0	1074.5	95.0	97.8
海南	5147.9	4414.2	2030.2	843.8	932.1	608.0	236.8
重庆	3646.6	3161.9	1747.4	71.8	1284.6	58.2	66.3
四川	4057.0	3439.3	1809.8	50.6	1484.1	94.8	103.8
贵州	2674.2	2271.4	1437.2	45.7	782.7	5.8	66.8
云南	4339.1	3955.6	2467.4	417.6	1059.8	10.8	96.2
西藏	3250.2	2648.1	1552.6	129.5	965.5	0.4	96.6
陕西	3533.7	2865.8	2164.4	57.6	634.3	9.6	101.0
甘肃	3193.8	2837.0	2294.1	42.0	499.6	1.3	64.0
青海	3056.1	2499.7	1432.2	27.3	1026.2	14.0	66.5
宁夏	5034.6	4302.8	2834.4	7.6	1407.2	53.6	111.6
新疆	7795.3	7244.5	5636.3	192.2	1416.0		75.2

4-2-67 续表 单位：元/人

地区	1.工业收入	2.建筑业收入	三、第三产业收入	1.交通运输业、邮电业收入	2.批发和零售贸易、餐饮业收入	3.社会服务业收入	4.文教卫生业收入	5.其他家庭经营收入
全国	**165.6**	**114.0**	**611.8**	**218.2**	**258.2**	**64.6**	**28.3**	**42.4**
北京	80.1	277.9	1030.4	498.5	370.5	89.5	26.8	45.1
天津	418.7	470.4	1512.3	769.1	541.5	158.3	33.7	9.8
河北	424.6	49.9	779.3	252.7	393.1	69.5	50.3	13.7
山西	19.6	30.8	718.6	255.0	252.7	155.0	29.5	26.4
内蒙古	34.8	39.1	262.8	104.5	103.3	22.9	20.0	12.2
辽宁	143.2	61.6	649.1	212.5	294.4	67.3	29.1	45.7
吉林	36.7	38.3	268.9	148.6	79.8	13.0	4.5	23.0
黑龙江	7.4	46.1	336.5	208.6	85.0	14.0	15.8	13.1
上海	7.7	29.3	466.5	178.6	261.5	14.2	12.2	
江苏	561.2	191.9	1097.9	397.3	538.2	89.8	19.8	52.9
浙江	1169.5	501.2	1578.2	507.9	705.3	184.4	47.9	132.7
安徽	40.3	137.5	474.6	154.6	208.0	55.3	22.1	34.7
福建	116.5	297.1	968.7	317.6	433.2	122.1	31.2	64.6
江西	150.0	193.1	540.3	145.1	234.2	73.3	30.4	57.3
山东	316.7	97.3	859.1	239.2	385.2	92.4	58.5	83.9
河南	170.0	71.4	628.2	190.7	275.3	52.1	47.8	62.4
湖北	69.2	154.3	474.3	155.8	220.6	58.9	19.6	19.4
湖南	154.9	246.7	648.5	200.9	240.7	105.9	49.0	52.1
广东	22.3	63.4	550.2	150.3	304.2	46.6	7.3	41.9
广西	58.5	39.3	326.7	120.4	139.1	14.6	23.6	29.0
海南	58.7	178.1	497.0	224.3	161.8	32.5	7.9	70.4
重庆	19.7	46.6	418.4	134.4	199.6	13.2	39.5	31.8
四川	34.8	69.0	514.0	218.2	175.5	60.5	20.9	38.8
贵州	14.7	52.2	336.0	118.4	120.4	31.7	16.8	48.8
云南	44.7	51.5	287.3	138.7	100.0	10.2	15.1	23.3
西藏	33.8	62.8	505.6	296.6	130.4	43.9	0.2	34.5
陕西	52.0	49.0	566.9	247.7	163.3	98.0	25.0	33.0
甘肃	14.4	49.6	292.8	114.2	105.1	38.4	12.8	22.3
青海	42.1	24.5	489.9	231.8	173.4	15.4	30.9	38.4
宁夏	111.6		620.2	364.0	173.2	73.7	4.1	5.3
新疆	42.9	32.3	475.6	221.0	177.1	23.9	19.1	34.5

4-2-68 2010年农村居民现金收入

单位：元/人

地 区	现金收入	一、工资性收入	二、家庭经营收入	三、财产性收入	四、转移性收入
全 国	**7088.8**	**2427.9**	**3955.4**	**168.3**	**537.2**
北 京	14793.8	8224.2	3365.0	1329.8	1874.8
天 津	12509.0	5245.7	6325.0	353.3	585.0
河 北	7248.6	2652.8	4061.8	117.7	416.3
山 西	5667.4	2099.8	2975.3	184.5	407.9
内蒙古	7718.2	1036.6	5882.5	112.2	686.9
辽 宁	9907.7	2648.6	6557.3	70.4	631.4
吉 林	8386.0	1072.1	6448.8	64.2	800.8
黑龙江	10431.0	1237.9	8219.3	216.1	757.8
上 海	14603.8	9605.6	1014.1	970.3	3013.9
江 苏	10230.8	4862.8	4272.7	361.6	733.6
浙 江	15042.9	5816.8	7843.8	507.6	874.6
安 徽	5959.8	2201.6	3259.3	103.2	395.7
福 建	8270.2	3088.5	4352.3	245.1	584.3
江 西	6462.1	2394.6	3532.5	78.1	457.0
山 东	9093.7	2955.3	5486.8	177.0	474.6
河 南	5900.0	1942.1	3586.8	54.8	316.3
湖 北	6664.4	2185.6	4063.4	86.6	328.9
湖 南	6433.0	2655.3	2988.0	91.4	698.2
广 东	8638.6	4799.2	2862.4	400.1	576.9
广 西	5151.6	1706.1	3072.3	33.2	340.0
海 南	6118.3	1261.5	4366.4	107.8	382.6
重 庆	5312.9	2334.8	2244.5	81.3	652.3
四 川	5626.2	2247.2	2711.0	140.4	527.7
贵 州	3448.3	1303.7	1571.9	114.5	458.4
云 南	4565.2	928.9	3077.5	171.1	387.7
西 藏	3652.4	1108.7	1908.6	81.6	553.6
陕 西	5032.7	1734.4	2791.7	79.5	427.1
甘 肃	3856.0	1198.5	2290.5	31.9	335.1
青 海	4096.3	1269.8	2134.8	101.8	590.0
宁 夏	5879.2	1788.1	3655.1	60.6	375.4
新 疆	7517.3	556.3	6525.3	106.9	328.8

4-2-69 2010年农村居民家庭经营现金收入

单位：元/人

地区	家庭经营现金收入	一、第一产业收入	农业收入	牧业收入	二、第二产业收入	1.工业收入
全国	**3955.4**	**3064.4**	**1869.8**	**985.4**	**279.5**	**165.5**
北京	3365.0	1983.7	661.8	1061.8	358.0	80.1
天津	6325.0	3923.6	1953.5	1707.5	889.1	418.7
河北	4061.8	2808.0	1756.3	1012.0	474.5	424.6
山西	2975.3	2206.2	1466.7	714.2	50.5	19.6
内蒙古	5882.5	5545.8	2930.4	2586.7	74.0	34.8
辽宁	6557.3	5703.4	3240.3	2361.7	204.9	143.2
吉林	6448.8	6105.2	4687.3	1372.1	75.0	36.7
黑龙江	8219.3	7829.4	6706.9	1090.2	53.4	7.4
上海	1014.1	510.7	332.6	130.0	37.0	7.7
江苏	4272.7	2422.8	1443.5	519.9	753.1	561.2
浙江	7843.8	4596.5	1407.5	2694.7	1670.6	1169.5
安徽	3259.3	2607.1	2028.9	426.0	177.7	40.3
福建	4352.3	2970.5	1664.6	813.9	413.6	116.5
江西	3532.5	2649.1	1832.6	614.4	343.1	150.0
山东	5486.8	4214.3	2869.6	1191.7	413.9	316.7
河南	3586.8	2717.2	1623.1	1016.8	241.4	170.0
湖北	4063.4	3365.7	2306.3	675.2	223.4	69.2
湖南	2988.0	1937.9	1111.4	652.8	401.6	154.9
广东	2862.4	2227.0	957.8	776.7	85.7	22.3
广西	3072.3	2647.9	1454.7	971.4	97.8	58.5
海南	4366.4	3637.5	1430.7	786.9	236.8	58.7
重庆	2244.5	1760.7	680.0	964.2	66.3	19.7
四川	2711.0	2094.0	713.4	1241.3	103.7	34.8
贵州	1571.9	1169.0	573.7	545.3	66.8	14.7
云南	3077.5	2695.2	1507.3	770.8	95.6	44.7
西藏	1908.6	1306.4	731.9	461.7	96.6	33.8
陕西	2791.7	2123.8	1458.8	599.4	101.0	52.0
甘肃	2290.5	1933.7	1498.9	392.2	64.0	14.4
青海	2134.8	1578.4	773.7	767.3	66.5	42.1
宁夏	3655.1	2923.3	1590.9	1272.0	111.6	111.6
新疆	6525.3	5974.6	4517.5	1284.9	75.2	42.9

4-2-69 续表

单位：元/人

地 区	2.建筑业收入	三、第三产业收入	1.交通、运输邮电业收入	2.批发和零售贸易、餐饮业收入	3.社会服务业收入	4.文教卫生业收入	5.其他家庭经营收入
全 国	**114.0**	**611.4**	**218.2**	**258.2**	**64.6**	**28.3**	**42.0**
北 京	277.9	1023.3	498.5	370.5	89.5	26.8	38.1
天 津	470.4	1512.3	769.1	541.5	158.3	33.7	9.8
河 北	49.9	779.3	252.7	393.1	69.5	50.3	13.7
山 西	30.8	718.6	255.0	252.7	155.0	29.5	26.4
内蒙古	39.1	262.8	104.5	103.3	22.9	20.0	12.2
辽 宁	61.6	649.1	212.5	294.4	67.3	29.1	45.7
吉 林	38.3	268.7	148.6	79.8	13.0	4.5	22.9
黑龙江	46.1	336.5	208.6	85.0	14.0	15.8	13.1
上 海	29.3	466.5	178.6	261.5	14.2	12.2	
江 苏	191.9	1096.9	397.3	538.2	89.8	19.8	51.9
浙 江	501.2	1576.7	507.9	705.3	184.4	47.9	131.2
安 徽	137.5	474.6	154.6	208.0	55.3	22.1	34.6
福 建	297.1	968.2	317.6	433.2	122.1	31.2	64.1
江 西	193.1	540.3	145.1	234.2	73.3	30.4	57.3
山 东	97.3	858.6	239.2	385.2	92.4	58.5	83.3
河 南	71.4	628.2	190.7	275.3	52.1	47.8	62.4
湖 北	154.3	474.3	155.8	220.6	58.9	19.6	19.4
湖 南	246.7	648.5	200.9	240.7	105.9	49.0	52.1
广 东	63.4	549.6	150.3	304.2	46.6	7.3	41.3
广 西	39.3	326.7	120.4	139.1	14.6	23.6	29.0
海 南	178.1	492.1	224.3	161.8	32.5	7.9	65.5
重 庆	46.6	417.5	134.4	199.6	13.2	39.5	30.9
四 川	68.9	513.3	218.2	175.5	60.5	20.9	38.2
贵 州	52.2	336.0	118.4	120.4	31.7	16.8	48.8
云 南	50.9	286.7	138.7	100.0	10.2	15.1	22.7
西 藏	62.8	505.6	296.6	130.4	43.9	0.2	34.5
陕 西	49.0	566.9	247.7	163.3	98.0	25.0	33.0
甘 肃	49.6	292.8	114.2	105.1	38.4	12.8	22.3
青 海	24.5	489.9	231.8	173.4	15.4	30.9	38.4
宁 夏		620.2	364.0	173.2	73.7	4.1	5.3
新 疆	32.3	475.6	221.0	177.1	23.9	19.1	34.5

4-2-70　2010年农村居民纯收入

单位：元/人

地　区	纯收入	一、工资性收入	二、家庭经营纯收入	三、财产性收入	四、转移性收入
全　国	**5919.0**	**2431.1**	**2832.8**	**202.3**	**452.9**
北　京	13262.3	8229.2	1816.8	1339.9	1876.4
天　津	10074.9	5262.0	3895.2	368.4	549.3
河　北	5958.0	2653.4	2729.8	182.5	392.3
山　西	4736.3	2108.6	2028.5	214.2	385.0
内蒙古	5529.6	1036.8	3669.9	164.3	658.6
辽　宁	6907.9	2650.0	3486.1	234.2	537.7
吉　林	6237.4	1072.1	4085.9	377.5	701.9
黑龙江	6210.7	1241.6	3941.7	344.1	683.4
上　海	13978.0	9605.7	589.7	970.3	2812.2
江　苏	9118.2	4896.4	3215.0	398.9	607.9
浙　江	11302.6	5822.5	4307.1	525.4	647.6
安　徽	5285.2	2203.9	2626.4	142.0	312.9
福　建	7426.9	3094.6	3558.4	245.1	528.7
江　西	5788.6	2394.6	2919.4	100.2	374.3
山　东	6990.3	2958.1	3456.9	238.3	337.0
河　南	5523.7	1943.9	3240.4	59.3	280.1
湖　北	5832.3	2186.1	3234.9	106.9	304.3
湖　南	5622.0	2655.6	2463.9	101.6	400.9
广　东	7890.3	4799.5	2203.7	401.2	485.9
广　西	4543.4	1707.2	2510.2	33.8	292.3
海　南	5275.4	1261.9	3563.3	107.8	342.4
重　庆	5276.7	2335.2	2323.5	90.5	527.4
四　川	5086.9	2248.2	2263.3	144.0	431.4
贵　州	3471.9	1303.9	1706.3	117.2	344.6
云　南	3952.0	930.0	2510.1	176.8	335.1
西　藏	4138.7	1108.8	2308.8	169.1	552.0
陕　西	4105.0	1734.5	1882.2	97.0	391.3
甘　肃	3424.7	1199.5	1856.0	39.9	329.3
青　海	3862.7	1269.8	1973.1	120.7	499.1
宁　夏	4674.9	1788.3	2421.5	98.7	366.5
新　疆	4642.7	556.3	3650.0	126.5	309.9

4-2-71　2010年农村居民总支出

单位：元/人

地　区	总支出	一、家庭经营费用支出	二、购置生产性固定资产支出	三、建造生产性固定资产雇工支出	四、税费支出	五、消费支出	六、财产性支出	七、转移性支出
全　国	**6991.8**	**1915.6**	**189.4**	**3.9**	**8.6**	**4381.8**	**49.2**	**443.3**
北　京	11864.1	1564.2	104.2	12.2	3.6	9254.8	6.7	918.4
天　津	8329.1	2831.7	118.1	2.4	7.7	4936.7	42.5	390.1
河　北	6402.9	2072.3	119.8	0.9	25.7	3844.9	22.1	317.1
山　西	5566.8	1474.5	134.7	2.9	1.9	3663.9	10.5	278.4
内蒙古	9114.1	3434.4	438.2	4.7	5.9	4460.8	132.7	637.4
辽　宁	9604.7	3618.8	403.5	8.0	1.8	4489.5	79.8	1003.4
吉　林	9182.4	3399.2	458.9	1.0	5.9	4147.4	251.8	918.3
黑龙江	10982.0	4877.0	626.8	3.3	7.5	4391.2	561.7	514.6
上　海	11973.9	570.5	2.7		0.1	10210.5		1190.1
江　苏	9163.6	1604.7	164.1	1.1	34.6	6542.9	51.3	765.0
浙　江	13646.6	3445.8	205.3	3.2	10.7	8928.9	53.9	998.9
安　徽	5909.6	1357.8	148.0	2.6	8.0	4013.3	24.5	355.4
福　建	7414.4	1319.6	106.3	4.9	0.2	5498.3	25.0	460.1
江　西	5904.3	1484.5	133.3	0.4	7.5	3911.6	34.8	332.2
山　东	7981.0	2463.8	192.1	3.5	13.0	4807.2	44.2	457.2
河　南	5767.4	1562.5	184.4	5.0	2.8	3682.2	7.1	323.4
湖　北	6131.2	1713.2	142.2	0.5	10.3	4090.8	10.7	163.6
湖　南	6507.9	1464.5	103.3	1.1	8.9	4310.4	9.0	610.7
广　东	7199.1	1326.6	46.5	9.1	7.2	5515.6	13.8	280.4
广　西	5270.8	1475.2	152.1	0.1	2.8	3455.3	3.9	181.2
海　南	5067.5	1423.4	50.4	7.6	4.5	3446.2	6.9	128.6
重　庆	5495.6	1217.9	73.7	11.7	2.8	3624.6	0.7	564.4
四　川	6166.4	1654.1	114.9	7.7	9.8	3897.5	13.0	469.3
贵　州	4350.3	871.6	102.9	4.1	2.1	2852.5	8.5	508.6
云　南	5522.9	1672.1	166.8	3.9	3.4	3398.3	23.8	254.5
西　藏	3474.9	555.6	204.7			2666.9		47.7
陕　西	5998.2	1489.4	273.4	14.0	5.5	3793.8	28.1	393.9
甘　肃	4528.5	1192.4	176.3	0.9	4.4	2942.0	7.8	204.9
青　海	5186.8	898.2	145.1	0.7	0.0	3774.5	19.7	348.7
宁　夏	7191.6	2244.6	346.6	3.1	2.6	4013.2	6.0	575.4
新　疆	8241.0	3800.2	563.6	4.6	7.8	3457.9	182.5	224.4

4-2-72 2010年农村居民家庭经营费用支出

单位：元/人

地区	家庭经营费用支出	一、第一产业支出	1.农业支出	2.林业支出	3.牧业支出	4.渔业支出	二、第二产业支出
全国	**1915.6**	**1685.4**	**914.4**	**12.0**	**706.8**	**52.2**	**79.3**
北京	1564.2	1014.3	211.8	7.8	713.2	81.5	198.9
天津	2831.7	2066.9	665.7	13.1	1290.8	97.3	396.9
河北	2072.3	1597.3	817.3	10.2	769.8		223.8
山西	1474.5	1253.2	674.0	3.8	575.4		7.5
内蒙古	3434.4	3304.3	1803.3	12.3	1488.2	0.5	35.7
辽宁	3618.8	3397.9	1658.5	5.0	1711.0	23.4	63.4
吉林	3399.2	3315.4	2478.7	2.8	832.8	1.1	24.2
黑龙江	4877.0	4747.6	3809.9	14.9	920.4	2.5	18.8
上海	570.5	296.1	158.0		90.6	47.5	1.0
江苏	1604.7	1277.9	763.9	7.7	347.0	159.2	172.9
浙江	3445.8	2842.9	476.7	17.1	2186.5	162.6	345.7
安徽	1357.8	1217.0	845.5	5.0	317.0	49.6	18.9
福建	1319.6	1164.5	526.3	37.2	552.5	48.6	53.6
江西	1484.5	1210.9	751.6	13.0	400.0	46.4	93.2
山东	2463.8	2139.3	1217.0	15.3	889.6	17.4	159.9
河南	1562.5	1320.0	723.6	2.4	586.9	7.2	91.7
湖北	1713.2	1470.6	866.7	7.7	470.4	125.7	73.8
湖南	1464.5	1194.0	576.4	10.4	551.4	55.8	79.5
广东	1326.6	1227.5	360.2	5.4	595.7	266.3	7.4
广西	1475.2	1351.9	727.2	9.3	572.9	42.5	31.4
海南	1423.4	1311.7	566.1	41.8	443.3	260.6	11.8
重庆	1217.9	1073.5	366.8	12.9	662.3	31.5	31.9
四川	1654.1	1465.4	483.3	8.3	942.8	31.0	30.2
贵州	871.6	802.2	312.7	2.7	484.3	2.5	15.0
云南	1672.1	1530.0	795.4	39.0	689.6	6.0	48.2
西藏	555.6	466.1	227.3	0.8	238.1		4.4
陕西	1489.4	1254.3	791.2	28.2	428.4	6.4	38.6
甘肃	1192.4	1131.9	817.0	14.6	299.3	1.0	7.7
青海	898.2	697.4	359.7	7.4	326.9	3.4	36.9
宁夏	2244.6	2033.0	1002.3	1.6	1011.0	18.1	56.7
新疆	3800.2	3624.3	2782.5	20.2	821.5		16.4

4-2-72 续表

单位：元/人

地区	1.工业支出	2.建筑业支出	三、第三产业支出	1.交通运输业、邮电业支出	2.批发和零售贸易、餐饮业支出	3.社会服务业支出	4.文教卫生业支出	5.其他家庭经营支出
全国	**57.4**	**21.9**	**150.9**	**68.2**	**61.4**	**10.2**	**5.7**	**5.4**
北京	39.8	159.1	351.0	230.2	102.4	18.3		0.1
天津	100.4	296.6	367.8	284.3	57.7	24.7	1.0	
河北	212.8	11.1	251.2	89.0	124.8	14.7	18.4	4.3
山西	2.4	5.1	213.8	89.4	69.8	42.5	8.6	3.4
内蒙古	21.7	13.9	94.5	53.3	28.9	4.9	4.7	2.6
辽宁	58.5	5.0	157.5	90.5	51.9	11.8	1.4	1.9
吉林	21.8	2.3	59.6	44.9	7.0	5.8	0.8	1.1
黑龙江	4.9	14.0	110.5	79.0	21.6	3.2	5.0	1.7
上海	0.9	0.0	273.5	54.7	217.1	1.6		0.2
江苏	134.6	38.3	153.9	93.6	50.1	7.4	0.6	2.2
浙江	305.3	40.3	257.3	79.9	146.9	10.0	6.0	14.5
安徽	7.1	11.8	121.9	44.9	56.7	10.3	3.6	6.3
福建	31.4	22.2	101.4	57.2	27.9	11.9	2.1	2.3
江西	48.8	44.3	180.4	48.9	97.2	15.2	5.5	13.6
山东	148.3	11.6	164.6	35.5	97.8	10.8	6.1	14.4
河南	65.9	25.7	150.8	70.0	64.6	5.0	8.4	2.9
湖北	18.9	55.0	168.7	60.3	88.8	12.6	2.3	4.8
湖南	54.5	24.9	191.0	65.3	86.5	16.3	14.1	8.7
广东	6.2	1.2	91.8	37.2	45.6	6.8	0.6	1.5
广西	23.3	8.2	91.9	39.3	34.2	4.9	8.4	5.1
海南	6.2	5.5	99.9	89.8	3.0	1.2	0.1	5.8
重庆	8.7	23.2	112.5	37.1	69.3	0.8	2.3	3.0
四川	14.9	15.3	158.5	91.5	46.5	11.2	3.7	5.7
贵州	4.5	10.5	54.4	26.8	18.4	1.1	3.6	4.5
云南	27.9	20.3	93.9	49.8	28.7	1.3	8.3	5.8
西藏	1.7	2.6	85.1	68.1	12.7	1.2		3.1
陕西	22.0	16.6	196.6	120.1	37.4	23.2	7.8	8.2
甘肃	2.8	4.8	52.8	27.9	15.4	6.5	0.5	2.5
青海	19.3	17.5	163.9	102.4	45.6	2.2	12.0	1.8
宁夏	56.6	0.1	155.0	88.8	32.5	33.5	0.1	0.1
新疆	7.3	9.1	159.6	97.4	46.3	1.2	7.1	7.6

4-2-73 2010年农村居民消费支出

单位：元/人

地区	消费支出	一、食品支出	二、衣着支出	三、居住支出
全国	**4381.8**	**1800.7**	**264.0**	**835.2**
北京	9254.8	2994.7	699.4	1990.2
天津	4936.7	2060.8	365.9	888.3
河北	3844.9	1351.4	250.9	839.7
山西	3663.9	1372.5	315.8	614.7
内蒙古	4460.8	1675.0	317.7	752.0
辽宁	4489.5	1714.2	369.2	745.0
吉林	4147.4	1523.3	309.8	752.8
黑龙江	4391.2	1484.0	387.2	793.8
上海	10210.5	3806.8	554.1	2070.3
江苏	6542.9	2491.5	350.0	1170.9
浙江	8928.9	3055.6	551.5	2044.3
安徽	4013.3	1633.0	232.2	867.5
福建	5498.3	2537.2	310.1	865.5
江西	3911.6	1812.7	174.6	782.7
山东	4807.2	1804.5	305.6	833.0
河南	3682.2	1371.2	261.5	765.2
湖北	4090.8	1763.1	217.6	816.4
湖南	4310.4	2087.9	209.9	719.2
广东	5515.6	2630.1	215.5	986.7
广西	3455.3	1675.4	110.5	692.5
海南	3446.2	1724.5	117.4	609.8
重庆	3624.6	1750.0	224.1	548.0
四川	3897.5	1881.2	226.6	625.3
贵州	2852.5	1319.4	137.5	621.8
云南	3398.3	1604.5	160.7	638.1
西藏	2666.9	1325.7	326.7	352.9
陕西	3793.8	1299.2	237.9	837.5
甘肃	2942.0	1315.3	184.2	551.6
青海	3774.5	1442.9	255.2	944.2
宁夏	4013.2	1541.8	302.6	776.4
新疆	3457.9	1394.4	303.7	695.2

4-2-73 续表

单位：元/人

地区	四、家庭设备及用品支出	五、交通通信支出	六、文教娱乐支出	七、医疗保健支出	八、其他支出
全国	**234.1**	**461.1**	**366.7**	**326.0**	**94.0**
北京	473.6	1112.4	950.6	840.6	193.2
天津	233.0	467.5	462.3	360.5	98.5
河北	218.9	464.8	296.1	344.3	78.9
山西	173.6	357.7	420.2	328.9	80.4
内蒙古	177.9	598.6	374.2	468.0	97.4
辽宁	185.2	449.0	500.3	413.8	112.9
吉林	171.9	368.6	454.1	462.4	104.5
黑龙江	164.6	455.9	560.7	443.2	101.9
上海	528.0	1459.5	997.7	584.5	209.7
江苏	327.7	785.5	908.1	362.3	146.9
浙江	410.6	1146.0	839.2	709.3	172.3
安徽	231.2	339.0	363.9	264.4	82.1
福建	292.7	638.1	462.2	251.4	141.2
江西	205.3	331.8	285.2	243.8	75.5
山东	324.7	649.2	421.9	383.9	84.5
河南	254.5	401.4	250.5	287.8	90.1
湖北	262.3	331.4	288.1	295.2	116.7
湖南	243.9	343.8	315.9	293.6	96.2
广东	235.0	637.1	326.5	307.4	177.3
广西	192.8	310.3	182.6	229.0	62.3
海南	135.2	312.5	318.0	138.4	90.5
重庆	260.7	281.7	239.0	270.3	50.7
四川	239.5	360.7	218.6	276.1	69.6
贵州	135.6	229.7	186.2	178.1	44.2
云南	167.7	337.9	206.5	239.9	43.1
西藏	181.3	282.4	51.1	71.2	75.8
陕西	233.4	336.2	397.6	376.2	75.8
甘肃	146.9	256.7	238.0	203.1	46.1
青海	193.6	369.6	198.5	307.9	62.6
宁夏	188.1	444.0	241.1	417.9	101.2
新疆	137.7	382.1	170.2	314.7	59.9

4-2-74　2010年农村居民现金支出

单位：元/人

地　区	现金支出	一、家庭经营费用支出	二、购置生产性固定资产支出	三、建造生产性固定资产雇工支出	四、税费支出	五、消费支出	六、财产性支出	七、转移性支出
全　国	**6307.4**	**1757.6**	**189.4**	**3.9**	**8.6**	**3859.3**	**49.2**	**439.4**
北　京	11753.2	1562.9	104.2	12.2	3.6	9182.2	6.7	881.4
天　津	8211.2	2799.6	118.1	2.4	7.7	4854.6	42.5	386.4
河　北	6011.1	1991.7	119.8	0.9	25.7	3534.6	22.1	316.2
山　西	5170.0	1354.6	134.7	2.9	1.9	3395.1	10.5	270.3
内蒙古	8093.0	2926.2	438.2	4.7	5.9	3951.2	132.7	634.2
辽　宁	8937.5	3348.5	403.5	8.0	1.8	4093.3	79.8	1002.7
吉　林	8646.2	3237.5	458.9	1.0	5.9	3772.8	251.8	918.3
黑龙江	10535.6	4660.8	626.8	3.3	7.5	4161.2	561.7	514.4
上　海	11799.1	563.3	2.7		0.1	10044.9		1188.1
江　苏	8587.3	1558.1	164.1	1.1	34.6	6041.9	51.3	736.3
浙　江	13374.7	3429.3	205.3	3.2	10.7	8677.9	53.9	994.5
安　徽	5377.4	1297.8	148.0	2.6	8.0	3541.9	24.5	354.7
福　建	6868.0	1279.0	106.3	4.9	0.2	4994.9	25.0	457.7
江　西	5219.1	1443.6	133.3	0.4	7.5	3269.1	34.8	330.4
山　东	7589.5	2411.9	192.1	3.5	12.8	4469.5	44.2	455.7
河　南	5326.9	1512.6	184.4	5.0	2.8	3292.0	7.1	323.0
湖　北	5294.4	1562.3	142.2	0.5	10.3	3406.1	10.7	162.3
湖　南	5567.8	1289.0	103.3	1.1	8.9	3552.7	9.0	603.8
广　东	6530.9	1292.4	46.5	9.1	7.2	4884.6	13.8	277.5
广　西	4475.6	1354.7	152.1	0.1	2.8	2783.2	3.9	178.7
海　南	4369.0	1367.9	50.4	7.6	4.5	2803.4	6.9	128.5
重　庆	4313.9	823.8	73.7	11.7	2.8	2837.1	0.7	564.2
四　川	5003.4	1269.7	114.9	7.7	9.8	3121.7	13.0	466.6
贵　州	3339.5	559.5	102.9	4.1	2.1	2159.1	8.5	503.3
云　南	4293.2	1267.9	166.8	3.9	3.4	2575.9	23.8	251.4
西　藏	2622.4	283.6	204.7			2088.5		45.7
陕　西	5562.3	1341.6	273.4	14.0	5.5	3506.2	28.1	393.5
甘　肃	3734.5	1012.6	176.3	0.9	4.4	2329.4	7.8	203.3
青　海	4333.1	726.2	145.1	0.7	0.0	3095.5	19.7	345.9
宁　夏	6129.5	1751.0	346.6	3.1	2.6	3446.8	6.0	573.4
新　疆	7464.2	3643.3	563.6	4.6	7.8	2838.0	182.5	224.4

4-2-75　2010年农村居民家庭经营费用现金支出

单位：元/人

地　区	家庭经营费用现金支出	一、第一产业支出	1.农业支出	2.林业支出	3.牧业支出	4.渔业支出	二、第二产业支出
全　国	**1757.6**	**1527.6**	**880.3**	**11.4**	**584.3**	**51.6**	**79.3**
北　京	1562.9	1013.0	211.3	7.8	712.4	81.5	198.9
天　津	2799.6	2036.1	659.5	13.1	1266.2	97.3	396.9
河　北	1991.7	1516.7	797.8	10.2	708.8		223.8
山　西	1354.6	1134.4	632.4	3.8	498.2		7.5
内蒙古	2926.2	2796.1	1717.5	12.3	1066.0	0.3	35.7
辽　宁	3348.5	3130.0	1540.5	5.0	1561.1	23.4	63.4
吉　林	3237.5	3153.8	2442.1	2.8	707.7	1.1	24.2
黑龙江	4660.8	4531.5	3772.6	14.9	741.5	2.5	18.8
上　海	563.3	288.8	156.8		84.5	47.5	1.0
江　苏	1558.1	1231.3	761.1	7.7	306.1	156.3	172.9
浙　江	3429.3	2826.4	474.2	17.1	2175.8	159.3	345.7
安　徽	1297.8	1157.0	837.5	5.0	265.1	49.6	18.9
福　建	1279.0	1123.9	525.6	37.1	512.9	48.3	53.6
江　西	1443.6	1170.1	732.4	13.0	378.8	45.9	93.2
山　东	2411.9	2087.3	1209.2	15.3	845.4	17.4	159.9
河　南	1512.6	1270.1	716.3	2.4	544.3	7.2	91.7
湖　北	1562.3	1320.9	794.4	7.4	397.5	121.7	73.1
湖　南	1289.0	1019.1	565.7	10.4	387.4	55.7	79.4
广　东	1292.4	1193.3	353.0	5.2	569.2	266.0	7.4
广　西	1354.7	1231.4	724.1	9.3	455.5	42.5	31.4
海　南	1367.9	1256.3	563.5	41.7	391.2	259.9	11.8
重　庆	823.8	679.5	346.5	12.9	288.7	31.4	31.9
四　川	1269.7	1081.2	425.4	8.1	617.8	29.9	30.2
贵　州	559.5	490.1	266.3	2.7	218.7	2.5	15.0
云　南	1267.9	1126.4	677.9	26.1	416.5	5.9	48.2
西　藏	283.6	194.1	145.7	0.8	47.7		4.4
陕　西	1341.6	1106.5	739.3	28.2	332.6	6.4	38.6
甘　肃	1012.6	952.2	749.2	14.6	187.6	0.8	7.7
青　海	726.2	525.5	292.7	7.4	222.0	3.4	36.9
宁　夏	1751.0	1539.3	867.6	1.5	652.1	18.1	56.7
新　疆	3643.3	3467.3	2727.2	20.2	719.9		16.4

4-2-75 续表　　　　单位：元/人

地　区	1.工业支出	2.建筑业支出	三、第三产业支出	1.交通运输业、邮电业支出	2.批发和零售贸易、餐饮业支出	3.社会服务业支出	4.文教卫生业支出	5.其他家庭经营支出
全　国	**57.4**	**21.9**	**150.7**	**68.1**	**61.3**	**10.2**	**5.7**	**5.4**
北　京	39.8	159.1	351.0	230.2	102.4	18.3		0.1
天　津	100.4	296.6	366.6	284.3	56.6	24.7	1.0	
河　北	212.8	11.1	251.2	89.0	124.8	14.7	18.4	4.3
山　西	2.4	5.1	212.7	89.4	69.8	42.5	8.6	2.3
内蒙古	21.7	13.9	94.5	53.3	28.9	4.9	4.7	2.6
辽　宁	58.5	5.0	155.0	90.5	49.4	11.8	1.4	1.9
吉　林	21.8	2.3	59.6	44.9	7.0	5.8	0.8	1.1
黑龙江	4.9	14.0	110.5	79.0	21.6	3.2	5.0	1.7
上　海	0.9	0.0	273.5	54.7	217.1	1.6		0.2
江　苏	134.6	38.3	153.9	93.6	50.1	7.4	0.6	2.2
浙　江	305.3	40.3	257.3	79.9	146.9	10.0	6.0	14.5
安　徽	7.1	11.8	121.8	44.9	56.7	10.3	3.6	6.3
福　建	31.4	22.2	101.4	57.2	27.9	11.9	2.1	2.3
江　西	48.8	44.3	180.4	48.9	97.2	15.2	5.5	13.6
山　东	148.3	11.6	164.6	35.5	97.8	10.8	6.1	14.4
河　南	65.9	25.7	150.8	70.0	64.6	5.0	8.4	2.9
湖　北	18.7	54.4	168.3	60.3	88.4	12.6	2.3	4.8
湖　南	54.5	24.9	190.4	65.2	86.1	16.3	14.1	8.7
广　东	6.2	1.2	91.6	37.2	45.6	6.8	0.6	1.5
广　西	23.2	8.2	91.9	39.3	34.2	4.9	8.4	5.1
海　南	6.2	5.5	99.9	89.8	3.0	1.2	0.1	5.8
重　庆	8.7	23.2	112.5	37.1	69.3	0.8	2.3	3.0
四　川	14.9	15.3	158.3	91.5	46.5	11.2	3.7	5.6
贵　州	4.5	10.5	54.4	26.8	18.4	1.1	3.6	4.5
云　南	27.9	20.3	93.4	49.8	28.3	1.2	8.3	5.8
西　藏	1.7	2.6	85.1	68.0	12.7	1.2		3.1
陕　西	22.0	16.6	196.6	120.1	37.4	23.2	7.8	8.2
甘　肃	2.8	4.8	52.6	27.9	15.3	6.4	0.5	2.5
青　海	19.3	17.5	163.9	102.4	45.6	2.2	12.0	1.8
宁　夏	56.6	0.1	155.0	88.8	32.5	33.5	0.1	0.1
新　疆	7.3	9.1	159.6	97.4	46.3	1.2	7.1	7.6

4-2-76 2010年农村居民现金消费支出

单位：元/人

地　区	现金消费支出	一、食品支出	二、衣着支出	三、居住支出
全　国	**3859.3**	**1313.2**	**263.4**	**801.4**
北　京	9182.2	2924.3	699.4	1989.7
天　津	4854.6	1978.7	365.9	888.3
河　北	3534.6	1065.2	250.6	815.9
山　西	3395.1	1124.9	315.8	593.5
内蒙古	3951.2	1186.2	317.5	731.9
辽　宁	4093.3	1344.3	369.1	718.7
吉　林	3772.8	1210.0	309.8	691.6
黑龙江	4161.2	1337.5	387.2	710.3
上　海	10044.9	3642.0	554.1	2069.5
江　苏	6041.9	2002.2	350.0	1159.2
浙　江	8677.9	2833.6	551.3	2015.6
安　徽	3541.9	1215.1	232.1	814.2
福　建	4994.9	2100.8	310.1	798.8
江　西	3269.1	1212.2	174.4	744.2
山　东	4469.5	1468.1	304.8	832.5
河　南	3292.0	1024.3	261.4	722.6
湖　北	3406.1	1096.3	214.0	802.7
湖　南	3552.7	1358.2	209.7	691.8
广　东	4884.6	2110.7	215.5	875.4
广　西	2783.2	1044.8	110.5	651.0
海　南	2803.4	1151.3	117.4	540.1
重　庆	2837.1	994.7	224.1	518.1
四　川	3121.7	1122.7	226.6	608.4
贵　州	2159.1	637.8	137.5	610.2
云　南	2575.9	839.7	160.7	580.6
西　藏	2088.5	782.6	300.9	343.7
陕　西	3506.2	1025.2	237.9	824.0
甘　肃	2329.4	712.4	184.2	542.0
青　海	3095.5	779.9	252.8	933.5
宁　夏	3446.8	975.4	302.6	776.4
新　疆	2838.0	850.1	301.2	625.9

4-2-76 续表

单位：元/人

地　　区	四、家庭设备及用品支出	五、交通通信支出	六、文教娱乐支出	七、医疗保健支出	八、其他支出
全　　国	**233.5**	**461.1**	**366.7**	**326.0**	**94.0**
北　　京	473.6	1112.4	950.6	840.6	191.5
天　　津	233.0	467.5	462.3	360.5	98.5
河　　北	218.9	464.8	296.1	344.3	78.9
山　　西	173.6	357.7	420.2	328.9	80.4
内 蒙 古	177.4	598.6	374.2	468.0	97.4
辽　　宁	185.2	449.0	500.3	413.8	112.9
吉　　林	171.9	368.6	454.1	462.4	104.5
黑 龙 江	164.6	455.9	560.7	443.2	101.9
上　　海	528.0	1459.5	997.7	584.5	209.7
江　　苏	327.6	785.5	908.1	362.3	146.9
浙　　江	410.6	1146.0	839.2	709.3	172.3
安　　徽	231.2	339.0	363.9	264.4	82.1
福　　建	292.3	638.1	462.2	251.4	141.2
江　　西	201.8	331.8	285.2	243.8	75.5
山　　东	324.6	649.2	421.9	383.9	84.5
河　　南	253.8	401.4	250.5	287.8	90.1
湖　　北	261.7	331.4	288.1	295.2	116.7
湖　　南	243.4	343.8	315.9	293.6	96.2
广　　东	234.7	637.1	326.5	307.4	177.3
广　　西	192.8	310.3	182.6	229.0	62.3
海　　南	135.2	312.5	318.0	138.4	90.5
重　　庆	258.4	281.7	239.0	270.3	50.7
四　　川	239.0	360.7	218.6	276.1	69.6
贵　　州	135.5	229.7	186.2	178.1	44.2
云　　南	167.6	337.9	206.5	239.9	43.1
西　　藏	180.9	282.4	51.1	71.2	75.8
陕　　西	233.3	336.2	397.6	376.2	75.8
甘　　肃	146.9	256.7	238.0	203.1	46.1
青　　海	190.7	369.6	198.5	307.9	62.6
宁　　夏	188.1	444.0	241.1	417.9	101.2
新　　疆	133.9	382.1	170.2	314.7	59.9

5

2012年各地区城乡住户调查主要数据

一、各地区城镇住户调查主要数据

5-1-1 2012年各地区城镇居民家庭人口就业情况

单位：人/户

地 区	调查户数(户)	一、家庭人口数	(一)有收入者人数	1.就业人口数	(1)国有经济单位职工人数	(2)城镇集体经济单位职工人数	(3)其他各种经济类型单位职工	(4)城镇个体经营者人员数
全 国	**65981**	**2.86**	**2.09**	**1.49**	**0.66**	**0.06**	**0.21**	**0.16**
北 京	5000	2.73	2.19	1.43	0.73	0.04	0.37	0.05
天 津	1500	2.85	2.28	1.51	0.71	0.01	0.36	0.08
河 北	2620	2.80	2.00	1.36	0.71	0.06	0.12	0.15
山 西	1810	2.78	1.90	1.31	0.87	0.04	0.07	0.07
内蒙古	2350	2.80	1.93	1.51	0.71	0.04	0.12	0.26
辽 宁	4300	2.67	2.11	1.34	0.51	0.03	0.15	0.13
吉 林	1450	2.72	2.06	1.45	0.69	0.02	0.11	0.17
黑龙江	2248	2.65	1.93	1.26	0.60	0.02	0.08	0.12
上 海	1000	2.89	2.36	1.55	0.72	0.02	0.46	0.07
江 苏	5099	2.79	2.13	1.42	0.45	0.06	0.41	0.17
浙 江	4450	2.68	1.99	1.38	0.44	0.05	0.26	0.21
安 徽	2500	2.78	2.06	1.43	0.63	0.05	0.21	0.16
福 建	2000	3.10	2.20	1.68	0.69	0.05	0.28	0.22
江 西	1230	2.86	2.11	1.55	0.76	0.05	0.11	0.16
山 东	3300	2.83	2.08	1.69	0.80	0.15	0.23	0.15
河 南	2298	2.85	2.06	1.50	0.77	0.06	0.11	0.15
湖 北	1900	2.89	2.18	1.48	0.67	0.05	0.17	0.18
湖 南	1250	2.87	2.03	1.40	0.58	0.04	0.10	0.22
广 东	3250	3.19	2.21	1.74	0.62	0.09	0.29	0.19
广 西	1340	3.06	2.26	1.63	0.85	0.04	0.17	0.22
海 南	600	3.28	2.15	1.55	0.69	0.03	0.16	0.22
重 庆	2050	2.87	2.22	1.48	0.41	0.07	0.16	0.17
四 川	2500	2.92	2.09	1.49	0.61	0.03	0.22	0.16
贵 州	1720	3.01	2.07	1.45	0.72	0.03	0.11	0.23
云 南	1750	2.86	2.09	1.53	0.64	0.05	0.16	0.19
西 藏	800	3.32	1.81	1.59	1.05	0.10	0.10	0.07
陕 西	1500	2.86	2.05	1.47	1.00	0.02	0.14	0.08
甘 肃	880	2.83	1.92	1.39	0.78	0.04	0.05	0.13
青 海	950	3.02	1.88	1.30	0.65	0.02	0.19	0.13
宁 夏	950	2.82	1.79	1.36	0.56		0.16	0.25
新 疆	1460	2.91	1.91	1.49	0.84	0.03	0.08	0.18

5-1-1 续表

单位：人/户

地　区	(5)城镇个体被雇人员数	(6)离退休再就业人员数	(7)其他就业人员数	2.离退休人　数	3.其他有收入者人数	(二)无收入者人数	二、期末家庭人 口 数
全　国	**0.29**	**0.03**	**0.09**	**0.55**	**0.05**	**0.77**	**2.85**
北　京	0.16	0.06	0.02	0.72	0.04	0.54	2.73
天　津	0.12	0.11	0.12	0.73	0.04	0.57	2.83
河　北	0.25	0.02	0.05	0.61	0.03	0.80	2.79
山　西	0.20	0.02	0.04	0.52	0.08	0.88	2.77
内蒙古	0.27	0.02	0.10	0.37	0.06	0.87	2.80
辽　宁	0.35	0.05	0.11	0.73	0.04	0.56	2.66
吉　林	0.34	0.03	0.09	0.56	0.05	0.66	2.71
黑龙江	0.27	0.02	0.14	0.60	0.07	0.72	2.63
上　海	0.11	0.13	0.04	0.75	0.06	0.53	2.88
江　苏	0.25	0.04	0.04	0.67	0.04	0.66	2.78
浙　江	0.35	0.04	0.03	0.54	0.06	0.69	2.68
安　徽	0.30	0.02	0.06	0.58	0.05	0.71	2.77
福　建	0.32	0.03	0.08	0.44	0.08	0.89	3.08
江　西	0.35	0.03	0.10	0.53	0.04	0.75	2.85
山　东	0.27	0.02	0.07	0.36	0.03	0.75	2.83
河　南	0.28	0.03	0.09	0.53	0.03	0.79	2.84
湖　北	0.26	0.03	0.12	0.65	0.05	0.71	2.89
湖　南	0.27	0.03	0.16	0.55	0.08	0.84	2.86
广　东	0.44	0.02	0.09	0.42	0.04	0.98	3.18
广　西	0.25	0.04	0.07	0.59	0.05	0.80	3.04
海　南	0.36		0.08	0.50	0.10	1.13	3.28
重　庆	0.48	0.05	0.14	0.70	0.04	0.65	2.86
四　川	0.32	0.03	0.12	0.55	0.06	0.83	2.91
贵　州	0.15	0.02	0.19	0.53	0.08	0.94	3.00
云　南	0.23	0.01	0.25	0.48	0.09	0.77	2.85
西　藏	0.06		0.20	0.13	0.09	1.51	3.32
陕　西	0.17	0.02	0.04	0.53	0.05	0.81	2.85
甘　肃	0.28	0.01	0.10	0.46	0.07	0.90	2.83
青　海	0.21	0.01	0.10	0.49	0.09	1.13	3.02
宁　夏	0.34	0.03	0.03	0.38	0.04	1.03	2.80
新　疆	0.30	0.01	0.04	0.39	0.04	1.00	2.91

5-1-2 2012年各地区城镇居民家庭全年收入来源

单位：元/人

地 区	可支配收入	总收入				
			工薪收入	经营净收入	财产性收入	转移性收入
全 国	**24564.7**	**26959.0**	**17335.6**	**2548.3**	**707.0**	**6368.1**
北 京	36468.8	41103.1	27961.8	1430.2	717.6	10993.5
天 津	29626.4	32944.0	21523.8	1200.1	515.5	9704.6
河 北	20543.4	21899.4	13154.5	2257.5	338.5	6149.0
山 西	20411.7	22100.3	14973.6	1041.4	301.8	5783.4
内蒙古	23150.3	24790.8	16872.6	2698.7	564.0	4655.5
辽 宁	23222.7	25915.7	14846.1	2710.3	493.0	7866.4
吉 林	20208.0	21659.6	13535.3	2168.8	324.0	5631.5
黑龙江	17759.8	19367.8	11700.5	1729.3	186.1	5752.0
上 海	40188.3	44754.5	31109.3	2267.2	575.8	10802.2
江 苏	29677.0	32519.1	20102.1	3421.9	690.0	8305.2
浙 江	34550.3	37994.8	22385.1	4694.4	1465.3	9450.0
安 徽	21024.2	23524.6	14812.5	2155.3	549.6	6007.1
福 建	28055.2	30877.9	19976.0	3337.0	1795.2	5769.7
江 西	19860.4	21150.2	13348.1	1946.8	527.6	5327.7
山 东	25755.2	28005.6	19856.1	2621.4	704.9	4823.2
河 南	20442.6	21897.2	13666.5	2545.1	333.8	5351.8
湖 北	20839.6	22903.9	14191.0	2158.3	476.2	6078.3
湖 南	21318.8	22804.6	13237.1	3008.3	867.8	5691.4
广 东	30226.7	34044.4	23632.2	3603.9	1468.7	5339.6
广 西	21242.8	23209.4	14693.5	2131.8	883.7	5500.4
海 南	20917.7	22809.9	14672.3	2397.4	717.6	5022.5
重 庆	22968.1	24811.0	15415.4	2183.5	538.4	6673.6
四 川	20307.0	22328.3	14249.3	2017.8	633.8	5427.3
贵 州	18700.5	20042.9	12309.2	1982.5	355.7	5395.6
云 南	21074.5	23000.4	14408.3	2425.0	1000.0	5167.1
西 藏	18028.3	20224.2	17672.1	570.9	417.9	1563.3
陕 西	20733.9	22606.0	15547.3	882.0	269.6	5907.1
甘 肃	17156.9	18498.5	12514.9	1125.7	259.6	4598.2
青 海	17566.3	19746.6	12614.4	1191.4	93.0	5847.8
宁 夏	19831.4	21902.2	13965.6	2522.8	160.9	5252.9
新 疆	17920.7	20194.6	14432.1	1633.2	145.5	3983.7

5-1-3 2012年各地区城镇居民家庭总支出及构成

地 区	全年总支出(元/人)	消费支出	非消费支出	全年总支出构成(%)	消费支出	非消费支出
全 国	**22341.4**	**16674.3**	**5667.1**	**100.0**	**74.6**	**25.4**
北 京	30828.1	24045.9	6782.2	100.0	78.0	22.0
天 津	29424.9	20024.2	9400.7	100.0	68.1	31.9
河 北	16117.2	12531.1	3586.0	100.0	77.8	22.2
山 西	17104.9	12211.5	4893.4	100.0	71.4	28.6
内蒙古	22562.5	17717.1	4845.4	100.0	78.5	21.5
辽 宁	23457.0	16593.6	6863.4	100.0	70.7	29.3
吉 林	19727.6	14613.5	5114.1	100.0	74.1	25.9
黑龙江	17228.8	12983.6	4245.3	100.0	75.4	24.6
上 海	35432.0	26253.5	9178.6	100.0	74.1	25.9
江 苏	26128.6	18825.3	7303.3	100.0	72.0	28.0
浙 江	30639.7	21545.2	9094.5	100.0	70.3	29.7
安 徽	21420.8	15011.7	6409.1	100.0	70.1	29.9
福 建	25273.9	18593.2	6680.7	100.0	73.6	26.4
江 西	16190.3	12775.7	3414.7	100.0	78.9	21.1
山 东	20657.4	15778.2	4879.1	100.0	76.4	23.6
河 南	17300.5	13733.0	3567.5	100.0	79.4	20.6
湖 北	20107.1	14496.0	5611.1	100.0	72.1	27.9
湖 南	20121.4	14609.0	5512.4	100.0	72.6	27.4
广 东	29129.0	22396.4	6732.6	100.0	76.9	23.1
广 西	18889.2	14244.0	4645.3	100.0	75.4	24.6
海 南	18290.0	14456.6	3833.5	100.0	79.0	21.0
重 庆	20984.1	16573.1	4411.0	100.0	79.0	21.0
四 川	19496.0	15049.5	4446.4	100.0	77.2	22.8
贵 州	17312.8	12585.7	4727.1	100.0	72.7	27.3
云 南	18447.5	13883.9	4563.6	100.0	75.3	24.7
西 藏	14204.9	11184.3	3020.6	100.0	78.7	21.3
陕 西	20003.0	15332.8	4670.1	100.0	76.7	23.3
甘 肃	16766.8	12847.1	3919.8	100.0	76.6	23.4
青 海	16633.4	12346.3	4287.1	100.0	74.2	25.8
宁 夏	19240.4	14067.2	5173.3	100.0	73.1	26.9
新 疆	18447.9	13891.7	4556.2	100.0	75.3	24.7

5-1-4 2012年各地区城镇居民家庭现金消费支出

单位：元/人

地区	现金消费支出	服务性消费	一、食品	(一)粮油类	1.粮食	2.淀粉及薯类	3.干豆类及豆制品	4.油脂类
全国	**16674.3**	**4340.2**	**6040.9**	**746.7**	**458.5**	**54.1**	**72.7**	**161.5**
北京	24045.9	6968.7	7535.3	734.8	432.0	51.6	73.3	177.9
天津	20024.2	5299.8	7343.6	741.2	438.7	61.4	58.4	182.8
河北	12531.1	2724.8	4211.2	647.6	391.6	49.0	58.6	148.5
山西	12211.5	3025.6	3855.6	679.6	422.0	70.3	69.7	117.6
内蒙古	17717.1	4283.0	5463.2	689.2	488.8	39.8	44.1	116.4
辽宁	16593.6	4118.7	5809.4	770.1	472.8	69.6	75.6	152.2
吉林	14613.5	3934.8	4635.3	723.3	453.1	60.0	74.6	135.7
黑龙江	12983.6	3035.4	4687.2	767.6	479.6	71.7	69.0	147.3
上海	26253.5	7955.0	9655.6	1019.3	699.8	71.0	108.7	139.8
江苏	18825.3	5152.2	6658.4	735.2	442.9	62.7	95.1	134.4
浙江	21545.2	5929.2	7552.0	771.0	467.8	58.4	99.9	144.8
安徽	15011.7	4024.0	5814.9	735.8	455.4	39.5	82.7	158.2
福建	18593.2	4705.1	7317.4	837.5	563.6	58.6	73.2	142.1
江西	12775.7	2865.0	5071.6	760.2	438.0	30.8	90.7	200.8
山东	15778.2	3450.5	5201.3	648.2	394.4	53.9	52.9	147.1
河南	13733.0	3312.1	4607.5	641.5	393.1	60.8	59.6	128.0
湖北	14496.0	3541.8	5837.9	902.7	583.3	36.7	85.6	197.0
湖南	14609.0	3599.1	5441.6	752.0	423.5	34.2	87.9	206.4
广东	22396.4	6749.6	8258.4	839.5	544.1	44.2	65.5	185.8
广西	14244.0	3449.5	5552.6	638.0	387.5	37.3	69.6	143.6
海南	14456.6	3790.3	6556.1	546.0	330.2	28.9	35.5	151.4
重庆	16573.1	3977.3	6870.2	826.4	417.1	59.9	82.9	266.6
四川	15049.5	3805.7	6073.9	755.0	413.1	74.0	72.0	196.0
贵州	12585.7	3248.2	4992.9	653.0	396.0	31.1	58.8	167.1
云南	13883.9	3514.5	5468.2	653.7	408.9	48.8	40.8	155.2
西藏	11184.3	2453.2	5517.7	643.2	462.5	27.0	10.5	143.2
陕西	15332.8	4237.2	5550.7	724.3	441.5	65.4	75.2	142.2
甘肃	12847.1	3322.7	4602.3	664.6	404.8	48.5	49.6	161.6
青海	12346.3	2899.9	4667.3	695.4	481.1	51.0	37.4	126.0
宁夏	14067.2	3456.4	4768.9	622.1	389.1	57.1	51.7	124.3
新疆	13891.7	3368.2	5238.9	767.7	494.5	56.4	39.4	177.4

5-1-4 续表 1

单位：元/人

地 区	(二)肉禽蛋水产品类	1.肉类	2.禽类	3.蛋类	4.水产品类	(三)蔬菜类	1.鲜菜	2.干菜
全 国	**1711.5**	**901.1**	**282.5**	**119.0**	**408.9**	**592.0**	**537.6**	**33.9**
北 京	1527.8	908.9	175.9	146.9	296.2	583.6	521.1	34.9
天 津	1885.5	951.8	176.9	192.1	564.8	614.2	569.3	31.8
河 北	1068.8	631.2	133.7	126.0	177.9	412.8	373.6	20.6
山 西	726.3	477.4	69.1	106.6	73.3	383.7	356.3	15.9
内蒙古	1218.4	880.0	110.8	83.2	144.4	457.2	413.6	23.8
辽 宁	1585.2	842.0	137.5	131.3	474.4	581.2	517.3	40.6
吉 林	1110.6	682.2	121.0	99.3	208.2	489.5	436.6	28.5
黑龙江	1183.7	731.8	126.0	112.2	213.7	463.2	421.0	26.5
上 海	2608.7	994.3	453.2	149.8	1011.4	761.6	687.7	40.3
江 苏	1987.7	941.3	374.5	129.0	542.9	663.0	605.6	32.8
浙 江	2185.8	794.3	334.0	108.2	949.2	660.5	591.5	40.2
安 徽	1452.1	769.3	266.3	148.3	268.2	577.9	519.8	39.2
福 建	2835.8	1100.7	384.1	131.0	1220.0	629.9	540.1	68.7
江 西	1557.2	882.9	278.9	104.1	291.4	671.5	606.8	46.5
山 东	1395.9	709.5	150.8	151.2	384.3	439.2	398.2	24.1
河 南	1034.1	625.6	171.3	131.5	105.8	400.7	365.3	20.2
湖 北	1567.7	905.1	213.0	115.2	334.5	703.0	651.7	27.0
湖 南	1541.7	901.0	271.7	96.5	272.5	627.4	574.2	31.6
广 东	2986.8	1433.7	653.0	107.8	792.3	742.3	661.9	57.9
广 西	2079.0	1112.0	505.6	83.2	378.2	521.2	465.8	29.4
海 南	2864.4	1230.6	609.7	60.8	963.2	726.1	677.4	30.7
重 庆	1993.2	1149.2	442.6	135.3	266.1	797.0	737.0	40.9
四 川	1818.4	1160.1	352.3	120.5	185.4	710.4	655.7	36.8
贵 州	1325.3	900.9	246.3	79.1	99.1	558.2	508.9	29.5
云 南	1324.8	893.7	244.8	69.7	116.6	744.9	723.2	11.7
西 藏	1296.8	1119.4	85.4	41.1	51.0	682.5	635.0	42.5
陕 西	931.4	582.9	134.0	98.5	116.0	538.9	492.7	26.9
甘 肃	881.2	581.0	124.1	87.9	88.2	509.7	484.3	16.6
青 海	1160.0	826.6	139.6	81.0	112.9	493.9	468.5	13.0
宁 夏	981.5	691.0	143.6	65.8	81.2	422.7	401.7	12.2
新 疆	1412.2	1031.2	174.7	91.0	115.3	499.3	466.7	21.9

5-1-4 续表 2

单位：元/人

地 区	3.菜制品	(四)调味品	(五)糖烟酒饮料类	1.糖 类	2.烟草类	3.酒 类	4.饮 料
全 国	**20.4**	**76.1**	**621.1**	**55.1**	**271.5**	**176.8**	**117.8**
北 京	27.6	128.7	973.1	81.4	301.4	283.5	306.8
天 津	13.1	116.8	762.1	54.5	290.6	276.7	140.2
河 北	18.6	69.1	467.3	42.1	145.3	177.2	102.6
山 西	11.6	56.6	475.4	33.0	255.7	105.3	81.5
内蒙古	19.8	62.8	745.7	39.8	337.2	264.3	104.4
辽 宁	23.4	90.3	582.3	44.2	250.7	170.4	117.1
吉 林	24.5	78.7	444.7	34.3	202.2	116.1	92.2
黑龙江	15.7	74.4	421.5	48.5	164.6	124.4	84.0
上 海	33.6	91.9	967.7	125.6	469.4	174.9	197.8
江 苏	24.6	76.4	789.6	57.9	386.3	236.6	108.8
浙 江	28.8	65.0	727.1	54.5	407.6	163.4	101.6
安 徽	19.0	48.0	966.8	48.4	436.6	336.0	145.8
福 建	21.1	76.6	596.5	48.4	231.1	136.5	180.5
江 西	18.1	56.8	486.1	48.2	241.4	145.6	50.9
山 东	16.9	67.1	566.2	41.4	149.4	242.1	133.3
河 南	15.2	64.2	525.0	39.7	186.0	166.1	133.2
湖 北	24.4	73.9	727.5	43.3	405.9	211.4	67.0
湖 南	21.6	57.4	573.1	50.0	294.3	147.5	81.3
广 东	22.5	74.2	538.3	81.4	162.2	118.7	176.0
广 西	26.0	45.7	390.1	60.0	164.4	101.0	64.7
海 南	18.0	53.6	302.7	32.8	156.7	49.9	63.3
重 庆	19.1	137.9	642.2	74.8	323.0	154.6	89.7
四 川	17.8	116.0	599.7	64.1	283.7	170.9	81.0
贵 州	19.8	67.2	592.1	61.0	308.8	138.7	83.6
云 南	10.0	65.5	651.9	51.7	456.4	88.2	55.7
西 藏	5.0	59.3	849.3	53.7	496.3	177.6	121.7
陕 西	19.2	87.5	615.4	52.7	284.2	171.3	107.2
甘 肃	8.8	77.0	579.8	36.8	279.6	173.0	90.4
青 海	12.5	61.4	579.5	41.6	264.7	196.7	76.6
宁 夏	8.7	58.9	500.0	46.9	259.8	93.9	99.5
新 疆	10.7	57.9	403.8	71.9	132.9	105.2	93.9

5-1-4 续表 3

单位：元/人

地区	(六)干鲜瓜果类	1.鲜果	2.鲜瓜	3.其他干鲜瓜果类及制品	(七)糕点、奶及奶制品	1.糕点	2.奶及奶制品
全 国	**506.3**	**313.7**	**50.1**	**142.5**	**376.6**	**123.0**	**253.6**
北 京	772.9	461.5	83.2	228.2	679.1	258.1	421.1
天 津	664.4	409.2	67.7	187.6	541.2	215.8	325.4
河 北	409.0	236.2	44.6	128.1	313.6	110.0	203.7
山 西	402.9	224.0	47.6	131.3	314.8	105.2	209.6
内蒙古	485.0	296.8	38.8	149.4	310.8	73.5	237.4
辽 宁	639.0	401.9	53.7	183.5	352.3	108.2	244.1
吉 林	530.9	355.6	56.3	119.0	236.2	76.8	159.4
黑龙江	502.8	314.2	63.5	125.1	268.8	89.1	179.7
上 海	756.7	433.6	88.0	235.0	766.3	272.0	494.3
江 苏	513.9	295.8	61.8	156.3	434.0	130.2	303.8
浙 江	665.0	399.7	74.0	191.3	423.6	140.0	283.6
安 徽	378.6	223.0	59.5	96.1	407.9	84.1	323.8
福 建	541.0	361.8	32.5	146.8	382.1	117.7	264.4
江 西	423.2	255.0	44.6	123.6	327.7	110.0	217.7
山 东	546.8	323.2	63.9	159.7	391.2	127.6	263.6
河 南	410.8	219.4	55.5	135.9	321.3	107.1	214.2
湖 北	386.0	225.6	44.1	116.3	339.0	120.3	218.6
湖 南	471.3	282.0	53.2	136.1	243.0	95.6	147.4
广 东	551.9	397.4	31.7	122.8	406.9	160.8	246.1
广 西	406.8	277.7	34.8	94.2	289.6	100.1	189.6
海 南	377.6	312.1	25.0	40.5	227.9	83.1	144.8
重 庆	460.5	314.8	21.1	124.6	402.8	85.3	317.5
四 川	425.8	277.5	23.1	125.2	348.2	78.2	270.0
贵 州	408.4	279.6	17.1	111.7	244.5	74.6	169.9
云 南	422.5	331.7	13.3	77.6	371.9	155.9	216.0
西 藏	315.6	252.5	22.9	40.2	432.2	33.7	398.5
陕 西	527.6	302.5	63.6	161.6	430.6	157.3	273.3
甘 肃	443.6	253.4	50.1	140.1	295.6	74.2	221.4
青 海	408.8	249.6	33.4	125.8	281.1	76.3	204.8
宁 夏	504.8	303.7	65.4	135.7	318.0	75.0	243.1
新 疆	549.9	298.0	55.8	196.1	342.1	105.1	237.1

5-1-4 续表 4

单位：元/人

地 区	(八)其他食品	(九)饮食服务	1.食品加工服务费	2.在外饮食	二、衣着	(一)服装	(二)衣着材料
全 国	**93.6**	**1316.9**	**1.9**	**1315.1**	**1823.4**	**1344.9**	**10.8**
北 京	101.2	2034.2	1.8	2032.5	2638.9	1814.8	13.4
天 津	136.8	1881.6	0.1	1881.4	1881.4	1347.6	13.6
河 北	110.7	712.3	1.3	711.0	1542.0	1081.3	12.8
山 西	82.8	733.5	1.3	732.2	1529.5	1143.3	9.3
内蒙古	239.9	1254.3	1.5	1252.9	2730.2	2017.8	6.4
辽 宁	91.4	1117.6	0.8	1116.8	2042.4	1435.0	13.4
吉 林	99.2	922.2	0.8	921.4	2044.8	1486.7	5.8
黑龙江	62.3	943.0	0.7	942.2	1806.9	1279.5	6.5
上 海	85.2	2598.3	0.2	2598.1	2111.2	1581.1	17.3
江 苏	127.3	1331.5	3.6	1327.9	1916.0	1438.0	16.2
浙 江	88.8	1965.4	2.3	1963.1	2109.6	1618.5	18.5
安 徽	89.4	1158.4	2.3	1156.2	1540.7	1077.0	13.7
福 建	52.0	1366.0	1.2	1364.8	1634.2	1268.3	4.4
江 西	113.0	676.0	1.3	674.6	1476.6	1142.0	10.8
山 东	103.5	1043.3	1.9	1041.4	2197.0	1606.6	13.3
河 南	98.4	1111.6	1.5	1110.1	1886.0	1395.1	9.0
湖 北	57.1	1081.1	2.4	1078.6	1783.4	1360.8	10.1
湖 南	124.0	1051.7	2.6	1049.2	1624.6	1227.6	9.8
广 东	65.0	2053.6	1.0	2052.6	1520.6	1152.8	2.3
广 西	56.1	1126.0	2.1	1123.9	1146.5	874.1	6.4
海 南	33.3	1424.7	0.3	1424.4	865.0	675.8	0.8
重 庆	99.4	1510.8	5.8	1505.0	2228.8	1633.5	12.4
四 川	65.7	1234.8	3.6	1231.2	1651.1	1234.6	8.5
贵 州	87.0	1057.3	2.7	1054.5	1399.0	1005.8	15.0
云 南	59.6	1173.4	1.3	1172.1	1759.9	1269.2	13.0
西 藏	156.1	1082.7	3.0	1079.8	1361.6	946.8	4.0
陕 西	116.9	1578.1	1.0	1577.1	1789.1	1321.9	11.1
甘 肃	171.9	979.1	0.9	978.2	1631.4	1165.1	12.5
青 海	94.2	893.1	0.5	892.6	1512.2	1128.0	6.7
宁 夏	137.2	1223.7	0.4	1223.3	1875.7	1399.1	9.7
新 疆	82.3	1123.6	1.0	1122.6	2031.1	1458.1	20.5

5-1-4 续表 5 单位: 元/人

地 区	(三)鞋类	(四)其他衣着用品	(五)衣着加工服务费	三、居住	(一)住房	(二)水电燃料及其他	1.水
全 国	**401.7**	**56.6**	**9.4**	**1484.3**	**463.6**	**900.6**	**108.4**
北 京	706.5	88.7	15.5	1970.9	869.8	941.3	112.0
天 津	429.4	79.8	11.0	1854.2	704.5	1075.9	136.2
河 北	375.9	65.6	6.5	1502.4	439.4	989.3	75.2
山 西	330.0	38.3	8.6	1438.9	362.8	986.8	63.9
内蒙古	575.7	119.1	11.3	1583.6	616.0	861.5	59.1
辽 宁	503.7	76.7	13.6	1433.3	293.6	1054.3	86.8
吉 林	473.2	67.0	12.1	1594.1	348.8	1156.6	86.9
黑龙江	448.1	58.8	14.0	1336.9	269.7	996.9	72.3
上 海	439.7	57.0	16.2	1790.5	768.1	823.6	141.5
江 苏	388.2	62.3	11.2	1437.1	548.3	774.1	119.1
浙 江	408.6	52.2	11.7	1551.7	518.2	935.5	140.1
安 徽	376.6	65.5	8.0	1397.0	558.9	737.0	93.0
福 建	314.9	40.0	6.6	1753.9	656.7	936.5	152.8
江 西	285.2	33.1	5.5	1173.9	318.2	773.9	98.7
山 东	491.1	76.0	9.9	1572.4	441.1	1017.2	74.6
河 南	426.9	44.9	10.1	1190.8	420.7	708.0	71.6
湖 北	355.1	50.2	7.2	1371.2	476.8	828.1	113.6
湖 南	335.6	44.6	6.9	1301.6	283.7	924.3	132.5
广 东	318.8	40.0	6.7	2099.8	572.3	1225.8	176.7
广 西	232.4	27.4	6.2	1377.3	498.7	804.5	118.8
海 南	167.1	19.7	1.6	1521.0	572.4	839.5	134.8
重 庆	490.3	84.7	8.0	1177.0	293.0	733.1	147.4
四 川	351.8	47.0	9.3	1284.1	434.0	716.6	110.8
贵 州	337.5	36.8	3.9	1013.5	212.5	731.0	101.5
云 南	437.8	37.5	2.4	973.8	402.1	498.8	115.2
西 藏	390.2	13.8	6.8	845.2	190.3	618.7	56.2
陕 西	397.1	49.4	9.6	1322.2	335.1	878.2	82.2
甘 肃	375.6	69.0	9.2	1287.9	315.9	868.7	69.1
青 海	317.4	51.7	8.5	1232.4	359.3	765.1	36.1
宁 夏	406.2	50.5	10.3	1193.4	303.9	797.3	45.9
新 疆	451.8	82.7	18.1	1166.6	403.0	688.9	50.9

5-1-4 续表 6 单位：元/人

地 区	2.电	3.燃 料	4.取暖费	5.其 他	(三)居住服务费	1.物业管理费	2.维修服务费
全 国	**411.9**	**204.4**	**151.3**	**24.6**	**120.0**	**93.5**	**12.5**
北 京	387.4	165.7	265.0	11.2	159.9	145.6	7.1
天 津	419.4	123.4	382.4	14.5	73.8	58.9	4.0
河 北	303.4	172.3	420.8	17.6	73.7	53.7	11.9
山 西	276.3	175.2	353.6	117.8	89.3	61.7	17.0
内蒙古	236.4	126.0	423.3	16.8	106.0	64.3	16.2
辽 宁	338.3	161.2	461.9	6.1	85.4	63.8	12.9
吉 林	323.6	124.1	612.7	9.3	88.7	77.4	6.0
黑龙江	288.1	162.3	466.8	7.3	70.2	51.7	9.8
上 海	472.5	208.6		1.0	198.8	194.0	3.4
江 苏	442.6	183.9	7.4	21.1	114.7	88.1	13.5
浙 江	537.8	242.4		15.1	98.0	78.3	12.8
安 徽	440.1	184.8	8.5	10.6	101.2	58.1	30.2
福 建	603.0	172.9		7.8	160.6	127.9	11.4
江 西	444.1	208.5	0.0	22.6	81.8	37.0	10.4
山 东	318.2	163.8	389.8	70.8	114.0	75.6	15.4
河 南	361.3	146.5	77.8	50.7	62.2	47.8	7.1
湖 北	471.9	203.3	9.1	30.2	66.3	44.2	10.8
湖 南	499.3	260.6	3.9	28.1	93.5	73.0	14.0
广 东	639.4	390.3		19.5	301.6	275.1	14.3
广 西	421.3	246.6		17.9	74.0	37.7	14.8
海 南	424.2	270.4		10.3	109.2	81.5	23.7
重 庆	364.2	215.1	0.3	6.2	151.0	117.5	12.7
四 川	365.5	232.7	0.1	7.6	133.5	87.4	13.1
贵 州	462.7	162.2	0.5	4.1	70.0	44.5	4.4
云 南	278.6	103.1		1.9	72.9	56.8	4.7
西 藏	227.4	286.2	4.6	44.4	36.2	24.2	7.4
陕 西	322.7	207.2	240.4	25.7	108.9	76.2	11.6
甘 肃	267.2	161.6	352.4	18.4	103.3	80.4	11.6
青 海	240.5	161.2	284.7	42.7	107.9	62.5	15.2
宁 夏	207.2	130.3	379.5	34.3	92.3	71.1	10.3
新 疆	182.0	139.5	267.7	48.7	74.8	57.1	12.5

5-1-4 续表 7

单位：元/人

地 区	3.其他	四、家庭设备及用品	(一)耐用消费品	1.家具	2.家庭设备	(二)室内装饰品	(三)床上用品
全 国	**14.1**	**1116.1**	**431.5**	**142.7**	**276.7**	**27.4**	**108.1**
北 京	7.1	1610.7	651.5	292.9	358.6	55.1	184.0
天 津	10.9	1151.2	538.0	245.9	292.1	42.8	89.0
河 北	8.1	876.1	372.0	106.8	265.2	21.6	74.0
山 西	10.5	832.5	384.5	151.4	233.0	24.0	85.3
内蒙古	25.5	1242.6	538.8	151.8	387.1	34.1	133.7
辽 宁	8.7	1069.7	373.3	146.9	226.4	32.9	109.5
吉 林	5.4	871.5	286.7	90.6	196.1	17.4	82.4
黑龙江	8.7	742.2	269.0	92.9	162.6	23.2	73.0
上 海	1.5	1906.5	672.2	298.1	374.1	40.1	211.7
江 苏	13.1	1288.4	487.5	138.1	349.4	24.3	129.8
浙 江	7.0	1161.4	403.5	111.0	292.4	19.5	110.9
安 徽	12.9	811.2	366.5	72.9	218.6	26.0	116.0
福 建	21.3	1254.7	480.4	196.6	283.8	23.3	103.7
江 西	34.4	966.2	336.9	78.0	213.4	23.1	105.3
山 东	23.0	1126.0	534.4	191.8	342.7	37.5	94.7
河 南	7.3	1145.4	546.2	214.4	331.8	24.8	131.3
湖 北	11.3	978.3	400.5	107.3	227.8	26.0	74.4
湖 南	6.6	1034.3	377.7	102.0	275.7	23.5	101.0
广 东	12.2	1467.2	452.9	136.5	307.6	27.1	118.0
广 西	21.5	1125.4	531.7	192.8	336.3	38.8	104.6
海 南	3.9	777.2	269.7	75.9	177.3	13.3	47.8
重 庆	20.7	1196.0	414.4	92.8	321.3	27.1	154.1
四 川	33.0	1097.9	414.6	122.2	256.1	18.7	107.8
贵 州	21.0	849.9	270.7	73.4	197.3	13.5	85.4
云 南	11.5	634.1	242.0	123.1	118.9	11.9	54.8
西 藏	4.6	474.7	95.2	16.3	78.9	34.1	93.0
陕 西	21.0	986.8	369.9	99.9	215.0	26.8	92.5
甘 肃	11.4	833.2	356.1	130.2	225.8	26.9	61.1
青 海	30.2	923.7	414.3	184.4	229.8	61.4	74.6
宁 夏	10.9	929.0	373.0	186.6	186.3	40.0	69.4
新 疆	5.2	950.2	303.1	108.7	194.3	54.1	71.1

5-1-4 续表 8　　单位：元/人

地 区	(四)家庭日用杂品	(五)家具材料	(六)家庭服务	1.家政服务	2.加工维修服务费	五、交通通信	(一)交通
全 国	**460.6**	**10.9**	**77.5**	**52.5**	**24.5**	**2455.5**	**1628.4**
北 京	604.6	11.1	104.4	77.6	26.8	3781.5	2725.7
天 津	411.3	5.9	64.3	44.0	20.3	3083.4	2004.9
河 北	340.2	16.1	52.4	31.6	20.8	1723.8	1115.1
山 西	296.1	6.1	36.6	18.6	18.0	1672.3	1012.2
内蒙古	446.9	36.4	52.7	29.0	23.7	2572.9	1863.1
辽 宁	480.1	6.0	68.0	48.3	19.7	2323.3	1507.5
吉 林	419.6	3.7	61.7	45.1	16.6	1780.7	1083.9
黑龙江	338.7	8.2	30.2	17.7	12.0	1462.6	922.4
上 海	784.9	1.8	195.8	161.3	34.6	4563.8	3221.6
江 苏	534.0	10.6	102.3	68.6	33.7	2689.5	1855.0
浙 江	475.7	4.8	147.0	114.0	33.0	4133.5	3048.5
安 徽	244.3	10.1	48.5	33.2	12.6	1809.7	1012.1
福 建	535.8	2.4	109.1	86.0	23.1	2961.8	1924.9
江 西	442.5	10.9	47.6	22.1	22.9	1501.3	915.3
山 东	406.2	12.4	40.7	19.8	20.9	2370.2	1635.0
河 南	396.0	8.9	38.2	15.5	22.7	1730.4	1125.3
湖 北	405.3	24.7	47.5	23.0	21.1	1477.0	867.1
湖 南	442.9	25.5	63.7	28.6	35.1	2084.2	1421.9
广 东	695.3	8.9	165.0	129.0	35.2	4176.7	2882.4
广 西	369.5	2.1	78.6	54.3	24.3	2088.6	1448.5
海 南	420.4	8.2	17.8	6.3	8.4	2004.3	1261.8
重 庆	499.7	32.6	68.1	49.4	18.5	1903.2	1090.4
四 川	482.2	10.6	64.2	36.1	25.9	1946.7	1088.1
贵 州	401.8	10.8	67.8	36.6	31.2	1891.0	1146.2
云 南	274.6	1.4	49.5	38.6	10.9	2264.2	1476.2
西 藏	233.8	8.8	9.9	1.6	8.3	1387.5	582.3
陕 西	447.1	1.6	49.0	26.1	20.5	1788.4	1046.2
甘 肃	338.1	13.6	37.4	19.0	18.4	1575.7	799.8
青 海	327.8	16.9	28.9	7.8	21.0	1549.8	983.7
宁 夏	401.2	2.7	42.7	15.8	26.9	2110.4	1468.3
新 疆	466.5	5.3	50.2	27.8	22.4	1660.3	1030.8

5-1-4 续表 9

单位：元/人

地 区	1.家庭交通工具	2.车辆用燃料及零配件	3.交通工具服务支出	4.交通费	(二)通信	1.通信工具	2.通信服务
全 国	**684.8**	**457.6**	**178.2**	**307.8**	**827.1**	**180.7**	**646.4**
北 京	1128.3	869.5	261.7	466.3	1055.8	286.8	769.0
天 津	736.3	723.1	219.3	326.2	1078.5	216.7	861.7
河 北	576.6	293.0	103.5	141.9	608.7	147.3	461.3
山 西	361.9	361.5	118.6	170.1	660.1	137.5	522.6
内蒙古	936.1	396.4	200.6	330.0	709.9	250.5	459.3
辽 宁	766.8	302.6	112.3	325.8	815.8	187.7	628.1
吉 林	357.1	239.6	92.2	395.1	696.8	146.0	550.7
黑龙江	341.9	146.2	56.5	377.8	540.2	121.4	418.8
上 海	1268.2	592.2	445.4	915.8	1342.2	325.3	1016.9
江 苏	881.8	515.4	211.4	246.4	834.5	225.8	608.7
浙 江	1369.7	1153.8	271.1	253.9	1085.0	238.1	847.0
安 徽	425.1	251.1	56.9	278.9	797.7	182.9	614.7
福 建	913.7	518.0	190.2	303.1	1036.9	201.8	835.1
江 西	372.9	231.6	105.3	205.6	586.0	92.7	493.4
山 东	772.4	497.4	178.0	187.2	735.2	183.1	552.1
河 南	629.2	214.5	111.1	170.5	605.1	140.6	464.5
湖 北	247.9	239.9	94.9	284.3	609.9	126.9	483.0
湖 南	666.0	340.2	121.8	293.9	662.2	151.1	511.1
广 东	938.0	1024.8	435.7	483.9	1294.3	239.9	1054.4
广 西	721.9	356.9	175.5	194.2	640.1	127.2	513.0
海 南	346.7	449.2	105.0	361.0	742.6	106.6	635.9
重 庆	375.3	203.0	127.4	384.7	812.9	159.8	653.0
四 川	427.9	239.3	141.7	279.3	858.6	156.0	702.6
贵 州	586.6	182.5	105.3	271.9	744.9	123.0	621.9
云 南	618.4	580.2	129.6	148.0	788.1	91.7	696.4
西 藏	92.8	217.5	18.1	253.9	805.2	76.1	729.0
陕 西	368.6	219.4	118.3	339.9	742.2	176.9	565.3
甘 肃	295.9	114.4	56.7	332.8	775.9	147.3	628.6
青 海	361.7	102.4	60.7	458.9	566.1	162.0	404.1
宁 夏	561.8	318.2	203.4	385.0	642.1	184.3	457.9
新 疆	272.2	190.3	83.6	484.7	629.5	157.4	472.0

5-1-4 续表 10　　单位：元/人

地　区	六、文教娱乐	(一)文化娱乐用品	(二)文化娱乐服务	1.参观游览	2.健身活动	3.团体旅游	4.其他文娱活动
全　国	**2033.5**	**451.9**	**762.0**	**79.5**	**24.8**	**465.1**	**181.8**
北　京	3696.0	823.5	1658.2	141.2	138.2	1068.1	301.7
天　津	2254.2	553.2	775.8	60.8	18.6	466.0	221.4
河　北	1203.8	320.9	401.5	50.8	9.5	220.6	114.4
山　西	1506.2	380.9	405.5	38.2	6.0	231.9	123.6
内蒙古	1971.8	514.3	671.0	133.7	13.1	348.6	169.1
辽　宁	1843.9	436.0	591.3	57.5	24.4	353.3	149.8
吉　林	1642.7	347.4	412.2	32.7	12.3	202.6	157.9
黑龙江	1216.6	285.7	303.5	42.9	13.9	105.3	131.1
上　海	3723.7	917.1	1565.3	93.0	92.3	962.2	391.1
江　苏	3077.8	670.6	1295.5	112.6	31.8	884.3	258.3
浙　江	2996.6	512.3	1027.3	82.7	25.3	771.0	136.2
安　徽	1932.7	413.6	571.0	32.0	17.9	376.5	135.3
福　建	2104.8	500.8	847.9	41.6	22.7	632.9	143.3
江　西	1487.3	321.6	617.1	104.1	15.9	201.1	263.1
山　东	1655.9	463.0	500.9	106.4	23.5	257.3	108.2
河　南	1525.3	392.8	582.7	75.6	14.1	374.2	110.9
湖　北	1651.9	304.2	621.9	64.7	16.8	375.4	143.5
湖　南	1737.6	330.3	620.2	73.1	12.6	337.6	188.0
广　东	2954.1	552.1	1323.7	133.3	41.1	866.6	270.4
广　西	1626.1	424.8	521.4	42.6	11.3	342.9	115.6
海　南	1319.5	322.4	424.8	21.4	14.3	143.2	218.4
重　庆	1470.6	332.7	657.4	101.4	16.0	368.4	165.9
四　川	1587.4	377.0	588.3	46.6	12.7	267.4	250.6
贵　州	1396.0	315.9	580.3	66.8	9.2	343.8	154.8
云　南	1434.3	288.7	642.7	70.2	12.7	440.8	106.8
西　藏	550.5	139.2	185.9	14.6	1.1	1.3	167.6
陕　西	2078.5	443.0	680.0	102.4	18.8	305.7	232.0
甘　肃	1388.2	386.8	484.1	71.1	2.8	232.0	174.1
青　海	1097.2	328.5	346.7	65.6	4.7	167.7	104.8
宁　夏	1515.9	386.8	548.0	87.0	16.8	255.5	175.4
新　疆	1280.8	359.5	321.3	49.2	8.9	167.2	91.3

5-1-4 续表 11 单位：元/人

地 区	5.文娱用品修理服务费	(三)教育	1.教材	2.教育费用	七、医疗保健	(一)医疗器具	(二)保健器具
全 国	**10.2**	**819.6**	**56.7**	**762.9**	**1063.7**	**8.9**	**16.4**
北 京	9.1	1214.2	40.7	1173.5	1658.4	18.1	50.7
天 津	9.2	925.3	99.8	825.4	1556.4	13.6	25.5
河 北	6.3	481.4	34.5	446.9	1047.3	9.8	31.1
山 西	5.9	719.8	63.6	656.1	905.9	5.8	13.8
内蒙古	6.5	786.5	27.2	759.3	1354.1	18.5	18.4
辽 宁	6.5	816.6	33.4	783.2	1309.6	10.7	18.0
吉 林	6.6	883.1	40.3	842.8	1447.5	11.5	18.0
黑龙江	7.9	627.3	74.5	552.8	1180.7	9.4	12.5
上 海	26.7	1241.4	51.0	1190.3	1016.7	15.9	11.7
江 苏	8.6	1111.7	24.6	1087.1	1058.1	5.0	20.4
浙 江	12.0	1457.0	58.4	1398.6	1228.0	14.1	13.6
安 徽	8.1	948.1	86.8	861.3	1143.0	9.5	6.5
福 建	7.4	756.1	36.0	720.1	773.2	4.6	21.2
江 西	26.7	548.7	70.8	477.9	670.7	1.9	6.0
山 东	5.4	692.0	37.1	655.0	1005.3	8.0	22.4
河 南	7.8	549.9	30.5	519.3	1085.5	10.0	19.4
湖 北	19.1	725.8	97.2	628.6	1029.6	3.4	13.5
湖 南	8.9	787.2	15.6	771.6	918.4	7.2	12.1
广 东	12.3	1078.4	103.1	975.3	1048.3	7.6	12.9
广 西	9.0	679.9	29.8	650.1	883.6	5.7	14.5
海 南	26.7	572.3	39.4	532.9	993.2	2.6	6.8
重 庆	5.7	480.6	24.1	456.5	1101.6	5.2	8.8
四 川	11.0	622.2	99.4	522.8	772.8	9.7	11.9
贵 州	5.7	499.9	26.6	473.3	654.5	5.7	7.0
云 南	12.2	502.9	23.3	479.7	939.1	17.2	11.7
西 藏	1.3	225.4	58.5	167.0	467.2	1.4	6.1
陕 西	18.7	955.5	154.2	801.3	1212.4	9.1	12.3
甘 肃	4.2	517.3	35.9	481.4	1049.7	6.0	10.9
青 海	3.9	422.0	21.4	400.7	906.1	5.2	8.3
宁 夏	13.4	581.2	104.5	476.7	1063.1	15.7	6.2
新 疆	4.8	600.0	45.6	554.4	1027.6	6.0	9.6

5-1-4 续表 12　　　　单位：元/人

地　区	(三)药品费	(四)滋补保健品	(五)医疗费	(六)其他	八、其他	(一)其他商品	(二)其他服务
全　国	**492.7**	**151.4**	**383.0**	**11.3**	**657.1**	**439.8**	**217.3**
北　京	767.9	281.3	521.9	18.5	1154.2	804.4	349.8
天　津	737.6	188.9	582.0	8.7	899.9	667.6	232.3
河　北	523.2	89.8	380.9	12.5	424.6	293.8	130.9
山　西	438.0	85.0	357.2	5.9	470.7	312.4	158.4
内蒙古	574.9	101.7	623.1	17.5	798.7	572.7	226.0
辽　宁	546.4	203.8	521.5	9.3	762.1	472.5	289.6
吉　林	639.6	148.8	608.9	20.8	597.0	357.5	239.5
黑龙江	630.0	101.3	421.8	5.6	550.5	348.8	201.8
上　海	413.0	282.8	279.4	13.8	1485.5	1058.6	427.0
江　苏	405.3	246.1	369.3	12.1	700.1	476.8	223.2
浙　江	518.1	343.2	332.1	7.1	812.4	520.9	291.5
安　徽	522.3	123.5	451.7	29.5	562.4	359.7	202.7
福　建	325.2	150.4	266.3	5.5	793.2	539.2	254.0
江　西	327.2	86.2	244.3	5.0	427.9	306.2	121.8
山　东	421.5	172.7	368.5	12.1	650.2	495.5	154.7
河　南	514.7	82.8	448.9	9.7	562.1	374.8	187.3
湖　北	446.7	67.9	481.1	16.9	366.8	266.0	100.7
湖　南	508.6	81.7	301.1	7.8	466.7	292.4	174.3
广　东	490.6	215.1	310.7	11.4	871.3	562.7	308.6
广　西	436.1	90.2	328.1	8.9	444.1	295.8	148.3
海　南	454.1	92.2	426.4	11.2	420.1	287.4	132.7
重　庆	553.8	138.7	378.7	16.3	625.7	428.4	197.3
四　川	426.5	85.6	231.3	7.8	635.6	354.0	281.7
贵　州	317.7	40.1	279.4	4.7	388.8	265.7	123.1
云　南	467.5	80.7	353.0	9.1	410.4	247.8	162.6
西　藏	261.9	71.4	112.0	14.4	580.1	319.8	260.3
陕　西	688.9	78.1	417.5	6.7	604.7	410.2	194.5
甘　肃	520.9	46.9	455.5	9.6	478.7	354.8	124.0
青　海	438.5	58.2	385.1	11.0	457.5	342.4	115.2
宁　夏	602.8	112.3	320.5	5.6	610.7	443.2	167.6
新　疆	434.7	98.5	472.4	6.5	536.2	408.8	127.5

5-1-5 2012年各地区城镇居民家庭现金消费支出构成

单位：%

地 区	现金消费支出	服务性消费	一、食品	(一)粮油类	1.粮食	2.淀粉及薯类	3.干豆类及豆制品	4.油脂类
全 国	**100.00**	**26.03**	**36.23**	**4.48**	**2.75**	**0.32**	**0.44**	**0.97**
北 京	100.00	28.98	31.34	3.06	1.80	0.21	0.30	0.74
天 津	100.00	26.47	36.67	3.70	2.19	0.31	0.29	0.91
河 北	100.00	21.74	33.61	5.17	3.12	0.39	0.47	1.19
山 西	100.00	24.78	31.57	5.57	3.46	0.58	0.57	0.96
内蒙古	100.00	24.17	30.84	3.89	2.76	0.22	0.25	0.66
辽 宁	100.00	24.82	35.01	4.64	2.85	0.42	0.46	0.92
吉 林	100.00	26.93	31.72	4.95	3.10	0.41	0.51	0.93
黑龙江	100.00	23.38	36.10	5.91	3.69	0.55	0.53	1.13
上 海	100.00	30.30	36.78	3.88	2.67	0.27	0.41	0.53
江 苏	100.00	27.37	35.37	3.91	2.35	0.33	0.51	0.71
浙 江	100.00	27.52	35.05	3.58	2.17	0.27	0.46	0.67
安 徽	100.00	26.81	38.74	4.90	3.03	0.26	0.55	1.05
福 建	100.00	25.31	39.36	4.50	3.03	0.32	0.39	0.76
江 西	100.00	22.43	39.70	5.95	3.43	0.24	0.71	1.57
山 东	100.00	21.87	32.97	4.11	2.50	0.34	0.34	0.93
河 南	100.00	24.12	33.55	4.67	2.86	0.44	0.43	0.93
湖 北	100.00	24.43	40.27	6.23	4.02	0.25	0.59	1.36
湖 南	100.00	24.64	37.25	5.15	2.90	0.23	0.60	1.41
广 东	100.00	30.14	36.87	3.75	2.43	0.20	0.29	0.83
广 西	100.00	24.22	38.98	4.48	2.72	0.26	0.49	1.01
海 南	100.00	26.22	45.35	3.78	2.28	0.20	0.25	1.05
重 庆	100.00	24.00	41.45	4.99	2.52	0.36	0.50	1.61
四 川	100.00	25.29	40.36	5.02	2.74	0.49	0.48	1.30
贵 州	100.00	25.81	39.67	5.19	3.15	0.25	0.47	1.33
云 南	100.00	25.31	39.38	4.71	2.94	0.35	0.29	1.12
西 藏	100.00	21.93	49.33	5.75	4.14	0.24	0.09	1.28
陕 西	100.00	27.63	36.20	4.72	2.88	0.43	0.49	0.93
甘 肃	100.00	25.86	35.82	5.17	3.15	0.38	0.39	1.26
青 海	100.00	23.49	37.80	5.63	3.90	0.41	0.30	1.02
宁 夏	100.00	24.57	33.90	4.42	2.77	0.41	0.37	0.88
新 疆	100.00	24.25	37.71	5.53	3.56	0.41	0.28	1.28

5-1-5 续表 1

单位：%

地 区	(二)肉禽蛋水产品类	1.肉类	2.禽类	3.蛋类	4.水产品类	(三)蔬菜类	1.鲜菜	2.干菜
全 国	**10.26**	**5.40**	**1.69**	**0.71**	**2.45**	**3.55**	**3.22**	**0.20**
北 京	6.35	3.78	0.73	0.61	1.23	2.43	2.17	0.15
天 津	9.42	4.75	0.88	0.96	2.82	3.07	2.84	0.16
河 北	8.53	5.04	1.07	1.01	1.42	3.29	2.98	0.16
山 西	5.95	3.91	0.57	0.87	0.60	3.14	2.92	0.13
内蒙古	6.88	4.97	0.63	0.47	0.82	2.58	2.33	0.13
辽 宁	9.55	5.07	0.83	0.79	2.86	3.50	3.12	0.24
吉 林	7.60	4.67	0.83	0.68	1.42	3.35	2.99	0.19
黑龙江	9.12	5.64	0.97	0.86	1.65	3.57	3.24	0.20
上 海	9.94	3.79	1.73	0.57	3.85	2.90	2.62	0.15
江 苏	10.56	5.00	1.99	0.69	2.88	3.52	3.22	0.17
浙 江	10.15	3.69	1.55	0.50	4.41	3.07	2.75	0.19
安 徽	9.67	5.12	1.77	0.99	1.79	3.85	3.46	0.26
福 建	15.25	5.92	2.07	0.70	6.56	3.39	2.90	0.37
江 西	12.19	6.91	2.18	0.81	2.28	5.26	4.75	0.36
山 东	8.85	4.50	0.96	0.96	2.44	2.78	2.52	0.15
河 南	7.53	4.56	1.25	0.96	0.77	2.92	2.66	0.15
湖 北	10.82	6.24	1.47	0.79	2.31	4.85	4.50	0.19
湖 南	10.55	6.17	1.86	0.66	1.87	4.29	3.93	0.22
广 东	13.34	6.40	2.92	0.48	3.54	3.31	2.96	0.26
广 西	14.60	7.81	3.55	0.58	2.66	3.66	3.27	0.21
海 南	19.81	8.51	4.22	0.42	6.66	5.02	4.69	0.21
重 庆	12.03	6.93	2.67	0.82	1.61	4.81	4.45	0.25
四 川	12.08	7.71	2.34	0.80	1.23	4.72	4.36	0.24
贵 州	10.53	7.16	1.96	0.63	0.79	4.44	4.04	0.23
云 南	9.54	6.44	1.76	0.50	0.84	5.37	5.21	0.08
西 藏	11.59	10.01	0.76	0.37	0.46	6.10	5.68	0.38
陕 西	6.07	3.80	0.87	0.64	0.76	3.51	3.21	0.18
甘 肃	6.86	4.52	0.97	0.68	0.69	3.97	3.77	0.13
青 海	9.40	6.69	1.13	0.66	0.91	4.00	3.79	0.10
宁 夏	6.98	4.91	1.02	0.47	0.58	3.00	2.86	0.09
新 疆	10.17	7.42	1.26	0.66	0.83	3.59	3.36	0.16

5-1-5 续表 2

单位：%

地　区	3.菜制品	(四)调味品	(五)糖烟酒饮料类	1.糖类	2.烟草类	3.酒类	4.饮料
全　国	**0.12**	**0.46**	**3.73**	**0.33**	**1.63**	**1.06**	**0.71**
北　京	0.11	0.54	4.05	0.34	1.25	1.18	1.28
天　津	0.07	0.58	3.81	0.27	1.45	1.38	0.70
河　北	0.15	0.55	3.73	0.34	1.16	1.41	0.82
山　西	0.09	0.46	3.89	0.27	2.09	0.86	0.67
内蒙古	0.11	0.35	4.21	0.22	1.90	1.49	0.59
辽　宁	0.14	0.54	3.51	0.27	1.51	1.03	0.71
吉　林	0.17	0.54	3.04	0.23	1.38	0.79	0.63
黑龙江	0.12	0.57	3.25	0.37	1.27	0.96	0.65
上　海	0.13	0.35	3.69	0.48	1.79	0.67	0.75
江　苏	0.13	0.41	4.19	0.31	2.05	1.26	0.58
浙　江	0.13	0.30	3.37	0.25	1.89	0.76	0.47
安　徽	0.13	0.32	6.44	0.32	2.91	2.24	0.97
福　建	0.11	0.41	3.21	0.26	1.24	0.73	0.97
江　西	0.14	0.44	3.80	0.38	1.89	1.14	0.40
山　东	0.11	0.43	3.59	0.26	0.95	1.53	0.84
河　南	0.11	0.47	3.82	0.29	1.35	1.21	0.97
湖　北	0.17	0.51	5.02	0.30	2.80	1.46	0.46
湖　南	0.15	0.39	3.92	0.34	2.01	1.01	0.56
广　东	0.10	0.33	2.40	0.36	0.72	0.53	0.79
广　西	0.18	0.32	2.74	0.42	1.15	0.71	0.45
海　南	0.12	0.37	2.09	0.23	1.08	0.34	0.44
重　庆	0.12	0.83	3.87	0.45	1.95	0.93	0.54
四　川	0.12	0.77	3.98	0.43	1.89	1.14	0.54
贵　州	0.16	0.53	4.70	0.48	2.45	1.10	0.66
云　南	0.07	0.47	4.70	0.37	3.29	0.63	0.40
西　藏	0.04	0.53	7.59	0.48	4.44	1.59	1.09
陕　西	0.13	0.57	4.01	0.34	1.85	1.12	0.70
甘　肃	0.07	0.60	4.51	0.29	2.18	1.35	0.70
青　海	0.10	0.50	4.69	0.34	2.14	1.59	0.62
宁　夏	0.06	0.42	3.55	0.33	1.85	0.67	0.71
新　疆	0.08	0.42	2.91	0.52	0.96	0.76	0.68

5-1-5 续表 3

单位：%

地 区	(六)干鲜瓜果类	1.鲜果	2.鲜瓜	3.其他干鲜瓜果类及制品	(七)糕点、奶及奶制品	1.糕点	2.奶及奶制品
全 国	**3.04**	**1.88**	**0.30**	**0.85**	**2.26**	**0.74**	**1.52**
北 京	3.21	1.92	0.35	0.95	2.82	1.07	1.75
天 津	3.32	2.04	0.34	0.94	2.70	1.08	1.62
河 北	3.26	1.88	0.36	1.02	2.50	0.88	1.63
山 西	3.30	1.83	0.39	1.08	2.58	0.86	1.72
内蒙古	2.74	1.68	0.22	0.84	1.75	0.41	1.34
辽 宁	3.85	2.42	0.32	1.11	2.12	0.65	1.47
吉 林	3.63	2.43	0.38	0.81	1.62	0.53	1.09
黑龙江	3.87	2.42	0.49	0.96	2.07	0.69	1.38
上 海	2.88	1.65	0.34	0.90	2.92	1.04	1.88
江 苏	2.73	1.57	0.33	0.83	2.31	0.69	1.61
浙 江	3.09	1.85	0.34	0.89	1.97	0.65	1.32
安 徽	2.52	1.49	0.40	0.64	2.72	0.56	2.16
福 建	2.91	1.95	0.17	0.79	2.05	0.63	1.42
江 西	3.31	2.00	0.35	0.97	2.56	0.86	1.70
山 东	3.47	2.05	0.40	1.01	2.48	0.81	1.67
河 南	2.99	1.60	0.40	0.99	2.34	0.78	1.56
湖 北	2.66	1.56	0.30	0.80	2.34	0.83	1.51
湖 南	3.23	1.93	0.36	0.93	1.66	0.65	1.01
广 东	2.46	1.77	0.14	0.55	1.82	0.72	1.10
广 西	2.86	1.95	0.24	0.66	2.03	0.70	1.33
海 南	2.61	2.16	0.17	0.28	1.58	0.57	1.00
重 庆	2.78	1.90	0.13	0.75	2.43	0.51	1.92
四 川	2.83	1.84	0.15	0.83	2.31	0.52	1.79
贵 州	3.24	2.22	0.14	0.89	1.94	0.59	1.35
云 南	3.04	2.39	0.10	0.56	2.68	1.12	1.56
西 藏	2.82	2.26	0.21	0.36	3.86	0.30	3.56
陕 西	3.44	1.97	0.41	1.05	2.81	1.03	1.78
甘 肃	3.45	1.97	0.39	1.09	2.30	0.58	1.72
青 海	3.31	2.02	0.27	1.02	2.28	0.62	1.66
宁 夏	3.59	2.16	0.46	0.96	2.26	0.53	1.73
新 疆	3.96	2.14	0.40	1.41	2.46	0.76	1.71

5-1-5 续表 4

单位：%

地　区	(八)其他食品	(九)饮食服务	1.食品加工服务费	2.在外饮食	二、衣着	(一)服装	(二)衣着材料
全　国	**0.56**	**7.90**	**0.01**	**7.89**	**10.94**	**8.07**	**0.06**
北　京	0.42	8.46	0.01	8.45	10.97	7.55	0.06
天　津	0.68	9.40	0.00	9.40	9.40	6.73	0.07
河　北	0.88	5.68	0.01	5.67	12.31	8.63	0.10
山　西	0.68	6.01	0.01	6.00	12.52	9.36	0.08
内蒙古	1.35	7.08	0.01	7.07	15.41	11.39	0.04
辽　宁	0.55	6.73	0.00	6.73	12.31	8.65	0.08
吉　林	0.68	6.31	0.01	6.31	13.99	10.17	0.04
黑龙江	0.48	7.26	0.01	7.26	13.92	9.85	0.05
上　海	0.32	9.90	0.00	9.90	8.04	6.02	0.07
江　苏	0.68	7.07	0.02	7.05	10.18	7.64	0.09
浙　江	0.41	9.12	0.01	9.11	9.79	7.51	0.09
安　徽	0.60	7.72	0.02	7.70	10.26	7.17	0.09
福　建	0.28	7.35	0.01	7.34	8.79	6.82	0.02
江　西	0.88	5.29	0.01	5.28	11.56	8.94	0.08
山　东	0.66	6.61	0.01	6.60	13.92	10.18	0.08
河　南	0.72	8.09	0.01	8.08	13.73	10.16	0.07
湖　北	0.39	7.46	0.02	7.44	12.30	9.39	0.07
湖　南	0.85	7.20	0.02	7.18	11.12	8.40	0.07
广　东	0.29	9.17	0.00	9.17	6.79	5.15	0.01
广　西	0.39	7.90	0.01	7.89	8.05	6.14	0.04
海　南	0.23	9.85	0.00	9.85	5.98	4.67	0.01
重　庆	0.60	9.12	0.03	9.08	13.45	9.86	0.07
四　川	0.44	8.20	0.02	8.18	10.97	8.20	0.06
贵　州	0.69	8.40	0.02	8.38	11.12	7.99	0.12
云　南	0.43	8.45	0.01	8.44	12.68	9.14	0.09
西　藏	1.40	9.68	0.03	9.65	12.17	8.47	0.04
陕　西	0.76	10.29	0.01	10.29	11.67	8.62	0.07
甘　肃	1.34	7.62	0.01	7.61	12.70	9.07	0.10
青　海	0.76	7.23	0.00	7.23	12.25	9.14	0.05
宁　夏	0.98	8.70	0.00	8.70	13.33	9.95	0.07
新　疆	0.59	8.09	0.01	8.08	14.62	10.50	0.15

5-1-5 续表 5

单位：%

地 区	(三)鞋类	(四)其他衣着用品	(五)衣着加工服务费	三、居住	(一)住房	(二)水电燃料及其他	1.水
全 国	**2.41**	**0.34**	**0.06**	**8.90**	**2.78**	**5.40**	**0.65**
北 京	2.94	0.37	0.06	8.20	3.62	3.91	0.47
天 津	2.14	0.40	0.06	9.26	3.52	5.37	0.68
河 北	3.00	0.52	0.05	11.99	3.51	7.89	0.60
山 西	2.70	0.31	0.07	11.78	2.97	8.08	0.52
内蒙古	3.25	0.67	0.06	8.94	3.48	4.86	0.33
辽 宁	3.04	0.46	0.08	8.64	1.77	6.35	0.52
吉 林	3.24	0.46	0.08	10.91	2.39	7.91	0.59
黑龙江	3.45	0.45	0.11	10.30	2.08	7.68	0.56
上 海	1.67	0.22	0.06	6.82	2.93	3.14	0.54
江 苏	2.06	0.33	0.06	7.63	2.91	4.11	0.63
浙 江	1.90	0.24	0.05	7.20	2.41	4.34	0.65
安 徽	2.51	0.44	0.05	9.31	3.72	4.91	0.62
福 建	1.69	0.22	0.04	9.43	3.53	5.04	0.82
江 西	2.23	0.26	0.04	9.19	2.49	6.06	0.77
山 东	3.11	0.48	0.06	9.97	2.80	6.45	0.47
河 南	3.11	0.33	0.07	8.67	3.06	5.16	0.52
湖 北	2.45	0.35	0.05	9.46	3.29	5.71	0.78
湖 南	2.30	0.31	0.05	8.91	1.94	6.33	0.91
广 东	1.42	0.18	0.03	9.38	2.56	5.47	0.79
广 西	1.63	0.19	0.04	9.67	3.50	5.65	0.83
海 南	1.16	0.14	0.01	10.52	3.96	5.81	0.93
重 庆	2.96	0.51	0.05	7.10	1.77	4.42	0.89
四 川	2.34	0.31	0.06	8.53	2.88	4.76	0.74
贵 州	2.68	0.29	0.03	8.05	1.69	5.81	0.81
云 南	3.15	0.27	0.02	7.01	2.90	3.59	0.83
西 藏	3.49	0.12	0.06	7.56	1.70	5.53	0.50
陕 西	2.59	0.32	0.06	8.62	2.19	5.73	0.54
甘 肃	2.92	0.54	0.07	10.03	2.46	6.76	0.54
青 海	2.57	0.42	0.07	9.98	2.91	6.20	0.29
宁 夏	2.89	0.36	0.07	8.48	2.16	5.67	0.33
新 疆	3.25	0.60	0.13	8.40	2.90	4.96	0.37

5-1-5 续表 6

单位：%

地 区	2.电	3.燃料	4.取暖费	5.其他	(三)居住服务费	1.物业管理费	2.维修服务费
全 国	**2.47**	**1.23**	**0.91**	**0.15**	**0.72**	**0.56**	**0.07**
北 京	1.61	0.69	1.10	0.05	0.66	0.61	0.03
天 津	2.09	0.62	1.91	0.07	0.37	0.29	0.02
河 北	2.42	1.37	3.36	0.14	0.59	0.43	0.09
山 西	2.26	1.43	2.90	0.96	0.73	0.51	0.14
内蒙古	1.33	0.71	2.39	0.09	0.60	0.36	0.09
辽 宁	2.04	0.97	2.78	0.04	0.51	0.38	0.08
吉 林	2.21	0.85	4.19	0.06	0.61	0.53	0.04
黑龙江	2.22	1.25	3.60	0.06	0.54	0.40	0.08
上 海	1.80	0.79		0.00	0.76	0.74	0.01
江 苏	2.35	0.98	0.04	0.11	0.61	0.47	0.07
浙 江	2.50	1.13		0.07	0.45	0.36	0.06
安 徽	2.93	1.23	0.06	0.07	0.67	0.39	0.20
福 建	3.24	0.93		0.04	0.86	0.69	0.06
江 西	3.48	1.63	0.00	0.18	0.64	0.29	0.08
山 东	2.02	1.04	2.47	0.45	0.72	0.48	0.10
河 南	2.63	1.07	0.57	0.37	0.45	0.35	0.05
湖 北	3.26	1.40	0.06	0.21	0.46	0.31	0.07
湖 南	3.42	1.78	0.03	0.19	0.64	0.50	0.10
广 东	2.86	1.74		0.09	1.35	1.23	0.06
广 西	2.96	1.73		0.13	0.52	0.26	0.10
海 南	2.93	1.87		0.07	0.76	0.56	0.16
重 庆	2.20	1.30	0.00	0.04	0.91	0.71	0.08
四 川	2.43	1.55	0.00	0.05	0.89	0.58	0.09
贵 州	3.68	1.29	0.00	0.03	0.56	0.35	0.04
云 南	2.01	0.74		0.01	0.52	0.41	0.03
西 藏	2.03	2.56	0.04	0.40	0.32	0.22	0.07
陕 西	2.10	1.35	1.57	0.17	0.71	0.50	0.08
甘 肃	2.08	1.26	2.74	0.14	0.80	0.63	0.09
青 海	1.95	1.31	2.31	0.35	0.87	0.51	0.12
宁 夏	1.47	0.93	2.70	0.24	0.66	0.51	0.07
新 疆	1.31	1.00	1.93	0.35	0.54	0.41	0.09

5-1-5 续表 7 单位：%

地 区	3.其他	四、家庭设备用品及服务	(一)耐用消费品	1.家具	2.家庭设备	(二)室内装饰品	(三)床上用品
全 国	**0.08**	**6.69**	**2.59**	**0.86**	**1.66**	**0.16**	**0.65**
北 京	0.03	6.70	2.71	1.22	1.49	0.23	0.77
天 津	0.05	5.75	2.69	1.23	1.46	0.21	0.44
河 北	0.06	6.99	2.97	0.85	2.12	0.17	0.59
山 西	0.09	6.82	3.15	1.24	1.91	0.20	0.70
内蒙古	0.14	7.01	3.04	0.86	2.18	0.19	0.75
辽 宁	0.05	6.45	2.25	0.89	1.36	0.20	0.66
吉 林	0.04	5.96	1.96	0.62	1.34	0.12	0.56
黑龙江	0.07	5.72	2.07	0.72	1.25	0.18	0.56
上 海	0.01	7.26	2.56	1.14	1.42	0.15	0.81
江 苏	0.07	6.84	2.59	0.73	1.86	0.13	0.69
浙 江	0.03	5.39	1.87	0.52	1.36	0.09	0.51
安 徽	0.09	5.40	2.44	0.49	1.46	0.17	0.77
福 建	0.11	6.75	2.58	1.06	1.53	0.13	0.56
江 西	0.27	7.56	2.64	0.61	1.67	0.18	0.82
山 东	0.15	7.14	3.39	1.22	2.17	0.24	0.60
河 南	0.05	8.34	3.98	1.56	2.42	0.18	0.96
湖 北	0.08	6.75	2.76	0.74	1.57	0.18	0.51
湖 南	0.05	7.08	2.59	0.70	1.89	0.16	0.69
广 东	0.05	6.55	2.02	0.61	1.37	0.12	0.53
广 西	0.15	7.90	3.73	1.35	2.36	0.27	0.73
海 南	0.03	5.38	1.87	0.52	1.23	0.09	0.33
重 庆	0.12	7.22	2.50	0.56	1.94	0.16	0.93
四 川	0.22	7.30	2.75	0.81	1.70	0.12	0.72
贵 州	0.17	6.75	2.15	0.58	1.57	0.11	0.68
云 南	0.08	4.57	1.74	0.89	0.86	0.09	0.39
西 藏	0.04	4.24	0.85	0.15	0.71	0.31	0.83
陕 西	0.14	6.44	2.41	0.65	1.40	0.17	0.60
甘 肃	0.09	6.49	2.77	1.01	1.76	0.21	0.48
青 海	0.24	7.48	3.36	1.49	1.86	0.50	0.60
宁 夏	0.08	6.60	2.65	1.33	1.32	0.28	0.49
新 疆	0.04	6.84	2.18	0.78	1.40	0.39	0.51

5-1-5 续表 8 单位：%

地　区	(四)家庭日用杂品	(五)家具材料	(六)家庭服务	1.家政服务	2.加工维修服务费	五、交通通信	(一)交通
全　国	**2.76**	**0.07**	**0.47**	**0.31**	**0.15**	**14.73**	**9.77**
北　京	2.51	0.05	0.43	0.32	0.11	15.73	11.34
天　津	2.05	0.03	0.32	0.22	0.10	15.40	10.01
河　北	2.71	0.13	0.42	0.25	0.17	13.76	8.90
山　西	2.42	0.05	0.30	0.15	0.15	13.69	8.29
内蒙古	2.52	0.21	0.30	0.16	0.13	14.52	10.52
辽　宁	2.89	0.04	0.41	0.29	0.12	14.00	9.08
吉　林	2.87	0.02	0.42	0.31	0.11	12.19	7.42
黑龙江	2.61	0.06	0.23	0.14	0.09	11.27	7.10
上　海	2.99	0.01	0.75	0.61	0.13	17.38	12.27
江　苏	2.84	0.06	0.54	0.36	0.18	14.29	9.85
浙　江	2.21	0.02	0.68	0.53	0.15	19.19	14.15
安　徽	1.63	0.07	0.32	0.22	0.08	12.06	6.74
福　建	2.88	0.01	0.59	0.46	0.12	15.93	10.35
江　西	3.46	0.09	0.37	0.17	0.18	11.75	7.16
山　东	2.57	0.08	0.26	0.13	0.13	15.02	10.36
河　南	2.88	0.06	0.28	0.11	0.17	12.60	8.19
湖　北	2.80	0.17	0.33	0.16	0.15	10.19	5.98
湖　南	3.03	0.17	0.44	0.20	0.24	14.27	9.73
广　东	3.10	0.04	0.74	0.58	0.16	18.65	12.87
广　西	2.59	0.01	0.55	0.38	0.17	14.66	10.17
海　南	2.91	0.06	0.12	0.04	0.06	13.86	8.73
重　庆	3.02	0.20	0.41	0.30	0.11	11.48	6.58
四　川	3.20	0.07	0.43	0.24	0.17	12.94	7.23
贵　州	3.19	0.09	0.54	0.29	0.25	15.03	9.11
云　南	1.98	0.01	0.36	0.28	0.08	16.31	10.63
西　藏	2.09	0.08	0.09	0.01	0.07	12.41	5.21
陕　西	2.92	0.01	0.32	0.17	0.13	11.66	6.82
甘　肃	2.63	0.11	0.29	0.15	0.14	12.26	6.23
青　海	2.65	0.14	0.23	0.06	0.17	12.55	7.97
宁　夏	2.85	0.02	0.30	0.11	0.19	15.00	10.44
新　疆	3.36	0.04	0.36	0.20	0.16	11.95	7.42

5-1-5 续表 9

单位：%

地 区	1.家庭交通工具	2.车辆用燃料及零配件	3.交通工具服务支出	4.交通费	(二)通信	1.通信工具	2.通信服务
全 国	**4.11**	**2.74**	**1.07**	**1.85**	**4.96**	**1.08**	**3.88**
北 京	4.69	3.62	1.09	1.94	4.39	1.19	3.20
天 津	3.68	3.61	1.10	1.63	5.39	1.08	4.30
河 北	4.60	2.34	0.83	1.13	4.86	1.18	3.68
山 西	2.96	2.96	0.97	1.39	5.41	1.13	4.28
内蒙古	5.28	2.24	1.13	1.86	4.01	1.41	2.59
辽 宁	4.62	1.82	0.68	1.96	4.92	1.13	3.79
吉 林	2.44	1.64	0.63	2.70	4.77	1.00	3.77
黑龙江	2.63	1.13	0.44	2.91	4.16	0.94	3.23
上 海	4.83	2.26	1.70	3.49	5.11	1.24	3.87
江 苏	4.68	2.74	1.12	1.31	4.43	1.20	3.23
浙 江	6.36	5.36	1.26	1.18	5.04	1.10	3.93
安 徽	2.83	1.67	0.38	1.86	5.31	1.22	4.10
福 建	4.91	2.79	1.02	1.63	5.58	1.09	4.49
江 西	2.92	1.81	0.82	1.61	4.59	0.73	3.86
山 东	4.90	3.15	1.13	1.19	4.66	1.16	3.50
河 南	4.58	1.56	0.81	1.24	4.41	1.02	3.38
湖 北	1.71	1.66	0.65	1.96	4.21	0.88	3.33
湖 南	4.56	2.33	0.83	2.01	4.53	1.03	3.50
广 东	4.19	4.58	1.95	2.16	5.78	1.07	4.71
广 西	5.07	2.51	1.23	1.36	4.49	0.89	3.60
海 南	2.40	3.11	0.73	2.50	5.14	0.74	4.40
重 庆	2.26	1.22	0.77	2.32	4.90	0.96	3.94
四 川	2.84	1.59	0.94	1.86	5.71	1.04	4.67
贵 州	4.66	1.45	0.84	2.16	5.92	0.98	4.94
云 南	4.45	4.18	0.93	1.07	5.68	0.66	5.02
西 藏	0.83	1.94	0.16	2.27	7.20	0.68	6.52
陕 西	2.40	1.43	0.77	2.22	4.84	1.15	3.69
甘 肃	2.30	0.89	0.44	2.59	6.04	1.15	4.89
青 海	2.93	0.83	0.49	3.72	4.59	1.31	3.27
宁 夏	3.99	2.26	1.45	2.74	4.56	1.31	3.25
新 疆	1.96	1.37	0.60	3.49	4.53	1.13	3.40

5-1-5 续表 10

单位：%

地 区	六、文教娱乐	(一)文化娱乐用品	(二)文化娱乐服务	1.参观游览	2.健身活动	3.团体旅游	4.其他文娱活动
全 国	**12.20**	**2.71**	**4.57**	**0.48**	**0.15**	**2.79**	**1.09**
北 京	15.37	3.42	6.90	0.59	0.57	4.44	1.25
天 津	11.26	2.76	3.87	0.30	0.09	2.33	1.11
河 北	9.61	2.56	3.20	0.40	0.08	1.76	0.91
山 西	12.33	3.12	3.32	0.31	0.05	1.90	1.01
内蒙古	11.13	2.90	3.79	0.75	0.07	1.97	0.95
辽 宁	11.11	2.63	3.56	0.35	0.15	2.13	0.90
吉 林	11.24	2.38	2.82	0.22	0.08	1.39	1.08
黑龙江	9.37	2.20	2.34	0.33	0.11	0.81	1.01
上 海	14.18	3.49	5.96	0.35	0.35	3.66	1.49
江 苏	16.35	3.56	6.88	0.60	0.17	4.70	1.37
浙 江	13.91	2.38	4.77	0.38	0.12	3.58	0.63
安 徽	12.87	2.76	3.80	0.21	0.12	2.51	0.90
福 建	11.32	2.69	4.56	0.22	0.12	3.40	0.77
江 西	11.64	2.52	4.83	0.81	0.12	1.57	2.06
山 东	10.49	2.93	3.17	0.67	0.15	1.63	0.69
河 南	11.11	2.86	4.24	0.55	0.10	2.72	0.81
湖 北	11.40	2.10	4.29	0.45	0.12	2.59	0.99
湖 南	11.89	2.26	4.25	0.50	0.09	2.31	1.29
广 东	13.19	2.47	5.91	0.60	0.18	3.87	1.21
广 西	11.42	2.98	3.66	0.30	0.08	2.41	0.81
海 南	9.13	2.23	2.94	0.15	0.10	0.99	1.51
重 庆	8.87	2.01	3.97	0.61	0.10	2.22	1.00
四 川	10.55	2.50	3.91	0.31	0.08	1.78	1.67
贵 州	11.09	2.51	4.61	0.53	0.07	2.73	1.23
云 南	10.33	2.08	4.63	0.51	0.09	3.17	0.77
西 藏	4.92	1.24	1.66	0.13	0.01	0.01	1.50
陕 西	13.56	2.89	4.44	0.67	0.12	1.99	1.51
甘 肃	10.81	3.01	3.77	0.55	0.02	1.81	1.36
青 海	8.89	2.66	2.81	0.53	0.04	1.36	0.85
宁 夏	10.78	2.75	3.90	0.62	0.12	1.82	1.25
新 疆	9.2	2.6	2.3	0.4	0.1	1.2	0.7

5-1-5 续表 11

单位：%

地 区	5.文娱用品修理服务费	(三)教育	1.教材	2.教育费用	七、医疗保健	(一)医疗器具	(二)保健器具
全 国	**0.06**	**4.92**	**0.34**	**4.58**	**6.38**	**0.05**	**0.10**
北 京	0.04	5.05	0.17	4.88	6.90	0.08	0.21
天 津	0.05	4.62	0.50	4.12	7.77	0.07	0.13
河 北	0.05	3.84	0.28	3.57	8.36	0.08	0.25
山 西	0.05	5.89	0.52	5.37	7.42	0.05	0.11
内蒙古	0.04	4.44	0.15	4.29	7.64	0.10	0.10
辽 宁	0.04	4.92	0.20	4.72	7.89	0.06	0.11
吉 林	0.05	6.04	0.28	5.77	9.91	0.08	0.12
黑龙江	0.06	4.83	0.57	4.26	9.09	0.07	0.10
上 海	0.10	4.73	0.19	4.53	3.87	0.06	0.04
江 苏	0.05	5.91	0.13	5.77	5.62	0.03	0.11
浙 江	0.06	6.76	0.27	6.49	5.70	0.07	0.06
安 徽	0.05	6.32	0.58	5.74	7.61	0.06	0.04
福 建	0.04	4.07	0.19	3.87	4.16	0.02	0.11
江 西	0.21	4.29	0.55	3.74	5.25	0.02	0.05
山 东	0.03	4.39	0.23	4.15	6.37	0.05	0.14
河 南	0.06	4.00	0.22	3.78	7.90	0.07	0.14
湖 北	0.13	5.01	0.67	4.34	7.10	0.02	0.09
湖 南	0.06	5.39	0.11	5.28	6.29	0.05	0.08
广 东	0.05	4.81	0.46	4.35	4.68	0.03	0.06
广 西	0.06	4.77	0.21	4.56	6.20	0.04	0.10
海 南	0.18	3.96	0.27	3.69	6.87	0.02	0.05
重 庆	0.03	2.90	0.15	2.75	6.65	0.03	0.05
四 川	0.07	4.13	0.66	3.47	5.13	0.06	0.08
贵 州	0.05	3.97	0.21	3.76	5.20	0.05	0.06
云 南	0.09	3.62	0.17	3.46	6.76	0.12	0.08
西 藏	0.01	2.02	0.52	1.49	4.18	0.01	0.05
陕 西	0.12	6.23	1.01	5.23	7.91	0.06	0.08
甘 肃	0.03	4.03	0.28	3.75	8.17	0.05	0.08
青 海	0.03	3.42	0.17	3.25	7.34	0.04	0.07
宁 夏	0.09	4.13	0.74	3.39	7.56	0.11	0.04
新 疆	0.03	4.32	0.33	3.99	7.40	0.04	0.07

5-1-5 续表 12

单位：%

地 区	(三)药品费	(四)滋补保健品	(五)医疗费	(六)其他	八、其他	(一)其他商品	(二)服务
全 国	**2.96**	**0.91**	**2.30**	**0.07**	**3.94**	**2.64**	**1.30**
北 京	3.19	1.17	2.17	0.08	4.80	3.35	1.45
天 津	3.68	0.94	2.91	0.04	4.49	3.33	1.16
河 北	4.18	0.72	3.04	0.10	3.39	2.34	1.04
山 西	3.59	0.70	2.93	0.05	3.85	2.56	1.30
内蒙古	3.24	0.57	3.52	0.10	4.51	3.23	1.28
辽 宁	3.29	1.23	3.14	0.06	4.59	2.85	1.75
吉 林	4.38	1.02	4.17	0.14	4.09	2.45	1.64
黑龙江	4.85	0.78	3.25	0.04	4.24	2.69	1.55
上 海	1.57	1.08	1.06	0.05	5.66	4.03	1.63
江 苏	2.15	1.31	1.96	0.06	3.72	2.53	1.19
浙 江	2.40	1.59	1.54	0.03	3.77	2.42	1.35
安 徽	3.48	0.82	3.01	0.20	3.75	2.40	1.35
福 建	1.75	0.81	1.43	0.03	4.27	2.90	1.37
江 西	2.56	0.67	1.91	0.04	3.35	2.40	0.95
山 东	2.67	1.09	2.34	0.08	4.12	3.14	0.98
河 南	3.75	0.60	3.27	0.07	4.09	2.73	1.36
湖 北	3.08	0.47	3.32	0.12	2.53	1.84	0.69
湖 南	3.48	0.56	2.06	0.05	3.19	2.00	1.19
广 东	2.19	0.96	1.39	0.05	3.89	2.51	1.38
广 西	3.06	0.63	2.30	0.06	3.12	2.08	1.04
海 南	3.14	0.64	2.95	0.08	2.91	1.99	0.92
重 庆	3.34	0.84	2.29	0.10	3.78	2.58	1.19
四 川	2.83	0.57	1.54	0.05	4.22	2.35	1.87
贵 州	2.52	0.32	2.22	0.04	3.09	2.11	0.98
云 南	3.37	0.58	2.54	0.07	2.96	1.78	1.17
西 藏	2.34	0.64	1.00	0.13	5.19	2.86	2.33
陕 西	4.49	0.51	2.72	0.04	3.94	2.68	1.27
甘 肃	4.05	0.36	3.55	0.07	3.73	2.76	0.96
青 海	3.55	0.47	3.12	0.09	3.71	2.77	0.93
宁 夏	4.28	0.80	2.28	0.04	4.34	3.15	1.19
新 疆	3.13	0.71	3.40	0.05	3.86	2.94	0.92

5-1-6　2012年各地区城镇居民家庭年末主要耐用消费品拥有量

单位：平均每百户

地　区	摩托车（辆）	助力车（辆）	家用汽车（辆）	洗衣机（台）	电冰箱（台）	彩色电视机（台）	计算机（台）
全　国	**20.3**	**34.5**	**21.5**	**98.0**	**98.5**	**136.1**	**87.0**
北　京	3.9	15.1	42.3	101.2	103.4	141.2	112.1
天　津	0.4	27.7	30.0	101.0	107.4	121.6	98.7
河　北	19.2	50.0	25.6	96.8	97.6	116.0	75.5
山　西	21.1	37.3	20.8	103.4	91.8	111.2	74.1
内蒙古	21.8	28.7	23.6	97.4	99.6	105.3	62.6
辽　宁	5.3	9.4	15.5	94.3	98.6	114.7	77.7
吉　林	10.6	5.2	13.0	97.0	94.4	114.6	74.7
黑龙江	8.8	3.6	7.0	93.7	88.9	108.1	60.5
上　海	2.6	35.7	20.1	100.5	106.1	192.3	144.4
江　苏	20.1	80.5	26.2	101.9	101.9	173.5	100.3
浙　江	21.8	52.4	36.5	95.4	100.9	186.4	106.3
安　徽	20.1	45.6	11.4	95.6	98.3	145.0	79.6
福　建	44.8	43.9	19.2	101.8	107.1	174.3	109.1
江　西	19.8	45.0	10.8	95.1	95.2	156.7	78.2
山　东	26.6	66.5	31.2	99.1	105.1	121.2	88.9
河　南	18.7	63.6	15.6	99.7	93.4	126.3	74.4
湖　北	21.9	20.1	12.5	98.6	100.4	132.5	81.9
湖　南	23.0	12.1	15.6	95.3	96.4	122.6	74.8
广　东	42.6	15.2	36.6	98.6	99.2	141.1	113.9
广　西	47.2	63.5	22.2	98.3	100.3	136.7	98.4
海　南	34.0	37.5	15.9	71.9	81.4	113.3	65.6
重　庆	12.3	2.6	11.4	97.4	99.0	134.5	79.0
四　川	9.6	13.9	14.3	98.4	98.2	137.9	74.3
贵　州	5.4	1.5	13.2	99.9	97.6	115.7	71.2
云　南	31.7	23.6	29.0	98.1	87.3	121.1	69.9
西　藏	16.0	9.9	27.1	88.2	85.6	128.8	63.1
陕　西	15.2	21.7	12.4	99.1	94.7	119.2	84.8
甘　肃	11.2	13.4	9.8	98.9	90.3	108.2	63.2
青　海	4.3	2.0	7.9	97.6	95.5	105.7	55.7
宁　夏	21.9	28.1	16.7	95.4	92.1	102.1	64.4
新　疆	14.2	15.8	15.6	97.6	97.0	106.7	65.8

5-1-6 续表 1

单位：平均每百户

地 区	组合音响（套）	摄像机（架）	照相机（架）	钢琴（架）	其他中高档乐器（件）	微波炉（台）	空调（台）
全 国	**23.6**	**10.0**	**46.4**	**2.8**	**4.6**	**62.2**	**126.8**
北 京	25.5	24.6	90.2	5.0	7.8	88.1	178.7
天 津	17.1	16.2	58.9	1.6	2.9	89.0	147.2
河 北	17.1	8.8	37.0	1.5	1.9	53.4	104.2
山 西	13.2	6.1	32.6	1.8	3.7	38.8	48.2
内蒙古	13.1	9.0	33.4	1.8	3.4	41.9	15.6
辽 宁	18.0	12.6	40.3	3.0	3.5	60.2	29.1
吉 林	12.6	9.2	36.2	2.1	4.9	55.0	14.7
黑龙江	7.4	7.1	26.6	1.2	2.7	38.3	10.0
上 海	49.3	18.9	97.6	7.6	8.6	98.8	207.1
江 苏	22.4	10.8	50.8	3.5	4.5	91.7	198.2
浙 江	28.4	10.3	53.9	4.2	4.8	73.0	203.8
安 徽	16.2	7.9	34.9	1.6	3.8	65.6	136.1
福 建	29.1	9.0	52.5	4.0	5.2	80.2	199.8
江 西	20.8	5.7	35.8	1.5	4.2	55.8	128.6
山 东	20.8	13.9	60.8	4.4	8.4	56.3	112.3
河 南	15.7	6.4	37.1	1.8	4.4	43.2	137.7
湖 北	27.2	8.5	40.5	3.0	3.7	65.6	144.0
湖 南	18.3	6.3	30.7	1.1	1.9	46.0	134.9
广 东	48.2	13.9	67.1	4.5	5.8	71.9	226.9
广 西	36.2	7.5	50.9	1.2	6.6	72.5	139.0
海 南	19.6	4.1	19.5	0.6	1.6	31.7	84.3
重 庆	23.3	7.4	33.2	1.3	2.7	69.5	169.9
四 川	21.6	6.6	35.8	1.6	2.8	56.1	120.9
贵 州	28.0	6.4	29.9	2.7	3.6	47.6	21.7
云 南	36.3	8.5	41.3	2.6	8.2	57.8	3.7
西 藏	29.8	10.8	47.7	1.0	1.6	39.1	14.8
陕 西	18.6	8.3	50.9	2.3	5.8	52.1	114.1
甘 肃	20.7	5.7	27.4	2.2	6.2	38.8	6.7
青 海	10.7	4.1	22.8	1.3	3.1	49.3	2.3
宁 夏	12.5	5.5	22.6	1.1	3.6	42.7	10.9
新 疆	16.0	8.5	33.8	2.6	6.2	41.6	13.7

5-1-6 续表 2 单位：平均每百户

地 区	淋浴热水器(台)	消毒碗柜(台)	洗碗机(台)	健身器材(套)	固定电话(部)	移动电话(部)
全 国	**91.0**	**19.5**	**0.9**	**4.3**	**68.4**	**212.6**
北 京	98.7	7.6	1.3	7.7	92.5	225.9
天 津	94.6	2.2	0.4	2.9	67.9	225.1
河 北	88.2	3.2	0.8	2.9	60.1	195.9
山 西	68.0	2.5	0.2	3.7	70.5	188.4
内蒙古	63.0	3.8	0.3	2.8	44.9	206.1
辽 宁	75.8	7.0	0.9	3.2	69.2	190.6
吉 林	64.1	8.1	0.5	2.5	58.6	223.1
黑龙江	45.6	4.0	0.3	1.7	56.1	192.3
上 海	100.1	17.0	0.4	9.1	96.7	239.6
江 苏	101.3	9.4	0.7	6.3	82.8	215.7
浙 江	106.3	25.6	1.3	6.2	79.8	210.0
安 徽	94.0	7.4	0.8	3.3	74.6	202.6
福 建	112.3	50.2	1.0	6.1	79.7	243.8
江 西	95.4	13.9	0.9	2.4	60.3	206.7
山 东	92.9	7.0	1.2	6.7	61.0	219.9
河 南	79.7	8.1	0.7	2.8	52.0	200.2
湖 北	96.3	16.2	0.7	4.5	59.3	204.4
湖 南	90.2	26.8	1.1	2.6	57.5	198.2
广 东	113.5	84.0	2.2	5.9	85.1	242.7
广 西	110.8	71.9	0.7	4.6	58.2	237.2
海 南	87.7	52.6	0.8	2.0	80.7	200.7
重 庆	99.0	11.2	1.5	2.4	65.5	213.7
四 川	95.7	13.1	0.3	2.4	67.8	210.2
贵 州	78.5	29.4	0.5	4.1	62.2	214.7
云 南	92.1	14.2	1.1	3.9	50.8	221.0
西 藏	32.6	6.3	1.4	3.1	67.2	186.7
陕 西	88.4	6.2	0.3	3.0	61.2	224.2
甘 肃	66.4	1.7	0.5	3.3	53.3	197.3
青 海	53.6	1.7	0.1	2.2	79.3	184.3
宁 夏	84.2	3.3	0.3	1.3	54.9	203.2
新 疆	79.5	5.4	0.3	1.4	78.3	192.2

5-1-7 2012年大中城市居民家庭基本情况

城市	调查户数(户)	平均每户家庭人口(人)	平均每户就业人口(人)	平均每户就业面(%)	平均每一就业者负担人数*(人)
北京	2800	2.72	1.43	52.57	1.90
天津	1500	2.85	1.51	52.98	1.89
石家庄	300	2.56	1.21	47.27	2.12
太原	300	2.55	1.02	40.00	2.50
呼和浩特	400	2.58	1.40	54.26	1.84
沈阳	500	2.81	1.50	53.38	1.87
大连	500	2.77	1.32	47.65	2.10
长春	300	2.82	1.28	45.39	2.20
哈尔滨	500	2.68	1.26	47.01	2.13
上海	1000	2.89	1.55	53.63	1.86
南京	900	2.68	1.38	51.49	1.94
杭州	600	2.69	1.32	49.07	2.04
宁波	600	2.60	1.42	54.62	1.83
合肥	400	2.81	1.58	56.23	1.78
福州	300	3.13	1.72	54.95	1.82
厦门	500	2.99	1.55	51.84	1.93
南昌	300	2.83	1.58	55.83	1.79
济南	600	2.83	1.72	60.78	1.65
青岛	400	2.82	1.67	59.22	1.69
郑州	400	2.84	1.40	49.30	2.03
武汉	500	2.88	1.44	50.00	2.00
长沙	400	2.90	1.47	50.69	1.97
广州	300	3.16	1.73	54.75	1.83
深圳	600	3.21	1.70	52.96	1.89
南宁	200	3.00	1.62	54.00	1.85
海口	300	3.08	1.35	43.83	2.28
重庆	950	2.82	1.43	50.71	1.97
成都	400	2.81	1.43	50.89	1.97
贵阳	300	2.94	1.44	48.98	2.04
昆明	800	2.82	1.43	50.71	1.97
拉萨	200	3.03	1.74	57.43	1.74
西安	350	2.93	1.52	51.88	1.93
兰州	300	2.73	1.28	46.89	2.13
西宁	300	2.94	1.18	40.14	2.49
银川	300	2.69	1.28	47.58	2.10
乌鲁木齐	400	2.74	1.51	55.11	1.81

*平均每一就业者负担人数包括就业者本人。

5-1-8 2012年大中城市居民家庭全年收入来源

单位：元/人

城市	可支配收入	总收入	工薪收入	经营净收入	财产性收入	转移性收入
北京	38545.5	43519.1	29683.8	1222.1	627.3	11985.9
天津	29626.4	32944.0	21523.8	1200.1	515.5	9704.6
石家庄	23038.5	24672.3	13425.0	2368.0	311.2	8568.1
太原	22586.9	24716.5	13796.3	571.5	334.9	10013.8
呼和浩特	30771.6	32602.9	19524.8	3751.8	1339.0	7987.3
沈阳	26430.8	30011.5	17119.0	3829.6	542.5	8520.4
大连	27539.2	31776.9	19619.8	2066.6	638.1	9452.5
长春	22969.7	24436.9	14972.0	1762.9	289.2	7412.8
哈尔滨	22477.0	24818.0	14220.7	2561.8	289.2	7746.4
上海	40188.3	44754.5	31109.3	2267.2	575.8	10802.2
南京	36266.7	40139.2	26125.2	2577.6	573.1	10863.3
杭州	37510.5	41842.5	25435.6	1647.7	2209.6	12549.7
宁波	37901.8	42643.1	27443.2	3795.9	1633.9	9770.1
合肥	25434.2	27885.2	17575.8	3487.5	701.2	6120.8
福州	30072.6	33140.0	22481.8	2063.9	1237.5	7356.8
厦门	37576.1	42687.8	28618.2	3397.6	1683.0	8989.0
南昌	23602.4	25152.1	16137.2	1752.3	620.0	6642.6
济南	32569.8	36244.1	26940.0	2864.6	561.5	5878.1
青岛	32144.7	35145.9	22811.2	2979.7	1140.6	8214.4
郑州	25301.0	27217.7	15300.5	3104.5	289.3	8523.5
武汉	27090.1	30507.8	18364.1	2469.1	616.6	9058.0
长沙	29084.3	30457.9	16896.9	4082.3	1867.5	7611.1
广州	38053.5	43824.3	31203.7	3337.9	1087.9	8194.9
深圳	40741.9	45423.7	30817.1	7220.1	2572.8	4813.8
南宁	22024.5	24501.3	17636.8	1242.3	594.0	5028.1
海口	22296.4	23915.8	14776.3	2665.7	705.2	5768.5
重庆	24539.4	26665.7	16404.7	2019.5	444.0	7797.5
成都	27193.7	29893.9	18054.4	2401.3	1100.5	8337.7
贵阳	21796.3	23944.7	13533.9	2462.3	469.2	7479.3
昆明	24659.7	26772.9	14754.1	3262.4	1931.5	6824.9
拉萨	19545.4	22258.3	20427.6	239.0	540.4	1051.3
西安	23846.5	26000.3	17429.1	821.2	426.5	7323.4
兰州	18198.7	19578.9	12366.6	841.5	417.3	5953.5
西宁	17633.5	19571.0	10673.2	1203.8	85.5	7608.4
银川	21900.5	24152.0	14510.7	2765.4	199.3	6676.6
乌鲁木齐	18385.1	21293.3	15081.3	1651.2	121.4	4439.5

5-1-9 2012年大中城市居民家庭现金消费支出

单位：元/人

城市	现金消费支出	食品	衣着	居住	家庭设备及用品	交通通信	文教娱乐	医疗保健	其他
北京	25718.1	7971.1	2818.7	2032.4	1702.5	3994.5	4164.9	1741.4	1292.6
天津	20024.2	7343.6	1881.4	1854.2	1151.2	3083.4	2254.2	1556.4	899.9
石家庄	13378.4	4809.8	1535.5	1642.7	1141.0	1331.4	1466.8	1048.9	402.4
太原	13970.4	4651.6	1459.0	1466.2	878.8	1692.9	1945.2	1377.9	498.8
呼和浩特	21360.7	6517.4	2682.9	1921.4	1515.9	3194.2	2679.1	1948.6	901.2
沈阳	20002.9	6326.5	2413.3	1624.1	1288.8	3608.8	2270.5	1473.7	997.2
大连	20417.5	7699.7	2193.6	1649.6	1272.7	2613.8	2401.6	1715.7	870.8
长春	17863.0	5295.3	2181.8	2061.8	1039.7	2059.9	2388.0	2070.3	766.2
哈尔滨	17602.4	5796.5	2383.6	1857.7	1131.3	2210.7	1931.3	1468.8	822.6
上海	26253.5	9655.6	2111.2	1790.5	1906.5	4563.8	3723.7	1016.7	1485.5
南京	23145.3	8022.2	2208.3	1418.2	1825.0	2859.9	4351.2	1625.2	835.2
杭州	22800.1	8469.6	1991.3	1748.8	1255.2	4298.5	2975.8	1158.8	902.1
宁波	23288.1	8823.1	2401.3	1295.5	1079.5	4719.8	3235.1	953.2	780.6
合肥	18757.6	6420.5	1775.3	2078.6	1043.9	3185.1	2535.3	964.5	754.5
福州	20571.3	7993.5	2074.7	1420.5	1540.1	3170.1	2578.0	851.3	943.2
厦门	24921.6	8873.2	1745.3	2941.6	1419.7	5350.8	2652.9	1030.8	907.3
南昌	16450.0	5612.3	1761.2	1731.5	1505.4	2446.3	1799.4	855.2	738.7
济南	20031.7	6162.2	2341.1	1889.4	1521.8	3476.4	2440.0	1416.4	784.4
青岛	20391.1	7450.0	2851.4	1971.1	1272.2	2664.3	2067.0	1149.5	965.7
郑州	16778.6	6102.4	2643.7	1056.3	1353.0	1723.7	1878.0	1205.0	816.6
武汉	18813.1	7522.5	2159.8	1497.8	1185.7	2186.2	2402.1	1379.4	479.7
长沙	18522.3	6844.6	1969.1	1777.8	1266.2	2649.0	2459.1	949.5	607.0
广州	30490.4	10360.5	2223.1	2340.9	2032.5	5039.8	5574.8	1390.3	1528.6
深圳	26727.7	9702.9	1915.9	3167.4	1660.6	5398.2	2960.1	1021.3	901.2
南宁	14988.1	5624.0	1071.0	1087.9	1081.7	2562.6	2159.6	1044.8	356.6
海口	15735.6	6852.7	874.2	1940.4	846.7	2156.1	1437.3	1150.3	477.9
重庆	17872.5	7502.6	2306.3	1193.2	1241.0	2045.3	1638.8	1225.4	720.0
成都	19053.9	6751.6	1874.8	1733.7	1375.0	3184.8	2293.1	1030.9	810.0
贵阳	15718.3	6011.4	1345.9	1220.0	981.7	3013.9	1924.1	818.6	402.7
昆明	17417.8	6575.0	2416.9	1075.8	783.8	2512.4	2254.2	1183.7	616.1
拉萨	13952.7	6213.3	1877.3	835.3	840.5	1848.6	824.0	654.5	859.3
西安	18016.0	6238.2	1838.2	1620.6	1125.7	2169.2	2680.5	1585.4	758.2
兰州	14110.5	5226.0	1667.9	1492.9	995.0	1567.4	1486.6	1178.1	496.5
西宁	12114.3	4752.3	1362.5	1176.0	922.8	1642.3	935.8	903.0	419.6
银川	16389.5	5470.6	2065.7	1203.7	1046.2	2566.7	1912.2	1348.1	776.3
乌鲁木齐	13785.2	5296.5	1843.9	962.3	841.2	1665.1	1591.6	1015.9	568.7

5-1-10 2012年大中城市居民家庭现金消费支出构成

单位：%

城市	现金消费支出	食品	衣着	居住	家庭设备及用品	交通通信	文教娱乐	医疗保健	其他
北京	100.0	31.0	11.0	7.9	6.6	15.5	16.2	6.8	5.0
天津	100.0	36.7	9.4	9.3	5.7	15.4	11.3	7.8	4.5
石家庄	100.0	36.0	11.5	12.3	8.5	10.0	11.0	7.8	3.0
太原	100.0	33.3	10.4	10.5	6.3	12.1	13.9	9.9	3.6
呼和浩特	100.0	30.5	12.6	9.0	7.1	15.0	12.5	9.1	4.2
沈阳	100.0	31.6	12.1	8.1	6.4	18.0	11.4	7.4	5.0
大连	100.0	37.7	10.7	8.1	6.2	12.8	11.8	8.4	4.3
长春	100.0	29.6	12.2	11.5	5.8	11.5	13.4	11.6	4.3
哈尔滨	100.0	32.9	13.5	10.6	6.4	12.6	11.0	8.3	4.7
上海	100.0	36.8	8.0	6.8	7.3	17.4	14.2	3.9	5.7
南京	100.0	34.7	9.5	6.1	7.9	12.4	18.8	7.0	3.6
杭州	100.0	37.1	8.7	7.7	5.5	18.9	13.1	5.1	4.0
宁波	100.0	37.9	10.3	5.6	4.6	20.3	13.9	4.1	3.4
合肥	100.0	34.2	9.5	11.1	5.6	17.0	13.5	5.1	4.0
福州	100.0	38.9	10.1	6.9	7.5	15.4	12.5	4.1	4.6
厦门	100.0	35.6	7.0	11.8	5.7	21.5	10.6	4.1	3.6
南昌	100.0	34.1	10.7	10.5	9.2	14.9	10.9	5.2	4.5
济南	100.0	30.8	11.7	9.4	7.6	17.4	12.2	7.1	3.9
青岛	100.0	36.5	14.0	9.7	6.2	13.1	10.1	5.6	4.7
郑州	100.0	36.4	15.8	6.3	8.1	10.3	11.2	7.2	4.9
武汉	100.0	40.0	11.5	8.0	6.3	11.6	12.8	7.3	2.6
长沙	100.0	37.0	10.6	9.6	6.8	14.3	13.3	5.1	3.3
广州	100.0	34.0	7.3	7.7	6.7	16.5	18.3	4.6	5.0
深圳	100.0	36.3	7.2	11.9	6.2	20.2	11.1	3.8	3.4
南宁	100.0	37.5	7.1	7.3	7.2	17.1	14.4	7.0	2.4
海口	100.0	43.5	5.6	12.3	5.4	13.7	9.1	7.3	3.0
重庆	100.0	42.0	12.9	6.7	6.9	11.4	9.2	6.9	4.0
成都	100.0	35.4	9.8	9.1	7.2	16.7	12.0	5.4	4.3
贵阳	100.0	38.2	8.6	7.8	6.2	19.2	12.2	5.2	2.6
昆明	100.0	37.7	13.9	6.2	4.5	14.4	12.9	6.8	3.5
拉萨	100.0	44.5	13.5	6.0	6.0	13.2	5.9	4.7	6.2
西安	100.0	34.6	10.2	9.0	6.2	12.0	14.9	8.8	4.2
兰州	100.0	37.0	11.8	10.6	7.1	11.1	10.5	8.3	3.5
西宁	100.0	39.2	11.2	9.7	7.6	13.6	7.7	7.5	3.5
银川	100.0	33.4	12.6	7.3	6.4	15.7	11.7	8.2	4.7
乌鲁木齐	100.0	38.4	13.4	7.0	6.1	12.1	11.5	7.4	4.1

二、各地区农村住户调查主要数据

5-2-1 2012年各地区农村居民家庭基本情况

地　区	常住人口（人/户）	整半劳动力（人/户）	整半劳动力占常住人口比重(%)	劳动力负担人口（人/劳动力）	在校学生人数（人/户）	6-15岁在校学生人数（人/户）
全　国	**3.9**	**2.8**	**71.2**	**1.4**	**0.6**	**0.4**
北　京	3.2	2.3	72.2	1.4	0.3	0.2
天　津	3.3	2.3	69.0	1.4	0.5	0.3
河　北	3.6	2.7	73.8	1.4	0.5	0.4
山　西	3.5	2.5	72.8	1.4	0.6	0.4
内蒙古	3.3	2.5	75.1	1.3	0.5	0.3
辽　宁	3.2	2.4	76.8	1.3	0.4	0.3
吉　林	3.4	2.6	75.4	1.3	0.4	0.3
黑龙江	3.4	2.5	74.5	1.3	0.4	0.3
上　海	2.9	2.1	70.2	1.4	0.3	0.1
江　苏	3.4	2.5	73.6	1.4	0.4	0.3
浙　江	3.3	2.4	72.7	1.4	0.5	0.3
安　徽	3.8	2.8	72.5	1.4	0.6	0.4
福　建	3.8	2.7	70.8	1.4	0.6	0.4
江　西	4.2	3.0	71.6	1.4	0.7	0.5
山　东	3.4	2.5	73.7	1.4	0.5	0.4
河　南	4.1	2.9	70.7	1.4	0.7	0.5
湖　北	4.0	3.1	78.4	1.3	0.4	0.3
湖　南	4.0	2.9	73.3	1.4	0.5	0.4
广　东	4.8	3.2	67.4	1.5	0.9	0.6
广　西	4.5	3.2	71.2	1.4	0.7	0.5
海　南	4.3	2.9	65.7	1.5	0.9	0.6
重　庆	3.8	2.8	73.3	1.4	0.6	0.4
四　川	3.9	2.8	72.0	1.4	0.6	0.4
贵　州	4.3	2.8	65.4	1.5	0.9	0.7
云　南	4.2	2.8	66.0	1.5	0.8	0.6
西　藏	5.7	3.4	60.4	1.7	1.2	0.9
陕　西	4.0	2.8	71.7	1.4	0.6	0.4
甘　肃	4.4	2.9	64.9	1.5	0.9	0.6
青　海	4.5	2.8	61.3	1.6	0.9	0.7
宁　夏	4.3	2.7	64.3	1.6	0.9	0.7
新　疆	4.3	2.9	66.6	1.5	0.9	0.7

5-2-2 2012年各地区农村居民家庭劳动力文化状况

单位：%

地区	不识字或识字很少	小学程度	初中程度	高中程度	中专程度	大专及大专以上
全国	**5.3**	**26.1**	**53.0**	**10.0**	**2.7**	**2.9**
北京	1.0	6.3	48.8	20.9	9.5	13.5
天津	2.2	16.5	63.2	11.1	3.4	3.7
河北	2.4	18.2	60.4	13.6	2.5	2.9
山西	3.1	21.0	57.1	11.9	3.4	3.5
内蒙古	5.1	26.3	52.1	11.3	1.9	3.3
辽宁	1.4	22.7	66.6	5.0	1.6	2.7
吉林	2.5	31.9	55.8	6.6	1.4	1.8
黑龙江	2.4	29.6	60.4	5.4	1.0	1.2
上海	2.0	18.4	53.2	11.1	6.6	8.6
江苏	5.4	23.6	53.4	11.1	2.8	3.8
浙江	6.7	29.5	44.5	11.7	2.0	5.7
安徽	8.6	24.3	55.3	7.6	1.8	2.5
福建	3.9	31.0	47.7	10.1	3.1	4.2
江西	4.3	29.7	51.5	8.9	2.9	2.6
山东	3.5	18.7	57.2	13.2	3.8	3.6
河南	5.1	16.5	61.0	12.1	2.5	2.9
湖北	4.0	23.9	54.1	11.6	3.2	3.1
湖南	2.9	26.3	50.8	13.9	3.2	2.9
广东	2.8	22.1	55.6	11.8	4.1	3.7
广西	2.8	25.0	57.2	9.9	3.0	2.1
海南	3.6	18.1	61.4	12.7	2.5	1.7
重庆	4.3	30.9	52.1	8.7	2.1	1.9
四川	7.7	33.8	48.7	6.6	1.9	1.3
贵州	10.4	38.1	43.7	4.3	2.0	1.6
云南	8.8	41.2	40.7	6.0	2.0	1.3
西藏	36.0	56.8	6.1	0.7	0.3	
陕西	6.1	21.7	54.6	10.8	3.0	3.8
甘肃	10.7	26.8	45.6	11.3	2.9	2.8
青海	18.3	43.9	28.4	5.6	1.5	2.3
宁夏	14.2	32.2	42.4	7.3	1.8	2.1
新疆	2.4	29.8	56.9	6.0	2.6	2.3

5-2-3　2012年各地区农村居民家庭经营土地情况

单位：亩/人

地　区	耕地面积	有效灌溉面积	山地面积	园地面积	养殖水面面积
全　国	**2.34**	**1.22**	**0.48**	**0.10**	**0.04**
北　京	0.50	0.35	0.13	0.11	0.01
天　津	1.58	1.47		0.06	0.01
河　北	1.89	1.32	0.10	0.09	
山　西	2.50	0.84	0.19	0.25	
内蒙古	10.40	4.31	0.08	0.00	
辽　宁	3.78	0.84	0.38	0.11	0.01
吉　林	8.27	2.78	0.14	0.01	
黑龙江	13.56	3.08	0.09	0.01	
上　海	0.26	0.24		0.01	0.03
江　苏	1.25	0.99	0.01	0.02	0.12
浙　江	0.54	0.47	1.12	0.08	0.03
安　徽	1.89	1.47	0.26	0.06	0.08
福　建	0.73	0.58	0.98	0.24	0.07
江　西	1.57	1.37	1.29	0.09	0.06
山　东	1.64	1.44	0.03	0.08	
河　南	1.62	1.21	0.08	0.02	0.01
湖　北	1.71	1.15	1.41	0.11	0.26
湖　南	1.22	1.00	0.82	0.07	0.03
广　东	0.53	0.40	0.60	0.10	0.07
广　西	1.37	0.63	0.83	0.15	0.04
海　南	0.73	0.45	0.81	0.39	0.07
重　庆	1.29	0.51	0.32	0.04	0.01
四　川	1.14	0.56	0.44	0.07	0.02
贵　州	1.18	0.26	0.57	0.05	
云　南	1.60	0.57	1.28	0.22	
西　藏	1.89	1.66		0.01	
陕　西	1.52	0.61	0.56	0.36	
甘　肃	2.72	0.82	0.60	0.11	
青　海	1.83	0.83	0.09	0.00	
宁　夏	3.69	1.25	0.32	0.07	
新　疆	5.76	5.48	0.09	0.32	

5-2-4 2012年各地区农村居民家庭年末拥有主要生产性固定资产原值

单位：元/户

地　区	生产性固定资产原值	一、农业	二、林业	三、牧业	四、渔业
全国合计	**16974.1**	**7680.3**	**40.9**	**3541.3**	**143.6**
北　京	12767.1	1598.3	100.5	1842.7	117.1
天　津	17508.6	3654.4	123.0	2700.0	7.8
河　北	17904.8	7641.0	5.3	1966.4	15.5
山　西	9808.4	3844.0	9.8	1247.4	
内蒙古	29389.6	15181.2	12.6	10681.8	
辽　宁	24997.9	13205.4	14.6	4199.8	165.6
吉　林	24937.9	15472.0	0.3	6285.5	10.8
黑龙江	31507.9	24782.9		3394.6	2.7
上　海	4146.1	760.3	4.2	1116.0	135.3
江　苏	14541.0	3578.3	19.1	1455.6	284.1
浙　江	22767.8	3182.2	18.5	3629.6	104.5
安　徽	15134.4	8602.4	78.8	1598.7	112.9
福　建	11821.4	3565.6	49.9	2387.4	738.3
江　西	9999.3	4889.0	19.3	1920.8	108.4
山　东	19168.1	10162.1	59.6	1865.7	70.5
河　南	12980.7	7144.2	2.2	1786.0	25.0
湖　北	10813.1	5135.0	23.0	1999.4	289.1
湖　南	8904.3	2775.9	5.9	2358.8	38.6
广　东	8516.7	2098.0	52.1	1882.4	310.0
广　西	11851.6	6518.0	24.6	2273.0	177.0
海　南	11387.1	2412.8	459.5	2199.5	3757.4
重　庆	12295.7	6907.9	102.5	2569.2	74.1
四　川	13759.2	5745.8	30.9	4331.4	110.0
贵　州	11957.3	4564.6	76.9	3315.6	
云　南	19020.9	8314.7	188.9	5869.2	36.2
西　藏	52935.1	18872.6	92.1	24751.1	
陕　西	12273.1	4590.1	1.8	1264.3	32.4
甘　肃	19486.4	10900.9	49.4	2174.1	
青　海	21919.3	7457.8		8205.5	
宁　夏	24266.2	11192.6		4828.9	56.1
新　疆	35070.4	18340.4	31.3	10713.8	

5-2-4 续表 1

单位：元/户

地　　区	五、采矿业	六、制造业	七、电力煤气与水的生产及供应	八、建筑业	九、交通运输仓储和邮电业	十、批发和零售贸易业
全国合计	**72.8**	**1009.1**	**27.6**	**361.2**	**2283.4**	**1058.8**
北　　京		2351.0		573.3	3205.1	1245.4
天　　津	428.6	4566.9		214.3	2606.3	2333.2
河　　北	29.0	2110.3		460.8	2837.3	1796.3
山　　西		105.0		152.9	2450.2	801.6
内 蒙 古		72.8		252.0	2030.0	377.5
辽　　宁	44.2	979.3	1.3	605.6	3805.0	1380.5
吉　　林		56.8		439.3	1334.1	896.9
黑 龙 江	4.5	72.8		56.6	1463.3	1197.6
上　　海		940.8		100.0	715.0	285.8
江　　苏		3974.5		617.0	2117.2	1800.3
浙　　江	230.0	7198.1	61.5	759.5	3422.3	2569.4
安　　徽	40.3	532.6	19.7	384.8	1783.3	1478.9
福　　建	263.6	491.9		156.7	2299.8	1314.5
江　　西	17.4	239.1	2.4	260.6	1686.5	411.4
山　　东	49.5	2183.2	0.3	297.7	1889.5	1334.4
河　　南	96.5	329.4		145.8	1850.7	863.2
湖　　北	29.3	317.2	2.6	297.5	1860.8	503.2
湖　　南	110.8	260.7	0.6	257.9	1962.1	545.2
广　　东	15.7	281.4	645.2	476.8	1385.5	906.9
广　　西	36.4	217.1		241.7	1604.4	337.5
海　　南		392.5	0.9	36.7	726.4	1226.3
重　　庆	10.1	244.9		422.9	1140.2	550.9
四　　川	14.2	290.0	3.0	105.2	1411.9	721.2
贵　　州	41.5	64.4		188.9	2506.7	741.3
云　　南	1.3	220.4		76.7	3755.6	368.6
西　　藏	6.8	26.3	2.0	1607.6	6344.4	1026.5
陕　　西	55.0	210.5		416.9	3266.5	1495.3
甘　　肃		93.6		22.5	2536.7	1065.4
青　　海		84.3		238.9	3525.1	1443.8
宁　　夏		221.8		445.9	5323.6	1973.9
新　　疆	1133.5	155.0		1434.2	2310.5	521.7

5-2-4 续表 2

单位：元/户

地区	十一、住宿和餐饮业	十二、居民服务与其他服务业	十三、教育	十四、卫生、社会保障和福利业	十五、文化、体育和娱乐业	十六、其他
全国合计	**221.0**	**261.1**	**32.2**	**71.0**	**18.0**	**151.7**
北京	1148.8	546.8		20.0		18.0
天津	271.4	405.6		197.1		
河北	158.6	533.1	45.9	118.6	28.0	158.8
山西	174.5	589.5		67.4	94.3	271.8
内蒙古	421.4	69.9	6.3	68.9		215.1
辽宁	85.0	360.4	9.3	93.1	9.3	39.7
吉林	168.8	127.0		110.5		36.1
黑龙江	10.0	181.6	4.9	150.9		185.6
上海	41.7	47.1				
江苏	176.4	328.2	15.4	47.2	14.2	113.5
浙江	166.3	792.7	196.3	59.1	195.2	182.6
安徽	176.0	191.1	24.0	13.0	14.0	83.7
福建	72.9	314.0	0.7	97.9	3.8	64.5
江西	121.0	103.5	9.8	58.3	9.9	141.8
山东	287.3	289.9	30.0	134.3		514.2
河南	246.0	182.0	54.3	143.3		112.1
湖北	114.7	174.2	0.9	25.5	8.6	32.1
湖南	107.2	276.1	4.9	75.3	20.9	103.5
广东	72.0	299.3	1.8	26.2	2.3	61.0
广西	89.2	78.8	53.2	4.6		196.1
海南	16.9	85.0	3.3	51.9	0.3	17.6
重庆	90.7	8.9	32.8	66.3	2.8	71.4
四川	544.4	312.8	51.0	34.7	20.5	32.2
贵州	75.4	52.0	140.6	79.0	1.3	109.1
云南	33.5	13.1		59.8		83.1
西藏	6.5	67.7				131.7
陕西	112.7	405.5		27.5	22.5	371.9
甘肃	1923.1	271.5		166.1	6.7	276.4
青海	46.4	107.5		34.7		775.3
宁夏	15.6	123.1		7.6		77.0
新疆	77.6	122.3	150.8	12.9		66.4

5-2-5 2012年各地区农村居民家庭年末拥有主要生产性固定资产数量

地　区	房屋及建筑物(平方米/户)	汽车(辆/百户)	大中型拖拉机(台/百户)	小型和手扶拖拉机(台/百户)	动力三轮车(台/百户)	机动脱粒机(台/百户)	收割机(台/百户)
全　国	**34.6**	**4.0**	**4.4**	**20.5**	**12.9**	**11.5**	**1.8**
北　京	12.3	6.1	0.5	2.1	8.1	0.3	0.2
天　津	23.9	9.1	1.0	7.9	21.7	0.1	0.3
河　北	27.9	6.5	4.7	29.4	30.2	2.8	1.1
山　西	11.1	5.0	2.9	15.8	23.2	3.2	0.9
内蒙古	54.1	5.0	11.9	50.0	16.2	9.0	4.5
辽　宁	84.5	5.3	7.3	13.2	15.5	5.1	0.6
吉　林	41.5	4.1	14.3	51.1	4.8	7.4	1.4
黑龙江	35.8	2.9	24.5	50.8	4.2	3.3	4.1
上　海	5.8	0.4		0.5	0.5	0.3	
江　苏	29.6	3.7	1.3	19.2	8.5	6.4	0.9
浙　江	28.6	4.8	1.4	2.4	7.6	4.9	1.0
安　徽	21.0	2.9	5.7	35.3	9.9	12.5	2.0
福　建	28.3	3.7	1.5	4.4	4.4	9.2	0.4
江　西	27.4	2.7	1.4	10.1	5.3	25.3	1.7
山　东	77.7	4.8	5.5	24.5	37.4	4.0	1.5
河　南	20.6	3.4	4.8	34.1	29.7	10.4	1.3
湖　北	29.1	2.6	2.3	17.6	8.4	6.2	2.1
湖　南	23.7	2.8	0.5	4.0	4.4	18.0	1.2
广　东	17.2	2.2	0.5	6.7	1.8	15.0	0.9
广　西	23.9	1.9	2.1	20.2	5.1	28.3	1.6
海　南	9.7	0.5	0.3	3.4	5.7	3.4	0.7
重　庆	42.3	3.3	0.4	0.9	2.5	21.5	2.1
四　川	37.3	3.0	0.9	2.8	3.2	30.2	1.9
贵　州	29.5	3.8	1.3	1.4	4.0	16.9	2.9
云　南	47.7	4.4	3.2	14.5	7.9	18.2	0.4
西　藏	85.3	12.5	7.2	57.8	1.8	13.2	13.6
陕　西	13.4	4.4	3.2	10.8	16.5	9.8	0.6
甘　肃	28.7	3.6	5.1	31.5	26.6	15.4	3.1
青　海	37.7	6.9	4.3	53.0	6.0	9.5	0.7
宁　夏	51.7	5.8	9.8	36.9	23.8	5.8	4.1
新　疆	48.2	4.6	13.2	36.6	11.5	2.5	1.7

5-2-5 续表

地　区	农用动力机械（台/百户）	胶轮大车（辆/百户）	水泵（台/百户）	役畜（头/百户）	产品畜（头/百户）
全　国	**16.1**	**4.3**	**25.5**	**26.4**	**86.1**
北　京	2.8	0.2	1.0	0.9	12.5
天　津	13.9		12.6	1.4	38.7
河　北	14.0	2.8	22.4	6.0	72.0
山　西	7.0	3.0	6.2	12.0	70.9
内蒙古	20.8	12.0	38.3	40.8	281.2
辽　宁	13.3	13.4	37.1	25.2	96.0
吉　林	23.2	5.8	32.2	21.9	147.3
黑龙江	17.1	1.6	28.2	5.3	74.0
上　海	0.8		3.1		2.7
江　苏	6.5	2.6	20.4	6.0	26.8
浙　江	5.9	1.2	10.4	5.6	71.9
安　徽	12.1	2.7	48.1	2.5	34.1
福　建	21.7	1.3	10.9	6.7	74.3
江　西	16.0	2.3	28.1	22.0	16.4
山　东	18.8	5.5	44.2	1.6	59.6
河　南	14.2	2.7	43.3	9.1	33.5
湖　北	11.3	3.2	30.9	13.5	29.4
湖　南	31.9	1.6	29.5	11.0	22.5
广　东	12.6	4.5	13.9	14.7	15.8
广　西	36.6	4.1	31.8	38.7	40.3
海　南	15.6	1.1	24.2	20.8	162.7
重　庆	7.8	0.4	20.8	27.8	49.3
四　川	20.4	0.9	36.9	24.5	53.8
贵　州	21.4	0.5	10.7	52.1	48.6
云　南	28.3	1.9	20.3	56.8	79.1
西　藏	3.7	7.6		384.5	802.8
陕　西	16.8	11.1	10.6	11.2	39.5
甘　肃	18.2	10.9	16.1	46.7	72.7
青　海	5.1	2.1	4.9	33.8	171.4
宁　夏	15.8	0.3	22.3	24.8	81.4
新　疆	8.5	31.9	10.2	62.7	484.9

5-2-6 2012年各地区农村居民家庭年内新建(购)住房情况

地　区	新建(购)住房面积(平方米/人)					新建(购)住房价值(元/平方米)
		钢筋混凝土结构面积	砖木结构面积	楼房面积	砖瓦平房面积	
全　国	**1.0**	**0.7**	**0.2**	**0.7**	**0.2**	**829.5**
北　京	0.4	0.2	0.2	0.1	0.3	2463.3
天　津	0.2	0.1	0.1	0.1	0.1	1335.7
河　北	0.9	0.6	0.3	0.3	0.6	893.1
山　西	0.5	0.3	0.2	0.2	0.3	934.8
内蒙古	0.4	0.0	0.4	0.0	0.4	907.1
辽　宁	0.4	0.2	0.2	0.1	0.3	1166.8
吉　林	0.3		0.3		0.3	1069.8
黑龙江	0.1	0.0	0.1	0.0	0.1	1251.7
上　海	0.2	0.1	0.0	0.1	0.0	2792.9
江　苏	1.1	0.9	0.2	1.0	0.1	1136.3
浙　江	0.8	0.6	0.2	0.8	0.0	1443.9
安　徽	1.2	1.1	0.1	1.1	0.1	776.6
福　建	1.1	1.0	0.1	1.1		1113.8
江　西	1.6	1.5	0.0	1.6		606.3
山　东	0.9	0.5	0.4	0.4	0.6	759.1
河　南	1.8	1.5	0.3	1.6	0.2	628.9
湖　北	1.4	1.1	0.2	1.3	0.1	727.6
湖　南	0.9	0.7	0.2	0.8	0.1	715.7
广　东	0.7	0.6	0.0	0.7	0.0	1175.5
广　西	1.6	1.4	0.1	1.4	0.1	566.1
海　南	1.0	0.8	0.2	0.7	0.3	1171.3
重　庆	0.3	0.3	0.0	0.3	0.0	1454.3
四　川	0.7	0.5	0.1	0.6	0.1	900.1
贵　州	0.8	0.4	0.3	0.4	0.3	710.9
云　南	1.3	1.1	0.2	1.1	0.1	936.4
西　藏	0.3	0.0	0.2	0.0	0.2	314.8
陕　西	1.3	0.8	0.5	1.0	0.4	733.9
甘　肃	0.5	0.2	0.3	0.1	0.4	947.8
青　海	1.4	0.5	0.6	0.5	0.8	621.1
宁　夏	1.1	0.3	0.8	0.3	0.6	1129.6
新　疆	1.7	0.3	1.3	0.0	1.5	685.8

5-2-7 2012年各地区农村居民家庭年末住房情况

地　区	居住住房面积（平方米/人）	钢筋混凝土结构面积	砖木结构面积	楼房面积	砖瓦平房面积	居住住房价值（元/平方米）
全　国	**37.1**	**17.1**	**16.3**	**19.5**	**14.4**	**681.9**
北　京	38.2	10.7	27.2	7.7	30.3	3192.1
天　津	30.3	5.8	24.4	5.3	25.0	1858.3
河　北	35.0	9.7	23.8	4.8	28.6	693.1
山　西	30.6	8.3	18.7	6.0	20.3	553.3
内蒙古	24.9	1.3	17.5	0.7	18.1	523.3
辽　宁	29.3	5.9	22.9	1.5	27.2	818.9
吉　林	24.7	0.2	23.0	0.5	22.4	603.9
黑龙江	24.8	1.0	20.3	0.6	20.8	831.3
上　海	60.4	27.5	32.9	54.1	6.3	2470.8
江　苏	50.8	26.5	24.1	34.3	16.3	881.1
浙　江	62.1	43.5	17.4	57.2	4.3	1256.3
安　徽	35.3	21.8	13.0	23.2	11.9	637.2
福　建	50.8	38.2	9.9	43.1	6.1	830.5
江　西	46.9	37.9	7.4	39.7	5.8	487.3
山　东	38.4	12.0	25.9	6.4	31.4	568.2
河　南	37.9	20.1	17.1	17.2	20.1	510.8
湖　北	45.0	26.7	14.1	32.9	9.8	546.3
湖　南	46.5	20.6	24.2	35.7	9.0	432.9
广　东	31.7	24.6	4.9	25.4	5.5	867.5
广　西	36.0	28.2	6.2	28.1	5.7	470.6
海　南	25.2	12.7	12.5	11.5	13.6	866.0
重　庆	41.1	20.8	16.2	27.5	9.6	461.6
四　川	37.9	16.3	15.3	20.7	11.0	506.6
贵　州	29.6	10.4	16.2	11.9	14.0	531.8
云　南	31.7	10.0	8.4	15.9	6.6	589.7
西　藏	28.8	0.8	16.7	17.5	4.7	316.8
陕　西	36.9	18.6	11.2	15.5	15.8	616.5
甘　肃	24.1	4.4	9.7	1.8	11.9	547.5
青　海	29.7	4.4	14.2	6.3	11.8	506.8
宁　夏	25.9	3.0	17.2	1.9	15.8	501.9
新　疆	27.2	2.8	14.2	0.4	15.8	486.4

5-2-8 2012年各地区农村居民家庭主要农牧产品出售量

单位：公斤/人

地 区	谷物	1.小麦	2.稻谷	3.玉米	薯类	豆类
全 国	**506.8**	**91.3**	**127.9**	**277.6**	**4.8**	**21.8**
北 京	140.6	27.5		113.0	0.2	0.4
天 津	340.9	96.3	5.1	239.4	0.0	1.0
河 北	594.7	159.2	4.8	425.6	8.8	3.2
山 西	377.0	22.6		329.7	6.0	11.3
内 蒙 古	1068.8	17.5	13.8	954.2	25.3	74.3
辽 宁	1283.4	0.1	249.0	1009.1	3.0	4.1
吉 林	2830.6	0.1	345.2	2393.9	1.4	59.5
黑 龙 江	3028.2	0.2	782.6	2244.5	4.2	443.6
上 海	42.8	7.4	28.3			1.4
江 苏	566.4	250.8	278.8	31.1	0.2	12.0
浙 江	68.3	0.5	63.3	3.3	1.7	1.8
安 徽	731.5	385.4	266.9	78.3	2.5	28.5
福 建	106.0		103.2	2.2	5.1	7.4
江 西	485.8	0.0	484.8	0.7	0.3	0.9
山 东	624.5	307.1	4.0	313.2	7.7	0.9
河 南	660.1	308.1	41.7	309.8	0.9	9.8
湖 北	475.0	91.9	329.2	50.7	2.8	11.4
湖 南	197.3	0.8	184.0	12.2	1.2	2.2
广 东	66.7		59.3	7.4	4.8	0.5
广 西	134.6		111.1	22.6	1.0	1.2
海 南	49.2		48.0		3.4	0.2
重 庆	107.5	0.6	67.1	38.1	2.3	3.3
四 川	93.0	9.8	55.3	25.8	3.0	2.6
贵 州	45.7	0.6	11.8	30.1	2.1	3.8
云 南	97.5	4.5	27.7	63.9	5.7	6.9
西 藏	70.7	5.4		4.6	3.4	0.9
陕 西	262.2	82.7	7.3	168.8	3.2	12.8
甘 肃	257.3	34.5		202.1	22.9	17.6
青 海	70.5	28.7		8.2	13.9	12.8
宁 夏	449.4	22.0	100.7	320.8	45.9	8.8
新 疆	1001.3	264.2	37.9	685.7	0.1	13.3

5-2-8 续表 1

单位：公斤/人

地区	棉花	油料		麻类	糖料	
			油菜籽			甘蔗
全国	**23.0**	**18.5**	**5.9**	**0.1**	**103.8**	**90.4**
北京		0.2				
天津	77.8	2.2				
河北	39.1	3.9	0.0			
山西	2.0	5.4	0.2	0.0	47.0	
内蒙古		118.6	2.3	1.0	75.9	
辽宁	0.0	24.7				
吉林		50.5		0.6	3.7	
黑龙江		4.0			79.9	
上海	0.3	2.4	2.4			
江苏	6.2	8.3	4.7		1.1	1.1
浙江	2.2	0.6	0.4		1.9	1.9
安徽	25.4	14.1	9.7		5.2	5.2
福建		2.8		0.0	29.1	29.1
江西	10.8	8.4	1.3		0.1	0.1
山东	42.8	24.6	0.0	0.0		
河南	3.9	26.7	0.1	0.0		
湖北	93.9	58.6	45.4	0.2	0.2	0.2
湖南	25.3	10.0	7.5	0.1	3.6	3.6
广东		4.4			102.2	102.2
广西	0.0	3.2	0.1	0.8	1768.9	1768.4
海南		9.1			308.5	308.5
重庆	0.0	7.6	4.8	0.0	0.2	0.2
四川	0.0	21.7	18.0	0.3	18.0	18.0
贵州		8.3	6.5	0.0	0.5	0.5
云南		5.9	4.5	0.2	314.8	314.7
西藏		4.5	4.2			
陕西	0.5	2.4	1.6	0.0		
甘肃	18.5	23.9	2.8	0.1	0.2	
青海		47.3	47.2			
宁夏		11.0		0.3		
新疆	372.8	66.2	3.3	0.0	317.9	

5-2-8 续表 2　　单位：公斤/人

地　区	蔬菜	瓜类	水果	茶叶	烟草	木材（立方米/人）
全　国	**164.1**	**28.5**	**71.0**	**1.74**	**4.80**	**0.09**
北　京	97.8	59.5	76.5			0.01
天　津	250.7	28.9	59.7			0.00
河　北	237.6	28.5	110.3			0.05
山　西	170.5	22.3	165.2		0.24	0.01
内蒙古	240.2	93.6	2.1		0.15	0.04
辽　宁	347.9	37.1	148.0		3.58	0.02
吉　林	115.2	64.6	0.3			0.01
黑龙江	120.6	38.2	2.3		2.05	0.00
上　海	56.7	1.7	33.6			0.00
江　苏	88.1	13.8	11.1	0.11		0.07
浙　江	127.6	9.0	113.2	8.63	0.16	0.02
安　徽	27.5	10.5	0.6	3.48	2.34	0.09
福　建	202.1	24.1	177.7	18.40	13.67	0.05
江　西	76.8	15.6	108.2	0.01	3.88	0.11
山　东	494.4	124.9	92.7	0.16	2.76	0.15
河　南	146.7	53.6	24.4	0.03	6.47	0.15
湖　北	143.5	17.6	109.9	8.08	3.82	0.13
湖　南	55.8	13.1	70.5	2.29	8.07	0.04
广　东	155.4	17.3	56.8	0.09	2.54	0.04
广　西	149.2	13.4	57.2	0.24	3.30	0.09
海　南	277.8	40.2	107.7	0.13		1.63
重　庆	171.2	9.5	25.2	0.53	9.55	0.15
四　川	131.4	1.1	50.3	0.38	7.09	0.05
贵　州	63.8	1.8	5.1	0.02	14.27	0.10
云　南	276.3	15.5	41.7	6.11	36.33	0.02
西　藏	1.3		2.4			0.03
陕　西	92.1	21.8	282.9	0.12	2.73	0.02
甘　肃	192.3	2.6	67.3		0.05	0.01
青　海	61.3	0.1	0.1			0.00
宁　夏	299.2	161.5	40.9			0.01
新　疆	297.7	26.4	154.7	0.03		0.21

5-2-8 续表 3

单位：公斤/人

地　区	猪肉	羊肉	牛肉	禽类	蛋类
全　国	**30.7**	**3.3**	**3.3**	**8.1**	**10.1**
北　京	11.2	1.4	1.3	20.1	17.9
天　津	56.6	1.2	7.9	0.7	5.3
河　北	16.7	4.9	3.7	3.9	21.7
山　西	8.5	4.1	0.6	2.8	15.6
内蒙古	12.6	45.5	17.5	1.9	5.4
辽　宁	81.4	2.3	10.1	28.8	41.9
吉　林	58.5	2.9	8.7	10.7	20.0
黑龙江	26.2	1.9	8.6	3.4	0.6
上　海	1.2	0.1		23.3	0.4
江　苏	25.4	0.4	0.1	8.7	34.8
浙　江	68.6	0.5	0.6	12.3	11.5
安　徽	17.4	0.6	0.3	19.9	11.1
福　建	40.3	0.6	0.4	3.8	0.9
江　西	32.7	0.1	0.7	6.2	9.6
山　东	36.2	2.3	1.1	37.7	15.5
河　南	49.2	1.1	2.1	5.9	9.1
湖　北	25.7	0.4	0.4	2.8	13.0
湖　南	35.6	0.3	0.4	2.1	1.6
广　东	35.5	0.0	0.2	10.8	0.1
广　西	26.0	0.5	1.3	7.8	1.8
海　南	33.4	0.5	1.3	16.7	0.3
重　庆	37.4	1.3	2.1	8.6	24.1
四　川	52.0	0.6	2.6	4.0	2.3
贵　州	21.9	0.6	1.8	2.5	0.6
云　南	37.4	0.6	1.8	2.2	2.6
西　藏	1.0	5.2	12.1	0.1	0.3
陕　西	16.2	2.2	1.3	1.4	15.5
甘　肃	10.3	4.3	5.1	1.1	6.0
青　海	2.2	10.7	10.2	0.1	0.0
宁　夏	14.2	11.1	14.4	2.4	3.0
新　疆	4.8	22.5	16.8	4.3	9.3

5-2-8 续表 4 单位：公斤/人

地 区	羊毛	奶类	蚕茧	鱼类	虾类	蟹类	贝类	藻类
全 国	**0.2**	**9.3**	**0.8**	**7.4**	**1.0**	**0.2**	**0.3**	**0.7**
北 京	0.0	17.4		2.7				
天 津	0.0	10.8		6.3	1.4			
河 北	0.1	12.9		0.0				
山 西	0.1	27.6	0.2					
内 蒙 古	5.0	149.5		0.1				
辽 宁	0.1	0.0	2.1	1.0	0.3	0.0	4.8	0.0
吉 林	0.2	2.7	0.1	0.1	0.0			
黑 龙 江	0.1	34.7	0.0	2.8				
上 海				0.3	4.4	1.5	0.0	
江 苏			1.1	20.8	4.8	2.1	0.3	0.1
浙 江	0.0	1.8	2.5	3.8	7.1	0.1	1.7	
安 徽			0.7	4.8	0.6	1.9	0.0	
福 建		0.6		8.5	1.1	0.2	1.3	25.9
江 西			0.1	7.4	0.1		0.0	
山 东	0.0	0.0	0.3	2.6	0.1		1.2	
河 南	0.0	1.8	0.0	4.7	0.0	0.0		
湖 北			0.2	41.5	1.5	0.2	0.0	
湖 南				6.9	0.2		0.1	
广 东		0.1	0.4	27.3	5.0	0.1	0.3	0.0
广 西			11.3	4.6	3.8	0.0	0.1	
海 南			0.0	36.5	2.9	0.4	0.7	4.2
重 庆		0.0	0.5	7.4	0.0			
四 川	0.0	0.1	1.1	8.6	0.0	0.0		
贵 州	0.0		0.0	0.3				
云 南		17.8	0.8	1.9				
西 藏	1.5	5.8						
陕 西	0.0	14.2	0.3					
甘 肃	0.2	1.4						
青 海	1.5	8.7						
宁 夏	0.9	94.0		3.3				
新 疆	0.7	11.0		0.0				

5-2-9 2012年各地区农村居民家庭主要食品消费量

单位：公斤/人

地区	谷物				薯类	豆类	
		小麦	稻谷	玉米			大豆
全国	**161.0**	**52.3**	**92.6**	**8.2**	**2.2**	**2.3**	**1.1**
北京	100.2	53.2	40.0	3.1	0.5	1.6	0.4
天津	161.9	93.5	55.3	10.5	0.9	3.4	0.7
河北	154.4	106.1	21.1	18.0	1.8	1.8	0.7
山西	145.8	103.6	12.0	10.3	6.7	4.9	3.5
内蒙古	172.1	77.3	49.4	19.7	7.0	2.8	2.2
辽宁	157.8	36.1	98.4	16.1	0.7	2.5	1.9
吉林	166.7	34.4	120.0	10.4	1.4	2.8	2.4
黑龙江	133.0	44.6	79.7	7.0	1.6	4.4	3.7
上海	140.4	8.2	131.1	0.3	0.0	0.5	0.1
江苏	134.5	25.6	105.1	2.9	0.4	1.1	0.5
浙江	127.8	4.2	117.8	1.0	0.5	1.5	0.5
安徽	147.0	44.1	98.6	3.8	1.1	3.3	1.9
福建	152.1	5.8	142.2	0.9	1.6	2.6	0.5
江西	177.2	2.4	173.6	0.9	1.4	2.0	1.1
山东	152.4	126.6	8.4	13.9	1.0	1.9	0.7
河南	141.4	107.0	20.0	10.9	0.9	1.7	0.6
湖北	147.4	15.6	126.7	4.8	1.7	2.0	1.5
湖南	194.5	3.8	187.5	2.5	2.1	1.9	1.5
广东	174.4	2.1	170.3	0.8	0.7	1.5	0.2
广西	170.9	1.3	156.6	11.6	0.5	1.0	0.5
海南	114.8	1.0	112.5	0.6	0.2	1.1	0.1
重庆	151.2	12.1	128.6	9.3	3.4	5.2	2.2
四川	155.2	17.7	130.5	6.0	3.3	3.4	1.6
贵州	143.0	6.9	121.2	13.9	2.6	3.5	1.1
云南	175.4	7.1	148.9	17.2	2.7	2.8	0.9
西藏	273.2	78.0	54.7	0.1	3.3	0.9	0.0
陕西	138.6	101.3	22.3	12.4	3.2	2.8	1.9
甘肃	179.5	154.0	10.2	13.9	7.9	1.7	0.5
青海	161.1	135.4	14.4	0.1	9.2	1.1	0.0
宁夏	176.9	123.8	48.4	0.9	3.2	0.4	0.1
新疆	227.4	181.9	32.1	12.9	0.1	0.1	0.0

5-2-9 续表 1

单位：公斤/人

地　区	蔬菜及制品	食用油			猪肉	牛肉	羊肉
			植物油	动物油			
全　国	**84.7**	**7.8**	**6.9**	**0.9**	**14.4**	**1.0**	**0.9**
北　京	100.5	9.8	9.8	0.0	14.9	1.9	2.3
天　津	76.6	11.6	11.5	0.1	12.2	1.0	1.6
河　北	71.8	8.8	8.6	0.2	9.3	0.4	0.5
山　西	69.3	7.4	7.3	0.1	6.4	0.1	0.4
内蒙古	68.7	5.2	4.7	0.5	20.2	1.5	4.5
辽　宁	103.1	9.3	8.8	0.5	15.2	0.5	0.2
吉　林	127.7	9.1	8.8	0.2	12.9	0.5	0.3
黑龙江	67.6	12.0	11.9	0.1	10.0	0.5	0.3
上　海	72.2	10.4	10.2	0.1	20.1	1.0	0.5
江　苏	93.0	7.7	7.5	0.2	13.7	0.8	0.4
浙　江	68.0	8.2	7.5	0.7	15.7	0.9	0.3
安　徽	69.0	8.1	7.2	0.8	10.9	0.5	0.2
福　建	84.0	7.8	6.4	1.4	18.7	0.7	0.2
江　西	105.6	9.0	8.3	0.7	13.4	0.5	0.0
山　东	70.9	8.0	7.9	0.1	8.9	0.3	0.3
河　南	70.5	6.9	6.9	0.1	6.6	0.3	0.1
湖　北	119.3	10.4	9.9	0.5	17.6	0.3	0.2
湖　南	121.8	8.3	4.8	3.6	17.7	0.4	0.1
广　东	99.5	7.1	6.4	0.7	25.8	0.5	0.1
广　西	86.4	5.6	3.4	2.2	15.9	0.3	0.1
海　南	60.7	6.1	3.9	2.2	17.2	0.7	0.4
重　庆	125.4	7.5	5.4	2.1	22.9	0.2	0.1
四　川	116.4	6.9	5.6	1.3	25.7	0.3	0.1
贵　州	97.4	4.8	3.1	1.7	21.0	0.2	0.1
云　南	96.9	5.0	2.5	2.5	26.3	0.6	0.2
西　藏	14.0	7.7	5.9	1.9	2.3	11.3	7.3
陕　西	48.5	7.8	7.6	0.2	7.1	0.1	0.3
甘　肃	44.4	6.4	6.3	0.1	10.9	0.4	0.9
青　海	40.8	3.8	3.5	0.3	11.2	8.2	3.8
宁　夏	69.9	8.6	8.5	0.1	6.0	3.1	2.5
新　疆	77.1	12.8	12.8	0.0	1.3	4.4	11.7

5-2-9 续表 2 单位：公斤/人

地区	禽类	其他肉禽及制品	禽蛋及制品	奶及奶制品	水产品	
						鱼类
全国	**4.5**	**2.6**	**5.9**	**5.3**	**5.4**	**4.4**
北京	4.0	4.4	11.1	12.5	5.3	4.3
天津	1.8	3.8	12.8	9.9	10.2	7.4
河北	1.3	4.2	10.4	6.2	3.3	2.8
山西	1.1	1.7	7.8	7.6	0.9	0.8
内蒙古	3.5	1.5	6.4	8.8	2.1	1.9
辽宁	1.5	2.2	8.5	3.5	5.2	3.8
吉林	4.3	1.9	7.9	3.8	4.1	3.7
黑龙江	3.4	2.2	6.3	4.1	4.0	3.7
上海	9.5	8.2	8.9	8.2	18.4	12.4
江苏	5.7	4.2	7.0	7.9	10.3	8.4
浙江	6.1	6.1	5.6	6.3	16.0	10.1
安徽	6.1	3.2	7.2	3.4	6.2	5.7
福建	7.9	5.2	5.3	5.8	17.4	9.6
江西	3.7	2.7	4.2	3.7	5.4	4.9
山东	3.3	4.9	12.3	8.3	4.8	3.4
河南	2.3	1.7	9.1	3.0	1.7	1.6
湖北	2.9	1.7	5.0	1.7	8.5	8.1
湖南	6.1	2.3	4.9	1.3	6.2	5.8
广东	13.2	4.5	3.4	1.0	15.9	13.5
广西	10.7	4.0	2.2	0.9	3.8	3.4
海南	14.0	2.5	2.4	0.4	20.9	17.8
重庆	3.7	1.8	5.2	4.1	3.6	3.4
四川	5.9	1.9	4.9	4.1	2.6	2.4
贵州	2.0	0.4	2.3	1.0	0.5	0.5
云南	5.6	0.8	2.8	1.2	1.9	1.8
西藏	0.0	0.2	0.6	33.6	0.0	0.0
陕西	0.9	0.8	3.9	5.6	0.5	0.5
甘肃	1.5	0.8	3.9	4.5	0.5	0.5
青海	1.4	0.9	1.6	15.2	0.6	0.4
宁夏	6.0	0.5	3.4	7.0	0.7	0.7
新疆	3.0	0.4	3.6	3.9	0.6	0.5

5-2-9 续表 3

单位：公斤/人

地区	食糖	卷烟(盒)	酒类	白酒	啤酒	瓜类	水果
全国	**1.2**	**26.3**	**10.0**	**3.1**	**6.5**	**7.3**	**15.5**
北京	1.2	43.1	16.1	4.8	11.2	11.3	30.5
天津	1.1	31.8	11.4	3.3	8.0	14.4	28.7
河北	1.1	27.3	12.1	3.3	8.7	11.6	23.1
山西	1.0	35.4	4.8	2.2	2.6	8.2	17.4
内蒙古	0.9	32.4	13.9	6.0	7.9	7.5	13.5
辽宁	0.7	26.6	15.3	4.0	11.2	3.7	25.9
吉林	0.7	32.9	19.3	5.5	13.8	12.2	22.8
黑龙江	1.0	27.5	24.1	5.7	18.3	9.7	21.4
上海	1.8	60.1	18.0	1.5	5.7	10.6	15.7
江苏	1.0	33.1	10.6	3.8	5.9	8.6	12.2
浙江	1.2	34.0	19.8	2.3	13.1	5.5	17.2
安徽	4.4	27.2	12.2	3.2	8.9	10.0	9.9
福建	1.7	33.2	15.6	1.2	13.2	2.8	18.9
江西	0.8	25.4	11.9	1.7	9.9	8.3	12.8
山东	0.8	25.4	11.9	4.9	6.9	13.5	25.3
河南	0.8	19.4	6.1	1.7	4.4	12.8	15.1
湖北	0.6	31.4	11.1	3.5	7.5	5.8	10.2
湖南	1.1	28.7	6.1	1.8	3.4	9.3	17.8
广东	1.4	23.8	4.0	1.7	1.8	1.2	13.6
广西	0.9	16.7	9.0	5.1	3.5	1.7	13.5
海南	0.9	22.3	7.4	3.0	3.2	0.8	6.6
重庆	2.0	28.0	12.9	4.7	8.0	3.2	13.7
四川	1.2	24.7	9.5	4.3	5.1	1.4	13.1
贵州	0.7	25.8	7.8	4.6	3.0	1.0	11.4
云南	0.9	27.8	8.2	3.9	4.2	1.2	13.4
西藏	2.5	8.4	3.4	0.1	3.0	0.0	1.5
陕西	0.6	28.5	4.3	1.0	3.0	7.0	11.6
甘肃	1.1	28.1	8.9	2.5	6.0	9.6	12.3
青海	1.2	18.0	3.8	1.8	1.9	3.0	7.2
宁夏	1.1	17.2	3.2	0.4	2.7	27.6	25.3
新疆	0.5	5.8	1.9	0.5	1.3	17.0	22.5

5-2-10 2012年各地区农村居民家庭主要耐用消费品年末拥有量

地 区	洗衣机（台/百户）	电冰箱（台/百户）	空调机（台/百户）	抽油烟机（台/百户）	吸尘器（台/百户）	微波炉（台/百户）
全 国	**67.2**	**67.3**	**25.4**	**14.7**	**1.5**	**12.8**
北 京	99.0	102.7	112.6	70.9	8.0	55.7
天 津	99.6	97.4	74.9	49.1	10.9	37.6
河 北	93.6	82.9	41.6	14.7	0.9	12.0
山 西	86.6	52.9	7.6	6.1	0.3	4.8
内蒙古	79.8	84.3	0.8	7.6	0.4	2.9
辽 宁	80.7	82.0	2.2	11.3	1.0	7.8
吉 林	88.9	78.7	0.9	5.1	0.4	4.1
黑龙江	83.2	76.2	0.4	9.8	0.3	3.9
上 海	89.7	101.4	135.9	66.5	19.0	82.9
江 苏	91.3	86.7	90.6	36.7	6.6	55.4
浙 江	73.1	95.5	102.2	61.8	7.1	34.2
安 徽	60.1	79.8	38.3	9.6	0.5	8.4
福 建	69.6	92.1	52.7	34.4	1.9	31.7
江 西	27.8	73.6	21.2	8.7	0.6	5.3
山 东	86.3	84.1	26.9	20.0	0.9	11.5
河 南	92.6	66.9	37.2	4.0	0.7	5.3
湖 北	62.4	80.2	33.2	15.8	0.9	7.9
湖 南	62.3	77.5	24.3	6.8	0.2	4.8
广 东	55.2	66.4	55.3	29.1	1.7	16.4
广 西	36.0	61.1	10.3	4.0	0.3	9.7
海 南	17.6	34.4	12.8	2.2	0.2	12.2
重 庆	63.2	78.3	28.9	5.2	0.6	12.7
四 川	73.3	71.4	13.8	5.0	0.1	5.9
贵 州	69.8	45.2	0.8	1.0	0.1	5.7
云 南	58.0	34.9	0.5	5.2	0.2	7.9
西 藏	27.8	32.7	0.2			0.7
陕 西	88.6	54.4	11.9	5.6	0.4	4.2
甘 肃	79.7	32.9	0.3	4.9	0.7	5.7
青 海	88.1	78.6	1.7	8.1	0.6	6.1
宁 夏	91.6	61.1	0.9	8.9	0.6	6.1
新 疆	77.4	68.8	1.4	5.7	0.5	4.6

5-2-10 续表 1

地　区	热水器(台/百户)	自行车(辆/百户)	摩托车(辆/百户)	汽车(生活用)(辆/百户)	固定电话(部/百户)	移动电话(部/百户)
全　国	**40.8**	**79.0**	**62.2**	**6.6**	**42.2**	**197.8**
北　京	92.3	146.8	13.9	21.0	85.6	234.9
天　津	91.7	162.9	26.7	17.9	56.3	195.6
河　北	45.9	167.7	61.2	13.3	45.0	201.1
山　西	13.9	85.6	56.7	6.5	46.9	186.8
内蒙古	9.2	46.0	75.4	9.3	16.4	201.7
辽　宁	15.9	81.8	64.0	3.9	80.7	158.1
吉　林	7.1	43.2	67.4	5.8	36.7	212.9
黑龙江	4.5	44.2	56.4	5.2	35.8	186.3
上　海	90.8	177.8	24.9	13.9	89.2	200.3
江　苏	82.3	149.8	49.5	9.9	74.5	203.2
浙　江	77.2	109.2	38.9	16.1	77.4	209.1
安　徽	56.6	85.6	52.7	2.3	53.6	174.8
福　建	78.1	52.5	87.6	6.3	65.2	241.2
江　西	33.9	62.7	69.3	4.0	22.9	200.2
山　东	62.4	155.2	60.8	11.7	41.9	198.2
河　南	32.5	127.7	51.3	5.1	26.3	194.1
湖　北	55.9	46.5	74.8	2.4	40.1	215.1
湖　南	24.4	27.9	64.5	2.6	28.4	192.8
广　东	65.9	86.8	108.2	6.6	69.3	244.5
广　西	33.9	51.2	89.4	2.3	30.0	215.5
海　南	25.3	36.2	106.8	3.1	24.5	210.0
重　庆	39.7	12.5	38.4	3.2	42.4	187.2
四　川	41.6	29.4	45.2	4.3	32.4	178.0
贵　州	12.0	5.4	39.0	2.5	15.4	173.3
云　南	53.9	23.5	64.7	5.7	11.9	205.1
西　藏	3.1	8.7	79.9	5.9	51.1	132.1
陕　西	31.3	83.5	57.1	5.1	34.8	229.8
甘　肃	17.0	73.9	71.9	2.8	29.0	192.7
青　海	10.3	26.3	80.8	10.8	48.2	220.7
宁　夏	23.4	109.8	85.3	4.4	28.4	242.8
新　疆	5.3	66.2	79.9	6.2	29.9	147.3

5-2-10 续表 2

地　　区	彩色电视机(台/百户)	黑白电视机(台/百户)	摄像机(台/百户)	影碟机(台/百户)	照相机(台/百户)	计算机(台/百户)	中高档乐器(件/百户)
全　　国	**116.9**	**1.4**	**1.2**	**29.3**	**5.2**	**21.4**	**0.5**
北　　京	136.0	0.2	5.1	25.9	36.6	66.7	2.0
天　　津	125.3	0.1	2.0	33.9	22.7	43.7	0.4
河　　北	121.8	0.7	0.7	17.8	4.0	30.4	0.5
山　　西	109.2	1.2	0.8	8.5	2.6	27.7	0.4
内 蒙 古	105.6	1.2	0.9	22.9	3.0	11.2	0.7
辽　　宁	112.2	0.3	1.4	29.6	6.0	20.2	0.1
吉　　林	117.0	0.3	0.7	35.2	2.1	20.8	0.3
黑 龙 江	108.8	0.6	1.3	16.4	3.3	19.2	0.6
上　　海	189.5	2.8	3.8	13.7	20.2	49.2	0.6
江　　苏	144.2	2.5	1.3	19.8	13.2	45.0	0.9
浙　　江	172.2	2.5	1.9	26.4	15.0	47.9	1.3
安　　徽	116.2	3.3	0.4	19.5	2.2	13.9	0.4
福　　建	137.6	0.4	1.7	36.3	8.4	36.2	0.5
江　　西	120.5	3.1	0.3	19.4	2.6	13.3	0.2
山　　东	113.5	1.4	0.6	32.9	5.5	31.5	0.4
河　　南	111.2	1.0	0.8	16.2	2.7	20.2	0.4
湖　　北	116.2	1.5	1.5	38.9	3.6	19.7	0.4
湖　　南	111.2	1.7	1.0	31.8	3.1	11.9	0.2
广　　东	118.3	0.6	1.6	43.3	8.0	31.7	0.8
广　　西	109.9	1.2	2.6	43.8	2.2	11.7	0.2
海　　南	98.7	0.9	1.2	23.5	1.8	8.4	0.7
重　　庆	107.8	0.8	0.6	22.2	4.3	14.5	0.6
四　　川	106.7	2.2	1.1	34.1	2.6	10.0	0.6
贵　　州	95.9	0.3	1.0	43.0	1.6	4.9	0.6
云　　南	101.8	0.5	2.1	47.5	3.4	6.2	0.2
西　　藏	106.5	1.6	0.3	49.7	1.6	0.5	
陕　　西	113.5	1.2	0.9	29.7	3.6	17.9	0.3
甘　　肃	106.3	1.5	0.7	27.8	2.7	11.4	0.5
青　　海	107.1	0.7	1.8	62.1	6.4	8.8	1.0
宁　　夏	123.3	1.9	2.0	41.5	2.6	14.9	0.1
新　　疆	96.9	4.2	1.4	34.0	3.4	12.5	1.0

5-2-11 2012年各地区农村居民家庭购买主要食品

单位：公斤/人

地区	谷物	食用植物油	食用动物油	蔬菜	干菜	猪肉
全国	**65.1**	**5.9**	**0.7**	**32.7**	**0.3**	**10.4**
北京	89.4	9.1	0.0	95.9	0.2	14.9
天津	143.9	11.5	0.1	72.4	0.1	12.2
河北	76.2	7.6	0.2	56.1	0.2	8.8
山西	89.6	6.7	0.1	44.0	0.4	6.1
内蒙古	114.8	4.1	0.3	47.6	0.1	6.2
辽宁	115.6	8.7	0.5	34.5	0.1	10.5
吉林	113.2	8.8	0.2	34.1	0.1	9.3
黑龙江	112.1	11.9	0.1	33.8	0.1	8.8
上海	95.1	10.2	0.1	38.5	0.4	20.1
江苏	58.7	7.2	0.2	31.1	0.2	13.2
浙江	82.6	7.5	0.7	43.5	0.6	15.4
安徽	63.6	4.7	0.8	24.5	0.1	9.9
福建	77.0	6.4	1.4	37.3	0.3	18.3
江西	26.4	6.9	0.7	17.2	0.4	12.2
山东	57.5	7.0	0.1	50.2	0.4	8.9
河南	47.3	6.8	0.1	43.1	0.7	6.5
湖北	43.8	5.7	0.4	18.3	0.2	8.7
湖南	32.2	3.2	3.3	11.2	0.1	13.6
广东	86.3	4.3	0.6	55.8	0.2	25.7
广西	22.9	2.3	2.1	10.7	0.1	14.7
海南	41.5	3.9	2.2	41.3	0.5	16.8
重庆	43.6	4.9	1.0	15.1	0.5	12.2
四川	40.2	3.2	0.9	17.9	0.1	13.6
贵州	51.8	3.1	1.7	11.4	0.3	7.7
云南	62.3	2.5	1.4	24.0	0.4	7.4
西藏	110.9	3.2	0.2	9.8	0.2	0.9
陕西	62.8	7.2	0.1	32.3	0.5	5.1
甘肃	47.3	5.8	0.1	32.5	0.2	4.3
青海	79.0	3.5	0.2	32.3	0.1	3.9
宁夏	69.7	6.4	0.1	52.2	0.0	2.6
新疆	98.0	12.6	0.0	51.7	0.3	1.1

5-2-11 续表 1　　　　单位：公斤/人

地　区	牛肉	羊肉	鸡鸭鹅肉	鸡鸭鲜蛋	鱼类	虾、贝蟹类
全　国	**0.6**	**0.4**	**2.6**	**4.2**	**4.2**	**0.6**
北　京	1.9	2.3	3.9	10.6	4.3	0.5
天　津	1.0	1.6	1.8	12.5	7.4	2.1
河　北	0.4	0.5	1.3	9.6	2.8	0.3
山　西	0.1	0.3	1.0	6.7	0.8	0.0
内蒙古	0.9	1.0	2.2	2.7	1.9	0.0
辽　宁	0.5	0.2	0.7	6.0	3.7	0.9
吉　林	0.5	0.1	0.9	3.0	3.7	0.1
黑龙江	0.5	0.3	0.9	4.5	3.7	0.1
上　海	1.0	0.5	7.7	5.4	12.3	4.7
江　苏	0.8	0.3	4.3	5.0	8.2	1.3
浙　江	0.9	0.3	5.4	4.3	10.0	4.0
安　徽	0.5	0.2	4.2	4.1	5.5	0.2
福　建	0.7	0.2	4.3	4.2	9.2	4.9
江　西	0.5	0.0	2.0	2.1	4.7	0.1
山　东	0.3	0.2	3.2	11.9	3.4	1.0
河　南	0.3	0.1	2.1	7.8	1.6	0.0
湖　北	0.3	0.1	1.2	2.2	7.1	0.1
湖　南	0.4	0.1	2.6	2.0	5.1	0.1
广　东	0.5	0.1	9.0	2.5	13.2	1.0
广　西	0.3	0.1	4.2	1.4	3.1	0.2
海　南	0.7	0.4	10.1	1.6	15.3	1.5
重　庆	0.1	0.1	2.2	1.8	3.3	0.0
四　川	0.3	0.1	1.9	1.6	2.2	0.0
贵　州	0.2	0.0	1.0	1.5	0.5	0.0
云　南	0.5	0.1	1.3	1.2	1.7	0.0
西　藏	1.5	0.2	0.0	0.5		
陕　西	0.1	0.2	0.6	3.3	0.5	0.0
甘　肃	0.3	0.3	1.1	3.2	0.5	0.0
青　海	3.9	2.0	1.3	1.5	0.4	0.1
宁　夏	2.9	1.4	4.0	2.7	0.7	0.0
新　疆	3.5	5.9	0.9	2.5	0.5	0.0

5-2-11 续表 2

单位：公斤/人

地　区	食糖	水果	西瓜	卷烟（盒/人）	鲜奶	酒	
							啤酒
全　国	**1.2**	**13.8**	**5.7**	**26.3**	**1.8**	**9.6**	**6.5**
北　京	1.2	28.8	10.0	43.1	8.0	16.1	11.2
天　津	1.1	28.2	12.9	31.8	7.4	11.3	8.0
河　北	1.1	22.3	10.6	27.3	4.0	12.0	8.7
山　西	1.0	14.8	7.5	35.4	4.3	4.8	2.6
内蒙古	0.9	13.4	5.9	32.4	3.7	13.9	7.9
辽　宁	0.7	21.9	3.0	26.6	2.6	15.3	11.2
吉　林	0.7	22.5	5.8	32.9	1.8	19.3	13.8
黑龙江	1.0	21.0	7.6	27.5	1.5	24.0	18.3
上　海	1.8	15.1	9.3	60.1	6.0	7.4	5.7
江　苏	1.0	11.9	7.7	33.1	4.4	9.8	5.9
浙　江	1.2	16.5	4.9	34.0	1.6	15.6	13.1
安　徽	4.4	9.7	8.5	27.2	0.6	12.1	8.9
福　建	1.7	17.7	2.5	33.2	2.8	14.6	13.2
江　西	0.8	10.9	3.3	25.4	0.7	11.6	9.9
山　东	0.8	24.6	11.1	25.4	5.2	11.9	6.9
河　南	0.8	14.5	11.2	19.4	0.9	6.1	4.4
湖　北	0.6	8.3	3.4	31.4	0.1	11.1	7.5
湖　南	1.0	14.1	5.1	28.7	0.2	5.1	3.4
广　东	1.4	13.0	1.0	23.8	0.2	3.5	1.8
广　西	0.9	11.5	1.5	16.7	0.1	8.6	3.5
海　南	0.9	6.0	0.6	22.3	0.1	6.3	3.2
重　庆	2.0	12.0	1.9	28.0	1.4	12.8	8.0
四　川	1.2	11.6	1.1	24.7	0.9	9.4	5.1
贵　州	0.7	10.3	0.7	25.8	0.3	7.6	3.0
云　南	0.9	11.4	0.5	27.8	0.5	8.1	4.2
西　藏	2.5	1.4	0.0	8.4	0.0	3.0	3.0
陕　西	0.6	8.2	6.3	28.5	1.4	4.3	3.0
甘　肃	1.1	9.7	8.5	28.1	1.8	8.8	6.0
青　海	1.2	6.8	2.8	18.0	3.6	3.8	1.9
宁　夏	1.1	17.3	19.6	17.2	2.0	3.2	2.7
新　疆	0.5	7.5	12.4	5.8	1.6	1.9	1.3

5-2-12　2012年各地区农村居民家庭主要生活燃料和水电购买情况

地　　区	生活用燃料（元/户）					生活用水（吨/户）	生活用电（度/户）
		柴（公担/户）	草（公担 /户）	煤（公斤/户）	液化气（元/户）		
全　　国	**504.8**	**0.75**	**0.13**	**424.7**	**165.3**	**24.2**	**954.2**
北　　京	1932.9	0.14		1554.9	439.7	34.1	2767.2
天　　津	1310.0	0.02		847.2	383.7	39.1	1626.5
河　　北	1192.2	1.00	0.24	1198.1	155.5	11.0	1092.9
山　　西	801.7	0.05		1260.9	37.3	7.9	850.6
内 蒙 古	757.9	0.09	0.73	1199.3	25.6	14.3	689.8
辽　　宁	445.2	0.59	0.04	342.4	90.9	9.0	797.6
吉　　林	161.0	0.07	0.27	139.4	49.7	5.6	634.3
黑 龙 江	460.3	0.43	0.06	510.4	32.5	9.5	773.6
上　　海	573.1		0.00	0.1	572.9	152.9	2158.2
江　　苏	320.6	0.60	0.00	26.8	299.0	52.2	1325.0
浙　　江	553.4	0.48	0.12	13.8	523.2	68.9	1611.4
安　　徽	179.9	3.98	0.00	31.1	145.3	15.9	765.0
福　　建	488.5	3.38		25.5	438.6	58.6	1973.8
江　　西	267.0	0.76		122.7	141.0	10.3	802.1
山　　东	638.8	0.07		449.9	171.5	10.0	830.7
河　　南	373.9	0.94	0.22	284.3	149.9	11.2	933.0
湖　　北	245.3	0.22		52.5	174.5	16.7	833.0
湖　　南	430.8	0.39	0.01	331.5	139.8	10.8	802.5
广　　东	635.1	0.07	0.00	7.9	620.7	87.9	1359.8
广　　西	153.0	0.53		1.9	123.1	28.2	805.4
海　　南	187.2	0.22		0.0	179.7	47.5	841.5
重　　庆	247.9	3.75	0.00	123.8	99.9	14.5	896.9
四　　川	177.2	0.08	0.00	64.9	111.6	10.0	841.6
贵　　州	626.0	0.39	0.11	564.8	10.3	30.1	962.7
云　　南	203.2	0.52	0.00	252.4	16.6	16.3	648.9
西　　藏	100.6	1.27	0.02		50.1	0.5	398.2
陕　　西	473.4	0.05	0.27	526.1	51.3	13.9	773.4
甘　　肃	767.4	1.15	0.11	851.9	15.1	15.8	606.6
青　　海	875.4	0.01	2.09	1315.8	8.4	11.8	643.3
宁　　夏	1050.8	0.26	1.44	1353.4	47.7	23.0	864.2
新　　疆	1084.0	0.07	0.81	2390.0	23.6	56.8	516.6

5-2-13 2012年各地区农村居民家庭主要建筑材料购买情况

地 区	水泥(公斤/户)	木材(立方米/户)	钢材(公斤/户)	水泥预制件(件/户)	砖(块/户)	瓦(块/户)
全 国	**455.9**	**0.12**	**43.1**	**3.1**	**781.0**	**29.4**
北 京	230.0	0.04	13.6	0.9	280.9	6.3
天 津	297.8	0.01	18.9	1.0	398.4	56.6
河 北	412.1	0.06	26.2	3.0	1042.7	50.4
山 西	303.9	0.05	18.5	0.1	611.2	15.4
内蒙古	218.8	0.13	11.9	0.4	560.4	35.5
辽 宁	199.3	0.03	8.5	1.0	253.6	9.4
吉 林	156.3	0.16	14.9	0.0	313.7	9.5
黑龙江	62.6	0.11	4.5	0.0	207.5	1.3
上 海	47.7	0.02	9.4		6.5	2.6
江 苏	309.8	0.03	21.9	3.9	322.5	20.0
浙 江	534.6	0.30	39.0	1.4	550.6	40.6
安 徽	577.8	0.28	52.7	2.3	629.2	34.4
福 建	428.2	0.03	56.6	0.4	445.7	2.1
江 西	619.0	0.09	122.3	2.7	1308.6	42.0
山 东	501.3	0.04	27.3	6.9	720.7	20.4
河 南	798.5	0.05	45.0	5.0	1451.9	14.4
湖 北	596.5	0.27	38.7	1.7	995.8	68.6
湖 南	449.4	0.08	40.0	3.5	757.7	71.2
广 东	377.2	0.03	73.8	0.0	764.9	2.9
广 西	958.0	0.04	174.6	0.4	1193.7	20.7
海 南	701.9	0.07	196.1	29.8	839.7	32.2
重 庆	160.4	0.07	3.2	0.1	153.1	12.0
四 川	333.3	0.04	48.0	0.5	627.8	34.9
贵 州	583.7	0.38	48.8	1.5	587.6	9.0
云 南	437.0	0.05	50.8	7.9	359.6	23.3
西 藏	66.3	0.36	0.3	0.0		
陕 西	955.5	0.06	50.3	18.4	1775.0	63.4
甘 肃	279.6	0.16	33.2	2.6	865.1	47.4
青 海	599.6	0.39	26.6	0.8	1570.8	26.4
宁 夏	301.3	0.13	6.8	1.1	1117.7	88.4
新 疆	618.1	0.27	35.6	0.5	2621.8	0.7

5-2-14 2012年各地区农村居民家庭主要农业用生产资料购买情况

单位：公斤/户

地 区	农业用种子	化肥	饼肥	农药(元/户)	农用薄膜	农业用电(度/户)
全 国	**74.7**	**666.5**	**4.5**	**335.9**	**6.4**	**67.7**
北 京	23.7	95.2	0.1	94.6	1.5	38.7
天 津	38.1	308.8	1.1	240.7	5.8	16.3
河 北	119.3	576.7	0.2	295.8	5.4	270.6
山 西	70.2	510.1	9.3	138.1	4.8	20.3
内蒙古	108.5	989.8	1.1	277.4	16.0	230.3
辽 宁	183.7	930.4	0.5	418.1	6.2	38.2
吉 林	165.6	1862.2		553.3	2.6	27.7
黑龙江	204.2	1401.8	0.1	834.9	4.9	78.8
上 海	3.9	102.8	0.6	70.6	0.2	18.3
江 苏	74.2	538.2	1.3	327.8	1.5	11.0
浙 江	14.5	168.7	8.6	184.5	1.0	10.0
安 徽	105.1	660.8	5.7	389.9	2.0	15.3
福 建	20.5	372.7	3.3	309.2	1.2	87.3
江 西	27.0	632.5	23.9	578.2	1.7	9.0
山 东	94.6	816.7	4.2	384.5	20.2	68.4
河 南	89.8	682.0	7.4	195.0	1.3	55.9
湖 北	34.7	764.4	2.5	515.7	1.9	24.0
湖 南	21.3	565.9	1.1	463.7	1.4	10.8
广 东	13.6	363.1	15.1	341.5	1.4	26.8
广 西	142.4	889.4	4.7	516.3	2.4	3.9
海 南	23.0	453.2	4.3	498.9	1.4	6.1
重 庆	37.3	351.4	3.5	127.9	2.4	4.6
四 川	28.0	482.1	3.2	247.0	3.6	10.2
贵 州	19.2	362.7	1.1	74.0	1.9	14.8
云 南	74.5	650.9	1.3	374.8	5.4	41.7
西 藏	38.9	84.2	1.0	8.8	10.4	6.8
陕 西	47.1	721.7	2.5	199.1	8.7	19.7
甘 肃	68.7	1040.1	4.2	175.0	17.5	82.4
青 海	48.2	229.7	1.4	87.4	1.2	2.8
宁 夏	90.0	770.0	1.3	217.3	7.3	14.2
新 疆	225.0	1626.6	16.4	678.9	67.4	827.3

5-2-15 2012年各地区农村居民家庭粮食支出数量

单位：公斤/人

地 区	粮食支出	1. 主食用粮	谷物	2.其他生活用粮	3. 出售粮食	谷物
全 国	**825.2**	**165.4**	**161.0**	**0.2**	**535.6**	**509.0**
北 京	325.5	102.3	100.2	0.0	141.2	140.6
天 津	601.2	166.2	161.9		341.9	340.9
河 北	844.2	158.0	154.4	0.0	606.8	594.7
山 西	666.3	157.4	145.8	0.0	394.3	377.0
内蒙古	1919.2	181.9	172.1	0.5	1172.5	1072.9
辽 宁	1719.2	161.1	157.8		1290.8	1283.8
吉 林	3388.8	170.8	166.7		2891.7	2830.9
黑龙江	3847.5	139.1	133.0		3476.0	3028.2
上 海	200.3	140.9	140.4	0.3	48.6	47.2
江 苏	803.6	136.0	134.5		579.9	567.7
浙 江	334.8	129.9	127.8		72.7	69.3
安 徽	1000.4	151.4	147.0	0.0	763.4	732.4
福 建	299.1	156.3	152.1	0.0	119.4	106.9
江 西	723.9	180.6	177.2	0.0	487.0	485.8
山 东	890.7	155.4	152.4	0.1	633.0	624.5
河 南	900.4	144.0	141.4	0.0	670.9	660.1
湖 北	740.1	151.1	147.4	0.7	489.5	475.3
湖 南	465.3	198.5	194.5	0.0	202.7	199.3
广 东	299.6	176.6	174.4	0.0	72.5	67.2
广 西	381.5	172.5	170.9	0.0	148.3	146.2
海 南	194.8	116.2	114.8		52.7	49.2
重 庆	489.6	159.8	151.2	0.0	115.1	109.5
四 川	416.4	161.9	155.2	0.0	104.6	99.1
贵 州	340.2	149.1	143.0		69.3	63.5
云 南	531.4	180.8	175.4	0.1	115.2	102.6
西 藏	410.7	277.4	273.2	3.8	75.0	70.7
陕 西	529.2	144.6	138.6		278.2	262.2
甘 肃	582.3	189.1	179.5		297.8	257.3
青 海	354.2	171.5	161.1		97.2	70.5
宁 夏	854.9	180.5	176.9		506.6	452.0
新 疆	1441.2	227.6	227.4		1015.8	1002.4

5-2-15 续表

单位：公斤/人

地　区	4. 种籽用粮	5. 饲料用粮	6. 借出粮食	7. 归还借粮	8. 其他粮食支出
全　国	**13.8**	**108.5**	**0.7**	**0.2**	**0.8**
北　京	1.7	79.2			1.0
天　津	8.1	83.8			1.1
河　北	15.8	62.9	0.1		0.6
山　西	14.1	90.5	7.4	2.2	0.5
内蒙古	44.8	516.3		3.2	0.1
辽　宁	10.3	255.9	0.0		1.2
吉　林	25.8	300.5			
黑龙江	55.5	176.9			0.1
上　海	0.9	8.1			1.5
江　苏	19.5	64.3			3.9
浙　江	1.6	129.9	0.1		0.6
安　徽	22.8	62.3			0.5
福　建	0.8	22.3	0.0	0.0	0.3
江　西	3.3	53.0			0.0
山　东	16.2	77.2	7.5		1.2
河　南	16.0	69.3			0.2
湖　北	9.0	89.8			0.1
湖　南	2.8	57.0	0.9	0.2	2.9
广　东	0.6	49.1	0.2	0.2	0.4
广　西	2.5	56.7	0.4		1.1
海　南	0.8	25.1			0.0
重　庆	4.7	209.8			0.1
四　川	4.3	145.0	0.1	0.1	0.3
贵　州	6.4	114.9	0.0	0.2	0.2
云　南	7.9	227.0			0.4
西　藏	24.5	29.9			0.0
陕　西	8.2	97.3	0.4	0.1	0.3
甘　肃	20.9	71.4	0.6	0.7	1.8
青　海	33.0	52.0			0.4
宁　夏	33.3	134.0			0.5
新　疆	43.2	151.0			3.6

5-2-16 2012年各地区农村居民总收入

单位：元/人

地　区	总收入	一、工资性收入	二、家庭经营收入	三、财产性收入	四、转移性收入
全　国	**10990.7**	**3447.5**	**6461.0**	**249.1**	**833.2**
北　京	19132.2	10843.5	3770.4	1716.4	2801.9
天　津	18019.1	7922.3	7995.9	921.0	1179.9
河　北	11189.4	4005.3	6260.4	218.3	705.4
山　西	8203.7	3175.5	4081.3	140.8	806.1
内蒙古	13647.2	1459.1	10647.7	323.0	1217.5
辽　宁	15274.6	3630.2	10497.2	246.2	901.0
吉　林	15018.8	1792.0	11895.9	393.0	937.8
黑龙江	16557.9	1816.8	13222.7	580.3	938.0
上　海	19078.0	11477.7	1945.5	1381.8	4273.0
江　苏	15347.5	6775.9	6791.3	458.5	1321.9
浙　江	18631.1	7678.2	9120.4	588.5	1243.9
安　徽	9630.2	3243.5	5558.8	111.8	716.2
福　建	12136.8	4474.5	6603.4	319.8	739.1
江　西	10040.3	3532.7	5837.0	120.9	549.7
山　东	13645.3	4383.2	8239.4	257.2	765.4
河　南	9829.4	2989.4	6196.9	135.5	507.7
湖　北	10525.7	3189.8	6718.4	65.9	551.6
湖　南	10030.3	3847.6	5049.3	112.8	1020.7
广　东	12521.4	6804.4	4426.8	556.5	733.7
广　西	8458.9	2246.0	5550.1	53.9	609.0
海　南	9843.8	2475.6	6535.2	173.3	659.7
重　庆	9551.6	3400.8	4938.0	175.6	1037.3
四　川	9497.9	3088.9	5322.9	166.6	919.6
贵　州	6443.9	1977.7	3809.2	71.5	585.4
云　南	8188.1	1435.9	6034.4	234.2	483.7
西　藏	6986.2	1201.9	4926.8	127.7	729.8
陕　西	7999.4	2727.9	4435.6	200.1	635.9
甘　肃	6705.0	1787.7	4259.5	112.1	545.7
青　海	7039.8	1989.7	3783.8	95.3	1171.1
宁　夏	9485.8	2510.5	6302.3	101.6	571.4
新　疆	13675.8	1008.0	11474.2	170.7	1022.9

5-2-17 2012年各地区农村居民总收入构成

单位：%

地区	总收入	一、工资性收入	二、家庭经营收入	三、财产性收入	四、转移性收入
全国	**100.0**	**31.4**	**58.8**	**2.3**	**7.6**
北京	100.0	56.7	19.7	9.0	14.6
天津	100.0	44.0	44.4	5.1	6.5
河北	100.0	35.8	55.9	2.0	6.3
山西	100.0	38.7	49.7	1.7	9.8
内蒙古	100.0	10.7	78.0	2.4	8.9
辽宁	100.0	23.8	68.7	1.6	5.9
吉林	100.0	11.9	79.2	2.6	6.2
黑龙江	100.0	11.0	79.9	3.5	5.7
上海	100.0	60.2	10.2	7.2	22.4
江苏	100.0	44.1	44.3	3.0	8.6
浙江	100.0	41.2	49.0	3.2	6.7
安徽	100.0	33.7	57.7	1.2	7.4
福建	100.0	36.9	54.4	2.6	6.1
江西	100.0	35.2	58.1	1.2	5.5
山东	100.0	32.1	60.4	1.9	5.6
河南	100.0	30.4	63.0	1.4	5.2
湖北	100.0	30.3	63.8	0.6	5.2
湖南	100.0	38.4	50.3	1.1	10.2
广东	100.0	54.3	35.4	4.4	5.9
广西	100.0	26.6	65.6	0.6	7.2
海南	100.0	25.1	66.4	1.8	6.7
重庆	100.0	35.6	51.7	1.8	10.9
四川	100.0	32.5	56.0	1.8	9.7
贵州	100.0	30.7	59.1	1.1	9.1
云南	100.0	17.5	73.7	2.9	5.9
西藏	100.0	17.2	70.5	1.8	10.4
陕西	100.0	34.1	55.4	2.5	7.9
甘肃	100.0	26.7	63.5	1.7	8.1
青海	100.0	28.3	53.7	1.4	16.6
宁夏	100.0	26.5	66.4	1.1	6.0
新疆	100.0	7.4	83.9	1.2	7.5

5-2-18 2012年各地区农村居民纯收入

单位：元/人

地 区	纯收入	一、工资性收入	二、家庭经营纯收入	三、财产性收入	四、转移性收入
全 国	**7916.6**	**3447.5**	**3533.4**	**249.1**	**686.7**
北 京	16475.7	10843.5	1318.1	1716.4	2597.8
天 津	14025.5	7922.3	4126.3	921.0	1056.0
河 北	8081.4	4005.3	3254.6	218.3	603.2
山 西	6356.6	3175.5	2334.4	140.8	705.9
内蒙古	7611.3	1459.1	4689.1	323.0	1140.2
辽 宁	9383.7	3630.2	4783.4	246.2	724.0
吉 林	8598.2	1792.0	5617.6	393.0	795.6
黑龙江	8603.8	1816.8	5433.7	580.3	773.0
上 海	17803.7	11477.7	902.6	1381.8	4041.5
江 苏	12202.0	6775.9	3873.9	458.5	1093.7
浙 江	14551.9	7678.2	5291.4	588.5	993.8
安 徽	7160.5	3243.5	3265.6	111.8	539.5
福 建	9967.2	4474.5	4570.4	319.8	602.4
江 西	7829.4	3532.7	3742.4	120.9	433.4
山 东	9446.5	4383.2	4234.6	257.2	571.6
河 南	7524.9	2989.4	3973.4	135.5	426.7
湖 北	7851.7	3189.8	4123.5	65.9	472.5
湖 南	7440.2	3847.6	2903.2	112.8	576.6
广 东	10542.8	6804.4	2566.1	556.5	615.8
广 西	6007.5	2246.0	3234.6	53.9	473.2
海 南	7408.0	2475.6	4182.7	173.3	576.4
重 庆	7383.3	3400.8	2975.3	175.6	831.6
四 川	7001.4	3088.9	3004.9	166.6	741.1
贵 州	4753.0	1977.7	2249.2	71.5	454.5
云 南	5416.5	1435.9	3328.1	234.2	418.4
西 藏	5719.4	1201.9	3678.7	127.7	711.1
陕 西	5762.5	2727.9	2294.4	200.1	540.2
甘 肃	4506.7	1787.7	2114.8	112.1	492.1
青 海	5364.4	1989.7	2221.9	95.3	1057.5
宁 夏	6180.3	2510.5	3071.5	101.6	496.7
新 疆	6393.7	1008.0	4239.0	170.7	976.0

5-2-19 2012年各地区农村居民纯收入构成

单位：%

地区	纯收入	一、工资性收入	二、家庭经营纯收入	三、财产性收入	四、转移性收入
全国	**100.0**	**43.5**	**44.6**	**3.1**	**8.7**
北京	100.0	65.8	8.0	10.4	15.8
天津	100.0	56.5	29.4	6.6	7.5
河北	100.0	49.6	40.3	2.7	7.5
山西	100.0	50.0	36.7	2.2	11.1
内蒙古	100.0	19.2	61.6	4.2	15.0
辽宁	100.0	38.7	51.0	2.6	7.7
吉林	100.0	20.8	65.3	4.6	9.3
黑龙江	100.0	21.1	63.2	6.7	9.0
上海	100.0	64.5	5.1	7.8	22.7
江苏	100.0	55.5	31.7	3.8	9.0
浙江	100.0	52.8	36.4	4.0	6.8
安徽	100.0	45.3	45.6	1.6	7.5
福建	100.0	44.9	45.9	3.2	6.0
江西	100.0	45.1	47.8	1.5	5.5
山东	100.0	46.4	44.8	2.7	6.1
河南	100.0	39.7	52.8	1.8	5.7
湖北	100.0	40.6	52.5	0.8	6.0
湖南	100.0	51.7	39.0	1.5	7.7
广东	100.0	64.5	24.3	5.3	5.8
广西	100.0	37.4	53.8	0.9	7.9
海南	100.0	33.4	56.5	2.3	7.8
重庆	100.0	46.1	40.3	2.4	11.3
四川	100.0	44.1	42.9	2.4	10.6
贵州	100.0	41.6	47.3	1.5	9.6
云南	100.0	26.5	61.4	4.3	7.7
西藏	100.0	21.0	64.3	2.2	12.4
陕西	100.0	47.3	39.8	3.5	9.4
甘肃	100.0	39.7	46.9	2.5	10.9
青海	100.0	37.1	41.4	1.8	19.7
宁夏	100.0	40.6	49.7	1.6	8.0
新疆	100.0	15.8	66.3	2.7	15.3

5-2-20　2012年各地区农村居民工资性收入

单位：元/人

地　区	工资性收入	一、在非企业组织中劳动得到收入	二、在本乡地域内劳动得到收入	三、外出从业得到收入
全　国	**3447.5**	**239.1**	**1783.7**	**1424.6**
北　京	10843.5	588.3	6013.1	4242.1
天　津	7922.3	487.4	6470.1	964.7
河　北	4005.3	282.6	2111.9	1610.8
山　西	3175.5	212.8	2112.3	850.5
内蒙古	1459.1	334.0	670.5	454.5
辽　宁	3630.2	297.6	2001.4	1331.3
吉　林	1792.0	181.4	828.0	782.6
黑龙江	1816.8	180.4	954.7	681.7
上　海	11477.7	997.8	8268.4	2211.4
江　苏	6775.9	368.3	4175.2	2232.4
浙　江	7678.2	403.9	6256.5	1017.8
安　徽	3243.5	286.8	1200.5	1756.2
福　建	4474.5	386.0	2962.9	1125.5
江　西	3532.7	220.6	1376.5	1935.7
山　东	4383.2	319.5	2615.3	1448.4
河　南	2989.4	215.7	1219.4	1554.3
湖　北	3189.8	183.1	1297.2	1709.5
湖　南	3847.6	132.5	1381.9	2333.2
广　东	6804.4	388.8	2601.6	3814.0
广　西	2246.0	155.7	1112.1	978.2
海　南	2475.6	197.6	1706.5	571.5
重　庆	3400.8	206.8	1295.4	1898.5
四　川	3088.9	155.5	1217.7	1715.6
贵　州	1977.7	159.4	1160.6	657.7
云　南	1435.9	94.0	972.8	369.1
西　藏	1201.9	113.3	411.4	677.2
陕　西	2727.9	154.2	1227.7	1346.0
甘　肃	1787.7	177.6	654.0	956.1
青　海	1989.7	142.3	565.2	1282.3
宁　夏	2510.5	92.3	764.5	1653.7
新　疆	1008.0	197.5	489.7	320.8

5-2-21 2012年各地区农村居民工资性收入构成

单位：%

地区	工资性收入	一、在非企业组织中劳动得到收入	二、在本乡地域内劳动得到收入	三、外出从业得到收入
全国	**100.0**	**6.9**	**51.7**	**41.3**
北京	100.0	5.4	55.5	39.1
天津	100.0	6.2	81.7	12.2
河北	100.0	7.1	52.7	40.2
山西	100.0	6.7	66.5	26.8
内蒙古	100.0	22.9	46.0	31.2
辽宁	100.0	8.2	55.1	36.7
吉林	100.0	10.1	46.2	43.7
黑龙江	100.0	9.9	52.5	37.5
上海	100.0	8.7	72.0	19.3
江苏	100.0	5.4	61.6	32.9
浙江	100.0	5.3	81.5	13.3
安徽	100.0	8.8	37.0	54.1
福建	100.0	8.6	66.2	25.2
江西	100.0	6.2	39.0	54.8
山东	100.0	7.3	59.7	33.0
河南	100.0	7.2	40.8	52.0
湖北	100.0	5.7	40.7	53.6
湖南	100.0	3.4	35.9	60.6
广东	100.0	5.7	38.2	56.1
广西	100.0	6.9	49.5	43.6
海南	100.0	8.0	68.9	23.1
重庆	100.0	6.1	38.1	55.8
四川	100.0	5.0	39.4	55.5
贵州	100.0	8.1	58.7	33.3
云南	100.0	6.5	67.7	25.7
西藏	100.0	9.4	34.2	56.3
陕西	100.0	5.7	45.0	49.3
甘肃	100.0	9.9	36.6	53.5
青海	100.0	7.1	28.4	64.4
宁夏	100.0	3.7	30.5	65.9
新疆	100.0	19.6	48.6	31.8

5-2-22 2012年各地区农村居民家庭经营总收入

单位：元/人

地区	家庭经营总收入	一、第一产业收入	1. 农业收入	2. 林业收入	3. 牧业收入	4. 渔业收入
全国	**6461.0**	**5137.5**	**3497.7**	**130.3**	**1371.6**	**137.9**
北京	3770.4	1794.5	898.5	129.6	713.1	53.3
天津	7995.9	4031.1	2426.4	26.3	1484.0	94.4
河北	6260.4	4474.7	3301.3	49.0	1121.8	2.6
山西	4081.3	3175.4	2515.6	51.0	608.8	
内蒙古	10647.7	10124.3	5964.8	53.6	4104.0	1.8
辽宁	10497.2	8934.4	5806.6	60.8	3019.3	47.6
吉林	11895.9	11370.2	9089.4	54.3	2222.9	3.6
黑龙江	13222.7	12618.9	11386.6	35.1	1163.0	34.2
上海	1945.5	1216.9	594.6	2.0	462.2	158.1
江苏	6791.3	4132.4	2538.2	54.0	1040.2	500.0
浙江	9120.4	4341.0	1998.1	124.1	1970.7	248.1
安徽	5558.8	4573.4	3465.7	92.9	800.8	214.0
福建	6603.4	4567.5	2653.2	294.0	1105.1	515.0
江西	5837.0	4716.0	3408.3	181.2	1038.7	87.8
山东	8239.4	6225.0	4596.1	157.1	1417.1	54.7
河南	6196.9	4928.9	3550.4	79.5	1256.7	42.3
湖北	6718.4	5613.2	4056.8	88.5	1044.5	423.5
湖南	5049.3	3636.6	2390.6	88.6	1071.6	85.8
广东	4426.8	3373.9	1678.2	58.5	1177.1	460.1
广西	5550.1	4900.3	3037.3	182.4	1544.1	136.6
海南	6535.2	5430.7	2333.4	1133.8	1088.7	874.8
重庆	4938.0	4089.9	2221.4	67.0	1708.5	93.0
四川	5322.9	4293.1	2315.3	111.0	1765.0	101.8
贵州	3809.2	2942.6	1815.3	92.0	1028.8	6.5
云南	6034.4	5388.1	3402.9	509.3	1447.7	28.2
西藏	4926.8	4006.6	2198.6	168.7	1639.3	
陕西	4435.6	3393.6	2560.6	84.2	748.3	0.5
甘肃	4259.5	3711.7	2792.4	121.8	797.4	0.0
青海	3783.8	3166.9	1728.1	62.8	1376.1	
宁夏	6302.3	5460.0	3553.6	33.2	1838.7	34.5
新疆	11474.2	10542.1	8328.0	248.8	1965.2	0.1

5-2-22 续表 1

单位：元/人

地　区	二、第二产业收入	1. 工业收入	2. 建筑业收入	三、第三产业收入	1. 交通运输、邮电业收入
全　国	**381.3**	**244.9**	**136.4**	**942.2**	**329.7**
北　京	391.1	229.9	161.2	1584.9	736.0
天　津	1436.3	1297.3	139.0	2528.5	1248.3
河　北	513.7	442.4	71.3	1272.0	421.4
山　西	58.3	28.1	30.2	847.6	360.9
内蒙古	63.0	0.7	62.3	460.4	183.1
辽　宁	512.1	390.0	122.2	1050.6	453.7
吉　林	101.7	57.2	44.5	424.0	221.3
黑龙江	81.5	16.9	64.6	522.4	177.3
上　海	214.8	78.7	136.1	513.8	207.7
江　苏	1022.4	833.5	189.0	1636.4	448.3
浙　江	2520.5	1816.3	704.1	2259.0	630.3
安　徽	348.0	145.8	202.2	637.4	224.8
福　建	501.9	186.8	315.0	1534.1	563.2
江　西	396.4	153.2	243.2	724.6	247.8
山　东	625.3	525.3	100.1	1389.1	303.6
河　南	302.0	224.2	77.8	966.0	304.6
湖　北	322.1	144.6	177.5	783.1	322.5
湖　南	483.7	164.8	319.0	929.0	364.4
广　东	126.8	61.8	65.1	926.0	167.9
广　西	150.3	100.7	49.6	499.6	204.6
海　南	132.3	15.5	116.8	972.2	354.6
重　庆	94.9	22.1	72.8	753.2	208.9
四　川	177.6	93.5	84.1	852.1	275.6
贵　州	121.5	45.0	76.5	745.1	317.6
云　南	118.8	97.2	21.6	527.6	261.4
西　藏	123.1	39.7	83.5	797.0	518.4
陕　西	146.9	52.3	94.6	895.0	421.3
甘　肃	56.7	42.0	14.7	491.1	155.7
青　海	105.3	76.6	28.7	511.6	243.3
宁　夏	69.5	25.3	44.3	772.8	419.3
新　疆	224.2	78.1	146.1	707.9	236.4

5-2-22 续表 2　　　　单位：元/人

地　区	2.批发和零售贸易、餐饮业收入	3.社会服务业收入	4.文教卫生业收入	5.其他收入
全　国	**436.0**	**94.0**	**36.8**	**45.6**
北　京	669.4	144.6	5.8	29.0
天　津	1042.2	207.6	30.4	
河　北	604.8	155.8	68.8	21.2
山　西	332.6	76.0	29.7	48.4
内蒙古	197.1	38.1	20.2	21.9
辽　宁	435.9	90.7	56.1	14.3
吉　林	126.9	31.3	14.6	30.0
黑龙江	264.3	22.5	33.1	25.1
上　海	261.6	42.1		2.3
江　苏	924.0	176.6	14.4	73.2
浙　江	1145.2	345.3	69.0	69.2
安　徽	313.2	50.8	15.4	33.2
福　建	684.9	177.8	63.1	45.1
江　西	310.5	90.4	43.6	32.3
山　东	784.7	114.6	66.8	119.3
河　南	436.1	76.6	57.4	91.2
湖　北	317.9	78.2	35.3	29.1
湖　南	327.5	148.5	44.6	44.0
广　东	556.6	72.7	37.8	91.1
广　西	228.9	18.8	18.7	28.6
海　南	501.6	20.4	37.6	57.9
重　庆	414.8	33.6	67.2	28.7
四　川	369.9	129.5	26.3	50.8
贵　州	310.5	49.6	32.1	35.2
云　南	211.4	17.0	10.0	27.8
西　藏	198.4	76.3		3.9
陕　西	347.5	64.9	33.4	27.9
甘　肃	235.4	42.7	30.3	27.0
青　海	192.0	18.5	8.6	49.2
宁　夏	297.8	48.5	6.2	1.0
新　疆	315.5	84.3	31.4	40.3

5-2-23 2012年各地区农村居民家庭经营总收入构成

单位：%

地区	家庭经营总收入	一、第一产业收入	1. 农业收入	2. 林业收入	3. 牧业收入	4. 渔业收入
全国	**100.0**	**79.5**	**54.1**	**2.0**	**21.2**	**2.1**
北京	100.0	47.6	23.8	3.4	18.9	1.4
天津	100.0	50.4	30.3	0.3	18.6	1.2
河北	100.0	71.5	52.7	0.8	17.9	0.0
山西	100.0	77.8	61.6	1.2	14.9	
内蒙古	100.0	95.1	56.0	0.5	38.5	0.0
辽宁	100.0	85.1	55.3	0.6	28.8	0.5
吉林	100.0	95.6	76.4	0.5	18.7	0.0
黑龙江	100.0	95.4	86.1	0.3	8.8	0.3
上海	100.0	62.6	30.6	0.1	23.8	8.1
江苏	100.0	60.8	37.4	0.8	15.3	7.4
浙江	100.0	47.6	21.9	1.4	21.6	2.7
安徽	100.0	82.3	62.3	1.7	14.4	3.8
福建	100.0	69.2	40.2	4.5	16.7	7.8
江西	100.0	80.8	58.4	3.1	17.8	1.5
山东	100.0	75.6	55.8	1.9	17.2	0.7
河南	100.0	79.5	57.3	1.3	20.3	0.7
湖北	100.0	83.6	60.4	1.3	15.5	6.3
湖南	100.0	72.0	47.3	1.8	21.2	1.7
广东	100.0	76.2	37.9	1.3	26.6	10.4
广西	100.0	88.3	54.7	3.3	27.8	2.5
海南	100.0	83.1	35.7	17.3	16.7	13.4
重庆	100.0	82.8	45.0	1.4	34.6	1.9
四川	100.0	80.7	43.5	2.1	33.2	1.9
贵州	100.0	77.3	47.7	2.4	27.0	0.2
云南	100.0	89.3	56.4	8.4	24.0	0.5
西藏	100.0	81.3	44.6	3.4	33.3	
陕西	100.0	76.5	57.7	1.9	16.9	0.0
甘肃	100.0	87.1	65.6	2.9	18.7	0.0
青海	100.0	83.7	45.7	1.7	36.4	
宁夏	100.0	86.6	56.4	0.5	29.2	0.5
新疆	100.0	91.9	72.6	2.2	17.1	0.0

5-2-23 续表 1

单位：%

地　区	二、第二产业收入	1. 工业收入	2. 建筑业收入	三、第三产业收入	1. 交通运输、邮电业收入
全　国	**5.9**	**3.8**	**2.1**	**14.6**	**5.1**
北　京	10.4	6.1	4.3	42.0	19.5
天　津	18.0	16.2	1.7	31.6	15.6
河　北	8.2	7.1	1.1	20.3	6.7
山　西	1.4	0.7	0.7	20.8	8.8
内蒙古	0.6	0.0	0.6	4.3	1.7
辽　宁	4.9	3.7	1.2	10.0	4.3
吉　林	0.9	0.5	0.4	3.6	1.9
黑龙江	0.6	0.1	0.5	4.0	1.3
上　海	11.0	4.0	7.0	26.4	10.7
江　苏	15.1	12.3	2.8	24.1	6.6
浙　江	27.6	19.9	7.7	24.8	6.9
安　徽	6.3	2.6	3.6	11.5	4.0
福　建	7.6	2.8	4.8	23.2	8.5
江　西	6.8	2.6	4.2	12.4	4.2
山　东	7.6	6.4	1.2	16.9	3.7
河　南	4.9	3.6	1.3	15.6	4.9
湖　北	4.8	2.2	2.6	11.7	4.8
湖　南	9.6	3.3	6.3	18.4	7.2
广　东	2.9	1.4	1.5	20.9	3.8
广　西	2.7	1.8	0.9	9.0	3.7
海　南	2.0	0.2	1.8	14.9	5.4
重　庆	1.9	0.4	1.5	15.3	4.2
四　川	3.3	1.8	1.6	16.0	5.2
贵　州	3.2	1.2	2.0	19.6	8.3
云　南	2.0	1.6	0.4	8.7	4.3
西　藏	2.5	0.8	1.7	16.2	10.5
陕　西	3.3	1.2	2.1	20.2	9.5
甘　肃	1.3	1.0	0.3	11.5	3.7
青　海	2.8	2.0	0.8	13.5	6.4
宁　夏	1.1	0.4	0.7	12.3	6.7
新　疆	2.0	0.7	1.3	6.2	2.1

5-2-23 续表 2 单位：%

地　区	2.批发和零售贸易、餐饮业收入	3.社会服务业收入	4.文教卫生业收入	5.其他收入
全　国	**6.7**	**1.5**	**0.6**	**0.7**
北　京	17.8	3.8	0.2	0.8
天　津	13.0	2.6	0.4	
河　北	9.7	2.5	1.1	0.3
山　西	8.1	1.9	0.7	1.2
内蒙古	1.9	0.4	0.2	0.2
辽　宁	4.2	0.9	0.5	0.1
吉　林	1.1	0.3	0.1	0.3
黑龙江	2.0	0.2	0.3	0.2
上　海	13.4	2.2		0.1
江　苏	13.6	2.6	0.2	1.1
浙　江	12.6	3.8	0.8	0.8
安　徽	5.6	0.9	0.3	0.6
福　建	10.4	2.7	1.0	0.7
江　西	5.3	1.5	0.7	0.6
山　东	9.5	1.4	0.8	1.4
河　南	7.0	1.2	0.9	1.5
湖　北	4.7	1.2	0.5	0.4
湖　南	6.5	2.9	0.9	0.9
广　东	12.6	1.6	0.9	2.1
广　西	4.1	0.3	0.3	0.5
海　南	7.7	0.3	0.6	0.9
重　庆	8.4	0.7	1.4	0.6
四　川	6.9	2.4	0.5	1.0
贵　州	8.2	1.3	0.8	0.9
云　南	3.5	0.3	0.2	0.5
西　藏	4.0	1.5		0.1
陕　西	7.8	1.5	0.8	0.6
甘　肃	5.5	1.0	0.7	0.6
青　海	5.1	0.5	0.2	1.3
宁　夏	4.7	0.8	0.1	0.0
新　疆	2.7	0.7	0.3	0.4

5-2-24 2012年各地区农村居民现金收入

单位：元/人

地　区	现金收入	一、工资性收入	二、家庭经营收入	三、财产性收入	四、转移性收入
全　国	**9787.2**	**3443.5**	**5313.1**	**219.3**	**811.2**
北　京	18902.1	10833.4	3754.4	1697.0	2617.2
天　津	17609.1	7920.0	7620.0	908.8	1160.3
河　北	10226.3	4003.5	5345.6	193.1	684.1
山　西	7066.3	3174.3	3137.8	124.2	629.9
内 蒙 古	11064.5	1459.1	8174.3	216.4	1214.8
辽　宁	14171.2	3629.7	9549.9	102.5	889.0
吉　林	12675.0	1783.4	9790.8	163.7	937.1
黑 龙 江	13397.3	1814.2	10362.1	298.8	922.3
上　海	18868.0	11477.1	1743.4	1380.6	4267.0
江　苏	14523.9	6744.8	6080.6	433.3	1265.1
浙　江	18381.8	7673.0	8906.6	585.9	1216.2
安　徽	8505.1	3237.6	4496.1	82.5	688.8
福　建	11374.4	4470.9	5870.3	322.4	710.8
江　西	8797.2	3532.2	4608.3	109.3	547.4
山　东	12758.1	4365.6	7452.0	241.6	698.8
河　南	8444.6	2988.0	4829.6	125.1	501.9
湖　北	9337.0	3187.0	5546.7	58.9	544.5
湖　南	8726.9	3847.5	3760.8	104.1	1014.4
广　东	11777.2	6804.1	3693.9	554.2	725.0
广　西	7380.5	2245.9	4488.6	53.5	592.5
海　南	9337.1	2475.5	6050.2	164.8	646.6
重　庆	8122.4	3400.1	3520.6	165.3	1036.4
四　川	8090.6	3088.1	3930.1	157.7	914.7
贵　州	5078.3	1976.4	2460.4	70.9	570.6
云　南	6693.1	1430.8	4539.3	241.1	481.9
西　藏	5395.3	1201.9	3397.9	67.5	728.0
陕　西	7209.0	2727.8	3664.0	192.8	624.3
甘　肃	5668.4	1786.7	3241.6	106.5	533.6
青　海	6154.9	1987.9	2935.6	85.7	1145.7
宁　夏	8247.0	2510.5	5092.5	83.6	560.5
新　疆	12596.5	1008.0	10422.8	143.0	1022.7

5-2-25 2012年各地区农村居民现金收入构成

单位：%

地区	现金收入	一、工资性收入	二、家庭经营收入	三、财产性收入	四、转移性收入
全国	**100.0**	**35.2**	**54.3**	**2.2**	**8.3**
北京	100.0	57.3	19.9	9.0	13.8
天津	100.0	45.0	43.3	5.2	6.6
河北	100.0	39.1	52.3	1.9	6.7
山西	100.0	44.9	44.4	1.8	8.9
内蒙古	100.0	13.2	73.9	2.0	11.0
辽宁	100.0	25.6	67.4	0.7	6.3
吉林	100.0	14.1	77.2	1.3	7.4
黑龙江	100.0	13.5	77.3	2.2	6.9
上海	100.0	60.8	9.2	7.3	22.6
江苏	100.0	46.4	41.9	3.0	8.7
浙江	100.0	41.7	48.5	3.2	6.6
安徽	100.0	38.1	52.9	1.0	8.1
福建	100.0	39.3	51.6	2.8	6.2
江西	100.0	40.2	52.4	1.2	6.2
山东	100.0	34.2	58.4	1.9	5.5
河南	100.0	35.4	57.2	1.5	5.9
湖北	100.0	34.1	59.4	0.6	5.8
湖南	100.0	44.1	43.1	1.2	11.6
广东	100.0	57.8	31.4	4.7	6.2
广西	100.0	30.4	60.8	0.7	8.0
海南	100.0	26.5	64.8	1.8	6.9
重庆	100.0	41.9	43.3	2.0	12.8
四川	100.0	38.2	48.6	1.9	11.3
贵州	100.0	38.9	48.4	1.4	11.2
云南	100.0	21.4	67.8	3.6	7.2
西藏	100.0	22.3	63.0	1.3	13.5
陕西	100.0	37.8	50.8	2.7	8.7
甘肃	100.0	31.5	57.2	1.9	9.4
青海	100.0	32.3	47.7	1.4	18.6
宁夏	100.0	30.4	61.7	1.0	6.8
新疆	100.0	8.0	82.7	1.1	8.1

5-2-26 2012年各地区农村居民工资性现金收入

单位：元/人

地　区	工资性现金收入	一、在非企业组织中得到的收入	二、在本乡地域内劳动得到的收入	三、外出从业得到的收入
全　国	**3443.5**	**238.2**	**1781.2**	**1424.1**
北　京	10833.4	587.2	6006.9	4239.3
天　津	7920.0	487.4	6467.9	964.7
河　北	4003.5	282.2	2111.0	1610.3
山　西	3174.3	212.5	2111.6	850.3
内 蒙 古	1459.1	334.0	670.5	454.5
辽　宁	3629.7	297.5	2000.9	1331.3
吉　林	1783.4	179.9	824.9	778.5
黑 龙 江	1814.2	177.8	954.7	681.7
上　海	11477.1	997.8	8267.8	2211.4
江　苏	6744.8	360.5	4154.2	2230.1
浙　江	7673.0	403.7	6252.0	1017.4
安　徽	3237.6	285.5	1199.2	1753.0
福　建	4470.9	385.6	2959.9	1125.4
江　西	3532.2	220.4	1376.4	1935.3
山　东	4365.6	317.6	2600.6	1447.4
河　南	2988.0	215.3	1218.5	1554.1
湖　北	3187.0	180.6	1296.9	1709.5
湖　南	3847.5	132.5	1381.9	2333.2
广　东	6804.1	388.7	2601.5	3814.0
广　西	2245.9	155.7	1112.1	978.2
海　南	2475.5	197.6	1706.4	571.5
重　庆	3400.1	206.7	1295.4	1897.9
四　川	3088.1	155.4	1217.6	1715.1
贵　州	1976.4	159.0	1159.7	657.7
云　南	1430.8	93.1	968.8	368.9
西　藏	1201.9	113.3	411.4	677.2
陕　西	2727.8	154.1	1227.7	1346.0
甘　肃	1786.7	176.7	654.0	956.1
青　海	1987.9	141.0	564.6	1282.3
宁　夏	2510.5	92.3	764.5	1653.7
新　疆	1008.0	197.5	489.7	320.8

5-2-27　2012年各地区农村居民工资性现金收入构成

单位：%

地　区	工资性现金收入	一、在非企业组织中得到的收入	二、在本乡地域内劳动得到的收入	三、外出从业得到的收入
全　国	**100.0**	**6.9**	**51.7**	**41.4**
北　京	100.0	5.4	55.4	39.1
天　津	100.0	6.2	81.7	12.2
河　北	100.0	7.0	52.7	40.2
山　西	100.0	6.7	66.5	26.8
内蒙古	100.0	22.9	46.0	31.2
辽　宁	100.0	8.2	55.1	36.7
吉　林	100.0	10.1	46.3	43.7
黑龙江	100.0	9.8	52.6	37.6
上　海	100.0	8.7	72.0	19.3
江　苏	100.0	5.3	61.6	33.1
浙　江	100.0	5.3	81.5	13.3
安　徽	100.0	8.8	37.0	54.1
福　建	100.0	8.6	66.2	25.2
江　西	100.0	6.2	39.0	54.8
山　东	100.0	7.3	59.6	33.2
河　南	100.0	7.2	40.8	52.0
湖　北	100.0	5.7	40.7	53.6
湖　南	100.0	3.4	35.9	60.6
广　东	100.0	5.7	38.2	56.1
广　西	100.0	6.9	49.5	43.6
海　南	100.0	8.0	68.9	23.1
重　庆	100.0	6.1	38.1	55.8
四　川	100.0	5.0	39.4	55.5
贵　州	100.0	8.0	58.7	33.3
云　南	100.0	6.5	67.7	25.8
西　藏	100.0	9.4	34.2	56.3
陕　西	100.0	5.6	45.0	49.3
甘　肃	100.0	9.9	36.6	53.5
青　海	100.0	7.1	28.4	64.5
宁　夏	100.0	3.7	30.5	65.9
新　疆	100.0	19.6	48.6	31.8

5-2-28 2012年各地区农村居民家庭经营现金收入

单位：元/人

地 区	家庭经营现金收入	一、第一产业收入	1.农业收入	2.林业收入	3.牧业收入
全 国	**5313.1**	**3990.2**	**2480.7**	**125.4**	**1246.5**
北 京	3754.4	1778.7	875.8	127.6	712.8
天 津	7620.0	3655.2	2050.5	26.3	1483.9
河 北	5345.6	3560.0	2458.2	46.9	1052.3
山 西	3137.8	2231.9	1581.7	49.8	600.4
内蒙古	8174.3	7650.9	3938.7	53.7	3656.7
辽 宁	9549.9	7987.2	4946.6	60.8	2932.3
吉 林	9790.8	9265.1	7081.8	47.0	2132.7
黑龙江	10362.1	9758.2	8575.3	35.1	1107.2
上 海	1743.4	1014.8	465.6	2.0	398.0
江 苏	6080.6	3423.6	1817.2	56.8	1011.6
浙 江	8906.6	4127.3	1796.1	123.0	1961.5
安 徽	4496.1	3515.5	2474.6	95.8	753.1
福 建	5870.3	3834.9	2086.1	245.2	999.2
江 西	4608.3	3487.3	2254.2	171.3	976.5
山 东	7452.0	5439.2	3819.9	150.3	1414.3
河 南	4829.6	3561.8	2192.9	77.5	1249.1
湖 北	5546.7	4441.5	3096.8	88.3	837.8
湖 南	3760.8	2348.1	1292.7	79.9	895.2
广 东	3693.9	2641.0	1048.8	57.8	1072.8
广 西	4488.6	3839.0	2101.7	182.0	1421.7
海 南	6050.2	4945.7	1867.8	1134.0	1077.6
重 庆	3520.6	2672.5	989.7	66.4	1522.3
四 川	3930.1	2900.3	1153.1	108.0	1539.3
贵 州	2460.4	1593.9	703.7	90.9	792.8
云 南	4539.3	3893.4	2203.9	496.5	1163.7
西 藏	3397.9	2477.8	1254.5	143.5	1079.7
陕 西	3664.0	2622.2	1828.4	79.5	713.8
甘 肃	3241.6	2696.8	1879.1	116.2	701.5
青 海	2935.6	2318.7	1156.7	62.6	1099.4
宁 夏	5092.5	4250.2	2368.1	33.7	1814.2
新 疆	10422.8	9490.7	7423.6	234.7	1832.4

5-2-28 续表 1

单位：元/人

地　区	4.渔业收入	二、第二产业收入	1.工业收入	2.建筑业收入	三、第三产业收入
全　国	**137.7**	**381.2**	**244.9**	**136.4**	**941.7**
北　京	62.5	391.1	229.9	161.2	1584.7
天　津	94.5	1436.3	1297.3	139.0	2528.5
河　北	2.6	513.7	442.4	71.3	1271.9
山　西		58.3	28.1	30.2	847.5
内蒙古	1.8	63.0	0.7	62.3	460.4
辽　宁	47.5	512.1	390.0	122.2	1050.6
吉　林	3.6	101.7	57.2	44.5	424.0
黑龙江	40.6	81.5	16.9	64.6	522.4
上　海	149.2	214.8	78.7	136.1	513.8
江　苏	538.0	1022.4	833.5	189.0	1634.5
浙　江	246.7	2520.4	1816.3	704.1	2258.9
安　徽	191.9	347.7	145.8	201.9	632.9
福　建	504.5	501.9	186.8	315.0	1533.5
江　西	85.4	396.4	153.2	243.2	724.6
山　东	54.7	625.3	525.3	100.1	1387.5
河　南	42.2	301.9	224.2	77.7	966.0
湖　北	418.6	322.1	144.6	177.5	783.1
湖　南	80.3	483.7	164.8	318.9	929.0
广　东	461.5	126.8	61.8	65.1	926.0
广　西	133.6	150.2	100.6	49.6	499.3
海　南	866.3	132.3	15.5	116.8	972.2
重　庆	94.2	94.9	22.1	72.8	753.2
四　川	100.0	177.6	93.5	84.1	852.1
贵　州	6.4	121.5	45.0	76.5	745.1
云　南	29.3	118.4	97.2	21.3	527.5
西　藏		123.1	39.7	83.5	797.0
陕　西	0.5	146.8	52.3	94.5	895.0
甘　肃	0.0	56.7	42.0	14.7	488.1
青　海		105.3	76.6	28.7	511.6
宁　夏	34.2	69.5	25.3	44.3	772.8
新　疆	0.0	224.2	78.1	146.1	707.9

5-2-28 续表 2

单位：元/人

地　区	1.交通、运输邮电业收入	2.批发和零售贸易、餐饮业收入	3.社会服务业收入	4.文教卫生业收入	5.其他收入
全　国	**329.7**	**436.0**	**94.0**	**36.8**	**45.2**
北　京	736.0	669.4	144.6	5.8	28.8
天　津	1248.3	1042.2	207.6	30.4	
河　北	421.4	604.8	155.8	68.8	21.1
山　西	360.9	332.6	76.0	29.7	48.3
内蒙古	183.1	197.1	38.1	20.2	21.9
辽　宁	453.7	435.9	90.7	56.1	14.2
吉　林	221.3	126.9	31.3	14.6	30.0
黑龙江	177.3	264.3	22.5	33.1	25.1
上　海	207.7	261.6	42.1		2.3
江　苏	448.3	924.0	176.6	14.4	71.4
浙　江	630.3	1145.2	345.3	69.0	69.1
安　徽	224.8	313.2	50.8	15.4	28.7
福　建	563.2	684.9	177.8	63.1	44.5
江　西	247.8	310.5	90.4	43.6	32.3
山　东	303.6	784.7	114.6	66.8	117.8
河　南	304.6	436.1	76.6	57.4	91.2
湖　北	322.5	317.9	78.2	35.3	29.1
湖　南	364.4	327.5	148.5	44.6	44.0
广　东	167.9	556.6	72.7	37.8	91.1
广　西	204.6	228.9	18.8	18.7	28.3
海　南	354.6	501.6	20.4	37.6	57.9
重　庆	208.9	414.8	33.6	67.2	28.7
四　川	275.6	369.9	129.5	26.3	50.8
贵　州	317.6	310.5	49.6	32.1	35.2
云　南	261.4	211.4	17.0	10.0	27.7
西　藏	518.4	198.4	76.3		3.9
陕　西	421.3	347.5	64.9	33.4	27.9
甘　肃	155.7	235.4	42.7	30.3	23.9
青　海	243.3	192.0	18.5	8.6	49.2
宁　夏	419.3	297.8	48.5	6.2	1.0
新　疆	236.4	315.5	84.3	31.4	40.3

5-2-29 2012年各地区农村居民家庭经营现金收入构成

单位：%

地 区	家庭经营现金收入	一、第一产业收入	1.农业收入	2.林业收入	3.牧业收入
全 国	**100.0**	**75.1**	**46.7**	**2.4**	**23.5**
北 京	100.0	47.4	23.3	3.4	19.0
天 津	100.0	48.0	26.9	0.3	19.5
河 北	100.0	66.6	46.0	0.9	19.7
山 西	100.0	71.1	50.4	1.6	19.1
内蒙古	100.0	93.6	48.2	0.7	44.7
辽 宁	100.0	83.6	51.8	0.6	30.7
吉 林	100.0	94.6	72.3	0.5	21.8
黑龙江	100.0	94.2	82.8	0.3	10.7
上 海	100.0	58.2	26.7	0.1	22.8
江 苏	100.0	56.3	29.9	0.9	16.6
浙 江	100.0	46.3	20.2	1.4	22.0
安 徽	100.0	78.2	55.0	2.1	16.8
福 建	100.0	65.3	35.5	4.2	17.0
江 西	100.0	75.7	48.9	3.7	21.2
山 东	100.0	73.0	51.3	2.0	19.0
河 南	100.0	73.7	45.4	1.6	25.9
湖 北	100.0	80.1	55.8	1.6	15.1
湖 南	100.0	62.4	34.4	2.1	23.8
广 东	100.0	71.5	28.4	1.6	29.0
广 西	100.0	85.5	46.8	4.1	31.7
海 南	100.0	81.7	30.9	18.7	17.8
重 庆	100.0	75.9	28.1	1.9	43.2
四 川	100.0	73.8	29.3	2.7	39.2
贵 州	100.0	64.8	28.6	3.7	32.2
云 南	100.0	85.8	48.6	10.9	25.6
西 藏	100.0	72.9	36.9	4.2	31.8
陕 西	100.0	71.6	49.9	2.2	19.5
甘 肃	100.0	83.2	58.0	3.6	21.6
青 海	100.0	79.0	39.4	2.1	37.5
宁 夏	100.0	83.5	46.5	0.7	35.6
新 疆	100.0	91.1	71.2	2.3	17.6

5-2-29 续表 1

单位：%

地　区	4.渔业收入	二、第二产业收入	1.工业收入	2.建筑业收入	三、第三产业收入
全　国	**2.6**	**7.2**	**4.6**	**2.6**	**17.7**
北　京	1.7	10.4	6.1	4.3	42.2
天　津	1.2	18.8	17.0	1.8	33.2
河　北	0.0	9.6	8.3	1.3	23.8
山　西		1.9	0.9	1.0	27.0
内蒙古	0.0	0.8	0.0	0.8	5.6
辽　宁	0.5	5.4	4.1	1.3	11.0
吉　林	0.0	1.0	0.6	0.5	4.3
黑龙江	0.4	0.8	0.2	0.6	5.0
上　海	8.6	12.3	4.5	7.8	29.5
江　苏	8.8	16.8	13.7	3.1	26.9
浙　江	2.8	28.3	20.4	7.9	25.4
安　徽	4.3	7.7	3.2	4.5	14.1
福　建	8.6	8.5	3.2	5.4	26.1
江　西	1.9	8.6	3.3	5.3	15.7
山　东	0.7	8.4	7.0	1.3	18.6
河　南	0.9	6.3	4.6	1.6	20.0
湖　北	7.5	5.8	2.6	3.2	14.1
湖　南	2.1	12.9	4.4	8.5	24.7
广　东	12.5	3.4	1.7	1.8	25.1
广　西	3.0	3.3	2.2	1.1	11.1
海　南	14.3	2.2	0.3	1.9	16.1
重　庆	2.7	2.7	0.6	2.1	21.4
四　川	2.5	4.5	2.4	2.1	21.7
贵　州	0.3	4.9	1.8	3.1	30.3
云　南	0.6	2.6	2.1	0.5	11.6
西　藏		3.6	1.2	2.5	23.5
陕　西	0.0	4.0	1.4	2.6	24.4
甘　肃	0.0	1.7	1.3	0.5	15.1
青　海		3.6	2.6	1.0	17.4
宁　夏	0.7	1.4	0.5	0.9	15.2
新　疆	0.0	2.2	0.7	1.4	6.8

5-2-29 续表 2

单位：%

地　区	1.交通、运输邮电业收入	2.批发和零售贸易、餐饮业收入	3.社会服务业收入	4.文教卫生业收入	5.其他收入
全　国	**6.2**	**8.2**	**1.8**	**0.7**	**0.8**
北　京	19.6	17.8	3.9	0.2	0.8
天　津	16.4	13.7	2.7	0.4	
河　北	7.9	11.3	2.9	1.3	0.4
山　西	11.5	10.6	2.4	0.9	1.5
内蒙古	2.2	2.4	0.5	0.2	0.3
辽　宁	4.8	4.6	0.9	0.6	0.1
吉　林	2.3	1.3	0.3	0.1	0.3
黑龙江	1.7	2.6	0.2	0.3	0.2
上　海	11.9	15.0	2.4		0.1
江　苏	7.4	15.2	2.9	0.2	1.2
浙　江	7.1	12.9	3.9	0.8	0.8
安　徽	5.0	7.0	1.1	0.3	0.6
福　建	9.6	11.7	3.0	1.1	0.8
江　西	5.4	6.7	2.0	0.9	0.7
山　东	4.1	10.5	1.5	0.9	1.6
河　南	6.3	9.0	1.6	1.2	1.9
湖　北	5.8	5.7	1.4	0.6	0.5
湖　南	9.7	8.7	3.9	1.2	1.2
广　东	4.5	15.1	2.0	1.0	2.5
广　西	4.6	5.1	0.4	0.4	0.6
海　南	5.9	8.3	0.3	0.6	1.0
重　庆	5.9	11.8	1.0	1.9	0.8
四　川	7.0	9.4	3.3	0.7	1.3
贵　州	12.9	12.6	2.0	1.3	1.4
云　南	5.8	4.7	0.4	0.2	0.6
西　藏	15.3	5.8	2.2		0.1
陕　西	11.5	9.5	1.8	0.9	0.8
甘　肃	4.8	7.3	1.3	0.9	0.7
青　海	8.3	6.5	0.6	0.3	1.7
宁　夏	8.2	5.8	1.0	0.1	0.0
新　疆	2.3	3.0	0.8	0.3	0.4

5-2-30 2012年各地区农村居民总支出

单位：元/人

地区	总支出	一、家庭经营费用支出	二、购置生产性固定资产支出	三、建造生产性固定资产雇工支出	四、税费支出	五、消费支出	六、财产性支出	七、转移性支出
全国	**9605.5**	**2626.0**	**267.8**	**4.8**	**10.0**	**5908.0**	**9.9**	**779.0**
北京	15292.8	2143.5	23.1	0.5	40.4	11878.9	7.2	1199.2
天津	12663.2	3498.4	199.4	3.1	13.7	8336.5	0.7	611.4
河北	8927.0	2647.8	206.4	2.2	27.9	5364.1	10.5	668.0
山西	7946.1	1556.6	146.2	0.8	2.9	5566.2	12.2	661.1
内蒙古	13379.9	5357.1	626.4	6.6	3.6	6382.0	5.9	998.3
辽宁	13327.0	5175.8	571.2	11.3	9.6	5998.4	22.8	1538.0
吉林	14480.0	5789.9	966.7	4.1	4.9	6186.2	2.2	1526.2
黑龙江	14225.4	7164.1	788.9	2.4	3.3	5718.0	3.0	545.7
上海	14727.2	947.4	16.1		1.2	11971.5		1791.0
江苏	13219.5	2603.1	174.1	4.6	32.3	9138.2	11.0	1256.3
浙江	15794.0	3360.9	230.0	3.3	4.3	10652.7	57.5	1485.3
安徽	8562.6	2026.6	250.5	9.6	4.4	5556.0	3.3	712.3
福建	10132.1	1824.5	125.3	5.5	3.0	7401.9	15.1	756.9
江西	7872.0	1935.0	173.0	2.0	2.5	5129.5	14.1	615.9
山东	11462.9	3606.7	205.3	18.3	23.9	6776.0	5.0	827.8
河南	7852.1	2009.5	199.3	3.1	2.1	5032.1	2.3	603.7
湖北	8923.7	2402.7	236.9	3.1	11.1	5726.7	11.1	532.1
湖南	9356.8	1984.9	189.0	1.4	11.6	5870.1	5.5	1294.4
广东	9795.6	1741.6	107.2	2.0	1.2	7458.6	1.3	483.8
广西	7753.5	2132.6	233.5	2.7	6.5	4933.6	5.8	438.7
海南	7379.1	2175.0	62.8	15.6	2.8	4776.3	0.2	346.4
重庆	7942.2	1740.7	58.8	8.3	6.0	5018.6	6.2	1103.5
四川	8366.1	2059.3	150.6	6.6	20.9	5366.7	13.5	748.4
贵州	6370.2	1367.0	183.2	1.3	8.0	3901.7	8.2	900.8
云南	7746.0	2396.4	265.6	6.5	7.8	4561.3	19.2	489.2
西藏	3968.3	622.2	326.5		5.9	2967.6		46.2
陕西	8071.2	1927.5	266.2	1.2	6.9	5114.7	16.7	738.0
甘肃	6657.4	1849.6	175.9	3.6	2.1	4146.2	6.5	473.4
青海	7406.6	1238.5	288.7	8.5	1.7	5338.9	3.0	527.3
宁夏	9707.1	2851.2	465.3	7.2	0.7	5351.4	15.3	1016.0
新疆	13536.1	6683.0	1014.4	3.9	6.4	5301.3	9.9	517.3

5-2-31 2012年各地区农村居民总支出构成

单位：%

地区	总支出	一、家庭经营费用支出	二、购置生产性固定资产支出	三、建造生产性固定资产雇工支出	四、税费支出	五、消费支出	六、财产性支出	七、转移性支出
全国	**100.0**	**27.3**	**2.8**	**0.0**	**0.1**	**61.5**	**0.1**	**8.1**
北京	100.0	14.0	0.2	0.0	0.3	77.7	0	7.8
天津	100.0	27.6	1.6	0.0	0.1	65.8	0.0	4.8
河北	100.0	29.7	2.3	0.0	0.3	60.1	0.1	7.5
山西	100.0	19.6	1.8	0.0	0.0	70.0	0.2	8.3
内蒙古	100.0	40.0	4.7	0.0	0.0	47.7	0.0	7.5
辽宁	100.0	38.8	4.3	0.1	0.1	45.0	0.2	11.5
吉林	100.0	40.0	6.7	0.0	0.0	42.7	0.0	10.5
黑龙江	100.0	50.4	5.5	0.0	0.0	40.2	0.0	3.8
上海	100.0	6.4	0.1		0.0	81.3		12.2
江苏	100.0	19.7	1.3	0.0	0.2	69.1	0.1	9.5
浙江	100.0	21.3	1.5	0.0	0.0	67.4	0.4	9.4
安徽	100.0	23.7	2.9	0.1	0.1	64.9	0.0	8.3
福建	100.0	18.0	1.2	0.1	0.0	73.1	0.1	7.5
江西	100.0	24.6	2.2	0.0	0.0	65.2	0.2	7.8
山东	100.0	31.5	1.8	0.2	0.2	59.1	0.0	7.2
河南	100.0	25.6	2.5	0.0	0.0	64.1	0.0	7.7
湖北	100.0	26.9	2.7	0.0	0.1	64.2	0.1	6.0
湖南	100.0	21.2	2.0	0.0	0.1	62.7	0.1	13.8
广东	100.0	17.8	1.1	0.0	0.0	76.1	0.0	4.9
广西	100.0	27.5	3.0	0.0	0.1	63.6	0.1	5.7
海南	100.0	29.5	0.9	0.2	0	64.7	0.0	4.7
重庆	100.0	21.9	0.7	0.1	0.1	63.2	0.1	13.9
四川	100.0	24.6	1.8	0.1	0.2	64.1	0.2	8.9
贵州	100.0	21.5	2.9	0.0	0.1	61.2	0.1	14.1
云南	100.0	30.9	3.4	0.1	0.1	58.9	0.2	6.3
西藏	100.0	15.7	8.2		0.1	74.8		1.2
陕西	100.0	23.9	3.3	0.0	0.1	63.4	0.2	9.1
甘肃	100.0	27.8	2.6	0.1	0.0	62.3	0	7.1
青海	100.0	16.7	3.9	0.1	0.0	72.1	0.0	7.1
宁夏	100.0	29.4	4.8	0.1	0.0	55.1	0.2	10.5
新疆	100.0	49.4	7.5	0.0	0.0	39.2	0.1	3.8

5-2-32 2012年各地区农村居民家庭经营费用支出

单位：元/人

地 区	家庭经营费用支出	一、第一产业生产费用支出	1.农业支出	2.林业支出	3.牧业支出
全 国	**2626.0**	**2214.1**	**1255.4**	**25.7**	**868.2**
北 京	2143.5	986.4	348.1	23.4	576.6
天 津	3498.4	1670.6	808.4	18.0	756.5
河 北	2647.8	1975.8	1139.0	10.8	826.0
山 西	1556.6	1255.2	828.4	13.9	412.9
内蒙古	5357.1	5109.3	2665.1	11.8	2431.8
辽 宁	5175.8	4575.0	2304.2	28.4	2218.6
吉 林	5789.9	5651.6	4202.0	22.9	1425.3
黑龙江	7164.1	6875.8	6014.3	19.4	825.4
上 海	947.4	734.7	202.9	0.6	441.0
江 苏	2603.1	1840.0	913.6	8.5	699.6
浙 江	3360.9	1996.8	494.3	23.7	1391.7
安 徽	2026.6	1830.8	1129.4	15.3	570.3
福 建	1824.5	1545.7	671.0	38.8	716.1
江 西	1935.0	1602.9	884.4	24.2	656.6
山 东	3606.7	2842.0	1710.7	51.9	1061.3
河 南	2009.5	1679.8	875.3	13.3	779.3
湖 北	2402.7	2016.8	1076.3	16.3	693.7
湖 南	1984.9	1551.4	760.9	27.6	728.7
广 东	1741.6	1596.8	443.7	6.3	882.1
广 西	2132.6	1935.0	973.2	31.5	869.3
海 南	2175.0	2045.3	725.5	73.1	737.2
重 庆	1740.7	1412.8	456.6	20.3	895.3
四 川	2059.3	1713.4	592.0	19.1	1055.0
贵 州	1367.0	1126.5	467.7	12.4	644.0
云 南	2396.4	2121.4	1088.8	78.2	937.7
西 藏	622.2	472.6	306.6	5.3	160.7
陕 西	1927.5	1489.6	933.9	30.9	515.2
甘 肃	1849.6	1719.8	1184.3	43.9	491.5
青 海	1238.5	1049.5	491.9	73.0	484.5
宁 夏	2851.2	2629.4	1338.8	17.5	1264.3
新 疆	6683.0	6309.7	4990.1	76.8	1242.9

5-2-32 续表 1

单位：元/人

地区	4.渔业支出	二、第二产业生产费用支出	1.工业支出	2.建筑业支出	三、第三产业生产费用支出
全国	**64.8**	**140.3**	**105.8**	**34.5**	**271.6**
北京	38.3	330.4	221.5	108.9	826.8
天津	87.7	766.2	717.4	48.9	1061.6
河北	0.1	198.1	175.9	22.2	473.9
山西		19.4	12.2	7.2	282.1
内蒙古	0.7	39.5	0.1	39.5	208.2
辽宁	23.8	260.1	233.8	26.3	340.7
吉林	1.5	33.3	24.1	9.2	105.0
黑龙江	16.6	61.9	15.6	46.3	226.3
上海	90.2	24.7	24.4	0.3	188.1
江苏	218.4	344.6	285.3	59.3	418.5
浙江	87.2	907.9	782.6	125.3	456.2
安徽	115.7	88.2	62.3	26.0	107.6
福建	119.8	49.0	29.9	19.0	229.8
江西	37.6	114.1	49.7	64.4	218.0
山东	18.2	292.7	266.3	26.3	472.0
河南	11.8	105.3	75.2	30.1	224.4
湖北	230.5	138.4	84.2	54.3	247.5
湖南	34.2	151.7	83.9	67.8	281.8
广东	264.7	13.0	9.2	3.7	131.8
广西	61.0	61.1	46.1	15.0	136.5
海南	509.7	14.1	0.7	13.4	115.6
重庆	40.6	51.2	5.2	46.0	276.7
四川	47.2	71.9	49.2	22.7	274.0
贵州	2.3	43.9	21.4	22.5	196.7
云南	16.8	74.8	67.4	7.5	200.1
西藏	0.0	5.7	0.9	4.7	144.0
陕西	9.6	68.5	19.1	49.4	369.4
甘肃	0.0	18.6	12.3	6.3	111.2
青海		42.2	36.1	6.1	146.8
宁夏	8.9	41.8	7.0	34.8	179.9
新疆	0.0	90.4	36.9	53.5	282.9

5-2-32 续表 2

单位：元/人

地　区	1.交通运输邮电业支出	2.批发和零售贸易、餐饮业支出	3.社会服务业支出	4.文教卫生业支出	5.其他支出
全　国	**109.8**	**121.8**	**21.9**	**8.0**	**10.0**
北　京	432.9	332.7	52.0	3.1	6.2
天　津	711.3	285.6	56.0	8.3	0.4
河　北	174.7	204.5	64.5	20.8	9.4
山　西	121.4	124.0	17.9	5.6	13.1
内蒙古	100.6	70.5	20.1	2.4	14.6
辽　宁	222.9	81.5	16.1	16.0	4.2
吉　林	67.3	17.0	10.1	2.0	8.7
黑龙江	83.8	122.2	9.0	5.3	6.1
上　海	29.3	154.2	4.5		0.1
江　苏	119.0	235.9	56.2	3.2	4.1
浙　江	127.9	262.3	47.3	9.3	9.4
安　徽	63.3	29.1	9.0	2.0	4.3
福　建	147.7	55.4	18.5	4.3	4.0
江　西	89.6	90.4	21.4	8.9	7.7
山　东	82.0	305.7	25.7	11.9	46.6
河　南	75.8	106.0	15.2	11.6	15.8
湖　北	120.0	100.1	14.9	5.7	6.9
湖　南	122.9	98.1	35.5	15.2	10.1
广　东	39.1	80.7	6.4	1.0	4.6
广　西	63.0	63.1	2.2	5.5	2.7
海　南	75.8	23.3	1.8	13.8	0.9
重　庆	79.1	166.8	7.5	14.3	9.0
四　川	91.9	125.0	41.5	6.5	9.2
贵　州	85.1	96.4	4.9	3.3	6.9
云　南	100.2	85.7	3.4	2.8	8.1
西　藏	114.4	26.4	2.7	0.0	0.4
陕　西	185.4	148.2	16.5	10.1	9.1
甘　肃	50.8	40.9	8.2	8.2	3.2
青　海	88.9	47.3	4.0	0.2	6.4
宁　夏	101.4	64.4	13.6	0.4	0.1
新　疆	105.7	105.2	22.3	20.7	28.9

5-2-33 2012年各地区农村居民家庭经营费用支出构成

单位：%

地 区	家庭经营费用支出	一、第一产业生产费用支出	1.农业支出	2.林业支出	3.牧业支出
全 国	**100.0**	**84.3**	**47.8**	**1.0**	**33.1**
北 京	100.0	46.0	16.2	1.1	26.9
天 津	100.0	47.8	23.1	0.5	21.6
河 北	100.0	74.6	43.0	0.4	31.2
山 西	100.0	80.6	53.2	0.9	26.5
内 蒙 古	100.0	95.4	49.7	0.2	45.4
辽 宁	100.0	88.4	44.5	0.5	42.9
吉 林	100.0	97.6	72.6	0.4	24.6
黑 龙 江	100.0	96.0	84.0	0.3	11.5
上 海	100.0	77.5	21.4	0.1	46.5
江 苏	100.0	70.7	35.1	0.3	26.9
浙 江	100.0	59.4	14.7	0.7	41.4
安 徽	100.0	90.3	55.7	0.8	28.1
福 建	100.0	84.7	36.8	2.1	39.3
江 西	100.0	82.8	45.7	1.3	33.9
山 东	100.0	78.8	47.4	1.4	29.4
河 南	100.0	83.6	43.6	0.7	38.8
湖 北	100.0	83.9	44.8	0.7	28.9
湖 南	100.0	78.2	38.3	1.4	36.7
广 东	100.0	91.7	25.5	0.4	50.6
广 西	100.0	90.7	45.6	1.5	40.8
海 南	100.0	94.0	33.4	3.4	33.9
重 庆	100.0	81.2	26.2	1.2	51.4
四 川	100.0	83.2	28.7	0.9	51.2
贵 州	100.0	82.4	34.2	0.9	47.1
云 南	100.0	88.5	45.4	3.3	39.1
西 藏	100.0	75.9	49.3	0.8	25.8
陕 西	100.0	77.3	48.5	1.6	26.7
甘 肃	100.0	93.0	64.0	2.4	26.6
青 海	100.0	84.7	39.7	5.9	39.1
宁 夏	100.0	92.2	47.0	0.6	44.3
新 疆	100.0	94.4	74.7	1.1	18.6

5-2-33 续表 1

单位：%

地　区	4.渔业支出	二、第二产业生产费用支出	1.工业支出	2.建筑业支出	三、第三产业生产费用支出
全　国	**2.5**	**5.3**	**4.0**	**1.3**	**10.3**
北　京	1.8	15.4	10.3	5.1	38.6
天　津	2.5	21.9	20.5	1.4	30.3
河　北	0.0	7.5	6.6	0.8	17.9
山　西		1.2	0.8	0.5	18.1
内蒙古	0.0	0.7	0.0	0.7	3.9
辽　宁	0.5	5.0	4.5	0.5	6.6
吉　林	0.0	0.6	0.4	0.2	1.8
黑龙江	0.2	0.9	0.2	0.6	3.2
上　海	9.5	2.6	2.6	0.0	19.9
江　苏	8.4	13.2	11.0	2.3	16.1
浙　江	2.6	27.0	23.3	3.7	13.6
安　徽	5.7	4.4	3.1	1.3	5.3
福　建	6.6	2.7	1.6	1.0	12.6
江　西	1.9	5.9	2.6	3.3	11.3
山　东	0.5	8.1	7.4	0.7	13.1
河　南	0.6	5.2	3.7	1.5	11.2
湖　北	9.6	5.8	3.5	2.3	10.3
湖　南	1.7	7.6	4.2	3.4	14.2
广　东	15.2	0.7	0.5	0.2	7.6
广　西	2.9	2.9	2.2	0.7	6.4
海　南	23.4	0.6	0.0	0.6	5.3
重　庆	2.3	2.9	0.3	2.6	15.9
四　川	2.3	3.5	2.4	1.1	13.3
贵　州	0.2	3.2	1.6	1.6	14.4
云　南	0.7	3.1	2.8	0.3	8.4
西　藏	0.0	0.9	0.2	0.8	23.1
陕　西	0.5	3.6	1.0	2.6	19.2
甘　肃	0.0	1.0	0.7	0.3	6.0
青　海		3.4	2.9	0.5	11.9
宁　夏	0.3	1.5	0.2	1.2	6.3
新　疆	0.0	1.4	0.6	0.8	4.2

5-2-33 续表 2

单位：%

地　区	1.交通运输邮电业支出	2.批发和零售贸易、餐饮业支出	3.社会服务业支出	4.文教卫生业支出	5.其他行业支出
全　国	**4.2**	**4.6**	**0.8**	**0.3**	**0.4**
北　京	20.2	15.5	2.4	0.1	0.3
天　津	20.3	8.2	1.6	0.2	0.0
河　北	6.6	7.7	2.4	0.8	0.4
山　西	7.8	8.0	1.2	0.4	0.8
内蒙古	1.9	1.3	0.4	0.0	0.3
辽　宁	4.3	1.6	0.3	0.3	0.1
吉　林	1.2	0.3	0.2	0.0	0.1
黑龙江	1.2	1.7	0.1	0.1	0.1
上　海	3.1	16.3	0.5		0.0
江　苏	4.6	9.1	2.2	0.1	0.2
浙　江	3.8	7.8	1.4	0.3	0.3
安　徽	3.1	1.4	0.4	0.1	0.2
福　建	8.1	3.0	1.0	0.2	0.2
江　西	4.6	4.7	1.1	0.5	0.4
山　东	2.3	8.5	0.7	0.3	1.3
河　南	3.8	5.3	0.8	0.6	0.8
湖　北	5.0	4.2	0.6	0.2	0.3
湖　南	6.2	4.9	1.8	0.8	0.5
广　东	2.2	4.6	0.4	0.1	0.3
广　西	3.0	3.0	0.1	0.3	0.1
海　南	3.5	1.1	0.1	0.6	0.0
重　庆	4.5	9.6	0.4	0.8	0.5
四　川	4.5	6.1	2.0	0.3	0.4
贵　州	6.2	7.1	0.4	0.2	0.5
云　南	4.2	3.6	0.1	0.1	0.3
西　藏	18.4	4.2	0.4	0.0	0.1
陕　西	9.6	7.7	0.9	0.5	0.5
甘　肃	2.7	2.2	0.4	0.4	0.2
青　海	7.2	3.8	0.3	0.0	0.5
宁　夏	3.6	2.3	0.5	0.0	0.0
新　疆	1.6	1.6	0.3	0.3	0.4

5-2-34 2012年各地区农村居民消费支出

单位：元/人

地 区	消费支出	服务性支出	一、食品支出	二、衣着支出	三、居住支出
全 国	**5908.0**	**1641.3**	**2323.9**	**396.4**	**1086.4**
北 京	11878.9	3827.0	3944.8	948.0	2199.8
天 津	8336.5	2749.9	3019.9	780.7	1263.5
河 北	5364.1	1443.5	1817.0	396.6	1137.3
山 西	5566.2	1627.8	1860.0	501.8	1142.1
内蒙古	6382.0	1881.5	2379.8	481.8	1079.0
辽 宁	5998.4	1672.9	2300.0	517.9	979.8
吉 林	6186.2	1814.9	2268.8	478.7	836.8
黑龙江	5718.0	1713.9	2164.9	544.6	754.7
上 海	11971.5	3426.5	4847.6	704.4	1834.1
江 苏	9138.2	2741.8	3049.1	610.7	1493.2
浙 江	10652.7	3005.1	3947.3	751.6	1950.1
安 徽	5556.0	1478.8	2180.8	331.9	1139.8
福 建	7401.9	1968.8	3403.5	471.4	1165.8
江 西	5129.5	1314.9	2232.8	265.0	1030.2
山 东	6776.0	1799.3	2321.5	454.7	1399.9
河 南	5032.1	1353.6	1701.7	424.1	1060.7
湖 北	5726.7	1736.3	2154.0	316.4	1206.2
湖 南	5870.1	1617.0	2574.8	318.0	1088.2
广 东	7458.6	2282.4	3658.7	319.5	1196.1
广 西	4933.6	1261.0	2085.6	156.5	1200.8
海 南	4776.3	1241.0	2410.1	178.9	828.6
重 庆	5018.6	1373.6	2216.1	380.2	557.0
四 川	5366.7	1481.7	2514.2	338.5	787.4
贵 州	3901.7	1012.8	1740.6	226.8	758.4
云 南	4561.3	1216.9	2080.6	241.1	804.4
西 藏	2967.6	367.8	1592.0	372.6	251.6
陕 西	5114.7	1682.0	1520.1	332.7	1258.1
甘 肃	4146.2	1084.5	1648.6	303.1	682.3
青 海	5338.9	1281.4	1858.6	404.5	1209.7
宁 夏	5351.4	1353.1	1891.4	463.4	1033.2
新 疆	5301.3	1314.7	1891.1	429.9	1298.5

5-2-34 续表

单位：元/人

地　区	四、家庭设备及用品支出	五、交通通信支出	六、文教娱乐支出	七、医疗保健支出	八、其他支出
全　国	**341.7**	**652.8**	**445.5**	**513.8**	**147.6**
北　京	773.5	1398.8	1152.7	1125.2	336.2
天　津	451.3	1066.3	766.1	760.4	228.4
河　北	349.9	604.3	358.5	543.7	156.8
山　西	298.3	626.0	498.0	490.2	149.7
内蒙古	269.0	912.2	514.0	588.9	157.4
辽　宁	250.5	668.7	556.6	548.8	176.2
吉　林	251.9	699.0	606.3	840.5	204.1
黑龙江	229.7	611.3	518.0	727.0	167.7
上　海	646.1	1704.8	952.1	1029.0	253.4
江　苏	532.9	1311.1	1184.2	724.2	232.7
浙　江	604.4	1499.9	902.2	746.1	251.1
安　徽	346.9	516.6	385.9	510.1	144.0
福　建	426.7	795.0	565.8	380.6	193.1
江　西	278.3	494.5	342.7	380.4	105.6
山　东	405.7	937.6	501.0	635.3	120.2
河　南	361.6	525.1	343.8	468.8	146.2
湖　北	397.9	496.1	394.6	591.9	169.7
湖　南	373.5	481.6	400.2	497.2	136.6
广　东	378.5	760.1	466.6	446.5	232.7
广　西	274.6	453.0	270.2	383.9	108.8
海　南	207.5	435.6	254.0	306.5	155.2
重　庆	413.5	489.3	394.2	482.2	86.0
四　川	333.2	463.9	329.3	498.3	101.9
贵　州	211.4	371.3	226.4	282.5	84.3
云　南	247.0	470.2	289.2	362.6	66.2
西　藏	173.3	364.0	40.9	82.7	90.5
陕　西	298.7	503.3	445.5	619.9	136.4
甘　肃	250.4	436.0	327.3	398.0	100.4
青　海	257.4	683.7	283.3	520.1	121.6
宁　夏	305.0	620.8	373.4	492.1	172.2
新　疆	219.1	646.4	261.7	444.2	110.2

5-2-35 2012年各地区农村居民消费支出构成

单位：%

地　区	消费支出	服务性支出	一、食品支出	二、衣着支出	三、居住支出
全　国	**100.0**	**27.8**	**39.3**	**6.7**	**18.4**
北　京	100.0	32.2	33.2	8.0	18.5
天　津	100.0	33.0	36.2	9.4	15.2
河　北	100.0	26.9	33.9	7.4	21.2
山　西	100.0	29.2	33.4	9.0	20.5
内蒙古	100.0	29.5	37.3	7.5	16.9
辽　宁	100.0	27.9	38.3	8.6	16.3
吉　林	100.0	29.3	36.7	7.7	13.5
黑龙江	100.0	30.0	37.9	9.5	13.2
上　海	100.0	28.6	40.5	5.9	15.3
江　苏	100.0	30.0	33.4	6.7	16.3
浙　江	100.0	28.2	37.1	7.1	18.3
安　徽	100.0	26.6	39.3	6.0	20.5
福　建	100.0	26.6	46.0	6.4	15.7
江　西	100.0	25.6	43.5	5.2	20.1
山　东	100.0	26.6	34.3	6.7	20.7
河　南	100.0	26.9	33.8	8.4	21.1
湖　北	100.0	30.3	37.6	5.5	21.1
湖　南	100.0	27.5	43.9	5.4	18.5
广　东	100.0	30.6	49.1	4.3	16.0
广　西	100.0	25.6	42.3	3.2	24.3
海　南	100.0	26.0	50.5	3.7	17.3
重　庆	100.0	27.4	44.2	7.6	11.1
四　川	100.0	27.6	46.8	6.3	14.7
贵　州	100.0	26.0	44.6	5.8	19.4
云　南	100.0	26.7	45.6	5.3	17.6
西　藏	100.0	12.4	53.6	12.6	8.5
陕　西	100.0	32.9	29.7	6.5	24.6
甘　肃	100.0	26.2	39.8	7.3	16.5
青　海	100.0	24.0	34.8	7.6	22.7
宁　夏	100.0	25.3	35.3	8.7	19.3
新　疆	100.0	24.8	35.7	8.1	24.5

5-2-35 续表 单位：%

地　区	四、家庭设备及用品支出	五、交通通信支出	六、文教娱乐支出	七、医疗保健支出	八、其他支出
全　国	**5.8**	**11.0**	**7.5**	**8.7**	**2.5**
北　京	6.5	11.8	9.7	9.5	2.8
天　津	5.4	12.8	9.2	9.1	2.7
河　北	6.5	11.3	6.7	10.1	2.9
山　西	5.4	11.2	8.9	8.8	2.7
内蒙古	4.2	14.3	8.1	9.2	2.5
辽　宁	4.2	11.1	9.3	9.1	2.9
吉　林	4.1	11.3	9.8	13.6	3.3
黑龙江	4.0	10.7	9.1	12.7	2.9
上　海	5.4	14.2	8.0	8.6	2.1
江　苏	5.8	14.3	13.0	7.9	2.5
浙　江	5.7	14.1	8.5	7.0	2.4
安　徽	6.2	9.3	6.9	9.2	2.6
福　建	5.8	10.7	7.6	5.1	2.6
江　西	5.4	9.6	6.7	7.4	2.1
山　东	6.0	13.8	7.4	9.4	1.8
河　南	7.2	10.4	6.8	9.3	2.9
湖　北	6.9	8.7	6.9	10.3	3.0
湖　南	6.4	8.2	6.8	8.5	2.3
广　东	5.1	10.2	6.3	6.0	3.1
广　西	5.6	9.2	5.5	7.8	2.2
海　南	4.3	9.1	5.3	6.4	3.2
重　庆	8.2	9.7	7.9	9.6	1.7
四　川	6.2	8.6	6.1	9.3	1.9
贵　州	5.4	9.5	5.8	7.2	2.2
云　南	5.4	10.3	6.3	8.0	1.5
西　藏	5.8	12.3	1.4	2.8	3.1
陕　西	5.8	9.8	8.7	12.1	2.7
甘　肃	6.0	10.5	7.9	9.6	2.4
青　海	4.8	12.8	5.3	9.7	2.3
宁　夏	5.7	11.6	7.0	9.2	3.2
新　疆	4.1	12.2	4.9	8.4	2.1

5-2-36 2012年各地区农村居民现金支出

单位：元/人

地区	现金支出	一、家庭经营费用支出	二、购置生产性固定资产支出	三、建造生产性固定资产雇工支出	四、税费支出	五、消费支出	六、财产性支出	七、转移性支出
全国	**8961.9**	**2483.0**	**267.8**	**4.8**	**10.0**	**5414.5**	**9.9**	**771.9**
北京	15155.9	2138.8	23.1	0.5	40.4	11828.0	7.2	1117.9
天津	12625.0	3491.6	199.4	3.1	13.7	8305.5	0.7	611.0
河北	8664.9	2584.2	206.4	2.2	27.9	5172.5	10.5	661.1
山西	7588.3	1417.6	146.2	0.8	2.9	5359.0	12.2	649.6
内蒙古	12020.9	4652.0	626.4	6.6	3.6	5731.2	5.9	995.1
辽宁	12761.6	4949.2	571.2	11.3	9.6	5666.4	22.8	1531.2
吉林	13668.5	5452.1	966.7	4.1	4.9	5712.5	2.2	1526.2
黑龙江	13790.6	6998.1	788.9	2.4	3.3	5451.8	3.0	543.2
上海	14490.0	938.3	16.1		1.2	11746.6		1787.7
江苏	12814.7	2576.8	174.1	4.6	32.3	8796.5	11.0	1219.6
浙江	15586.0	3343.3	230.0	3.3	4.3	10486.0	57.5	1461.6
安徽	8095.0	1971.1	250.5	9.6	4.4	5153.8	3.3	702.4
福建	9682.8	1789.7	125.3	5.5	2.9	6998.8	15.1	745.6
江西	7174.1	1911.1	173.0	2.0	2.5	4456.1	14.1	615.3
山东	11116.2	3539.3	205.3	18.3	23.9	6513.8	5.0	810.7
河南	7585.5	1996.7	199.3	3.1	2.1	4779.6	2.3	602.4
湖北	8149.2	2285.7	236.9	3.1	10.9	5070.7	11.1	530.8
湖南	8378.0	1859.7	189.0	1.4	11.5	5023.8	5.5	1287.1
广东	9173.4	1712.5	107.2	2.0	1.2	6867.2	1.3	482.0
广西	6828.2	1981.1	233.5	2.7	6.5	4165.2	5.8	433.4
海南	7022.3	2160.2	62.8	15.6	2.8	4435.6	0.2	345.1
重庆	6974.4	1433.4	58.8	8.3	5.9	4359.5	6.2	1102.3
四川	7174.3	1747.6	150.6	6.6	20.8	4487.9	13.5	747.2
贵州	5390.3	1132.1	183.2	1.3	8.0	3157.4	8.2	900.2
云南	6534.0	2013.2	265.6	6.5	6.5	3735.3	19.2	487.8
西藏	3100.8	418.8	326.5		5.9	2303.6		46.1
陕西	7734.5	1823.1	266.2	1.2	6.9	4883.9	16.7	736.5
甘肃	6056.4	1711.4	175.9	3.6	2.1	3689.0	6.5	467.9
青海	6677.7	1076.8	288.7	8.5	1.7	4773.3	3.0	525.7
宁夏	8960.8	2543.2	465.3	7.2	0.7	4913.6	15.3	1015.4
新疆	12872.4	6536.0	1014.4	3.9	6.4	4784.7	9.9	517.2

5-2-37　2012年各地区农村居民现金支出构成

单位：%

地　区	现金支出	一、家庭经营费用支出	二、购置生产性固定资产支出	三、建造生产性固定资产雇工支出	四、税费支出	五、消费支出	六、财产性支出	七、转移性支出
全　国	**100.0**	**27.7**	**3.0**	**0.05**	**0.11**	**60.4**	**0.11**	**8.6**
北　京	100.0	14.1	0.2	0.00	0.27	78.0	0.05	7.4
天　津	100.0	27.7	1.6	0.02	0.11	65.8	0.01	4.8
河　北	100.0	29.8	2.4	0.03	0.32	59.7	0.12	7.6
山　西	100.0	18.7	1.9	0.01	0.04	70.6	0.16	8.6
内蒙古	100.0	38.7	5.2	0.06	0.03	47.7	0.05	8.3
辽　宁	100.0	38.8	4.5	0.09	0.08	44.4	0.18	12.0
吉　林	100.0	39.9	7.1	0.03	0.04	41.8	0.02	11.2
黑龙江	100.0	50.7	5.7	0.02	0.02	39.5	0.02	3.9
上　海	100.0	6.5	0.1		0.01	81.1		12.3
江　苏	100.0	20.1	1.4	0.04	0.25	68.6	0.09	9.5
浙　江	100.0	21.5	1.5	0.02	0.03	67.3	0.37	9.4
安　徽	100.0	24.3	3.1	0.12	0.05	63.7	0.04	8.7
福　建	100.0	18.5	1.3	0.06	0.03	72.3	0.16	7.7
江　西	100.0	26.6	2.4	0.03	0.04	62.1	0.20	8.6
山　东	100.0	31.8	1.8	0.16	0.21	58.6	0.04	7.3
河　南	100.0	26.3	2.6	0.04	0.03	63.0	0.03	7.9
湖　北	100.0	28.0	2.9	0.04	0.13	62.2	0.14	6.5
湖　南	100.0	22.2	2.3	0.02	0.14	60.0	0.07	15.4
广　东	100.0	18.7	1.2	0.02	0.01	74.9	0.01	5.3
广　西	100.0	29.0	3.4	0.04	0.10	61.0	0.08	6.3
海　南	100.0	30.8	0.9	0.22	0.04	63.2	0.00	4.9
重　庆	100.0	20.6	0.8	0.12	0.08	62.5	0.09	15.8
四　川	100.0	24.4	2.1	0.09	0.29	62.6	0.19	10.4
贵　州	100.0	21.0	3.4	0.02	0.15	58.6	0.15	16.7
云　南	100.0	30.8	4.1	0.10	0.10	57.2	0.29	7.5
西　藏	100.0	13.5	10.5		0.19	74.3		1.5
陕　西	100.0	23.6	3.4	0.02	0.09	63.1	0.22	9.5
甘　肃	100.0	28.3	2.9	0.06	0.03	60.9	0.11	7.7
青　海	100.0	16.1	4.3	0.13	0.02	71.5	0.04	7.9
宁　夏	100.0	28.4	5.2	0.08	0.01	54.8	0.17	11.3
新　疆	100.0	50.8	7.9	0.03	0.05	37.2	0.08	4.0

5-2-38 2012年各地区农村居民家庭经营费用现金支出

单位：元/人

地 区	家庭经营费用现金支出	一、第一产业生产费用支出	1.农业支出	2.林业支出	3.牧业支出
全 国	**2483.0**	**2071.6**	**1228.4**	**25.4**	**753.2**
北 京	2138.8	981.7	346.3	23.4	573.7
天 津	3491.6	1665.5	807.9	18.0	751.9
河 北	2584.2	1912.3	1120.9	10.8	780.5
山 西	1417.6	1116.1	790.2	13.9	312.1
内蒙古	4652.0	4404.2	2578.2	11.8	1813.6
辽 宁	4949.2	4350.4	2228.6	28.1	2069.8
吉 林	5452.1	5313.8	4134.9	22.9	1154.5
黑龙江	6998.1	6709.8	6004.3	19.4	669.4
上 海	938.3	725.6	202.5	0.6	432.7
江 苏	2576.8	1813.7	906.8	8.5	680.8
浙 江	3343.3	1979.2	492.8	23.7	1375.6
安 徽	1971.1	1775.3	1118.3	15.3	526.5
福 建	1789.7	1511.4	656.3	38.8	696.6
江 西	1911.1	1579.0	877.8	23.6	640.1
山 东	3539.3	2775.4	1684.7	51.9	1020.7
河 南	1996.7	1667.1	873.0	13.3	768.9
湖 北	2285.7	1899.9	1052.3	16.3	602.8
湖 南	1859.7	1428.7	743.3	25.2	626.6
广 东	1712.5	1568.6	439.9	6.3	857.9
广 西	1981.1	1783.8	952.5	31.5	738.9
海 南	2160.2	2030.6	725.2	73.1	722.6
重 庆	1433.4	1105.6	444.7	20.3	600.1
四 川	1747.6	1401.8	554.0	18.9	782.1
贵 州	1132.1	891.5	445.2	12.3	431.7
云 南	2013.2	1738.6	1020.5	75.4	626.0
西 藏	418.8	269.1	221.3	5.3	42.5
陕 西	1823.1	1387.5	912.0	30.9	435.0
甘 肃	1711.4	1582.4	1128.6	43.8	410.1
青 海	1076.8	887.8	430.5	73.0	384.3
宁 夏	2543.2	2321.4	1255.2	17.5	1039.9
新 疆	6536.0	6162.7	4954.5	76.8	1131.4

5-2-38 续表 1

单位：元/人

地 区	4.渔业支出	二、第二产业生产费用支出	1.工业支出	2.建筑业支出	三、第三产业生产费用支出
全 国	**64.5**	**140.2**	**105.8**	**34.5**	**271.2**
北 京	38.3	330.4	221.5	108.9	826.8
天 津	87.7	766.2	717.4	48.9	1059.9
河 北	0.1	198.1	175.9	22.2	473.9
山 西		19.4	12.2	7.2	282.1
内蒙古	0.7	39.5	0.1	39.5	208.2
辽 宁	23.8	259.3	232.9	26.3	339.6
吉 林	1.5	33.3	24.1	9.2	105.0
黑龙江	16.6	61.9	15.6	46.3	226.3
上 海	89.8	24.7	24.4	0.3	188.1
江 苏	217.7	344.6	285.3	59.3	418.5
浙 江	87.1	907.9	782.6	125.3	456.2
安 徽	115.2	88.2	62.3	26.0	107.6
福 建	119.8	49.0	29.9	19.0	229.3
江 西	37.6	114.1	49.7	64.4	218.0
山 东	18.2	292.7	266.3	26.3	471.2
河 南	11.8	105.3	75.2	30.1	224.4
湖 北	228.5	138.4	84.2	54.3	247.4
湖 南	33.6	151.2	83.5	67.8	279.8
广 东	264.5	12.4	8.7	3.7	131.5
广 西	61.0	60.8	45.7	15.0	136.5
海 南	509.7	14.1	0.7	13.4	115.6
重 庆	40.6	51.2	5.2	46.0	276.6
四 川	46.7	71.9	49.2	22.7	273.9
贵 州	2.3	43.9	21.4	22.5	196.7
云 南	16.6	74.8	67.4	7.5	199.8
西 藏	0.0	5.7	0.9	4.7	144.0
陕 西	9.6	68.5	19.1	49.4	367.1
甘 肃	0.0	18.6	12.3	6.3	110.4
青 海		42.2	36.1	6.1	146.8
宁 夏	8.9	41.8	7.0	34.8	179.9
新 疆	0.0	90.4	36.9	53.5	282.9

5-2-38 续表 2

单位：元/人

地　区	1.交通运输邮电业支出	2.批发和零售贸易、餐饮业支出	3.社会服务业支出	4.文教卫生业支出	5.其他支出
全　国	**109.8**	**121.6**	**21.8**	**8.0**	**10.0**
北　京	432.9	332.7	52.0	3.1	6.2
天　津	711.3	284.0	56.0	8.3	0.4
河　北	174.7	204.5	64.5	20.8	9.4
山　西	121.4	124.0	17.9	5.6	13.1
内蒙古	100.6	70.5	20.1	2.4	14.6
辽　宁	222.8	80.8	16.1	16.0	3.9
吉　林	67.3	17.0	10.1	2.0	8.7
黑龙江	83.8	122.2	9.0	5.3	6.1
上　海	29.3	154.2	4.5		0.1
江　苏	119.0	235.9	56.2	3.2	4.1
浙　江	127.9	262.3	47.3	9.3	9.4
安　徽	63.3	29.1	9.0	2.0	4.3
福　建	147.7	54.8	18.5	4.3	4.0
江　西	89.6	90.4	21.4	8.9	7.7
山　东	82.0	304.9	25.7	11.9	46.6
河　南	75.8	106.0	15.2	11.6	15.8
湖　北	120.0	100.1	14.8	5.7	6.8
湖　南	122.9	97.8	33.8	15.2	10.1
广　东	39.1	80.4	6.4	1.0	4.6
广　西	63.0	63.1	2.2	5.5	2.7
海　南	75.8	23.3	1.8	13.8	0.9
重　庆	79.1	166.7	7.5	14.3	9.0
四　川	91.9	124.9	41.4	6.5	9.2
贵　州	85.1	96.4	4.9	3.3	6.9
云　南	100.2	85.5	3.4	2.8	8.0
西　藏	114.4	26.4	2.7	0.0	0.4
陕　西	185.4	145.9	16.5	10.1	9.1
甘　肃	50.8	40.1	8.2	8.2	3.2
青　海	88.9	47.3	4.0	0.2	6.4
宁　夏	101.4	64.4	13.6	0.4	0.1
新　疆	105.7	105.2	22.3	20.7	28.9

5-2-39　2012年各地区农村居民家庭经营费用现金支出构成

单位：%

地　区	家庭经营费用现金支出	一、第一产业生产费用支出	1.农业支出	2.林业支出	3.牧业支出
全　国	**100.0**	**83.4**	**49.5**	**1.0**	**30.3**
北　京	100.0	45.9	16.2	1.1	26.8
天　津	100.0	47.7	23.1	0.5	21.5
河　北	100.0	74.0	43.4	0.4	30.2
山　西	100.0	78.7	55.7	1.0	22.0
内蒙古	100.0	94.7	55.4	0.3	39.0
辽　宁	100.0	87.9	45.0	0.6	41.8
吉　林	100.0	97.5	75.8	0.4	21.2
黑龙江	100.0	95.9	85.8	0.3	9.6
上　海	100.0	77.3	21.6	0.1	46.1
江　苏	100.0	70.4	35.2	0.3	26.4
浙　江	100.0	59.2	14.7	0.7	41.1
安　徽	100.0	90.1	56.7	0.8	26.7
福　建	100.0	84.5	36.7	2.2	38.9
江　西	100.0	82.6	45.9	1.2	33.5
山　东	100.0	78.4	47.6	1.5	28.8
河　南	100.0	83.5	43.7	0.7	38.5
湖　北	100.0	83.1	46.0	0.7	26.4
湖　南	100.0	76.8	40.0	1.4	33.7
广　东	100.0	91.6	25.7	0.4	50.1
广　西	100.0	90.0	48.1	1.6	37.3
海　南	100.0	94.0	33.6	3.4	33.5
重　庆	100.0	77.1	31.0	1.4	41.9
四　川	100.0	80.2	31.7	1.1	44.8
贵　州	100.0	78.8	39.3	1.1	38.1
云　南	100.0	86.4	50.7	3.7	31.1
西　藏	100.0	64.3	52.8	1.3	10.2
陕　西	100.0	76.1	50.0	1.7	23.9
甘　肃	100.0	92.5	65.9	2.6	24.0
青　海	100.0	82.4	40.0	6.8	35.7
宁　夏	100.0	91.3	49.4	0.7	40.9
新　疆	100.0	94.3	75.8	1.2	17.3

5-2-39 续表 1

单位：%

地　　区	4.渔业支出	二、第二产业生产费用支出	1.工业支出	2.建筑业支出	三、第三产业生产费用支出
全　　国	**2.6**	**5.6**	**4.3**	**1.4**	**10.9**
北　　京	1.8	15.4	10.4	5.1	38.7
天　　津	2.5	21.9	20.5	1.4	30.4
河　　北	0.0	7.7	6.8	0.9	18.3
山　　西		1.4	0.9	0.5	19.9
内 蒙 古	0.0	0.9	0.0	0.8	4.5
辽　　宁	0.5	5.2	4.7	0.5	6.9
吉　　林	0.0	0.6	0.4	0.2	1.9
黑 龙 江	0.2	0.9	0.2	0.7	3.2
上　　海	9.6	2.6	2.6	0.0	20.0
江　　苏	8.4	13.4	11.1	2.3	16.2
浙　　江	2.6	27.2	23.4	3.7	13.6
安　　徽	5.8	4.5	3.2	1.3	5.5
福　　建	6.7	2.7	1.7	1.1	12.8
江　　西	2.0	6.0	2.6	3.4	11.4
山　　东	0.5	8.3	7.5	0.7	13.3
河　　南	0.6	5.3	3.8	1.5	11.2
湖　　北	10.0	6.1	3.7	2.4	10.8
湖　　南	1.8	8.1	4.5	3.6	15.0
广　　东	15.4	0.7	0.5	0.2	7.7
广　　西	3.1	3.1	2.3	0.8	6.9
海　　南	23.6	0.7	0.0	0.6	5.3
重　　庆	2.8	3.6	0.4	3.2	19.3
四　　川	2.7	4.1	2.8	1.3	15.7
贵　　州	0.2	3.9	1.9	2.0	17.4
云　　南	0.8	3.7	3.3	0.4	9.9
西　　藏	0.0	1.4	0.2	1.1	34.4
陕　　西	0.5	3.8	1.0	2.7	20.1
甘　　肃	0.0	1.1	0.7	0.4	6.4
青　　海		3.9	3.4	0.6	13.6
宁　　夏	0.3	1.6	0.3	1.4	7.1
新　　疆	0.0	1.4	0.6	0.8	4.3

5-2-39 续表 2

单位：%

地　区	1.交通运输邮电业支出	2.批发和零售贸易、餐饮业支出	3.社会服务业支出	4.文教卫生业支出	5.其他行业支出
全　国	**4.4**	**4.9**	**0.9**	**0.3**	**0.4**
北　京	20.2	15.6	2.4	0.1	0.3
天　津	20.4	8.1	1.6	0.2	0.0
河　北	6.8	7.9	2.5	0.8	0.4
山　西	8.6	8.7	1.3	0.4	0.9
内蒙古	2.2	1.5	0.4	0.1	0.3
辽　宁	4.5	1.6	0.3	0.3	0.1
吉　林	1.2	0.3	0.2	0.0	0.2
黑龙江	1.2	1.7	0.1	0.1	0.1
上　海	3.1	16.4	0.5		0.0
江　苏	4.6	9.2	2.2	0.1	0.2
浙　江	3.8	7.8	1.4	0.3	0.3
安　徽	3.2	1.5	0.5	0.1	0.2
福　建	8.3	3.1	1.0	0.2	0.2
江　西	4.7	4.7	1.1	0.5	0.4
山　东	2.3	8.6	0.7	0.3	1.3
河　南	3.8	5.3	0.8	0.6	0.8
湖　北	5.2	4.4	0.6	0.2	0.3
湖　南	6.6	5.3	1.8	0.8	0.5
广　东	2.3	4.7	0.4	0.1	0.3
广　西	3.2	3.2	0.1	0.3	0.1
海　南	3.5	1.1	0.1	0.6	0.0
重　庆	5.5	11.6	0.5	1.0	0.6
四　川	5.3	7.1	2.4	0.4	0.5
贵　州	7.5	8.5	0.4	0.3	0.6
云　南	5.0	4.2	0.2	0.1	0.4
西　藏	27.3	6.3	0.7	0.0	0.1
陕　西	10.2	8.0	0.9	0.6	0.5
甘　肃	3.0	2.3	0.5	0.5	0.2
青　海	8.3	4.4	0.4	0.0	0.6
宁　夏	4.0	2.5	0.5	0.0	0.0
新　疆	1.6	1.6	0.3	0.3	0.4

5-2-40 2012年各地区农村居民现金消费支出

单位：元/人

地 区	现金消费支出	服务性支出	一、食品支出	二、衣着支出	三、居住支出
全 国	**5414.5**	**1641.3**	**1863.1**	**396.1**	**1054.2**
北 京	11828.0	3827.0	3899.0	948.0	2196.4
天 津	8305.5	2749.9	2988.8	780.7	1263.5
河 北	5172.5	1443.5	1647.7	396.5	1115.2
山 西	5359.0	1627.8	1657.6	501.7	1137.4
内蒙古	5731.2	1881.5	1808.0	481.7	1000.9
辽 宁	5666.4	1672.9	2019.4	517.9	928.4
吉 林	5712.5	1814.9	1887.3	478.2	745.1
黑龙江	5451.8	1713.9	1990.3	544.6	664.2
上 海	11746.6	3426.5	4629.2	704.4	1827.6
江 苏	8796.5	2741.8	2723.0	610.7	1477.8
浙 江	10486.0	3005.1	3796.9	750.7	1936.6
安 徽	5153.8	1478.8	1836.8	331.8	1081.7
福 建	6998.8	1968.8	3030.2	471.4	1136.3
江 西	4456.1	1314.9	1580.0	264.9	1009.7
山 东	6513.8	1799.3	2059.8	454.4	1399.9
河 南	4779.6	1353.6	1474.2	424.1	1035.8
湖 北	5070.7	1736.3	1532.1	315.2	1173.5
湖 南	5023.8	1617.0	1748.3	317.9	1069.1
广 东	6867.2	2282.4	3155.9	319.4	1107.6
广 西	4165.2	1261.0	1373.9	156.5	1144.2
海 南	4435.6	1241.0	2122.4	178.9	775.6
重 庆	4359.5	1373.6	1564.0	380.1	550.2
四 川	4487.9	1481.7	1653.6	338.5	769.2
贵 州	3157.4	1012.8	1045.9	226.8	708.8
云 南	3735.3	1216.9	1331.0	241.1	728.3
西 藏	2303.6	367.8	930.4	372.5	249.3
陕 西	4883.9	1682.0	1293.4	332.7	1254.0
甘 肃	3689.0	1084.5	1210.0	303.1	663.7
青 海	4773.3	1281.4	1300.4	403.5	1204.0
宁 夏	4913.6	1353.1	1453.6	463.4	1033.2
新 疆	4784.7	1314.7	1391.2	426.6	1289.3

5-2-40 续表 单位：元/人

地 区	四、家庭设备及用品支出	五、交通通信支出	六、文教娱乐支出	七、医疗保健支出	八、其他支出
全 国	**341.4**	**652.8**	**445.5**	**513.8**	**147.5**
北 京	773.5	1398.8	1152.7	1125.2	334.5
天 津	451.3	1066.3	766.1	760.4	228.4
河 北	349.8	604.3	358.5	543.7	156.7
山 西	298.3	626.0	498.0	490.2	149.7
内 蒙 古	268.1	912.2	514.0	588.9	157.4
辽 宁	250.5	668.7	556.6	548.8	176.2
吉 林	251.9	699.0	606.3	840.5	204.1
黑 龙 江	228.5	611.3	518.0	727.0	167.7
上 海	646.1	1704.8	952.1	1029.0	253.4
江 苏	532.8	1311.1	1184.2	724.2	232.7
浙 江	602.5	1499.9	902.2	746.1	251.0
安 徽	346.9	516.6	385.9	510.1	144.0
福 建	426.4	795.0	565.8	380.6	193.1
江 西	278.3	494.5	342.7	380.4	105.6
山 东	405.6	937.6	501.0	635.3	120.2
河 南	361.6	525.1	343.8	468.8	146.2
湖 北	397.6	496.1	394.6	591.9	169.7
湖 南	373.0	481.6	400.2	497.2	136.6
广 东	378.4	760.1	466.6	446.5	232.7
广 西	274.6	453.0	270.2	383.9	108.8
海 南	207.5	435.6	254.0	306.5	155.2
重 庆	413.5	489.3	394.2	482.2	85.8
四 川	333.2	463.9	329.3	498.3	101.9
贵 州	211.4	371.3	226.4	282.5	84.3
云 南	247.0	470.2	289.2	362.6	65.8
西 藏	173.3	364.0	40.9	82.7	90.5
陕 西	298.7	503.3	445.5	619.9	136.4
甘 肃	250.4	436.0	327.3	398.0	100.4
青 海	256.6	683.7	283.3	520.1	121.6
宁 夏	305.0	620.8	373.4	492.1	172.2
新 疆	215.1	646.4	261.7	444.2	110.2

5-2-41 2012年各地区农村居民现金消费支出构成

单位：%

地 区	现金消费支出	服务性支出	一、食品支出	二、衣着支出	三、居住支出
全 国	**100.0**	**30.3**	**34.4**	**7.3**	**19.5**
北 京	100.0	32.4	33.0	8.0	18.6
天 津	100.0	33.1	36.0	9.4	15.2
河 北	100.0	27.9	31.9	7.7	21.6
山 西	100.0	30.4	30.9	9.4	21.2
内 蒙 古	100.0	32.8	31.5	8.4	17.5
辽 宁	100.0	29.5	35.6	9.1	16.4
吉 林	100.0	31.8	33.0	8.4	13.0
黑 龙 江	100.0	31.4	36.5	10.0	12.2
上 海	100.0	29.2	39.4	6.0	15.6
江 苏	100.0	31.2	31.0	6.9	16.8
浙 江	100.0	28.7	36.2	7.2	18.5
安 徽	100.0	28.7	35.6	6.4	21.0
福 建	100.0	28.1	43.3	6.7	16.2
江 西	100.0	29.5	35.5	5.9	22.7
山 东	100.0	27.6	31.6	7.0	21.5
河 南	100.0	28.3	30.8	8.9	21.7
湖 北	100.0	34.2	30.2	6.2	23.1
湖 南	100.0	32.2	34.8	6.3	21.3
广 东	100.0	33.2	46.0	4.7	16.1
广 西	100.0	30.3	33.0	3.8	27.5
海 南	100.0	28.0	47.8	4.0	17.5
重 庆	100.0	31.5	35.9	8.7	12.6
四 川	100.0	33.0	36.8	7.5	17.1
贵 州	100.0	32.1	33.1	7.2	22.4
云 南	100.0	32.6	35.6	6.5	19.5
西 藏	100.0	16.0	40.4	16.2	10.8
陕 西	100.0	34.4	26.5	6.8	25.7
甘 肃	100.0	29.4	32.8	8.2	18.0
青 海	100.0	26.8	27.2	8.5	25.2
宁 夏	100.0	27.5	29.6	9.4	21.0
新 疆	100.0	27.5	29.1	8.9	26.9

5-2-41 续表

单位：%

地　区	四、家庭设备及用品支出	五、交通通信支出	六、文教娱乐支出	七、医疗保健支出	八、其他支出
全　国	**6.3**	**12.1**	**8.2**	**9.5**	**2.7**
北　京	6.5	11.8	9.7	9.5	2.8
天　津	5.4	12.8	9.2	9.2	2.7
河　北	6.8	11.7	6.9	10.5	3.0
山　西	5.6	11.7	9.3	9.1	2.8
内蒙古	4.7	15.9	9.0	10.3	2.7
辽　宁	4.4	11.8	9.8	9.7	3.1
吉　林	4.4	12.2	10.6	14.7	3.6
黑龙江	4.2	11.2	9.5	13.3	3.1
上　海	5.5	14.5	8.1	8.8	2.2
江　苏	6.1	14.9	13.5	8.2	2.6
浙　江	5.7	14.3	8.6	7.1	2.4
安　徽	6.7	10.0	7.5	9.9	2.8
福　建	6.1	11.4	8.1	5.4	2.8
江　西	6.2	11.1	7.7	8.5	2.4
山　东	6.2	14.4	7.7	9.8	1.8
河　南	7.6	11.0	7.2	9.8	3.1
湖　北	7.8	9.8	7.8	11.7	3.3
湖　南	7.4	9.6	8.0	9.9	2.7
广　东	5.5	11.1	6.8	6.5	3.4
广　西	6.6	10.9	6.5	9.2	2.6
海　南	4.7	9.8	5.7	6.9	3.5
重　庆	9.5	11.2	9.0	11.1	2.0
四　川	7.4	10.3	7.3	11.1	2.3
贵　州	6.7	11.8	7.2	8.9	2.7
云　南	6.6	12.6	7.7	9.7	1.8
西　藏	7.5	15.8	1.8	3.6	3.9
陕　西	6.1	10.3	9.1	12.7	2.8
甘　肃	6.8	11.8	8.9	10.8	2.7
青　海	5.4	14.3	5.9	10.9	2.5
宁　夏	6.2	12.6	7.6	10.0	3.5
新　疆	4.5	13.5	5.5	9.3	2.3

6

城乡住户调查简介

城乡住户调查简介

城乡住户调查是中国统计调查的重要组成部分。主要调查全国和分省城乡居民的收入和消费情况，调查结果反映着中国城乡居民收入分配和生活质量，揭示着中国农村贫困状况，是中国 GDP 核算和 CPI 权重计算的重要基础工作，是政府制定保障和改善民生相关政策的重要依据。其中，中国农村住户调查始于 1954 年,城镇住户调查始于 1955 年。

一、调查组织

国家统计局负责设计住户调查方案,组织全国调查和质量控制工作,处理和发布全国及分地区数据。国家统计局在各省（区、市）、各市（地、州、盟）和三分之一县（市、区、旗）设有直属调查队，具体负责城乡住户调查的数据采集、录入、审核、上报等工作。为提高住户调查数据质量，各级调查机构建立了严格的数据质量控制体系。

二、调查内容

中国城乡住户调查既包括居民的收入和消费等主要经济指标，也包括住户的人口与就业、住房和耐用消费品拥有以及储蓄和借贷等家庭基本情况。农村住户调查还包括进城务工人员情况、家庭经营的主要农产品产量、出售和自产自用食品消费情况，农业生产投入与农业技术应用情况，以及所在社区发展情况等。在贫困地区，还对村和住户参与扶贫活动情况以及住户对政府扶贫工作的具体需要等内容进行调查。

三、抽样方法

中国城乡住户调查按照对全国、分省分城乡居民主要收支指标有代表性的原则设计并选取样本。农村住户调查按照分层、多阶段 PPS 抽样方法，在全国 31 个省（区、市）中抽选 896 个调查县、7000 多个调查村和 7.4 万个调查户;城镇住户调查按照分层、二相 PPS 抽样方法，在全国 31 个省（区、市），抽选 476 个调查市县、6000 多个调查社区和 6.6 万调查户。为保证样本代表性，国家统计局定期对住户调查村、城镇调查社区和调查户进行轮换，城镇住户调查样本每年轮换 1/3，农村住户调查样本每 5 年轮换一次。

四、数据采集

中国城乡住户调查实行季报制度，采用日记账、问卷和面访相结合的方式采集数据。住户收入与消费等数据通过调查户记账方式获取,住户人口特征、就业情况、住房情况、耐用消费品拥有情况等数据通过问卷方式获取。调查户按照国家统计局统一编制的账本和要求进行记账。调查员定期入户指导记账并开展问卷调查。

五、数据处理

市县级调查队负责数据的录入、审核，按季度上报省级国家调查总队和国家统计局。国家统计局对数据做进一步的审核、插补和评估后，汇总生成全国和分省城乡居民收入和消费数据。

六、数据发布

国家统计局按季度发布全国及分城乡居民的现金收入和支出、进城务工人员就业情况等主要数据。每年发布全国及分城乡、分地区、分收入层次的居民生活详细资料。数据的发布途径有新闻发布会、国家统计局网站以及《中国统计年鉴》、《中国住户调查年鉴》等。

七、指标解释

长期以来，中国的住户调查一直分城乡分别开展。城镇调查居民可支配收入，农村调查农民纯收入，至今没有全国统一的居民收入和消费支出数据。由于分别调查，农村与城镇居民收入、支出等指标的统计口径有所不同，数据也不完全可比。为此，国家统计局将对城乡住户调查实施一体化改革，建立统一的调查体系，并改进和完善住户调查方法和手段。为了保持历史数据的可比，本年鉴中的数据和指标解释仍保持城镇住户调查和农村住户调查方案的原貌。在一体化改革完成后，再统一对指标口径和历史数据进行调整。

（一）城镇住户调查指标解释

1.城镇住户基本情况

家庭人口数：指居住在一起，经济上合在一起共同生活的家庭成员。凡计算为家庭人口的成员其全部收支都应包括在调查表中。

有收入者人数：指就业者及当月财产性收入、转移性收入、零星劳动收入等在100元以上的非就业者。

就业人口数:包括:

①国有经济单位职工。

②城镇集体经济单位职工。

③其他各种经济类型单位职工。

④个体经营者：指个体雇主与自营者。

雇主：指在工商行政管理部门领取个体营业执照并雇用一人以上（但不包括家属劳动者）进行生产、经营或服务性工作的人员。

自营者：指在工商行政管理部门领取个体营业执照（除家属劳动者外未雇佣任何工作人员）自己进行生产、经营或服务性工作的人员。

⑤个体被雇人员：指受雇于个体经营者的人员。

⑥离退休再就业人员：指离退休人员接受原单位或其他单位聘用并单独领取离退休金以外报酬的人。

包括离退休后领取个体执照、从事个体劳动的人以及在所调查的月份内从事社会劳动时间超过半个月，所取得的报酬在当地足以维持本人生活的离退休人员。

⑦其他就业人口：指以上6部分以外的就业人口，包括没有固定性职业，在所调查的月份内从事社会劳动时间超过半个月，所取得的报酬在当地足以维持本人生活的人员。如从企业领取原料在自己家里进行生产加工、家庭拆洗缝补、家庭托儿、保姆以及其他未领执照的个体劳动者。

初中、高中、大专院校的学生在假期参加劳动，虽然领取一定的劳动报酬，但不计算为就业人口。

离退休人数：按规定退出工作岗位，并领取离退休金的人员。不包括离退休再就业人员。

其他有收入者人数：指除就业人员和离退休人员以外的家庭成员，当月财产性收入、转移性收入、零星劳动收入等在100元以上的未就业者。

无收入者人数：指当月收人不足100元的非就业者。

期末家庭人口数：指月末或年末登记时点的家庭人口。

2.城镇居民家庭总收入

家庭总收入：指调查户中生活在一起的所有家庭成员在调查期得到的工薪收入、经营净收入、财产性收入、转移性收入的总和，不包括出售财物和借贷收入。收入的统计标准以实际发生的数额为准，无论收入是补发还是预发，只要是调查期得到的都应如实计算，不作分摊。

工薪收入：指就业人员通过各种途径得到的全部劳动报酬，包括所从事的主要职业的工资以及从事第二职业、其他兼职和零星劳动得到的其它劳动收入。

经营净收入：指家庭成员从事生产经营活动所获得的净收入。是全部生产经营收入中扣除生产成本和税金后所得的收入。如当期收入小于生产费用的开支，其差额记入“其他借贷支出 ”中。

财产性收入：指家庭拥有的动产（如银行存款、有价证券）、不动产（如房屋、车辆、土地、收藏品等）所获得的收入。包括出让财产使用权所获得的利息、租金、专利收入；财产营运所获得的红利收入、财产增值收益等。

利息收入：指资产所有者按预先约定的利率获得的高于存款本金以外的那部分收入。包括各类定期和活期存款利息、债券利息、储蓄性奖券和存款的“中奖”收入。利息与红利的差异：利息一般是预先约定的，与企业的经营状况无关，而红利的多少与企业的经营效益直接有关，一般不预先约定。利息收入是应得收入，包括银行代扣的利息所得税。

转移性收入：指国家、单位、社会团体对居民家庭的各种转移支付和居民家庭间的收入转移。包括政府对个人收入转移的离退休金、失业救济金、赔偿等；单位对个人收入转移的辞退金、保险索赔、住房公积金、家庭间的赠送和赡养等。

记账补贴：指调查户因承担记账工作从统计部门、工作单位和其它途径所得到的现金。不包括实物部分。

3.城镇居民可支配收入

可支配收入：指调查户可用于最终消费支出和其它非义务性支出以及储蓄的总和，即居民家庭可以用来自由支配的收入。它是家庭总收入扣除交纳的所得税、个人交纳的社会保障费以及调查户的记账补贴后的收入。计算公式为：

可支配收入 = 家庭总收入-交纳所得税-个人交纳的社会保障支出-记账补贴

4.城镇居民家庭总支出

家庭总支出：指家庭除借贷支出以外的全部实际支出。包括消费支出、购房建房支出、转移性支出、财产性支出、社会保障支出。支出统计是以实际购得的商品或服务的总价值填报，不论其付款方式是一次付清、分期付款，还是赊购，只要商品或服务已被消费就要按其总价值计量。如果采用分期付款或赊购形式，则要在借贷收入类相应的项目填入实付款与总的应付款的差额。

5.城镇居民消费支出

消费支出：指调查户用于满足家庭日常生活消费需要的全部支出，包括食品、衣着、居住、家庭设备及用品、交通通信、文教娱乐、医疗保健、其他等八大类。消费支出构成是按照商品或服务的用途进行分类，如果消费支出的目的与用途不一致时，必须按照用途归入相应类内。

服务性消费支出：指调查户用于本家庭支付社会提供的各种文化和生活方面的非商品性服务费用。不包括为别人付款的服务。服务消费与商品消费不同，其特点在于其劳动过程和消费过程在时间与空间上的统一。

财产性支出：指家庭购买或维护财产所支付的利息等有关费用。

社会保障支出：指调查户成员参加国家法律、法规规定的社会保障项目中由个人交纳的保障支出。不包括职工所在单位交纳的那部分社会保障金。

食品：指居民为摄取身体所需要的营养和满足某种嗜好而进食的各种消费品，包括在商店、集市、工作单位食堂和饮食业购买的主食、副食、烟草、酒、饮料以及干鲜瓜果、糖果、糕点、奶制品等。

粮食：指居民用作主食的各种成品粮及其加工品，包括大米、面粉、粗杂粮以及各种粗、细粮制品，不包括薯类、豆类及糕点食品。

大米：包括粳米、籼米、杂交米、糯米等。

面粉：指小麦面粉。

淀粉及薯类：各种薯类、淀粉以及淀粉制品。包括马铃薯、红薯及各种淀粉和制品。

干豆类及豆制品：包括大豆、杂豆等各种豆类及豆制品。

油脂类：指各种食用油脂，包括植物油和动物油。

食用植物油：以植物果实为原料榨取的油料。包括花生油、菜籽油、芝麻油、豆油、茶油、葵花籽油等。也包括以几种植物果实为原料混合加工提取的食用调和油、色拉油等。

肉禽蛋水产品类：包括肉、禽、蛋和水产品。

肉类：指各种家畜、野畜肉食品，包括活的、鲜的、冻的以及各种加工制品。

猪肉：指鲜、冻猪肉，包括内脏、头、爪、皮、骨头、猪血。不包括各种猪肉加工品。

牛肉：指鲜、冻牛肉，包括内脏、头、爪。不包括各种牛肉加工品。

羊肉：指鲜、冻羊肉，包括内脏、头、爪。不包括各种羊肉加工品。

禽类：指用于食用的各种家禽和野禽。

蛋类：包括各种禽蛋和禽蛋制品。

水产品类：包括鱼、虾、蟹、贝、藻等各类海水和淡水产品。

蔬菜类：包括各种叶菜、茎菜、根菜、花菜、果菜以及各种食用菌类。

鲜菜：指没有经过腌制、干制、霉制等加工的新鲜的蔬菜。包括经过简单洗切的净菜。主要品种：

白菜、洋白菜、菠菜、油菜、芹菜、韭菜、空心菜、大葱、菜花、萝卜、胡萝卜、葱头、生姜、莴笋、蒜苔、蒜头、黄瓜、冬瓜、丝瓜、西红柿、茄子、青椒、豆角、莲藕、豆芽菜、毛豆角、红辣椒、蚕豆芽、鲜黄花菜、鲜香菇等。

干菜：指鲜菜经过干制的加工品。包括干制的笋干、黄花菜、黑木耳、蘑菇、食用白木耳等菌类食品。也包括水发的笋干、黑木耳。

菜制品：指鲜菜的再制品。包括腌菜、榨菜、泡菜、酱菜、萝卜干、蔬菜罐头、速冻蔬菜等。

调味品：包括食用盐、酱油、虾油（鱼卤）、醋、味精、鸡精、糖精、料酒、辣椒酱、花生酱、芝麻酱、蕃茄酱、花椒、八角、茴香、胡椒、咖喱粉、五香粉、炸鸡粉等。

糖烟酒饮料类：包括各类糖、烟草、酒类和饮料。

糖类：以糖为主要原料，生产加工的食品。包括食糖、糖果、糖类小食品。不包括糖精。

烟草类：包括卷烟、烟叶。

酒类：是用高粱、大麦、米、葡萄或其他水果发酵制成的含酒精饮料。主要有白酒、黄酒、葡萄酒、啤酒。

饮料：饮料是指以水、粮食、果蔬或奶为基本原料加工而成的流体、半流体或固体冲剂食品。不包括白开水。

干鲜瓜果类：包括干鲜瓜果及制品。

鲜果：包括苹果、梨、山楂、桃、杏、李、梅、樱桃、葡萄、柿子、猕猴桃、草莓、树莓、越橘、香蕉、椰子、芒果、菠萝、龙眼、荔枝、枇杷、杨梅、油橄榄、石榴、甘蔗、荸荠、莲蓬、百合等。不包括各类坚果。

鲜瓜：包括西瓜、甜瓜、哈密瓜等。

其他干鲜瓜果类及制品：指鲜果、鲜瓜以外的各种干鲜瓜果及制品。主要有干果、坚果、果仁及瓜果制品等。干果是由各种水果经过日晒或烘干而成的食品。带壳的有荔枝干、桂圆干等；带皮的有葡萄干、红枣、黑枣、南枣、无花果等；对切的有杏干、桃干等；片状的有山楂干、苹果干、梨干等。瓜果制品是指鲜瓜果经过工业加工而成的再制品，包括各种蜜饯（果脯、桔饼、加应子、话梅、蜜饯、蜜枣等）、水果罐头、果酱、山楂糕、山楂片等。坚果及果仁包括生的和熟的大核桃、小核桃、板栗、银杏、榛子、松子、瓜子、花生、芝麻和各种坚果及果仁的加工品。包括湿花生、嫩花生、鱼皮花生、糖衣花生、油炸花生等。

糕点：指以面粉和糖为基本原料，以油、蛋、奶、果仁、果料等为辅料，经过调制、成型、熟制而成的食品。包括饼干和蛋糕、冻米糕、米花糖，不包括面包。幼儿园、中小学生交纳的点心费，如不能分清具体品种，归入糕点指标。

奶及奶制品：包括鲜奶品、奶粉、酸奶以及其他奶制品。不包括代乳粉、糕干粉等以粮食或豆类为主加工的制品。

其它食品：指上述各类食品以外的其他食品，包括半成品净菜、面筋、奶糕、代乳粉、蜂蜜、发酵粉、甜酒药、糖桂花、各种膨化食品等。

饮食服务：包括在外用餐和食品加工费。

食品加工服务费：指用于食品加工所支付的加工服务费，包括磨粉、爆米花、炒花生、做糕点、加工彩蛋等费用。

在外饮食：指在家庭以外地点的自费用餐支出，包括在单位食堂、餐饮业、亲友家的用餐支出。对于从单位食堂、餐饮业购买并带回家直接食用的食品，若能单列具体品种的，则分别计入相应的食品项中，若不能单列的，则作为在外用餐支出。公费在外饮食不含在内。

衣着：指各种穿着用品及加工穿着品的各种材料，包括棉、麻、丝、毛和各种人造纤维、合成纤维纺织的各种布匹、呢绒、绸缎及其加工的服装，各种鞋、袜、帽及其他零星穿着用品等。

服装：指以各种棉布、棉花化纤混纺布、化纤布、呢绒、绸缎、毛皮等为材料加工的各式服装，以及棉、麻、毛、丝、化纤纯纺或混纺经针织而成的服装，按穿着对象分为男士服装、女士服装、各式童装，不包括塑料雨衣和胶布雨衣（雨披）。

衣着材料：指以棉、麻、丝、毛和各种人造纤维纺织及混纺的各种衣着材料，也包括加工衣着品所需的其他各种材料。不包括用于加工床上用品、窗帘、台布的布料。

鞋类：包括用棉布、呢绒、绸缎、化纤、塑料、橡胶、皮革、人造革等为材料制作的有各种式样和用途的皮鞋、旅游鞋、布鞋、雨鞋、凉鞋、拖鞋、运动鞋、健身鞋、婴儿鞋等。

其他衣着用品：指除服装、鞋以外的各种穿着用品，主要有帽子、袜子、手套、护脚套、耳罩、胸罩；装饰性服饰件，如头纱、披巾、红领巾、领带、领带夹、面纱、发带、围巾；雨披；鞋垫；鞋带；皮带等。

衣着加工服务费：指为加工服装、鞋、帽等穿着用品所支付的各项加工维修、保养和洗涤等服务费。包括拷边、裁剪、绒线编结（手织或机织）、打油、洗涤、修鞋等费用。

居住:指与居住有关的支出，包括住房、水、电、燃料方面的支出。

住房:指调查户用于住房的直接支出，包括房租、房屋维修支出、物业管理费、房屋装潢支出。不包括购建房支出，也不包括自有住房虚拟租金。

水电燃料及其他:指调查户支付的水费、电费、燃料费、取暖费等支出。

水:指调查户支付的自来水费。不包括桶装饮用水。其消费量以吨或立方米为计量单位。

电:住户用于照明和使用家用电器等所支付的电费。

燃料:指家庭用于购买煤炭、液化气、煤气等的燃料支出。

取暖费：指调查户使用集中供暖而支付的取暖费用。

其他:指调查户用于水、电、燃料支出以外的其他支出，包括取暖费、管道燃气的初装费、液化气的开户费、电力一户一表的扩容费等。

居住服务费:指用于住房各种服务费用，包括物业管理费、住房维修服务费等。

物业管理费:指住户向承担本住宅管理的物业管理部门交纳的物业管理费。包括治安费、清洁费、绿化费等。

维修服务费:指调查户用于住房装潢和维修房屋所支付的人工费、招待费等。

其他居住服务费:除上述各项住房支出外的其他各类住房支出

家庭设备及用品：指家庭各类日用消费品及家庭服务。包括日用耐用消费品、室内装饰品、床上用品、家庭日用杂品、家具、家庭服务。不含个人用品和服务。

耐用消费品：指价值比较高、消费期较长的家用电器和家庭设备。

家具：主要有坐卧类家具，如椅子、凳子、沙发、床；凭椅类家具，如桌子、茶几；贮藏类家具，如柜、箱；隔断类家具，如屏风等。

家庭设备：指家庭使用的各类电气和电子器具，不包括文娱用家电。包括制冷电器，如冰箱、冷饮机；空气调节器，如空调、电扇、冷热风机、换气扇、空气除湿机；清洁电器，如洗衣机、电熨斗、吸尘器、干衣机；厨房电器，包括热水器、微波炉、电饭煲、消毒碗柜、电炒锅、食品加工机；电暖器具，如取暖器、油汀等。

室内装饰品：指美化、装饰房间用的各种装饰品及工艺品，包括纺织装饰品、装饰灯具及其它装饰品。不含珍藏的艺术品。

床上用品：指以棉、毛、丝及合成纤维等材料纺织或针织制品，各种纺织品制成的各种床上用品。包括毛毯、床单、被单、床罩、被套、枕具、蚊帐、凉席、垫褥以及各种棉被、鸭绒被、棉毯、线毯、电热毯、毛巾被等。

家庭日用杂品：指除家具、室内装饰品、各种家庭设备以及床上用品以外的各类家庭日用品。包括厨、炊、茶具、家用工具、家庭清洁用品等日用杂品。包括各种材料制作的锅、勺、刀、水壶、案板、水缸、碗、碟、匙、筷，各种炉灶具（电炉、煤油炉、煤炉、鼓风机、煤气灶、煤气瓶等）、各种茶具及咖啡具等；各种榔头、钳子、锯子、板手、锉刀、泥刀等泥工、木工、电工等家用工具；肥皂、香皂、洗衣粉、洗衣皂、丝毛洗剂、洗洁精、去污粉、衣物漂白剂、衣物柔软剂、空气清新剂、家居消毒剂、除臭剂、家具光亮剂、地板蜡、鞋油等家居清洁用各种日用化工产品；小五金（如元钉、木螺丝、铁丝、合页、插销、门勾、锁等）；各种电料（如插座、插头、开关、灯头、电线、镇流器、日光灯管、日光灯架、灯泡、灯罩、普通台灯、电表）；各种材料的自来水管、各种水笼头、阀门、水表等；各种保温瓶（如大口冰瓶、热水瓶、气压热水瓶、瓶胆等）；各种扫帚、床刷、剪刀、扇子、竹帘、烟筒、火柴、照明用蜡烛、各种灭蚊用品、电池、皮鞋刷等；各种材料制成的脸盆、脚盆、水桶、洗衣板、簸箕、手电筒、窗纱、雨伞等；各种纸制品（如卫生纸、卫生巾、餐巾纸、皱纹纸、纸杯等）；各种购物袋（如网线袋、塑料袋、纺织袋、编织袋等）；做衣服用的针线、顶针、编织衣物的针、勾针等。

家具材料：指自制家具用的材料，包括木材、胶合板、纤维板、玻璃、粘胶、油漆以及各种零配件材料等。住房装潢时自制的各种柜、家具，应对用于家具部分的支出进行估算。

家庭服务：指家政服务支出及加工维修费用。

家政服务：指家庭日常生活中，各类家庭服务所支付的费用，如雇请的长期或计日、计时的保姆费、钟点工、搬运费、送气费、送煤费、管道疏通费等。不包括家庭的托幼费、归入物业管理的治安费和清洁费。

加工维修服务费：指家庭用于加工和维修所支付的服务费用。包括各种设备维修（零配件）、自制家具加工费、修锁和配钥匙的费用等。

交通通信：指用于交通和通信工具和相关的各种服务费、维修等支出。

交通：指购置交通工具及零配件、支付各种交通费、修理服务费、油料费等的支出。

家庭交通工具：指家庭购买摩托车、自行车、家用汽车及其他家庭交通工具的支出。不包括购买经营用交通工具。

车辆用燃料及零配件指用于家庭交通工具的燃料及充电费和零配件。

交通工具服务支出：除车辆用油支出和零配件外的使用各项交通工具所发生的相关费用，包括交通工具维修费其它相关支出。

交通费：指家庭成员乘坐各种交通工具所支付的交通费。不包括因公出差暂由个人垫付的交通费。

通信：指家庭用于通信方面的全部支出。包括通信工具、电话费、邮费及其他通信费用。

通信工具：指购买各种通信工具所支付的费用。包括固定电话机、移动电话机、寻呼机、传真机等。

通信服务：指家庭用于电话初装费、入网费、电信费、邮费等方面的服务支出。

文教娱乐：指调查户用于教育和文化娱乐方面的支出。

文化娱乐用品：指调查户用于购置家庭文娱用耐用消费品和其它文娱用品的支出。其中，购买家庭影院的根据其设备配置情况分别记为彩色电视机、影碟机、组合音响等。

文化娱乐服务：指和文化娱乐活动有关的各种服务费用。

参观游览：指参观各类展览、游览公园的门票及游览设施的使用费。

健身活动：指为锻炼身体而进行的各类健身活动的费用。如游泳、打球、去健身房等。如果是一次性购买活动卡，要一次性记录花费。

团体旅游：指随旅游团参加国内或出境旅游，无法拆分旅游花费的。如是自费旅游或可以拆分旅游花费，需分别记入各项花费中。

其它文娱活动费：指除以上 3 项文娱活动以外的其它文娱活动费。如电影票、演出门票、体育娱乐用品的租借费、游泳场的沐浴费、存衣费、有限电视安装及使用费等。

文娱用品修理服务费：指文娱用品的修理服务费用及零配件。

教育：是指按一定的目的要求，对受教育者的德育、智育、体育、爱好、技能等诸方面施以影响的一种有计划的活动，与这一活动直接相关的支出即为教育支出。包括学费、教材费、家教费、赞助费、寄宿学生的住宿费等。

教材：指为接受各类教育购买的学习用书。

教育费用：包括付给学校的各种学费、杂费及其它教育支出。

医疗保健：指用于医疗和保健的药品、用品和服务费用。包括医疗器具、保健用品、医药费、滋补保健品、医疗保健服务及其他医疗保健费用。实行医疗改革的单位，医疗基金（医保卡）支付的全部费用计入工资及补贴收入中，同时记入相应的医疗保健支出中。个人先现金支付然后到单位报销的医疗费在记入相应消费的同时，如果是在职职工则记入工资性收入，如果是离退休职工则记入离退休金中。

医疗器具：指家庭购买的用于医疗的器具。包括血压计、体温计、注射器等。

保健器具：指用于身体保健的器具。包括按摩器、健身球、磁疗枕（药枕）、护膝、护腰、护肩等。不包括体育运动器械，如扩胸器、哑铃等。

药品费：指去医院治疗或直接向药店购买的西药、中成药、中草药（包括药用的白木耳），包括输血费。交纳的子女统筹医疗费也作为药品费统计。不包括滋补品和可报销部分的药品费。

滋补保健品：为了简化统计归类，市场上销售的具有滋补保健作用的保健食品均统计在内，包括人参、鹿茸、蜂王浆、阿胶、青春宝、西洋参、各种营养口服液、燕窝、胎盘等。

医疗费：指用于医疗保健的服务性支出。包括挂号费、诊疗费、注射费、手术费、透视费、镶牙费、出诊费、送药费、陪侍费、住院费、救护车费等。

其他医疗保健支出：指除医疗器具、保健用品、药品费、滋补保健品、医疗保健服务以外的其他医疗保健支出，包括胶布、纱布、药棉及学习气功和太极拳学费等。

其他：指无法直接归入上述各类支出以外的个人用品和其他商品与服务支出。

其他商品：指七大类以外的个人用品和各种其他商品。

服务：指用于个人消费中的服务费，包括旅馆住宿费、理发洗澡费、美容费等。

（二）农村住户调查指标解释

1.农村住户基本情况

农村住户：是指长期（一年以上）居住在乡镇（不包括城关镇）行政管理区域内的住户，还包括长期居住在城关镇所辖行政村范围内的农村住户。户口不在本地而在本地居住一年及以上的住户也包括在本地农村常住户范围内；有本地户口，但举家外出谋生一年以上的住户，无论是否保留承包耕地都不包括在本地农村住户范围内。

常住人口：是指全年经常在家或在家居住6个月以上，而且经济和生活与本户连成一体的人口。外出从业人员在外居住时间虽然在6个月以上，但收入主要带回家中，经济与本户连为一体，仍视为家庭常住人口；在家居住，生活和本户连成一体的国家职工、退休人员也为家庭常住人口。但是现役军人、中专及以上（走读生除外）的在校学生、以及常年在外（不包括探亲、看病等）且已有稳定的职业与居住场所的外出从业人员，不应当作家庭常住人口。家庭常住人口主要作为计算农村住户平均每人收入、消费和积累水平及分析家庭人口状况的依据。

劳动力：整劳动力是指男子18周岁到50周岁，女子18周岁到45周岁；半劳动力是指男子16周岁到17周岁，51周岁到60周岁；女子16周岁到17周岁，46周岁到55周岁，同时具有劳动能力的人。虽然在劳动年龄之内，但已丧失劳动能力的人，不应算为劳动力；超过劳动年龄，但能经常参加劳动，计入半劳动力数内。常住人口中的职工，若这些职工为劳动力，就包括在本户的整半劳动力中。

在校学生人数：指年内常住人口中所有正在学校就读的学生。不包括利用业余时间学习的夜校、电大、函授学校的学生。

劳动力文化程度：是指家庭成员接受国内外教育所取得的最高学历或现有文化水平所相当的学历，不包括正在读书的在校学生。

不识字或识字很少：指不识字或识字不足1500个，不能阅读通俗书报，不能写便条的人。

小学：指接受最高一级教育为小学程度的毕业、肄业及在校学生，也包括未上过小学但识字在1500个以上，能阅读通俗书报、能写便条、达到扫盲标准的人员。

初中：指接受最高一级教育为初中程度的毕业、肄业及在校学生。也包括相当于初中学历的技工学校的毕业、肄业及在校学生。

高中：指接受最高一级教育为高中毕业、肄业或相当于高中文化程度。包括在校的高中生。

中专：是指接受最高一级教育为中等专业学校毕业、肄业和农业中学毕业、肄业或相当于中专、农中文化程度。包括在校的中专、农中学生。

大专及大专以上：是指接受最高一级教育为大专及大专以上的毕业生、肄业生及在校学生。或相当于大专以上文化程度，包括在校的学生。电视大学、函授大学等形式的大学，凡按照大专院校的教育计划和教育大纲（全科）进行教育的毕业生应包括在内，但只学完单科课程的，则不应计算在内。

耕地：耕地是指能够种植农作物、经常进行耕锄的田地。包括熟地、当年新开荒地、连续撂荒未满三年的耕地和当年的休闲地(轮歇地)。以种植农作物为主并附带种植桑树、茶树、果树和其它林木的土地及沿海、沿湖地区已围垦利用的“海涂”、“湖田”等也包括在内。但不包括专业性的桑园、茶园、果木苗圃、林地、芦苇地、天然草原等。南方小于一米、北方小于两米宽的渠、路、田埂,包括在耕地中。

耕地面积:指农村住户实际经营的全部耕地面积。包括承包集体的耕地、家庭自营地(自留地、饲料地和零星开荒地)和转包他人耕地的面积,但不包括代他人临时耕种的耕地面积。包括因各种原因休闲和抛荒的耕地面积。

山地面积:指农村住户实际经营的全部山地面积。包括承包集体的山地、家庭自留山和转包他人山地的面积,但不包括代他人临时经营的山地面积。

园地面积:指农村住户实际经营的全部园地面积。

养殖水面面积:指农村住户实际经营的全部水产品养殖的水面面积。包括海水养殖面积(利用滩涂、浅海、港湾,放养各种水产品的人工养殖水面面积)和内陆水面养殖面积(已放养鱼苗、鱼种等水产品苗种并进行人工饲养和管理的池塘、湖泊、水库、河沟及其他养殖水面面积)。

生产性固定资产:指生产过程中使用年限较长、单位价值较高,并在使用过程中保持原有物质形态的资产,包括厂房、机器设备等。农民家庭使用的固定资产,需同时具备两个条件,即使用年限在两年以上,单位价值在50元以上。在乡村企业及其他部门中,规定单位价值在200元以上,使用年限在一年以上。如果企业的主要设备虽低于200元,但使用年限在一年以上,也划为固定资产。

固定资产原值:指固定资产当初的购进价、新建价或开始转为固定资产的价值。自繁自养的幼畜成龄转作役畜、产品畜、种畜,按市场同类牲畜的平均价格计价。国家奖励和外单位赠送的固定资产按购置同类固定资产的价格参照其新旧程度酌情计价。

房屋及建筑物:指直接用于生产的房屋及建筑物,如车库、仓库、沼气室、温室、牲畜用房等。

役畜及产品畜:役畜指以使役为主要用途的大牲畜。产品畜指生产各种畜产品为主要目的的牲畜,如母猪、种公猪等种畜,乳牛、羊等取乳品的牲畜,产毛、鬃等畜产品的牲畜等。

大中型铁木农具:指大中型铁木制作的农具,如犁、耙、耧、耖、水车、拌桶等铁木农具。

农林牧渔业机械:指用于农、林、牧、渔业的机械,如大中型和小型拖拉机(包括手扶拖拉机)、机引农具(犁、把等)、机动船、机动插秧机、机动收割机、机动拖拉机、机动扬场机、挖坑机、植树机、饲料粉碎机、机动剪毛机、机动挤奶器、渔用机动船、抽水机、农用泵等。

生产设备:指生产中的各种机械和技术设备,包括机械和非机械设备。

新建房屋:是指全年从无到有“平地起家”的新建筑房屋。包括新址上新建和旧址上新建的房屋。在原来的房屋基础上按原有规模对房屋进行翻修或一般维修的不包括在内。新建房屋仅包括年内建成的新建房屋,未完工的在建房屋不要统计在内。新建(购)住房的类型、结构、占地面积、住房价值等解释同于“年末住房情况”。

新购住房:指当年新购置的商品房屋。

年末住房面积:为农村住户自有或租用的居住住房面积。房屋中的起居室、厨房或放置灶具的地方包括在内。但不包括仓库等作为生产用途房屋面积。

住房价值:指房屋当初购买或新建时的价值。新建房屋的价值可按实际消耗的建筑材料和人工的报酬计算,有的地方,人工不要报酬,只管吃喝,可将吃喝的费用,当作报酬,计入房价内。原有房屋,按房屋质量和新旧程度,根据当地实际情况进行估价。对原有房屋进行大翻修的,也应考虑在内。

楼房面积:指二层和二层以上的多层建筑的房屋面积,楼房面积按各层面积总合计算。

砖瓦平房:是以砖(石)、瓦为主要原材料建造的只有一层的房子。砖(石)砌窑洞也包括在内。

住房结构:按住房的承重结构(如梁、柱、承重墙等)所用建筑材料划分。

钢筋混凝土结构:指梁、柱、承重墙等是用钢筋混凝土建造的住房。

砖(石)木结构:指梁、柱、承重墙等是用砖、石、木料建造的住房。以砖、石作墙基的土坯房不包括在内。

2.农村居民食物消费

粮食：是指农村住户年内消费的小麦、玉米、稻谷、薯类、大豆、其他各种杂粮和粮食制品的消费量折价。粮食制品是指利用原粮加工而成的食品，如挂面、年糕等，不包括用粮食加工成豆油、豆腐、粉条、酒。粮食消费量按原粮计算。

蔬菜及蔬菜制品：包括鲜菜和干菜及其制品。鲜菜包括根茎块花类、菜瓜类、茄果类、白菜类、绿叶菜类和其他鲜菜类。干菜包括黄花菜、黑木耳、蘑菇、腌干菜、萝卜干、笋干、白木耳等。菜制品包括蔬菜罐头等。

食用油：指各种食用油脂，包括植物油和动物油。植物油包括花生油、芝麻油、菜籽油、豆油、茶油、棉籽油等。动物油包括猪油、牛油、羊油等。

肉、禽及其制品：是指家畜、野畜、家禽、野禽等各种肉食品，包括活的、鲜的、冻的以及各类再制品、熟食品等，包括罐头。其中：猪肉、牛肉、羊肉、及肉制品消费量：按鲜肉重量计算。如消费咸肉、腊肉、肉干等，均应折成鲜肉重量计算。用肥肉炼油，不应计算肉的消费量。家禽消费量：按屠宰去毛和内脏重量计算。

蛋类及蛋制品：是指各种禽蛋、禽蛋制品及罐头。

奶和奶制品：是指鲜乳品、奶粉、酸奶以及其他奶制品。包括炼乳、活性乳、可可奶、麦乳精等。

水产品：是指鱼、虾、蟹、贝、藻等各类海水和淡水产品及其制品，包括水产品罐头。

食糖：包括白糖、红糖、冰糖、方糖及糖果等，不包括糖精。

酒：包括各种白酒、黄酒、啤酒、果酒等。

水果及水果制品：是指各类干鲜水果及其制品，包括各种水果、果用瓜、干果、蜜饯及水果罐头等。

坚果及果仁制品：是指各类坚果、果仁及其制品的消费量，包括核桃、板栗、开心果等。

3.农村居民年末拥有耐用消费品

洗衣机：指各种规格、型号的自动、半自动、单缸、双缸家用洗衣机。

电风扇：指各种规格、型号的台扇、壁扇、落地扇以及吊扇，不包括排风扇。

电冰箱：指单门、双门、三门电冰箱，包括冰柜。

空调机：指具有空气的加热、冷却、增湿、减湿等功能的家用空气调节器，不包括冷暖风机。

抽油烟机：指家庭炊事用抽油烟机，不包括排风扇。

吸尘器：指家庭除尘用的电动吸尘器，也包括多用途吸尘器，不包括使用电池的微型电刷吸尘器。

微波炉：指各种牌号、型号、尺寸的微波炉。

热水器：指利用电能、燃气、太阳能来加热生活用水的设备。

自行车：也称单车、脚踏车。指各种牌号、型号、尺寸的男女自行车。包括普通标定车、加重车、轻便车、小轮车（包括折叠式）、赛车以及电动自行车。不包括儿童玩具车、手推车、小三轮车等。

摩托车：包括各种型号的摩托车、轻骑摩托车。

汽　车：指主要用于农村住户生活的各种类型的汽车。

电话机：指各种类型的台式电话机。

移动电话：也称手机，包括模拟和数字移动电话，不包括对讲机。

彩色电视机：也称彩色电视接收机。包括各种牌号、尺寸的彩色电视机。

黑白电视机：也称黑白电视接收机。包括各种牌号、尺寸的黑白电视机。

录放像机：指各种牌号、规格的录放像机，包括单放像机和录放像机。

摄像机：指各种牌号、规格的摄像机。

影碟机：利用各种影碟（光盘），并通过电视放映图像的设备（不包括对媒体计算机）。

照相机：指各种牌号、型号的照像机。包括折合式、双镜头反光式和单镜头反光式。

计算机：也称电脑，指家庭购买的各种型号电子计算机。包括台式和便携式。

中高档乐器：指价格在500元以上的各种中高档乐器。包括钢琴、手风琴、提琴以及各种电子乐器。

4.农村居民总收入与总支出

总收入：指调查期内农村住户和住户成员从各

种来源渠道得到的收入总和。按收入的性质划分为工资性收入、家庭经营收入、财产性收入和转移性收入。

工资性收入：指农村住户成员受雇于单位或个人，靠出卖劳动而获得的收入。

在非企业组织中劳动得到的收入：指农村住户成员在不具备企业性质的行政事业单位和各种组织中劳动得到的收入。包括村干部和民办教师的工资（奖金、补贴），乡及以上行政、事业单位工作人员的工资（奖金、补贴）等。

在本地劳动得到的收入：指农村住户成员在住户所属乡（镇）地域范围内受雇于单位或个人，靠出卖劳动而获得的收入。

常住人口外出从业得到的收入：指农村住户成员到住户所属乡（镇）地域范围以外从业得到的收入。

家庭经营收入：指农村住户以家庭为生产经营单位进行生产筹划和管理而获得的收入。农村住户家庭经营活动按行业划分为农业、林业、牧业、渔业、工业、建筑业、交通运输业邮电业、批发和零贸易餐饮业、社会服务业、文教卫生业和其他家庭经营。

农业收入：指包括谷物种植业，豆类和薯类作物种植业，棉、麻等植物性纺织原料种植业，油料、糖料作物种植业，烟草种植业，药材种植业，蔬菜、瓜类作物种植业，饲料作物种植业，茶、桑、果树种植业。

种植业收入：是指农村住户当年从承包地和自营地上收获的粮食、经济作物、蔬菜、茶叶、水果、水生植物（如菱、藕等）等的主产品和副产品的全部收入。但生产用的绿肥和青饲料不作为收入，用来沤肥的副产品以及野生植物的采集和家庭兼营商品性手工业不作为种植业收入。

林业收入：是指农村住户当年采伐竹木收入、出售树苗和从人工栽培的竹林上不经砍伐而取得的各种林产品收入，如生漆、棕片、五倍籽、松脂、紫胶、竹笋、油桐籽、油茶籽、乌桕籽、核桃、各种林木子实，以及修剪竹木枝叶（荆条、柳条、蒲葵叶）等等；包括野生林木的采集产品收入；但不包括桑叶、茶叶、水果、花卉，它们算在种植业收入中。

畜牧业收入：是指农村住户当年出售、屠宰的畜禽、小动物和畜禽产品收入。包括家畜（仔畜、架子猪也包括在内）、家禽（包括幼禽）及其他小动物收入；也包括出售鹌鹑、鸽子等收入，按出售和屠宰的产品计算。畜禽的繁殖和增重，不计算收入；活的家畜、家禽及其他小动物的产品（如蛋类、羊毛、蜂蜜、蜂蜡等）收入，按全部产品计算；动物屠宰和死后的畜产品（如猪鬃、羊皮、蚕茧等）收入，按全部产品计算。牧区和半牧区农民出卖大牲畜的收入，应作为畜牧业收入；农户出售肉牛的收入和专门饲养大牲畜出售的收入应作为畜牧业收入，但变卖属于固定资产的役畜的现金收入，不能作为牧业收入，而应计算在出售财物收入中；包括野生动物的狩猎及其产品的采集收入。

渔业收入：是指农村住户当年捕捞天然水生的和人工养殖的鱼、虾、蟹、贝、藻类等淡水水产品和海水水产品的全部收入。包括养殖观赏鱼类的收入。

工业收入：是指农村住户的个体企业（有固定场所和生产设备、有专业生产劳动力，年内生产三个月以上）利用手工和机械进行自然资源开采，农副产品，工业品加工和修理以及从事手工业（手工业指依靠手工劳动，使用简单工具从事的工业性生产活动，包括各种制作、刺绣、编织、雕刻、加工等手工业。）所得全部产品收入，来料加工的产品，按加工费计算收入。自制自用的产品不计收入。

建筑业收入：是指农村住户成员当年从事房屋或建筑物的新建和维修以及设备安装所得到的劳动报酬，参加国家举办的基本建设工程所得到的收入。

交通运输业、邮电业收入：是指农村住户成员当年从事对本户以外的单位或个人进行货物运送、旅客运送及从事邮电行业活动的收入。

批零和零售贸易、餐饮业收入：是指从事批发贸易、零售商业和餐饮业活动的收入。

社会服务业：是指从事于日常生活及社会公共服务等服务活动的收入。包括从事社会服务业、金融保险业、房地产管理、旅馆、车店、理发、照相、洗染、缝纫、修理、导游等收入。

文教卫生业：指在文教卫生等单位从事有关活动的收入。如在教育、文化艺术事业、广播电视业从事有关活动的收入；在体育事业单位、体育设施管理单位、体育队、体育训练机构等从事体育活动的收入；在医疗、防治、检疫及其他卫生事业的收入等。

财产性收入：指金融资产或有形非生产性资产的所有者向其他机构单位提供资金或将有形非生产性资产供其支配，作为回报而从中获得的收入。

转移性收入：指农村住户和住户成员无需付出任何对应物而获得的货物、服务、资金或资产所有权等，不包括无偿提供的用于固定资本形成的资金。一般情况下，是指农村住户在二次分配中的所有收入。包括在外人口寄回和带回、农村外部亲友赠送、救济金、保险赔偿收入、退休金、土地征用补偿收入等。

总支出：是指农村住户全年用于生产、生活和再分配等方面的全部实际支出。包括家庭经营费用支出、购置生产性固定资产支出、税费支出、生活消费支出、转移性支出和财产性支出。

家庭经营费用支出：指农村住户以家庭为基本生产经营单位从事生产经营活动而消费的商品和服务、自产自用产品。所消费的未计算为住户收入的自产自用产品，不计算为费用支出；库存的化肥、农药也不计算为本期费用支出。

农业生产支出：指用于农业生产活动费用。如种籽、肥料、农药、小农具购置和修理、油料费、耕畜的饲料、饲草费、机耕费、排灌费、电费等，此外还包括家庭兼营商品性手工业等所支付的有关费用。

种植业生产支出：是指种植各种农作物所支付的生产费用。如种籽、肥料、农药、小农具购置和修理、油料费、耕畜的饲料、饲草费、机耕费、排灌费、电费等。

林业生产支出：是指经营林业生产而支付的费用。如树种、树苗、肥料、农药、电费及小型工具的购置维修等开支，但不包括林业的基本建设投资。

牧业生产支出：是指经营牧业生产所支付的费用。如购买仔畜（包括架子猪）、幼禽支出；肉用牛、羊的饲料、饲草支出；生猪、家禽等的饲料、燃料、防疫医疗费；电费和小型用具购置、维修等支出。但耕畜的饲料费应列为“种植业生产费用支出”。

渔业生产支出：是指养殖水生动物、培养海藻和捕捞生产过程中的开支。包括鱼苗、饵料、电费以及小型渔具和用具的购置、维修及油料费等支出。但不包括添置的固定资产支出。

工业生产支出：是指进行工业生产所支付的生产费用。包括工业生产耗用的原料、燃料、电费及小型工具的购置、维修等开支，还包括来料加工产品所耗用的燃料、电费，但不包括自产自用和来料加工产品所耗用的原材料。

建筑业生产支出：是指为了从事本户以外的房屋或建筑物的新建与维修以及设备安装而耗用的建筑材料、电器设备、燃料、电费以及小型工具的购置、维修等开支。

交通运输业生产支出：是指为从事对本户以外单位或个人进行货物运送和旅客运送所耗用燃料和小型工具的购置、维修等开支。

批零和零售贸易、餐饮业生产支出：是指从事批发贸易、零售商业、和餐饮业活动时所购买的生产用具支出、租用铺面支出、帮工工资支出、燃料支出、电费支出及其他费用开支。

社会服务业生产支出：指用于包括金融保险业、房地产管理、旅馆、车店、理发、照相、洗染、缝纫、修理、导游等日常生活及社会公共服务等服务活动的费用支出。

文教卫生业生产支出：指在文教卫生等单位从事有关活动的支出。如在教育、文化艺术事业、广播电视业从事有关活动的支出；在体育事业单位、体育设施管理单位、体育队、体育训练机构等从事体育活动的支出；在医疗、防治、检疫及其他卫生事业的支出等。

其他家庭生产经营支出：是指上述各项家庭经营费用支出以外的其他支出，包括各项劳务所支出的费用。

购置生产性固定资产支出：指农村住户用于建造和购置生产性固定资产所支出的费用。

税费支出：是指农村住户从事生产经营活动以现金和实物形式缴纳的各种税费。

消费支出：指农村住户用于物质生活和精神生活方面的消费支出。消费支出分为食品支出、衣着支出、居住支出、家庭设备及用品支出、交通通信支出、文教娱乐支出、医疗保健支出、其他支出。

食品支出：指农村居民年内消费各类食品支出。包括主食、副食、其他食品、在外饮食和食品加工费支出。

衣着支出：指农村住户用于各种穿着用品及加工穿着用品的材料支出。包括棉花、丝棉、化纤棉、驼毛、棉布、各种化纤布、绸、缎、呢绒、各类成衣、棉、毛、丝、麻纺织品，背心、汗衫、棉毛衫裤、卫生衫裤、袜子等针织品，毛线、毛线织品、各种鞋、帽等消费品及衣着的加工修理费（指农村住户为加工或修补服装、鞋帽等衣着所支付的服务费）。但不包括用各种布料做的床上用品，室内装饰品。

居住支出：指与农村住户居住有关的所有支出。包括新建（购）房屋、房屋维修、居住服务、租赁住房所付的租金、生活用水、生活用电、用于生活的燃料等支出。

家庭设备及用品支出：指农村住户消费的各种耐用消费品、其他家庭用品及用品的加工修理费用。

交通通信支出：指农村住户用于交通和通讯的工具、各种服务费、维修费用支出。

文教娱乐支出：指农村住户用于文化、教育、娱乐方面的支出。包括文化教育娱乐用品支出和文化教育娱乐服务支出。

医疗保健支出：指农村住户用于医疗和保健的药品、医疗器械和服务费用。包括医药卫生保健用品、医疗保健服务费和医疗卫生设备、用品加工修理费等。

其他支出：指上述各类支出以外的商品和服务支出。

财产性支出：为获得其他住户财产（包括无形资产）的使用权而支付的各种费用。

转移性支出：指农村住户和住户成员没有获得任何对应物而支出的货物、服务、资金或资产所有权等，不包括无偿提供的用于固定资本形成的资金。一般情况下，指农村住户在二次分配中的所有支出。

5.农村居民现金收入与支出

现金收入：指农村住户和住户成员在调查期内得到以现金形态表现的收入。按来源分成工资性收入、家庭经营现金收入、财产性收入、转移性收入。

现金支出：指农村住户在调查期内用于生产、生活和再分配所支付的现金。包括家庭经营费用支出、缴纳的税费、购买生产性固定资产、生活消费、财产性和转移性支出。

6.农村居民纯收入

纯收入：指农村住户当年从各个来源得到的总收入相应地扣除所发生的费用后的收入总和。纯收入主要用于再生产投入和当年生活消费支出，也可用于储蓄和各种非义务性支出。“农民人均纯收入”按人口平均的纯收入水平，反映的是一个地区或一个农户农村居民的平均收入水平。计算方法：

纯收入＝总收入-家庭经营费用支出-税费支出-生产性固定资产折旧-农村内部亲友赠送

7.四大经济区域

东部地区：包括北京、天津、河北、上海、江苏、浙江、福建、山东、广东、海南 10 个省（市）。

中部地区：包括山西、安徽、江西、河南、湖北、湖南 6 个省。

西部地区：包括内蒙、广西、重庆、四川、贵州、云南、西藏、陕西、甘肃、青海、宁夏、新疆 12 个省（区、市）。

东北地区：包括辽宁、吉林、黑龙江 3 个省。